Learning-by-doing und endogenes Wachstum

Wirtschaftswissenschaftliche Beiträge

Informationen über die Bände 1–110 sendet Ihnen auf Anfrage gerne der Verlag.

Band 111: G. Georgi, Job Shop Scheduling in der Produktion, 1995. ISBN 3-7908-0833-4

Band 112: V. Kaltefleiter, Die Entwicklungshilfe der Europäischen Union, 1995. ISBN 3-7908-0838-5

Band 113: B. Wieland, Telekommunikation und vertikale Integration, 1995. ISBN 3-7908-0849-0

Band 114: D. Lucke, Monetäre Strategien zur Stabilisierung der Weltwirtschaft, 1995. ISBN 3-7908-0856-3

Band 115: F. Merz, DAX-Future-Arbitrage, 1995. ISBN 3-7908-0859-8

Band 116: T. Köpke, Die Optionsbewertung an der Deutschen Terminbörse, 1995. ISBN 3-7908-0870-9

Band 117: F. Heinemann, Rationalisierbare Erwartungen, 1995. ISBN 3-7908-0888-1

Band 118: J. Windsperger, Transaktionskostenansatz der Entstehung der Unternehmensorganisation, 1996. ISBN 3-7908-0891-1

Band 119: M. Carlberg, Deutsche Vereinigung, Kapitalbildung und Beschäftigung, 1996. ISBN 3-7908-0896-2

Band 120: U. Rolf, Fiskalpolitik in der Europäischen Währungsunion, 1996. ISBN 3-7908-0898-9

Band 121: M. Pfaffermayr, Direktinvestitionen im Ausland, 1996. ISBN 3-7908-0908-X

Band 122: A. Lindner, Ausbildungsinvestitionen in einfachen gesamtwirtschaftlichen Modellen, 1996. ISBN 3-7908-0912-8

Band 123: H. Behrendt, Wirkungsanalyse von Technologie- und Gründerzentren in Westdeutschland, 1996. ISBN 3-7908-0918-7

Band 124: R. Neck (Hrsg.) Wirtschaftswissenschaftliche Forschung für die neunziger Jahre, 1996. ISBN 3-7908-0919-5

Band 125: G. Bol, G. Nakhaeizadeh/ K.-H. Vollmer (Hrsg.) Finanzmarktanalyse und -prognose mit innovativen quantitativen Verfahren, 1996. ISBN 3-7908-0925-X

Band 126: R. Eisenberger, Ein Kapitalmarktmodell unter Ambiguität, 1996. ISBN 3-7908-0937-3

Band 127: M.J. Theurillat, Der Schweizer Aktienmarkt, 1996. ISBN 3-7908-0941-1

Band 128: T. Lauer, Die Dynamik von Konsumgütermärkten, 1996. ISBN 3-7908-0948-9

Band 129: M. Wendel, Spieler oder Spekulanten, 1996. ISBN 3-7908-0950-0

Band 130: R. Olliges, Abbildung von Diffusionsprozessen, 1996. ISBN 3-7908-0954-3

Band 131: B. Wilmes, Deutschland und Japan im globalen Wettbewerb, 1996. ISBN 3-7908-0961-6

Band 132: A. Sell, Finanzwirtschaftliche Aspekte der Inflation, 1997. ISBN 3-7908-0973-X

Band 133: M. Streich, Internationale Werbeplanung, 1997. ISBN-3-7908-0980-2

Band 134: K. Edel, K.-A. Schäffer, W. Stier (Hrsg.) Analyse saisonaler Zeitreihen, 1997. ISBN 3-7908-0981-0

Band 135: B. Heer, Umwelt, Bevölkerungsdruck und Wirtschaftswachstum in den Entwicklungsländern, 1997. ISBN 3-7908-0987-X

Band 136: Th. Christiaans, Learning by Doing in offenen Volkswirtschaften, 1997. ISBN 3-7908-0990-X

Band 137: A. Wagener, Internationaler Steuerwettbewerb mit Kapitalsteuern, 1997. ISBN 3-7908-0993-4

Band 138: P. Zweifel et al., Elektrizitätstarife und Stromverbrauch im Haushalt, 1997. ISBN 3-7908-0994-2

Band 139: M. Wildi, Schätzung, Diagnose und Prognose nicht-linearer SETAR-Modelle, 1997. ISBN 3-7908-1006-1

Band 140: M. Braun, Bid-Ask-Spreads von Aktienoptionen, 1997. ISBN 3-7908-1008-8

Band 141: M. Snelting, Übergangsgerechtigkeit beim Abbau von Steuervergünstigungen und Subventionen, 1997. ISBN 3-7908-1013-4

Fortsetzung auf Seite 215

Matthias Göcke

Learning-by-doing und endogenes Wachstum

Mit 62 Abbildungen
und 3 Tabellen

Physica-Verlag
Ein Unternehmen
des Springer-Verlags

Dr. Matthias Göcke
Institut für industriewirtschaftliche Forschung
Westfälische Wilhelms-Universität Münster
Universitätsstr. 14–16
48143 Münster

Als Habilitationsschrift auf Empfehlung der Wirtschaftswissenschaftlichen Fakultät der Universität Münster gedruckt mit Unterstützung der Deutschen Forschungsgemeinschaft.

ISBN 3-7908-1343-5 Physica-Verlag Heidelberg

Die Deutsche Bibliothek – CIP-Einheitsaufnahme
Göcke, Matthias: Learning by Doing und endogenes Wachstum / Matthias Göcke. – Heidelberg: Physica-Verl., 2000
(Wirtschaftswissenschaftliche Beiträge; Bd. 180)
ISBN 3-7908-1343-5

Physica-Verlag Heidelberg
ein Unternehmen der BertelsmannSpringer Science+Business Media GmbH

Umschlaggestaltung: Erich Kirchner, Heidelberg

SPIN 10783642 88/2202-5 4 3 2 1 0 – Gedruckt auf säurefreiem und alterungsbeständigem Papier

Für Anne, David, Simon und Steffen

Vorwort

Unter den beiden Schlagwörtern "neue Wachstumstheorie" sowie "endogenes Wachstum" hat die Wachstumstheorie in den letzten Jahren eine Renaissance erlebt. In Erweiterung der neoklassischen Theorie wurde im Rahmen dieser neuen Ansätze gezeigt, unter welchen Bedingungen es basierend auf der Akkumulation von Faktoren zu einem dauerhaften Wachstum einer Volkswirtschaft kommen kann. Da die anhaltende Faktorakkumulation ein Teil des wirtschaftlichen Prozesses ist und explizit erfaßt (d.h. endogenisiert) wird, spricht man von "endogenem" Wachstum. Die in den Mittelpunkt der Analyse gerückten zusätzlichen akkumulierbaren Faktoren sind insbesondere das Humankapital im weitesten Sinne sowie das durch Forschung und Entwicklung angehäufte technologische Wissen. Im Fall des Learning-by-doing wird Humankapital durch die Ausübung einer Tätigkeit aufgebaut. Die mit der Ausübung früherer Produktionsaktivitäten gewonnene Erfahrung bewirkt bei der erneuten Durchführung der gleichen oder auch ähnlicher Tätigkeiten eine gesteigerte Produktivität. Die Erfahrungsakkumulation ist hierbei ein "unfreiwilliges" Neben- bzw. Kuppelprodukt. Somit liegt ein entscheidender Unterschied zur Akkumulation des physischen Kapitals und auch zur Akkumulation von Humankapital durch schulische Ausbildung vor. Dort ist die jeweilige Akkumulation nicht ein Neben-, sondern das Hauptprodukt, welches durch eine direkte Spar- bzw. Schul-Entscheidung allein steuerbar ist.

Lerneffekte haben im mikroökonomischen Bereich eine gewichtige Bedeutung sowohl für individuelle Lernentscheidungen als auch für strategische Unternehmensentscheidungen. Die auf mikroökonomischer Ebene bestehenden Lerneffekte implizieren aber auch auf makroökonomischer Ebene einen Einfluß der Erfahrungsakkumulation auf das gesamtwirtschaftliche Wachstum. Einer theoretischen Analyse der makroökonomischen Wachstumseffekte der Erfahrungsakkumulation ist diese an der Westfälischen Wilhelms-Universität Münster entstandene Habilitationsschrift gewidmet.

Obwohl jede Habilitation in erster Linie eine individuell-eigenständige Arbeit darstellt, ist doch das wissenschaftliche sowie das persönliche Umfeld von prägender Bedeutung. Ich möchte daher allen Personen danken, die mich in meinem Habilitationsprojekt begleitet und unterstützt haben. Besonderer Dank gilt meinem akademischen Lehrer Prof. Dr. Gustav Dieckheuer für die Betreuung während der Habilitationsphase. Die Freiräume, die er mir und dem ganzen Team am Lehrstuhl gewährte, lernte ich nicht nur wegen der Förderung der eigenständigen Forschungstätigkeit zu schätzen. Den weiteren Gutachtern, Profs. Dres. Manfred Borchert, Andreas Pfingsten und Wolfgang Ströbele, sowie der Dekanatssekretärin Frau Karin Röver möchte ich für den reibungslosen Ablauf des eigentlichen Habilitationsverfahrens danken.

Die Zusammenarbeit mit den Kollegen am Institut für industriewirtschaftliche Forschung war durch ein sehr freundschaftliches Verhältnis geprägt. Diese positive

Arbeitsatmosphäre hat nicht nur die unvermeidlichen "Durchhänger" während der Ausarbeitung der Habilitationsschrift erträglich gemacht, sondern hat auch dafür gesorgt, daß ich immer mit Freude meiner Arbeit am Institut nachging. Meinen Kolleginnen und Kollegen Dipl.-Vw. Thomas Köhler, Dr. Stefan Kooths, Dr. Markus Langenfurth, Dr. Thomas Lueb, Dr. Christian Lütke Wöstmann, Dipl.-Vw. Gisela Plaßmann, Dipl.-Vw. Eric Ringhut, Prof. Dr. Theresia Theurl und Dipl.-Vw. Stefan Uhlenbrock möchte ich auch dafür danken, daß sie den regelmäßig von mir angebotenen koffeinfreien Kaffee ebenso ertragen haben, wie die (von mir durch lautes Pfeifen begleiteten) Ausbrüche gesteigerten Arbeitselans.

Insbesondere möchte ich Gisela Plaßmann für die Mühen danken, denen sie sich während des sehr gründlichen Korrekturlesens unterworfen hat. Sie ist dafür verantwortlich, daß dem Leser einige unverständliche Formulierungen erspart geblieben sind. Für seine Bereitschaft, wachstumstheoretische Fragestellungen mit mir zu diskutieren, bin ich Dipl.-Math. Eric C. Meyer zu besonderem Dank verpflichtet. Seine fundierten Kommentare haben die Darstellung an vielen Stellen verbessert.

Der größte Dank gebührt allerdings meiner lieben Frau Anne und meinem Sohn David, der während der Fertigstellung der Arbeit geboren wurde, für die organisatorische und seelische Unterstützung während der Erstellung dieser Arbeit. Beide mußten infolge des Habilitationsprojektes unter Einschränkungen meiner (körperlichen und geistigen) Anwesenheit leiden. Ihnen widme ich daher diese Arbeit.

Münster, im Juni 2000 Matthias Göcke

Inhaltsverzeichnis

1. Einleitung

Die Wachstumstheorie hat – insbesondere angestoßen durch Romer (1986) – unter den beiden Labels " 'Neue' Wachstumstheorie" sowie "endogenes Wachstum" in den letzten Jahren eine Renaissance erlebt. Im Rahmen dieser neuen Ansätze wurde in Erweiterung der neoklassischen Theorie gezeigt, unter welchen Bedingungen es zu einem anhaltenden Wachstum einer Volkswirtschaft kommen kann, wobei das dauerhafte Wachstum auf die aktive Akkumulation von Faktoren im weitesten Sinne gestützt ist. Während ein anhaltendes Wachstum des Pro-Kopf-Einkommens in der Neoklassik typischerweise auf exogenem technischen Fortschritt basiert, ist die Akkumulation(sentscheidung) ein Teil des wirtschaftlichen (Entscheidungs-) Prozesses und wird im Rahmen der Modelle der "neuen" Wachstumstheorie explizit erfaßt – sprich endogenisiert. Daher die Verwendung des Begriffs "endogenes" Wachstum.

Die in den Mittelpunkt der Analyse gerückten zusätzlichen erklärenden Faktoren sind neben den Produktivitäts-Spillovers zwischen den Wirtschaftsakteuren insbesondere das Humankapital im weitesten Sinne sowie das durch Forschung und Entwicklung angehäufte technologische Wissen. In dieser Arbeit wird aus diesem weiten Gebiet allerdings nur ein bestimmter Bereich näher betrachtet: Der Aufbau von Humankapital in Form von Erfahrung durch die Ausübung einer Tätigkeit – i.e. das Learning-by-doing.

Die mit der Ausübung früherer Produktionstätigkeiten gewonnene Erfahrung bewirkt bei der späteren erneuten Durchführung der gleichen oder auch ähnlicher Tätigkeiten eine Verbesserung, die sich in erhöhter Qualität oder auch in einer gesteigerten Produktivität widerspiegelt. Schon in der neoklassischen Wachstumstheorie wurden die Auswirkungen dieses Sachverhalts auf das Wachstum in relativ einfacher Weise untersucht.[1] Im Rahmen des vorliegenden Ansatzes wird – ebenso wie in vielen anderen Bereichen der "neuen" Wachstumstheorie – die bekannte neoklassische Wachstumstheorie verändert bzw. ausgebaut, um eine theoretische Grundlage für das Phänomen eines anhaltenden, aus dem Wirtschaftsprozeß heraus erzeugten (und daher "endogenen") Wachstums zu liefern. Die Trennung zwischen einem Wachstumsprozeß, der in einer der neoklassischen Theorie analogen Weise letztlich zum Stillstand der Faktorakkumulation und damit zu konstanten Niveaus der Pro-Kopf-Größen führt, und Wachstumsprozessen, die ein dauerhaftes auf der Akkumulation von Faktoren basierendes Wachstum ermöglichen, liegt oft nur in den Wertebereichen der Modellparameter begründet. Gleiches gilt auch hier: Mit dem vorgestellten Modellrahmen läßt sich daher ein nach Art der Neoklassik verebbender Wachstumsprozeß ebenso wie ein dauerhaftes endogenes Wachstum beschreiben.

---

1 Vgl. Arrow (1962) oder Sheshinski (1967).

Die Modellierung des Learning-by-doing erfolgt in dieser Arbeit in expliziter Weise über die (gewichtete) zeitliche Aggregation der vergangenen Produktionstätigkeit der gesamten Volkswirtschaft. Das aus einzelwirtschaftlicher oder auch sektorspezifischer Betrachtung bekannte Konzept der Erfahrungskurve wird damit auf die gesamtwirtschaftliche Betrachtung übertragen. Die Erfahrungsbildung ebenso wie der Erfahrungsstock einer Volkswirtschaft wird hierbei explizit im Modell erfaßt. Dies steht im Gegensatz zur "traditionellen" Modellierung von Erfahrungseffekten in der gesamtwirtschaftlichen Wachstumsanalyse: Dort wird vereinfachend die Erfahrungsbildung als an die Sachkapitalakkumulation gekoppelt gesehen.[2] Dies bedeutet, daß die Erfahrungsbildung nur parallel zu den Investitionen in neues Sachkapital erfolgt. Diese Vereinfachung hat zur Folge, daß nur die Entwicklung des Sachkapitalstocks, der nun eine Kombination aus physischem Kapital sowie der inkorporierten Erfahrung darstellt, im Modell explizit beschrieben werden muß. Der Nachteil liegt auf der Hand: Ein von der Sachkapitalakkumulation abgekoppelter Erfahrungsaufbau sowie eine eigene Steuerung der Erfahrungsbildung über die Entscheidung, wie intensiv oder wie lange das neu aufgebaute Kapital genutzt werden soll, ist nicht möglich. In dieser Arbeit wird jedoch gerade dieses explizit abgebildet. Der Sachkapitalstock wird mittels der Entscheidung über die Investitionshöhe unabhängig vom Aufbau der Erfahrung gesteuert. Die Kontrolle des Erfahrungsaufbaus erfolgt indirekt mit der Entscheidung über die Länge der Nutzung des Sachkapitalstocks im Rahmen der Entscheidung über die Dauer des Einsatzes der Arbeit und der damit gleichzeitig implizierten Entscheidung über die Höhe der Produktion.

Die Wahl eines Analyserahmens, der die explizite, vom Sachkapitalaufbau abgekoppelte Betrachtung der Erfahrungsbildung erlaubt, hat allerdings auch den Nachteil, daß der formale Aufbau des Modells erheblich komplexer wird. So beinhaltet ein einfaches neoklassisches Wachstumsmodell bei expliziter dynamischer Optimierung der Akkumulation des Sachkapitals über die Konsum-vs.- Investition-Entscheidung zwei Differentialgleichungen: eine für die Entwicklung des Sachkapitalstocks sowie eine für die Entwicklung der Sparquote als Steuerungsvariable. Die Einbeziehung des Aufbau des Erfahrungsstocks führt dazu, daß sich das Modell um eine Bewegungsgleichung für die Entwicklung des Erfahrungsstocks sowie um eine Differentialgleichung für die Arbeitszeit-vs.-Freizeit-Entscheidung, mit der über die Tätigkeitsdauer der Aufbau der Erfahrung gesteuert wird, vergrößert. Da es sich im allgemeinen um nicht-lineare Gleichungen handelt, dürfte offensichtlich sein, daß die Verdopplung der Zahl der Differentialgleichungen zu einer schwerwiegenden Erhöhung des Schwierigkeitsgrades der rein algebraisch-formalen Handhabung des Modells führt. Hierin dürfte der entscheidende Grund für die vereinfachende Bindung der Erfahrungsakkumulation an die Sachkapitalakkumulation in der Wachstumstheorie liegen. Der Umgang mit aufwendigen mathematischen Ausdrücken ist in den letzten Jahren allerdings durch das Aufkommen immer leistungsfähigerer Mathematik-Software möglich geworden. Unter Zuhilfenahme dieser technischen Unterstützung konnten

---

2 Vgl. z.B. Arrow (1962), Levhari (1966a,b), Sheshinski (1967) oder auch Greiner (1996).

daher auch manuell eigentlich kaum handhabbare formale Ausdrücke bewältigt werden.

In der vorliegenden Arbeit wurde folgendes Vorgehen gewählt: Das zweite Kapitel dient der ausführlicheren Darstellung einiger "Präliminarien". So soll im Rahmen dieses vorweg eingeschobenen Kapitels – ergänzend zur einfachen verbalen Darstellung dieser knappen Einleitung – zunächst der Begriff des endogenen Wachstums präzisiert und daraufhin das in dieser Arbeit gewählte Vorgehen in die schon bestehenden theoretischen Ansätze vergleichend eingeordnet werden. Die weiteren Kapitel 3. bis 6. dienen der Entwicklung der verschiedenen Varianten des gesamtwirtschaftlichen Learning-by-doing-Wachstumsmodells. Geleitet von der didaktischen Handlungsanweisung der "*Übermittlung des Einfachen von dem Schwierigen*", wird bei der Abfolge der Kapitel zunächst im dritten Kapitel ein extrem simplifiziertes Modell vorgestellt, in dem das Wachstum allein auf der Produktionserfahrung als einzigem akkumulierbaren Faktor basiert. Dieses Einfachstmodell dient dann zum einen als Ausgangspunkt für die technisch-formale Implementierung des Erfahrungsaufbaus in bekannte wachstumstheoretische Modelle und zum anderen als Referenzmodell für die Interpretation der später komplexer werdenden Analyseergebnisse. Als nächste Variante wird im vierten Kapitel die vorgestellte Learning-by-doing-Erfassung in das Standardmodell des Wachstums aus Sachkapitalakkumulation implementiert, um die Wechselwirkungen zwischen der Akkumulation von Erfahrungskapital und physischem Kapital analysieren zu können. Der nächste Schritt (Kapitel 5.) besteht darin, das Learning-by-doing-Modell alternativ um die Bildung von Humankapital durch den expliziten Einsatz von Zeit für die schulische Ausbildung zu ergänzen, wobei zunächst vereinfachend auf die gleichzeitige Erfassung der Sachkapitalakkumulation verzichtet wird. Im sechsten Kapitel werden schließlich die Analysestränge zusammengeführt, indem ein umfassendes Modell der Akkumulation von physischem Sachkapital, von Humankapital aus Schulbildung sowie dem Aufbau von Produktionserfahrung aufgestellt wird. Da hier die Akkumulation dreier verschiedener Kapitalarten sowie die Steuerung dieser Akkumulationsprozesse durch drei Kontrollvariablen im Rahmen eines Modells simultan analysiert wird, ist selbst unter Zuhilfenahme technischer Unterstützung seitens der Mathematik-Software die Grenze der formalen Handhabbarkeit erreicht. Daher endet diese Arbeit anschließend an die Untersuchung des umfassenden Modells, welches die verschiedenen Submodelle zusammenführt, mit einem Fazit, in dem die einzelnen Ergebnisse für die verschiedenen Varianten einander zusammenfassend gegenübergestellt werden.

Innerhalb der einzelnen Kapitel wird ebenfalls nach dem oben genannten didaktischen Grundsatz vorgegangen. So wird in den Kapiteln 3. bis 6. zunächst jeweils das Modell bei Verzicht auf eine intertemporale Optimierung des Verhaltens der Wirtschaftssubjekte aufgestellt und daraufhin werden mögliche parametrische Vereinfachungen demonstriert. Im Rahmen dieses Ansatzes ohne dynamische Optimierung werden dann die Auswirkungen unterschiedlicher Parameter-Situationen auf die Existenz bzw. Nicht-Existenz endogenen Wachstums analysiert und im Rahmen von Simulationsbeispielen veranschaulicht, wobei möglichst auf grafische Hilfsmittel zurückgegriffen wird. In jedem Kapitel wird daraufhin das Modell in einer Variante mit integrierter intertemporaler Optimierung analysiert. Dem in allgemeiner Formulierung aufgestellten dynamischen Optimierungsansatz folgt jeweils eine Konkretisierung auf der Basis von Cobb-Douglas-Produktionsfunktionen sowie von Constant-Elasticity-of-(Intertemporal-) Substitution-Nutzenfunktionen. Für diese Form werden die Bewegungsgleichungen der einzelnen Modellvariablen hergeleitet. Somit ist es möglich, für den Fall der dynamischen Optimierung die Kapitel mit einer exemplarischen Simulation der "transitional dynamics" der Anpassung des jeweiligen Systems an sein Langfristverhalten abzuschließen.

Ein häufig auftretender Mangel wachstumstheoretischer Analysen liegt nach Ansicht des Autors in der weitgehenden Beschränkung auf die Untersuchung von steady states. Dies ist zwar infolge der dort geltenden Besonderheit, daß bestimmte Größen konstant sind, (relativ) einfach, doch bleibt der gesamte Prozeß der "transitional dynamics" unbeachtet. Die Ermittlung der Anpassungsdynamik an das langfristige Verhalten des jeweiligen Modells ermöglicht es zum einen, Simulationen des Modellverhaltens durchzuführen und zum anderen die Relevanz der steady state-Situationen abzuschätzen. So zeigt sich im Rahmen der vorliegenden Arbeit, daß die Anpassungsprozesse zum Teil einen extrem langen Zeitraum in Anspruch nehmen können. Ob die Modellparameter in der Realität für einen entsprechend langen Zeitraum als konstant angenommen werden können, dürfte bezweifelt werden. Die Relevanz einer steady state-Analyse dürfte für diese Fälle daher eher gering sein. In der vorliegenden Arbeit wurde daher – soweit mit angemessenen Einsatz (von Computer-Leistung) möglich – die steady state-Analyse um eine Betrachtung der transitional dynamics anhand von Simulationsbeispielen ergänzt.[3]

Es liegt in der Natur der Sache, daß die Arbeit auf einer recht umfangreichen formalen Analyse basiert. Dies ist eine typische Eigenschaft von theoretischen Arbeiten, die in der Tradition der neoklassischen Wachstumstheorie stehen, und insbesondere von Analysen, die auf die Anwendung dynamischer Optimierungsansätze zurückgreifen. Eine Intention des Autors besteht nun auch darin, die (leider nötige) mathematisch aufwendige Analyse durch an der ökonomischen Logik orientierte Kommentare so zu ergänzen, daß der Sinn hinter dem formalen Vorgehen offensichtlich wird.[4] Zu diesem Zweck werden zum einen die Optimalitätsbedingungen der jeweiligen dynamischen Optimierungsansätze bezüglich der ökonomischen Bedeutung ihrer einzelnen Bestandteile näher betrachtet, um vor allem den Stellenwert der Erfahrungsakkumulation im Wachstumsprozeß explizit aufzuzeigen. Zum anderen werden insbesondere

---

3 Eine allgemeine Analyse der dynamischen Eigenschaften der verschiedenen Modellvarianten erwies sich als mathematisch zu aufwendig, daher wurde stellvertretend auf die Simulationsbeispiele zurückgegriffen.

4 Wahrscheinlich aufgrund von Platzrestriktionen fehlt gerade eine solche ökonomische Interpretation des formalen Vorgehens in vielen Literaturquellen zur Wachstumstheorie. Das hieraus folgende "rein mathematische" Erscheinungsbild solcher Beiträge schreckt viele nicht mathematisch orientierte Ökonomen unnötig stark von der Lektüre ab und sollte daher – *soweit möglich* – vermieden werden.

die implizit in den formalen Optimierungsansätzen bestimmten Renditen der verschiedenen Kapitalarten zur Interpretation des dynamischen Allokationsverhaltens herangezogen. So kann die Betrachtung der Renditen der einzelnen Kapitalarten im Wachstumsprozeß die (formal hergeleiteten) Akkumulationsentscheidungen der Wirtschaftssubjekte oft direkt nachvollziehbar machen.

2. Erfahrungsakkumulation und endogenes Wachstum

Bevor auf die in der Arbeit aufgestellten speziellen Modelle zur Erfahrungsakkumulation eingegangen wird, sind einleitend zwei Dinge klarzustellen: Zuerst ist der Begriff "endogenes Wachstum" zu präzisieren, und weiterhin ist die allgemeine Begründung für ein anhaltendes Wachstum vorzustellen. Zweitens ist die Art des Vorgehens im vorliegenden Text gegenüber schon bestehenden Ansätzen vergleichend einzuordnen. Diese zwei Aufgaben sind das Thema der beiden Abschnitte dieses Kapitels.

2.1 Bedingungen für endogenes Wachstum

Die neue Wachstumstheorie basiert auf dem formalen Gerüst der neoklassischen Wachstumstheorie.[1] Die entscheidenden Unterschiede lassen sich wie folgt stichwortartig charakterisieren:

- **Neoklassische Wachstumstheorie:** Anhaltendes Wachstum des Pro-Kopf-Einkommens ist bei technischem Fortschritt als Wachstumsmotor möglich. Der technische Fortschritt ist aber als **exogen** gegebene Wachstumsrate der Faktorproduktivität formuliert.[2] Außerdem ist die langfristige steady state-Wachstums**rate** nicht durch die Faktorakkumulation (insbesondere des Kapitals), sondern letztlich durch exogen gegebene Größen (Bevölkerungswachstum oder technischer Fortschritt) bestimmt. Die Faktorakkumulation (über das Sparen) bestimmt auf Dauer nur das *Niveau*, aber nicht die *Rate* des Wachstumsprozesses.

- **"Neue" Wachstumstheorie und "endogenes" Wachstum:**[3] Das Wachstum – inklusive der Wachstumsrate – wird über ökonomische Entscheidungen innerhalb der wirtschaftlichen Sphäre selbst bestimmt. Das Analysekonzept der neoklassischen Wachstumstheorie wird fortgeführt, indem die dort noch direkt exogen formulierten wachstumsbeeinflussenden Größen endogenisiert werden. Folglich wird der technische Fortschritt bzw. die Erhöhung der Faktorproduktivität als Resultat ökonomischer Entscheidungsprozesse angesehen. Technischer Fortschritt im Sinne von Prozeßinnovationen oder die Effektivität erhöhenden Produktinnovationen (Stichwort: Computer, CAD, CIM) ist das Resultat von Investitionen in F&E, in Ausbildung oder in Humankapital und fällt nicht wie "Manna vom Himmel". Hiermit wird letztlich wieder die Bedeutung der Faktorakkumulation herausgestellt; jedoch insbesondere des Faktors "Humankapital" und des Faktors "technisches Wissen" in Abgrenzung zur Betonung der Sachkapitalakkumulation in der Neoklassik.

---

1 Verspagen (1992) spricht daher vom " *'neuen' neoklassischen*" Ansatz. Zur Einordnung der neuen Wachstumstheorie in den historisch-theoretischen Kontext vgl. ebenda S. 633 ff.

2 Zum exogenen Wachstum in der Neoklassik vgl. den Originalartikel von Solow (1957).

3 Zur Theorie endogenen Wachstums ist eine Vielzahl von "surveys" erschienen. Für einen umfassenden Überblick über neoklassische wie auch die "neue" Wachstumstheorie sei die Monographie von Barro, Sala-i-Martin (1995) empfohlen.

Aus der Faktorakkumulation kann in Modellen endogenen Wachstums ein auf Dauer anhaltendes Wachstum des Pro-Kopf-Einkommens gespeist werden.

Die entscheidenden **Bedingungen für ein *dauerhaftes* endogenes Wachstum** können anhand des Beispiels einer homogenen Produktionsfunktion vom Cobb-Douglas-Typ (Unternehmen oder Land i, Zeitpunkt t, K und L als Kapital und Arbeit) veranschaulicht werden:

(2.1) $X_{i,t} = B_{i,t} \cdot K_{i,t}^{\alpha} \cdot L_{i,t}^{\beta}$ mit $B_{i,t} = Z_{i,t}^{\gamma}$ folgt:

$$X_{i,t} = Z_{i,t}^{\gamma} \cdot K_{i,t}^{\alpha} \cdot L_{i,t}^{\beta}$$

Die Produktivität B wird nun endogen über einen neuen "Faktor" Z erklärt, hinter dem unterschiedliche ökonomische Erklärungen stehen können, wie z.B.:[4]

- Z als **weiterer Produktionsfaktor** (insbesondere als **Humankapital**, welches über die Investition in Ausbildung akkumuliert werden kann).
- B als Ausdruck der Produktivität, die sich infolge von Investitionen in **Prozeß- oder Produktinnovationen** ergibt.
- Erfassung **positiver Externalitäten** der Produktion anderer Unternehmen (insbesondere technologische Spillovers) auf die Produktivität eines betrachteten (repräsentativen) Unternehmens.

Wichtig ist hierbei, daß die Änderung von B ökonomisch **endogen** erklärt wird – d.h. auf (exogene) Parameter, die technologische Gegebenheiten oder das Verhalten der Wirtschaftssubjekte beschreiben, zurückgeführt wird – und nicht wie in der Neoklassik direkt exogen gegeben ist.

Ein **anhaltendes Wachstum** ist nur möglich, soweit die Faktorakkumulation dauerhaft mittels **nicht-sinkender Grenzerträge der akkumulierbaren Faktoren** anhält und auch wirksam bleibt. Für das Beispiel der Cobb-Douglas-Produktionsfunktion lassen sich die Bedingungen hierfür präzisieren.

Für die Pro-Kopf-Größen (Notation in Kleinbuchstaben) lassen sich die Wachstumsraten errechnen (unter Vernachlässigung der Indices i und t und bei Kennzeichnung der Wachstumsrate mittels "^"):

(2.2) $$\frac{X}{L} = \left(\frac{Z}{L}\right)^{\gamma} \cdot \left(\frac{K}{L}\right)^{\alpha} \cdot L^{\alpha+\beta+\gamma-1} \quad \Rightarrow \quad x = z^{\gamma} \cdot k^{\alpha} \cdot L^{\alpha+\beta+\gamma-1}$$

(2.3) $$\Rightarrow \hat{x} = \frac{dx/dt}{x} = \gamma \cdot \hat{z} + \alpha \cdot \hat{k} + (\alpha+\beta+\gamma-1) \cdot \hat{L}$$

---

[4] Für einen Überblick über verschiedene Interpretationsmöglichkeiten von B bzw. Z vgl. Jones, Manuelli (1994), S. 12 ff.

Bei Vernachlässigung von exogenen Wachstumsursachen ($\hat{L}=0$) folgt:

$$(2.3') \quad \hat{x} = \gamma \cdot \hat{z} + \alpha \cdot \hat{k}$$

Ein steady state mit konstanten Wachstumsraten ist möglich, soweit langfristig $\hat{z}_{st} = \hat{k}_{st}$ gilt; andernfalls würde das Einsatzverhältnis zwischen den akkumulierbaren Faktoren Z und K (i.e. die Faktorintensität von K zu Z) langfristig gegen null bzw. unendlich laufen. Folglich gilt im steady state:[5]

$$(2.3'') \quad \hat{x}_{st} = (\alpha+\gamma) \cdot \hat{k}_{st} = (\alpha+\gamma) \cdot \hat{z}_{st}$$

$$(2.4) \quad \text{für } (\alpha+\gamma)<1 \text{ folgt:} \quad \hat{x} < \hat{k} \quad \Rightarrow \quad \frac{\partial X}{\partial K} = \alpha \cdot \frac{X}{K} \text{ sinkt im Zeitablauf}$$

$$\hat{x} < \hat{z} \quad \Rightarrow \quad \frac{\partial X}{\partial Z} = \gamma \cdot \frac{X}{Z} \text{ sinkt im Zeitablauf}$$

Somit ergeben sich für eine Summe der Elastizitäten der akkumulierbaren Faktoren von $(\alpha+\gamma) < 1$ im Zeitablauf sinkende Grenzproduktivitäten dieser Faktoren: Die sinkenden Grenzerträge bewirken, daß der Akkumulationsprozeß (pro Kopf) letztlich zum Stillstand kommt. Denn aus den zusätzlich akkumulierten Faktoren wird dann im Zeitablauf immer weniger zusätzlich erzeugt, aus dem sich wiederum eine weitere Faktorakkumulation speisen könnte. Für diesen Fall folgt daher eine steady state-Wachstumsrate in Höhe von $\hat{x}_{st} = \hat{k}_{st} = \hat{z}_{st} = 0$ (konstante Niveaus). Dieses entspricht dem neoklassischen Ergebnis.

Die formale Bedingung für anhaltendes steady state-Wachstum bzw. für **nicht-sinkende Grenzerträge** der akkumulierbaren Faktoren für das Beispiel einer (ein-sektoralen) Cobb-Douglas-Produktionstechnik ist folglich $(\alpha+\gamma) = \mathbf{1}$. Allgemeiner formuliert lautet die Bedingung, daß die Funktion, die die Erstellung der akkumulierbaren Faktoren beschreibt, linear-homogen in den akkumulierbaren Faktoren sein muß.[6] Für die gesamte Produktionsfunktion unter Einschluß der nicht akkumulierbaren Faktoren bedeutet dies **steigende Skalenerträge:** $(\alpha+\beta+\gamma) > 1$.[7] Eine Ausnahme mit konstanten Skalenerträgen bildet die "Ak"-Produktionsfunktion: $x_t = A \cdot k_t$,

---

5 Vgl. Gruber (1994), S. 34. Die Ausführungen sind an dieser einführenden Stelle etwas vereinfacht. Für Faktorakkumulationsprozesse, die bei expliziter Erfassung mehrerer Sektoren eigene Elastizitäten aufweisen, können sich auch dauerhaft ändernde Intensitäten zwischen den in den jeweiligen Sektoren erstellten Kapitalarten ergeben. Für die Analyse eines solchen Falls vgl. die ausführlicheren Analysen im fünften und sechsten Kapitel dieser Arbeit.

6 Zur Linearität in den akkumulierbaren Faktoren als Bedingung für ein endogenes steady state-Wachstum (in Ein-Sektor-Modellen) vgl. z.B. Rebelo (1991), S. 506, Jones, Manuelli (1994), S. 29, oder Barro, Sala-i-Martin (1995), S. 167 ff.

7 Daher lautet der Titel des "Pionier"-Beitrags der neuen Wachstumstheorie – Romer (1986) – "*Increasing returns* and long-run growth".

wobei k als Kapital im weitesten Sinne (d.h. inklusive Humankapital, also als Kombination von K und Z) interpretiert und der Faktor Arbeit vereinfachend vernachlässigt wird.

Für die Wachstumsraten im steady state gilt im Fall endogenen Wachstums:

(2.5) $(\alpha+\gamma)=1: \quad \hat{x}_{st}=\hat{k}_{st}=\hat{z}_{st}>0$

Dies bedeutet, daß die Faktoren Z und K im steady state in konstanten Proportionen eingesetzt werden. Damit ist eine Interpretation wie in der Ak-Produktionsfunktion möglich.

Die Ak-Funktion ist zwar extrem simplifizierend, sie stellt jedoch die einfachste Form der Veranschaulichung der Mechanik des endogenen Wachstums dar. Aus diesem Grund kann sie zur Veranschaulichung des "Kerns" des dauerhaften endogenen Wachstums dienen:[8]

(2.6) $x_t = A \cdot k_t^{\alpha}$ mit $\alpha = 1$:

$$\Rightarrow \hat{x} = \hat{k} \quad \text{und} \quad \frac{\partial x}{\partial k} = A \quad \text{(ist im Zeitablauf konstant)}$$

$$\Rightarrow \hat{k} = s \cdot A = \hat{x} \quad \text{(mit } s \text{ als Sparquote)}$$

Für Ak-Produktionsfunktion ergibt sich – da keine Anpassung der Faktorintensität modelliert werden muß – sofort das anhaltend-konstante steady state-Wachstum, welches über den Verhaltensparameter s **endogen** bestimmt wird.[9] Die Sparquote s selbst kann weitergehend endogenisiert werden, indem sie über einen intertemporalen Optimierungsansatz auf Technologie und Nutzen zurückgeführt wird.

Gilt für die akkumulierbaren Faktoren sogar eine Überlinearität mit $(\alpha+\gamma)>1$, so ergeben sich im Zeitablauf steigende Grenzproduktivitäten dieser Faktoren. Daher steigt der Anreiz zur Faktorakkumulation und es ergeben sich im Zeitablauf sogar steigende Wachstumsraten des Pro-Kopf-Einkommens. Ein solches Modell weist folglich explosives Wachstum auf und kann daher kaum für die Beschreibung eines langfristigen Wachstumspfades herangezogen werden.

---

8 Für $\alpha<1$ ergäbe sich das neoklassische Solow'sche Wachstumsmodell. Für das Ak-Modell vgl. Rebelo (1991), S. 502 f. sowie S. 507, und Barro, Sala-i-Martin (1995), S. 39 ff.

9 Daher kann das Ak-Modell als Modell zur Beschreibung des steady states betrachtet werden. Vgl. hierzu z.B. MacCallum (1996), S. 57 f.

2.2 Die Erfassung von Erfahrungseffekten in Wachstumsmodellen

Im Laufe der Durchführung einer Tätigkeit erwerben Wirtschaftssubjekte Fähigkeiten, die bei späteren Tätigkeiten eine verbesserte Ausübung mit sich bringen. Sie sammeln somit eine bestimmte Form von Humankapital – die Erfahrung – durch ihre Tätigkeit, i.e. Learning-by-doing. Die Erfahrungsakkumulation ist somit ein "unfreiwilliges" **Neben- bzw. Kuppelprodukt** der Tätigkeit selbst.[10] Somit liegt ein entscheidender Unterschied zur Akkumulation des physischen Kapitals und auch zur Akkumulation von Humankapital durch Schulausbildung bzw. Studieren vor. Dort ist die Akkumulation nicht Neben-, sondern Hauptprodukt, welches durch eine direkte Entscheidung allein steuerbar ist: durch die Spar- bzw. Konsumentscheidung im Fall des physischen Kapitals und durch die Entscheidung über die Zeitverwendung im Fall des "Schooling".

Die positiven intertemporal wirkenden Lern- bzw. Erfahrungseffekte beziehen sich zwar zunächst auf die einzelnen Tätigkeitsfelder eines Individuums; sie können vom Individuum jedoch zum Teil auf andere Tätigkeitsfelder übertragen werden. Darüber hinausgehend erfolgt auch ein Erfahrungsaustausch zwischen verschiedenen Individuen und sogar zwischen Institutionen, die aus Gruppen von Individuen bestehen (also z.B. zwischen Betriebsstätten, zwischen Unternehmen oder auch zwischen Branchen). Die Erfahrungsübertragung zwischen Erfahrungsträgern (seien es Individuen oder Institutionen) kann als Erfahrungs-Spillover bezeichnet werden.

Wird also die Produktionstätigkeit in einer gesamten Volkswirtschaft betrachtet, so wird sich mit der vergangenen Produktionstätigkeit aufgrund der individuellen sowie der an Institutionen gebundenen Akkumulation von Erfahrung die gegenwärtige Produktivität erhöhen. Folgende Beispiele von individuellem sowie "supraindividuellem" oder "interindividuellem" Lernen in Individuengruppen lassen sich anführen (mit zunehmender Aggregationsebene):[11]

- Individuelles manuelles Lernen bzw. Erfahrung im engeren Sinne für bestimmte Tätigkeiten, i.e. Trainingseffekte.[12] So führt das Arbeiten mit einem Computerbetriebssystem mit der Zeit zu einem besseren "Verstehen" der Arbeitsweise des Computers und somit zu höherer Problemlösungsfähigkeit.

---

[10] Zur Eigenschaft des Erfahrungsaufbaus als Nebenprodukt der Güterproduktion vgl. Rosen (1972).

[11] Zum institutionellen bzw. organisatorischen Hintergrund "supraindividuellen" Lernens vgl. Pigliaru, Segnana (1992), S. 295 ff., sowie Herriott, Levinthal, March (1985). Für die Beziehung zwischen Lernen und der Organisation von Unternehmen am Beispiel der Computertechnik vgl. Elkjaer (1995).

[12] Einige Autoren unterscheiden explizit zwischen "Training" und "Learning-by-doing". Mit Training ist der bewußte Zeiteinsatz nur zum Zweck des Erlernens einer bestimmten Tätigkeit gemeint. Folglich ist beim Training der Fähigkeitserwerb das Hauptziel der Aktivität. Dies ist der Schulausbildung sehr ähnlich. Beim eigentlichen Learning-by-doing tritt hingegen der Erfahrungsaufbau als Nebeneffekt der eigentlichen Aktivität auf. Hier ist der direkte Output dieser Aktivität das Hauptziel. Vgl. hierzu Killingsworth (1982).

- Übertragung auf andere Tätigkeitsfelder eines Individuums. Die bei der Arbeit mit einem Computerprogramm gewonnene Erfahrung erleichtert das Arbeiten mit anderen Programmen oder auch den Umgang mit elektronischen Geräten im allgemeinen, wie z.B. die Programmierung von Videorecordern.
- Übertragung auf andere Individuen. Die Übermittlung eigener Erfahrungen erleichtert den Kollegen die Einarbeitung in ein Computerprogramm. Des weiteren kann die Beobachtung der Aktivitäten anderer Individuen einen Lerneffekt mit sich bringen.[13]
- Technologische und organisatorische Verbesserungen in einem Unternehmen (als einer Gruppe von Individuen), die mit der Produktion in der Vergangenheit verbunden sind. Beispiel: Die Reorganisation einer Produktionstätigkeit auf der Basis vergangener Erfahrungen.
- Technologische oder auch organisatorische Spillovereffekte zwischen den Unternehmen. Beispiele: Ausbreitung der Fließbandproduktion oder die Ausbreitung des Lean-Management.[14]
- Verbesserte Produkte – und zwar selbsterstellte ebenso wie von anderen Unternehmen erstellte – werden als Vorleistungen bzw. Vorprodukte in der Produktion eingesetzt und führen so zur Erhöhung der Produktivität sogar in anderen Branchen einer Volkswirtschaft oder bei international gehandelten Vorprodukten auch in Auslandsbranchen. Beispiel: Das Vordringen des Einsatzes der Mikroelektronik in alle Wirtschaftsbereiche.

Die Auflistung von Erfahrungseffekten sowie der auftretenden Spillovers zwischen den Wirtschaftssubjekten macht deutlich, wie bedeutend solche Effekte für die (wirtschaftlichen) Tätigkeiten und zwar auf allen von der Ökonomik betrachteten Aggregationsebenen sind. Lerneffekte haben im mikroökonomischen Bereich eine gewichtige Bedeutung sowohl für die individuellen Lernentscheidungen als auch für die (strategischen) Unternehmensentscheidungen. Soweit unterschiedliche Lernraten oder auch differierende relative Erfahrungsniveaus zwischen Unternehmen einer Branche oder auch den Produktionssektoren verschiedener Länder vorliegen, verschieben sich im Zeitablauf die komparativen Vorteile zwischen den Unternehmen einer Branche, den Sektoren eines Landes oder auch zwischen verschiedenen Ländern. Daher ist die Betrachtung der Erfahrungseffekte für die Entwicklung der Konkurrenzstruktur innerhalb einer Branche, für die Entwicklung der Wirtschaftsstruktur sowie für die Entwicklung des Außenhandels von Bedeutung. Wenn aber die Relevanz der Lerneffekte auf mikro- und mesoökonomischer Ebene unbestreitbar ist, muß auch ein makroökonomischer Effekt der Erfahrungsakkumulation auf das gesamtwirtschaftliche Wachs-

[13] Für das "Learning-by-observing" vgl. Gale (1996).

[14] Für die Differenzierung von unternehmensinternem Lernen ggü. externem Lernen über die Diffusion von Wissen vgl. Paqué (1995), S. 240 sowie S. 248. Zur Frage der Übertragbarkeit von Erfahrung zwischen Individuen und auch zwischen Unternehmen vgl. Rosen (1972), S. 367 f. sowie 381 f. Zu firmenspezifischem Lernen und unvollständigen Spillovers im Fall transnationaler Unternehmen vgl. Wang (1996).

tum einer Volkswirtschaft bestehen. Der theoretischen Analyse der gesamtwirtschaftlichen Wachstumseffekte der Erfahrungsakkumulation ist diese Arbeit gewidmet.

Die empirisch zu beobachtenden Erfahrungs- und Lerneffekte lassen sich auf unterschiedliche Weise modelltechnisch erfassen:[15]

- Über eine Verbindung zur Kapitalakkumulation ("*Learning-by-investing*"): Je mehr Kapital akkumuliert wird, desto größer wird die Produktionserfahrung. Alternative Interpretation: Neue Erfahrung wird nur an neu installiertem Kapital gesammelt.[16]
- Über Vintage- (Jahrgangs-) Modelle der Kapitalakkumulation: Neue, modernere Jahrgänge der Kapitalgüter haben eine höhere Produktivität.[17]
- Über die explizite Erfassung der Aggregation von Humankapital in Form von Ausbildungsinvestitionen ("*Learning-by-schooling*").[18]
- Über eine Verbindung zu Produkt- und Prozeßinnovationen oder endogen über die Verknüpfung zu den dahinterstehenden Forschungsinvestitionen. Grund: Neu entwickelte Produktlinien und auch neu entdeckte Produktionstechniken weisen die höchste Lernrate auf.[19]
- Über eine Verbindung zur zunehmenden Arbeitsteilung und des Erlernens der spezialisierten Tätigkeiten.[20]
- Über die Erfassung der Zeit, die mit der Produktionstätigkeit verbracht wird.[21]
- Über die zeitlich aggregierte Produktionsmenge als Verkörperung der Produktionserfahrung: i.e. die *Erfahrungskurve* aus dem betriebswirtschaftlichen Bereich der strategischen Unternehmensplanung. Die Erfahrungskurve bezieht sich primär

---

[15] Für einen sehr allgemeinen Modellrahmen vgl. Zhang (1994). Eine kleine Übersicht über wachstumstheoretische Modelle des Learning-by-doing ist zu finden in Schneider, Ziesemer (1995), S. 440 ff. Für einen weitfassenden Survey über die Beziehung von Lernen und Wachstum vgl. Jovanovic (1995). Jovanovic unterscheidet in seiner Darstellung sogar explizit zwischen vier verschiedenen Wissensformen: Research, Schooling, Learning-by-doing und Training. Für einen knappen Überblick vgl. Long, Wong (1997), S. 14 ff.

[16] Für ein frühes Beispiel vgl. Sheshinski (1967). Sheshinski führt über das "Learning-by-investing" die Erfahrungsakkumulation in das neoklassiche Wachstumsmodell von Solow (1957) ein. Der "Pionier" der neuen Wachstumstheorie, Romer (1986), geht ebenfalls entsprechend vor. Vgl. ebenda S. 1018 ff. Dort wird das Kapital explizit als "composite" (Verbund) in fixer Proportion aus physischem Kapital und Erfahrung beschrieben.

[17] In diese Kategorie fällt auch der wegbereitende Beitrag von Arrow (1962).

[18] In diesen Ansätzen wird im Grunde das Entscheidungsproblem der Wahl der Zeitverwendung zwischen der schulischen Ausbildung und der beruflichen Tätigkeit modelliert. D.h. es handelt sich prägnant formuliert um die Frage des "Learning-**or**-doing". Die bekanntesten Vertreter sind Uzawa (1965) und Lucas (1988), S. 17 ff. Vgl. auch Chamley (1993), Caballe, Santos (1993) sowie Elkan (1996).

[19] Zum Lernen bei neuen Produkten vgl. z.B. Young (1991) und Stokey (1988). Zum Lernen bei neuen Produktionstechnologien vgl. Parente (1994).

[20] Vgl. Yang, Borland (1991).

[21] Vgl. z.B. Gillmann (1993) und Jones, Manuelli (1994), S. 30.

auf bestimmte Produkte bzw. Produktlinien; teilweise werden auch die Erfahrungseffekte ganzer Branchen über Erfahrungskurven beschrieben.

Die Modellierung des Lernens in dieser Arbeit orientiert sich an dem Konzept der Erfahrungskurve. Die zentrale Aussage des Erfahrungskurvenkonzepts lautet, daß sich mit einer Verdoppelung der über die Zeit aggregierten Produktionsmenge eines Gutes die Kosten der Herstellung um einen konstanten Satz verringern, d.h. die Faktorproduktivität in der Produktion dieses Gutes erhöht sich mit der zeitlich aggregierten Produktionsmenge, über die die gewonnene Erfahrung beschrieben wird.[22] Die Wahl der Modellierung der Erfahrungseffekte über die zeitlich aggregierte Produktionsmenge ist – insbesondere in Abgrenzung zu den Alternativmöglichkeiten – näher zu erläutern.

Aus gesamtwirtschaftlicher Sicht ist zu beachten, daß die Erfahrungskurve produkt(linien)spezifisch ausgerichtet ist: Unterschiedliche Produkte besitzen unterschiedliche Lernraten. Die verschiedenen Güter einer Volkswirtschaft weisen zudem eine unterschiedliche Stellung im Lernprozeß auf. Da zu Anfang der Produktion eines Gutes die Verdoppelung der zeitlich aggregierten Produktionsmenge relativ schnell gelingt, sind hier die Produktivitätsfortschritte am größten. Produkt- und Prozeßinnovationen weisen somit das höchste Produktivitätswachstum auf. Zudem wird ein Teil der gewonnenen Erfahrung obsolet, weil bestimmte Produkte bzw. Produktionsprozesse verschwinden oder auch weil an Individuen gebundenes Wissen durch Vergessen oder den Tod der Wissensträger untergeht. Der Verfall des Wissens kann einfach über eine gesamtwirtschaftliche Abschreibungsrate auf die Erfahrung analog zur Abschreibung des physischen Kapitals beschrieben werden. Die Unterschiedlichkeit der Lernraten verschiedener Produkte und Prozesse kann nicht ohne weiteres in eine (Ein-Gut-)Makrobetrachtung übernommen werden: Hier wird eine durchschnittliche gesamtwirtschaftliche Lernrate zu modellieren sein. Die Annahme einer bestimmten gesamtwirtschaftlichen Lernrate setzt damit voraus, daß die "Lernstruktur" zwischen einzelnen Branchen konstant bleibt: Während sich einige neue Möglichkeiten der Erfahrungsakkumulation auftun, wird der Erfahrungsstock anderer Bereiche wertlos. Selbst bei konstanter Struktur von "alten" zu "neuen" Bereichen führt eine höhere gesamtwirtschaftliche Produktion zu einer höheren Erfahrungsakkumulation.

Eine am Konzept der Erfahrungskurve orientierte Modellierung des gesamtwirtschaftlichen Wachstums sollte möglichst zwei Anforderungen erfüllen: Erstens sollte erfaßt

---

22 Für eine knappe Darstellung eines klassischen Beispiels – der Untersuchung der Kostenentwicklung im Fall des "Liberty Ship"-Programms der USA im 2. Weltkrieg – vgl. Lucas (1993), S. 259 ff. Einen Überblick über das Erfahrungskurvenkonzept bietet Bauer (1986). Genau genommen wäre zwischen der Lernkurve, die sich auf die Lohnkosten bezieht, und der Erfahrungskurve, die sich auf die gesamten Stückkosten bezieht, zu unterscheiden; diese Unterscheidung ist hier aber nicht relevant. Vgl. hierzu Dunst (1983), S. 68 ff., oder Backhaus (1990), S. 155 ff. Eine sehr detaillierte Betrachtung dynamischer Skalenerträge des Learning-by-doing auf der Basis der Erfahrungskurve ist bei Christiaans (1997), S. 75 ff., zu finden.

werden, daß Erfahrung mit alten Produkten oder Prozessen obsolet werden kann, d.h. es sollte eine Abschreibung auf die (hier gesamtwirtschaftliche) Erfahrung erfolgen. Dies ist bei Betrachtung bestimmter Produkte nicht erforderlich: Solange ein Gut produziert wird, wird die (Produkt-) Erfahrung auch genutzt; wird die Produktion eingestellt, wird auch die Erfahrung nutzlos. Folglich könnte hier die Abschreibung direkt über die Betrachtung der Produktion einzelner Produkte erfaßt werden. Zweitens sollte auch die Möglichkeit der Existenz von Spillovereffekte des Lernens in einfacher Form modelltechnisch berücksichtigt werden sein. Dies kann geschehen, indem die Pro-Kopf-Lernrate von der gesamtwirtschaftlichen Produktion abhängig gemacht wird.

Die Erfassung der Lerneffekte als Nebenprodukt der Akkumulation physischen Kapitals hat in der Wachstumstheorie eine lange Tradition. Die ersten (wie auch spätere) neoklassisch-orientierten Wachstumsmodelle des Learning-by-doing verfahren auf diese Weise.[23] Dies wird damit ökonomisch begründet, daß nur neue Produkte und neue Prozesse neues Lernpotential eröffnen. Zur Produktion neuer Produkte im Rahmen modernerer Prozesse ist jedoch die Installation eines neuen Kapitalstocks erforderlich. Mit dem Aufbau des Kapitalstocks K wird somit gleichzeitig die Akkumulation der Erfahrung modelliert. Eine Trennung der Entscheidung über das Erreichen der Lerneffekte von der Entscheidung zum Aufbau des physischen Kapitals ist jedoch nicht möglich. In Optimierungsansätzen erfaßt somit der Schattenpreis für die Kapitalakkumulation zwei Effekte: den Ertrag des physischen Kapitals sowie den Ertrag der akkumulierten Erfahrung. Entsprechend könnte K hier – wie im Fall der Ak-Produktionsfunktion – als zusammengesetzte Größe ("composite") interpretiert werden. Der Vorteil dieser Modellierung besteht daher in Modellen dynamischer Optimierung darin, daß nicht zwei getrennte Optimalitätsbedingungen für die Akkumulationsentscheidungen für das physische Kapital und für die Sammlung von Erfahrung sowie die zwei zugehörigen Bewegungsgleichungen für die Schattenpreise von Kapital und Erfahrung zu kontrollieren sind. Statt dessen ist hier nur der eine "composite"-Kapitalstock, der die Effekte von Kapital- und Erfahrungsakkumulation zusammenfaßt, sowie sein Schattenpreis zu steuern.

Das Motiv der rechnerischen Vereinfachung führt demnach gerade in Modellen mit dynamischer Optimierung zur Bindung der Lerneffekte an die Investitionen, um den Preis, daß eine getrennte Steuerung der beiden Akkumulationsprozesse nicht möglich ist. Denn das Einfügen einer Möglichkeit zur Beeinflussung der Erfahrungsakkumulation zum Beispiel in Form einer Freizeit-Arbeitszeit-Wahl der Wirtschaftsubjekte bedeutet zwar, daß eine (zweite) zusätzliche Kontrollvariable eingeführt wird. Trotzdem ist aber die von der Sachkapitalakkumulation getrennte Kontrolle der Erfahrungsakkumulation nicht möglich, da infolge der kombinierten Erfassung von Kapital-

---

23 Vgl. Arrow (1962), Levhari (1966a,b) und Sheshinski (1967). Für neuere Ansätze dieser Art vgl. z.B. Greiner (1996). Für eine Lehrbuch-Darstellung vgl. Arnold (1997), S. 81 ff.

und Erfahrungsakkumulation nur der (eine) "composite" Schattenpreis vorliegt.[24] Sollen entsprechende Probleme vermieden werden, so ist eine modelltheoretische Trennung des Lernens vom Investieren nötig.

Das Konzept der Erfahrungskurve ist primär produktbezogen; daher findet sich eine Modellierung von Erfahrungseffekten über die aggregierte Produktionsmenge vorwiegend in Analysen, die einen expliziten Bezug zu bestimmten Produkten betonen. So werden zum einen Modelle für ein Gut einer Branche formuliert und die aus den dynamischen Skalenerträgen folgenden Effekte auf die Wettbewerbsstruktur innerhalb der Branche untersucht.[25] Zum anderen wird für verschiedene Güter mit unterschiedlichen Lernraten analysiert, wie sich die Veränderung der komparativen Vorteile zwischen den Gütern auf die Branchenstruktur oder auch auf den Außenhandel auswirkt.[26] Ein weiterer Zweig besteht darin, die Effekte der Innovation neuer Produkte bei Vorliegen von Lerneffekten insbesondere in der Anfangsphase der Produktion ebendieser Produkte zu untersuchen. Die Bedeutung der Spillovereffekte wird häufig betont – und zwar der Spillover zwischen den Unternehmen einer Branche und der Folgen für die Wettbewerbsstruktur sowie für die Gestaltung der öffentlichen Politik ebenso wie die Frage internationaler Spillovers und der Folgen für die internationale Verteilung komparativer Vorteile.[27]

Die explizite Erfassung der Erfahrungsbildung für verschiedene Unternehmen, Branchen oder auch für neue Produkte hat den Vorteil, daß wichtige Aspekte des Lernens korrekt erfaßt werden. So kann die Verschiebung komparativer Vorteile modelliert werden oder auch die Veränderung der Lernrate bei der Einführung von Innovationen. Diese Vorteile der expliziten Modellierung bringen allerdings unweigerlich den Nachteil einer Erhöhung der Komplexität der Modelle mit sich. Es sind neben dem schon aufwendigeren Modell-"Kern", der z.B. die Struktur der Unternehmen oder Branchen bzw. die Einführung neuer Produkte beschreibt, die verschiedenen Erfahrungsstocks zu erfassen. Diese weisen bei intertemporaler Optimierung jeweils eigene Schattenpreise auf, die getrennt zu steuern sind (z.B. über die Aufteilung der Faktoren auf die unterschiedlichen Verwendungsmöglichkeiten). Die starke Zunahme der Komplexität im Bereich der expliziten Modellierung der Struktureffekte der Erfahrung zwingt in anderen Modellbereichen zur extremen Vereinfachung. So wird oft auf

---

24 Die Einführung einer Wahl zwischen Freizeit und Konsum im Rahmen einer intertemporalen Optimierung führt in Modellen endogenen Wachstums zu weiteren Problemen, die im Abschnitt 3.2.4 dieser Arbeit näher erläutert werden. Hierzu sei auf die dortigen Ausführungen verwiesen.

25 Für eine Untersuchung der Bedeutung des Lernens bei Vorliegen von Spillovers für die Wettbewerbsstruktur einer Branche vgl. Stokey (1986).

26 Zur Dynamik komparativer Vorteile und internationaler Spezialisierung bei produktspezifischem Lernen vgl. z.B. Murat, Pigliaru (1994), Young (1991), Stolpe (1995) und Christiaans (1997), S. 110 ff.

27 Vgl. z.B. Clemhout, Wan (1970), Stokey (1986), Kohn, Marion (1993), Dehejia (1993) oder Pigliaru, Segnana (1992).

eine intertemporale Optimierung sowie auf die Erfassung anderer akkumulierbarer Faktoren wie z.B. physisches Kapital verzichtet.

Eine alternative Modellierung von Lerneffekten bestünde in der Betrachtung des **Zeit**einsatzes der Wirtschaftssubjekte für bestimmte Tätigkeiten an Stelle der Betrachtung der Produktionsmenge als Folge des Einsatzes der Arbeitszeit. Eine solche Erfassung ist dem Konzept der Erfahrungskurve sehr ähnlich und dürfte – da die Produktionsmenge über die Produktionsfunktion streng monoton steigend mit der eingesetzten Arbeitszeit verbunden ist – für spezielle Formulierungen des Learning-by-producing in eine der Erfahrungskurve entsprechenden Form überführt werden können. Bei den vorliegenden Modellen, die den Zeiteinsatz in der Produktion zu erfassen versuchen, ist allerdings die vereinfachend fehlende Differenzierung von Humankapitaleinsatz und reinem (Arbeits-) Zeiteinsatz problematisch.[28] Damit wird implizit angenommen, daß das Wissen nur in Form des an Individuen gebundenen Humankapitals vorliegt und daß die Nutzung des Humankapitals nur mittels einer eins-zu-eins-Relation zur Arbeitszeit erfolgen kann.[29]

Zusammenfassend ist festzustellen, daß die bisherige Forschung im Bereich der Evaluierung der Bedeutung von Lerneffekten eine eher "dualistische" Struktur aufweist. Auf der einen Seite stehen extrem vereinfachende Modelle des Learning-by-investing, die auf der Tradition neoklassischer Wachstumsmodelle beruhend die Erfahrungseffekte nur über die physische Kapitalakkumulation miterfassen. Auf der anderen Seite stehen die Modelle, in denen Erfahrung explizit über die sie verursachende Tätigkeit modelliert wird. Aufgrund der schnell anwachsenden Komplexität dieser Modelle, erfolgt hier allerdings oft an anderer Stelle eine Reduktion des "Schwierigkeitsgrades", z.B. indem auf eine intertemporale Optimierung verzichtet wird, indem bestimmte Branchen explizit betrachtet werden oder auch indem von Spillovers abstrahiert wird.

Diese Arbeit möchte dazu beitragen, den Bereichs zwischen den beiden genannten "Polen" aufzufüllen. Die Analyse soll zwar auf gesamtwirtschaftlich aggregierter Ebene erfolgen; hierbei wird allerdings die Erfahrungsakkumulation von der Kapitalakkumulation getrennt. Als erfahrungsbildende Tätigkeit wird somit die gesamtwirtschaftliche Produktionstätigkeit zugrundegelegt, die Struktureffekte unterschiedlicher Erfahrungsbildung verschiedener wirtschaftlicher (Produktions-) Tätigkeiten bleiben daher unberücksichtigt. Eine schematische Darstellung der Einordnung der vorliegenden Arbeit findet sich in Abb. 2.1.

Die Besonderheiten des gewählten Vorgehens seien zusammenfassend, insbesondere in Abgrenzung zur Modellierung in Form des "Learning-by-investing" anhand von

---

[28] Vgl. z.B. Lucas (1988), S. 27 ff.

[29] Zur Unterscheidung von gebundenem und ungebundenem Wissen vgl. z.B. Romer (1990), S. 256. Die Existenz von nicht an Individuen gebundenen Wissen ist aufgrund der begrenzten geistigen Kapazität des Menschens für ein nicht begrenztes Wachstum entscheidend.

schematischen Darstellungen der Modellstruktur verdeutlicht. Die Struktur des in der Tradition von Arrow stehenden Modells des Learning-by-investing wird in Abb. 2.2 veranschaulicht und soll mit der Struktur des hier analysierten und in Abb. 2.3 schematisch dargestellten Modells, welches eine getrennte Erfassung der Akkumulation des physischen Kapitals über das Investieren sowie des Erfahrungsaufbaus über die Produktionstätigkeit erlaubt, verglichen werden.[30]

Modellierungs-technik Objekt des Modells	Bindung der Erfahrung an Kapitalakkumulation	Eigene explizite Erfassg. d. Erfahrung aus wirtschaftl. Tätigkeit
gesamtwirtschaftl. Analyse (ein Gut)	Standardvorgehen in Neoklassik u. in neuer Wachst.theorie	**eigene Positionierung**
Strukturanalyse (mehrere Güter)	(nicht sinnvoll)	Vorgehen in industrieökon. u. in außenwirt. orientierten Analysen u. bei Innovationen

Abb. 2.1: Einordnung des eigenen Vorgehens in die bestehende Literatur

Im Fall des Learning-by-investing wird die Dynamik des Modells über die Höhe der Investitionen gesteuert. Mit den Investitionen wird ein aus physischem Kapital und Erfahrung bestehender "Verbund"-Kapitalstock aufgebaut. Der Güterkonsum ist die einzige Nutzenquelle. Das gesamte Arbeits(zeit)potential wird in der Produktion eingesetzt, da Freizeit nicht als nutzenstiftend modelliert wird. Eine explizite Erfassung der Arbeitszeit-Freizeit-Entscheidung ist zur Steuerung des Systems nicht nötig – dies wird allein über die Konsum-Investitions-Entscheidung erreicht.

Im Vergleich zur "Verbund"-Modellierung kann die Struktur des in dieser Arbeit entwickelten Modellrahmens anhand des Schemas in Abb. 2.3 verdeutlicht werden. Das physische Kapital wird vom Erfahrungsstock explizit getrennt. Der Aufbau des reinen Sachkapitals wird weiterhin durch die Investitionsentscheidung gesteuert. Der Aufbau des Erfahrungsstocks ist nun als Kuppelprodukt der Produktionstätigkeit erfaßt. Eine Steuerung des Erfahrungsaufbaus erfolgt indirekt über die Festlegung der Produktionsmenge im Rahmen der Arbeitszeit-Freizeit-Entscheidung. Die Freizeit geht neben dem Güterkonsum in den Nutzen der Wirtschaftssubjekte ein. Zur Steuerung dieses System mit zwei Zustandsvariablen ist die mit der Arbeitszeitentscheidung gegebene zusätzliche Kontrollmöglichkeit notwendig.

---

30 Die schematische Darstellung der Modellstruktur erfolgt ähnlich zu den Flußdiagrammen, die in Meyer, Müller-Siebers, Ströbele (1998), z.B. S. 10, zu finden sind. Für eine der Abb. 2.2 entsprechenden Grafik vgl. ebenda S. 141.

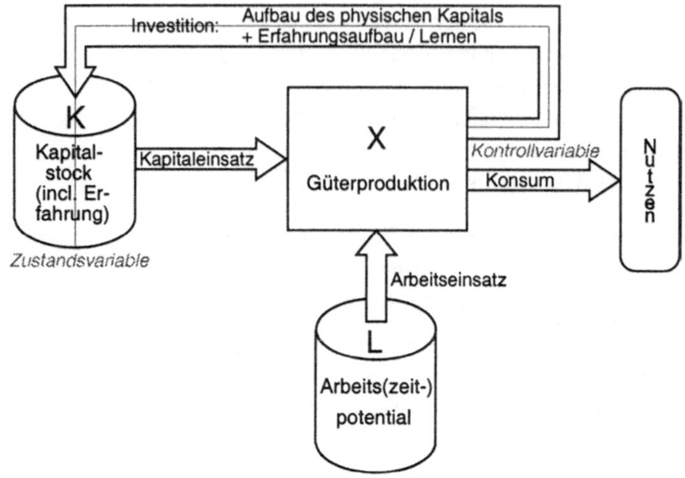

Abb. 2.2: Erfahrungsaufbau als Nebenprodukt des Investierens

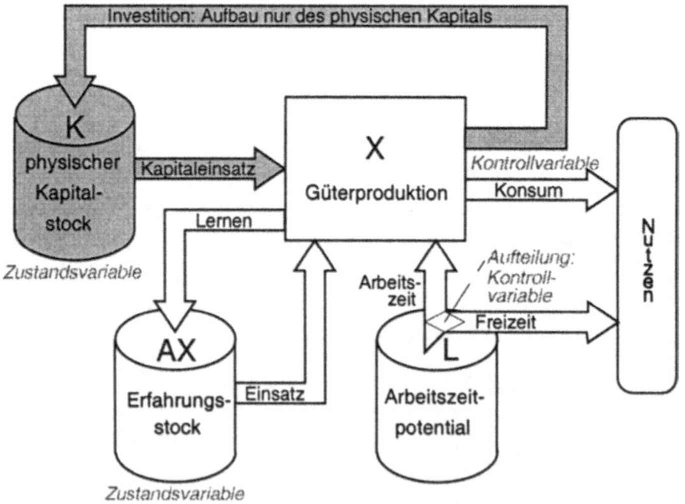

Abb. 2.3: Erfahrungsaufbau als Kuppelprodukt der Produktionstätigkeit

In Abb. 2.3 wird veranschaulicht, daß der grau schattierte Bereich der Sachkapitalakkumulation unabhängig vom (bzw. zusätzlich zum) produktionsbasierten Erfahrungsaufbau in die Modellstruktur integriert wird. Ein simples Modell, welches allein aus dem nicht-grau-schattierten Bereich besteht, ist ohne weiteres denkbar. In diesem Fall wird die Erfahrung als einzige Kapitalart akkumuliert. Eine Steuerung erfolgt dann allein über die Arbeitszeit-Freizeit-Aufteilung. In dieser Form interpretiert, wird der nicht-grau-schattierte Modellteil in Abb. 2.3 um die reine Sachkapitalakkumlation erweitert. In ähnlicher Weise kann das "Learning-by-producing"-Modell um die Akkumulation von schulischem Humankapital ergänzt werden.

Als Einstieg in die Analyse soll zunächst – d.h. im folgenden 3. Kapitel – ein im Grunde übersimplifiziertes Modell mit einem *nur* auf Learning-by-doing basierenden Wachstum vorgestellt werden. Dieses Modell wird gerade durch den nicht-grauschattierten Teil in Abb. 2.3 beschrieben. Der Sinn besteht nicht darin, über dieses simple Modell den tatsächlichen Wachstumsprozeß möglichst wirklichkeitsnah zu modellieren, sondern in der Vermittlung eines Eindrucks, auf welche Weise die explizite Erfassung von Erfahrung infolge von Produktionstätigkeit im Rahmen eines typischen wachstumstheoretischen Modells erfolgen kann. Es wird aufgezeigt, wie die Arbeitszeit-Freizeit-Aufteilung der Wirtschaftssubjekte zu intertemporal-optimalem Verhalten führt. Diese explizit von der Akkumulationsentscheidung anderer Faktoren getrennte Entscheidungsmöglichkeit führt dazu, daß in diesem Modell eine intertemporale Optimierung sinnvoll durchgeführt werden kann, denn diese Steuerungsmöglichkeit muß zum Management der explizit modellierten Entwicklung des Schattenpreises der Erfahrung genutzt werden. Demgegenüber würde eine Implementierung der Freizeit-Arbeitszeit-Entscheidung in Modellen, die diesen zusätzlichen Steuerungsbedarf nicht haben, zu einer Art "Überdeterminiertheit" führen. Da nur ein Schattenpreis (z.B. des physischen Kapitals) zwei Entscheidungsmöglichkeiten gegenübersteht (z.B. die Freizeit-Entscheidung zusätzlich zur Wahl der Sparquote), besteht ein Mismatchproblem.[31] Ein solches Modell führt nur dann zu sinnvollen Resultaten, wenn es zu einer Bindung zwischen den beiden Steuerungsvariablen kommt. In dieser Koppelung spiegelt sich wider, daß eigentlich nur ein eindimensionaler Steuerungsbedarf besteht. Im Umkehrschluß ist daher in diesem Fall eine unabhängige Interpretation der beiden Steuerungsvariablen nicht sinnvoll möglich. Anders im vorliegenden Fall der unabhängigen Erfassung der Erfahrung: Hier liegt keine Notwendigkeit der Bindung zwischen der Freizeitentscheidung und anderen Kontrollvariablen vor, so daß sich hier die Dimension nicht in der vorhin beschriebenen Weise reduziert. Somit kann im Umkehrschluß die Entwicklung der Arbeits-Freizeit-Entscheidung unabhängig z.B. von der Konsum-Investitions-Entscheidung interpretiert werden. Zusammenfassend läßt sich daher feststellen, daß mit dem hier entwickelten Learning-by-doing-Modell nicht allein ein *explizites Modell der Erfahrungsakkumulation, sondern auch ein Modell der intertemporalen Arbeitszeitallokation* vorliegt.

Die vorgestellte Learning-by-doing-Modellierung kann ohne weiteres in komplexere Modelle mit expliziter Sachkapitalakkumulation über das Sparen bzw. Investieren (dies erfolgt anschließend im 4. Kapitel) oder auch mit der Akkumulation von Wissen über den Einsatz von Zeit im Schulbereich (5. Kapitel) und in ein umfassendes Modell mit gleichzeitiger Integration von Sachkapital und Schulbildung (6. Kapitel) implementiert werden.

---

[31] Dieses Mismatchproblem kann in einer Multiplizität von optimalen Wachstumspfaden und steady states resultieren. Vgl. de Hek (1998) und Ladrón-de-Guevara, Ortigueira, Santos (1997) für entsprechende Beispiele. Zu dieser Problematik vgl. auch Solow (1992), S. 28.

3. Ein allein auf Lerneffekten basierendes Wachstumsmodell

3.1 Das Modell ohne dynamische Optimierung

Die Darstellung der Wachstumswirkungen von Lerneffekten soll zunächst nur anhand eines möglichst einfachen Beispiels exemplarisch veranschaulicht werden: Die Lerneffekte seien der einzige akkumulierbare Faktor; von anderen akkumulierbaren Faktoren wie z.B. dem physischen Kapital wird daher im Dienst der Konzentration auf die Lerneffekte in diesem Einfachst-Beispiel abstrahiert. Bevölkerungswachstum (als exogene Wachstumsursache) trete nicht auf. Die formale Modellstruktur weist somit starke Analogien zum einfachen Ak-Modell endogenen Wachstums mittels der Sachkapitalakkumulation auf.

Die Modellgleichungen für ein einfaches Beispiel mit Cobb-Douglas-Funktionen sowie konstanter Bevölkerung ($L_t = L = \text{const.}$) lauten:

(3.1) $$X_t = AX_t^{\gamma} \cdot (q_t \cdot L)^{\beta}$$ (Produktionsfunktion)

(3.2) $$\overset{\circ}{AX}_t = \frac{dAX}{dt} = \phi \cdot (q_t \cdot L)^{(\eta-1)} \cdot X_t \; - \; \mu \cdot AX_t$$ (Ausbildung abzüglich Abschreibung)

mit: X : Produktionsmenge (ohne Sparen dem Konsum entsprechend)
AX : Humankapital aus Learning-by-doing ("Erfahrung")
q : Anteil der Arbeitszeit am Zeitpotential der Bevölkerung L (mit $0 < q \leq 1$)
β : Produktionselastizität der Arbeit (mit $0 \leq \beta \leq 1$)
γ : Produktionselastizität der Erfahrung (mit $0 \leq \gamma \leq 1$)
ϕ : Produktivitätsparameter in der Ausbildung(sfunktion) (mit $\phi > 0$)
η : Spillover-Parameter in der Ausbildung(sfunktion) (mit $0 \leq \eta \leq 1$)
μ : Abschreibungsrate (mit $0 \leq \mu \leq 1$)
t : Zeitindex
° : Ableitung nach der Zeit t (d.h. $\frac{d(.)}{dt}$)

Die Erfahrungsänderung $\overset{\circ}{AX}$ setzt sich zusammen aus der Ausbildung, die aus der zusätzlichen Erfahrung infolge der Produktion von X [i.e. $\phi \cdot (q \cdot L)^{(\eta-1)} \cdot X$] besteht, abzüglich des Verlernens mit konstanter Abschreibungsrate μ. Eine Besonderheit bildet der Spillover-Korrekturfaktor $(q \cdot L)^{(\eta-1)}$. Für $\eta = 1$ verschwindet dieser Faktor; d.h. in diesem Fall wird die Erfahrungsänderung durch die gesamte Produktionsmenge der Volkswirtschaft X bestimmt. Dieser Fall würde auftreten, wenn die Erfahrung aus den einzelnen Tätigkeiten einen vollständigen Spillover aufweisen würde – und zwar sowohl zwischen den verschiedenen Tätigkeiten der einzelnen Arbeitnehmer als auch zu anderen Aktivitäten anderer Arbeitnehmer sogar in anderen Unternehmen. Der Grenzfall von $\eta = 0$ würde zur Ausbildung in Höhe von $\phi \cdot (q \cdot L)^{-1} \cdot X = \phi \cdot {}^{x}/_{q}$ führen (mit x als Pro-Kopf-Produktion: $x \equiv {}^{X}/_{L}$). Der Aufbau der Erfahrung ist dann durch die Pro-Kopf-Produktion pro Zeiteinheit, d.h. durch die einzelne Tätigkeit, bestimmt. Dies würde gelten, wenn überhaupt keine Spillovers zwischen den einzelnen Tätigkeiten auftreten würden. Beide Grenzfälle dürften praktisch nicht relevant sein; der relevante Bereich des Spillover-Parameters η dürfte damit zwischen null und eins liegen.

Die Spillovers haben in diesem Modell nicht die entscheidende Bedeutung für die Existenz endogenen Wachstums, wie sie die Externalitäten in einigen frühen Modellen des endogenen Wachstums haben. Dort dienen positive externe Effekte dazu, auf gesamtwirtschaftlicher Ebene die Linearität der Produktionsfunktion in den akkumulierbaren Faktoren zu erreichen, während auf der Ebene einzelner Unternehmungen sinkende Skalenerträge in den akkumulierbaren Faktoren vorliegen.[1] Die selbstverursachten positiven Externalitäten werden in der Entscheidung des (kleinen) Einzelunternehmens nicht mitberücksichtigt, da der eigene positive Beitrag über alle Unternehmen der Volkswirtschaft (in Form eines freien Guts) wirksam wird. Mit diesem Kunstgriff ist es möglich, auf der Ebene einzelner Unternehmen eine Linearität über alle Faktoren zu erreichen, während für die gesamte Volkswirtschaft Linearität nur über die akkumulierbaren Faktoren und somit über alle Faktoren eine überlineare Skalenelastizität gilt. Daher ist hier die Entlohnung der Faktoren über die einzelwirtschaftlichen Grenzerträge (bei Ausschöpfung des gesamten Produkts) und die Anwendung des Konzepts vollständiger Konkurrenz trotz des Vorliegens der Externalitäten möglich. Allerdings sind die Ergebnisse der vollständigen Konkurrenz infolge der Nichtberücksichtigung der Externalitäten suboptimal, sofern nicht irgendeine Internalisierungspolitik durchgeführt wird. Während in den frühen Modellen endogenen Wachstums die entscheidende qualitative Modelleigenschaft des anhaltenden Wachstums über die Einführung der Spillovers erreicht wurde, wird im vorliegenden Modell über die Spillovers nur die Produktivität in der Erfahrungsakkumulation beeinflußt. Für Parameterwerte von $\eta=0$ oder $\eta=1$ ist gleichermaßen endogenes Wachstum mit konstanter Rate möglich. Es dürfte sich mit unterschiedlichen Werten des Spillover-Parameters zwar die Höhe der Wachstumsrate ändern, nicht aber die entscheidene qualitative Eigenschaft des Auftretens anhaltend-endogenen Wachstums.

In Pro-Kopf-Größen (Kleinbuchstaben) folgt bei Vernachlässigung des Zeitindex "$_t$":

(3.3) $$x = ax^{\gamma} \cdot q^{\beta} \cdot L^{(\beta+\gamma-1)}$$ (Pro-Kopf-Produktion/Konsum)

(3.4) $$\overset{\circ}{ax} = \phi \cdot (q \cdot L)^{(\eta-1)} \cdot x - \mu \cdot ax$$ (Entwicklung der Pro-Kopf-Erfahrung)

(3.4') $$\overset{\circ}{ax} = \phi \cdot q^{(\eta+\beta-1)} \cdot L^{(\eta+\beta+\gamma-2)} \cdot ax^{\gamma} - \mu \cdot ax$$

mit x, ax: Kleinbuchstaben für Pro-Kopf-Größen ($x \equiv \frac{X}{L}$ und $ax \equiv \frac{AX}{L}$)

---

[1] Zur Bedeutung der Externalitäten für endogenes Wachstum vgl. z.B. Bretschger (1996), S. 77 ff., Stolpe (1992) und Farmer, Wendner (1997), S. 121 ff.

Wird auf die Modellierung eines intertemporal optimalen Verhaltens mittels der Anpassung der Arbeitszeit verzichtet, so ist q als konstanter Parameter zu behandeln. Das Wachstum der Wirtschaft wird dann nur durch die Differentialgleichung (3.4') bestimmt. Die Betrachtung der Gleichung (3.4') macht weiterhin deutlich, daß das Modell für eine spezielle Parameterkonstellation eine Besonderheit aufweist: Für $\beta+\eta=1$ fällt die Arbeitszeitquote q aus der Gleichung heraus, die die Veränderung der Erfahrung $\overset{\circ}{ax}$ und damit das Wachstum des Modells bestimmt. Gilt $\beta+\eta=1$, ist daher das Wachstum nicht durch eine Veränderung der Arbeitszeitquote q zu beeinflussen. Die Begründung für diese Eigenschaft ist folgende: Im Fall von $\beta+\eta=1$ erhöht sich wegen $\beta<1$ bei einer Steigerung der Arbeitszeit die Produktion als Maß für den Erfahrungsaufbau nur unterproportional. Wegen $\eta<1$ treten nur partielle Erfahrungsspillovers auf. Gleichzeitig erhöht sich bei einer Steigerung von q die Quantität der Tätigkeiten, auf die sich der Erfahrungsaufbau bezieht. Dahinter steht eine Art "Verzetteln" auf viele – wegen $\eta<1$ unterschiedliche – Tätigkeiten, welches dem Erfahrungsaufbau für die einzelne Tätigkeit entgegensteht. Der "Verzettelungseffekt" in Verbindung mit dem unterproportionalen Anstieg der Produktion infolge sinkender Grenzerträge der Arbeit (wegen $\beta<1$), sorgt im Fall von $\beta+\eta=1$ für eine genaue Kompensation des positiv auf die Erfahrung wirkenden Effekts der Produktionsausweitung bei einer Steigerung der Arbeitszeitquote q. Würde sogar $\beta+\eta<1$ gelten, so ergäbe sich infolge der oben genannten Zusammenhänge sogar eine Überkompensation des Produktionsausweitungseffekt. In einer solchen Situation würde die Arbeitszeitausweitung sogar zu einer negativen Beeinflussung des Wachstums führen. Eine solche Parametersituation ist zwar theoretisch möglich, wird vom Autor aber nicht als realistisch angesehen, so daß für den Rest der Arbeit für die Summe der Parameter folgende Annahme getroffen wird: $1\leq\beta+\eta\leq 2$. Mit dieser Annahme wird sichergestellt, daß bei einer Erhöhung der Produktionsmenge infolge einer Ausweitung der Arbeitszeit auch der Erfahrungsaufbau und damit das Wachstum der Volkswirtschaft positiv beeinflußt wird.

Mit dem Begriff "steady state" wird ein Zustand mit konstanten Wachstumsraten für die entscheidenden ökonomischen Größen beschrieben. Die konstanten Wachstumsraten können auch den Wert null annehmen. In diesem Fall würden die betrachteten Größen im steady state ein konstantes Niveau aufweisen. Je nach Ausprägung der Parameter können für das betrachtete Modell beide Fälle vorliegen.

Als steady states folgen für den Fall $\gamma<1$ **konstante Niveaus** in folgender Höhe:

$$(3.5)\qquad \gamma<1:\quad ax_{st}=\left(\frac{\phi}{\mu}\cdot q^{(\beta+\eta-1)}\cdot L^{(\beta+\gamma+\eta-2)}\right)^{\left(\frac{1}{1-\gamma}\right)}$$

$$x_{st}=\left(\left(\frac{\phi}{\mu}\right)^{\gamma}\cdot q^{(\beta-\gamma+\gamma\eta)}\cdot L^{(\beta+\gamma\eta-1)}\right)^{\left(\frac{1}{1-\gamma}\right)}$$

Für $\gamma = 1$ ergibt sich hingegen ein anhaltendes **Wachstum mit konstanter Rate**:

$$(3.6) \quad \gamma = 1: \quad \overset{\circ}{ax} = \phi \cdot (q \cdot L)^{(\beta+\eta-1)} \cdot ax - \mu \cdot ax$$

$$\Rightarrow \quad \hat{ax} = \frac{\overset{\circ}{ax}}{ax} = \phi \cdot (q \cdot L)^{(\beta+\eta-1)} - \mu = \hat{x}$$

mit ^ : Kennzeichnung für die Wachstumsrate

Da für $\gamma = 1$ die "Summe" der Elastizitäten der akkumulierbaren Faktoren gleich eins ist, weist das Modell für diese Parameterkonstellation anhaltendes endogenes Wachstum auf. Weil nur ein akkumulierbarer Faktor existiert, ergibt sich die konstante steady state-Wachstumsrate bzw. ein balanced growth unmittelbar, d.h. ohne transitional dynamics, die im Fall mehrerer akkumulierbarer Faktoren durch die Anpassung der Faktorintensitäten zwischen den verschiedenen Faktoren an die steady state-Werte gekennzeichnet wären. Das Ergebnis ist somit formal-strukturell analog zum Ak-Modell.

Für den Spezialfall $(\eta + \beta = 1)$ folgt $\hat{x} = \phi - \mu$, d.h. trotz der für $\gamma = 1$ überlinear-homogenen Produktionsfunktion gibt es hier keine Skaleneffekte (der Bevölkerungsgröße) auf das Wachstum, wie sie sonst in Modellen endogenen Wachstums auftreten.[2]

Als Lösung der Differentialgleichung (3.4') ergibt sich für den Fall ohne endogenes Wachstum $(\gamma < 1)$:

$$(3.7) \quad ax_t = \left[ax_0^{(1-\gamma)} \cdot e^{\mu(\gamma-1)t} + \frac{\phi}{\mu} \cdot q^{(\beta+\eta-1)} \cdot L^{(\beta+\gamma+\eta-2)} \cdot (1 - e^{\mu(\gamma-1)t}) \right]^{\left(\frac{1}{1-\gamma}\right)}$$

$$\Leftrightarrow \quad ax_t = \left[ax_{st}^{(1-\gamma)} + (ax_0^{(1-\gamma)} - ax_{st}^{(1-\gamma)}) \cdot e^{-\mu(1-\gamma)t} \right]^{\left(\frac{1}{1-\gamma}\right)}$$

Die Ergebnisse für die Pro-Kopf-Produktion folgen unmittelbar durch Einsetzen von ax_t in Gleichung (3.3). Ein Simulationsbeispiel für den Fall ohne endogenes Wachstum wird in Abb. 3.1 dargestellt. Es zeigt die degressive Anpassung an die steady state-Niveaus im Wachstumsprozeß plastisch auf.

---

2 Zu diesen Skaleneffekten vgl. z.B. Barro, Sala-i-Martin (1995), S. 151 f. und S. 442.

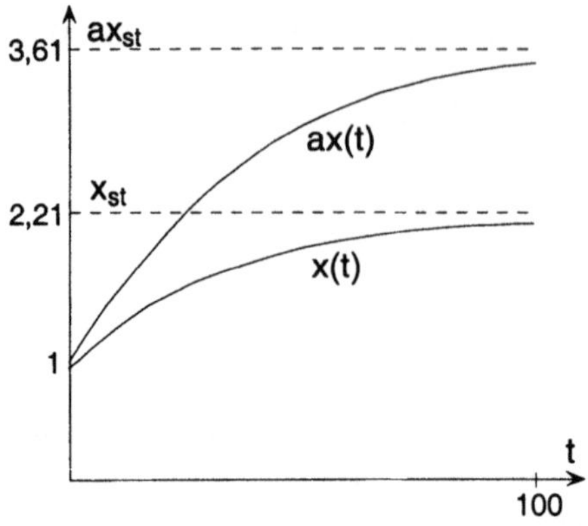

Abb. 3.1: Beispiel eines Zeitpfads der Pro-Kopf-Erfahrung und -Produktion
($ax_0=1$; $\phi=1/5$; $\mu=1/10$; $\gamma=2/3$; $L=3$; $q=1/2$; $\beta=3/4$; $\eta=1/2$)

Die Bedeutung der Abschreibungsrate für den Zeitpfad und die steady state-Lösung sei explizit verdeutlicht: Gäbe es tatsächlich nur ein einziges Produkt, so müßte nur die Erfahrungsakkumulation für dieses eine Gut beschrieben werden. Da es nur das eine Gut gibt, träte keine allmähliche Substitution durch "bessere" Produkte mit der Folge, daß die bei der Produktion des "alten" Produkts gewonnenen Erfahrung obsolet würde, auf. Da nun keine Produktsubstitution mittels Abschreibung zu erfassen ist, müßte die Abschreibungsrate μ für diesen Fall auf null gesetzt werden. Es würde sich der typische Verlauf der Erfahrungskurve für ein einzelnes Produkt ergeben. Da keine Abschreibung berücksichtigt wird, wächst in diesem Fall der Erfahrungsstock auch für $\gamma<1$ ohne Grenze, allerdings mit einer im Zeitablauf gegen null konvergierenden Wachstumsrate. Ein steady state-Niveau wird nicht erreicht. Für den Fall $\mu=0$ ergeben sich die Wachstumsraten des Modells als:

$$(3.8)\qquad \hat{ax} = \frac{\phi}{q^{(1-\eta-\beta)}\cdot L^{(2-\eta-\beta-\gamma)}\cdot ax_0^{(1-\gamma)} + (1-\gamma)\cdot\phi\cdot t}$$

$$\text{mit:}\quad \hat{x} = \gamma\cdot\hat{ax}$$

Eine exemplarische Veranschaulichung der dynamischen Eigenschaften des Modells im Fall ohne Abschreibungen auf das Erfahrungskapital ist in Abb. 3.2 zu finden.

Hier wird deutlich, daß die Konvergenz der Wachstumsraten der Erfahrung und des Einkommens gegen null nicht ausreicht, um ein anhaltendes Wachstum dieser Größen ohne Grenze zu verhindern. Die nur langsame Konvergenz der Wachstumsraten gegen null läßt den Fall ohne Abschreibung (bei $\gamma<1$) der Dynamik des Modells bei endogenem Wachstum ($\gamma=1$) ähnlich erscheinen. Dort ergibt sich ebenfalls ein anhaltendes Wachstum ohne Grenze, allerdings mit konstanter Wachstumsrate.

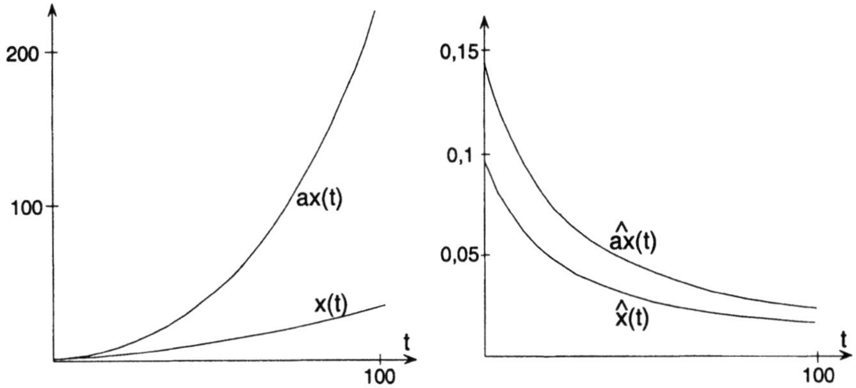

Abb. 3.2: Zeitpfade für die Niveaus und für die Wachstumsraten des Modells im Fall ohne Abschreibung ($\mu=0$; $ax_0=1$; $\phi={}^1\!/_5$; $\gamma={}^2\!/_3$; $L=3$; $q={}^1\!/_2$; $\beta={}^3\!/_4$; $\eta={}^1\!/_2$)

3.2 Die dynamische Optimierung der Arbeitszeit

3.2.1 Das intertemporale Optimierungsproblem in allgemeiner Formulierung

Wird vereinfachend die Bevölkerungsgröße vernachlässigt ($L=1$), so ergibt sich in Pro-Kopf-Größen als Verallgemeinerung des Cobb-Douglas-Beispiels:

(3.9) $x_t = x(ax_t, q_t)$ (Produktionsfunktion)

(3.10) $\overset{\circ}{ax}_t = a[x(ax_t,q_t),q_t] - \mu \cdot ax_t$ [a(.): Pro-Kopf-Ausbildungsfunktion; ergänzt um die Abschreibung]

Über eine Arbeitszeit-Freizeit-Entscheidung – d.h. über die Wahl von q_t – soll in dem Sinne intertemporal optimiert werden, daß eine zeit-separable Nutzenfunktion eines repräsentativen Wirtschaftssubjekts unter der Nebenbedingung der Erfahrungsakkumulation maximiert wird. Vereinfachend soll das Modell des "Sozialen Planers" verwendet werden, d.h. es wird nicht institutionell nach (einzelnen) Produzenten und (individuellen) Arbeitnehmern differenziert. Eine Differenzierung im Sinne einer Abbildung der institutionellen Struktur sowie einer Analyse der Frage der Möglichkeiten einer Aneignung von Spillovers ist im Rahmen eines hochaggregierten Modells nur in extrem simplifizierender Weise möglich und würde die typischen Konsequenzen des Vorliegens externer Effekte sowie der damit verbundenen Suboptimalitäten veranschaulichen. Dies liegt hier nicht im Blickfeld, denn es soll in dieser Arbeit zunächst eine einfache Veranschaulichung des prinzipiellen Wirkens der Lerneffekte vorgestellt werden. Implizit wird somit angenommen, daß – soweit eine kompetitive Wirtschaftsform vorliegt – die Wirtschaftspolitik des Landes zur Internalisierung der externen Effekte führt – auf welche Weise auch immer.

Der Nutzen des repräsentativen Wirtschaftssubjekts wird auf der einen Seite durch den Konsum von Gütern, der hier mangels Investitionsmöglichkeiten in Sachkapital der gesamten Pro-Kopf-Produktion ($c = x$) entspricht, und auf der anderen Seite durch den "Verbrauch" von Freizeit [i.e. durch die "Nichtarbeitszeit" $(1-q)$] erzeugt. Die allgemeine formale Darstellung der intertemporalen Nutzenfunktion U, die sich aus den jeweiligen momentanen Nutzen zum Zeitpunkt t (u_t) über eine intertemporale Aggregation unter Verwendung der Diskontierungsrate ρ ergibt, lautet:

$$\text{(3.11)} \quad U = \int_0^\infty u_t[x(ax_t, q_t), q_t] \cdot e^{-\rho \cdot t}\, dt \qquad \text{(intertemporale Nutzenfunktion)}$$

Die dynamische Optimierung wird anhand des Maximumprinzips von Pontryagin durchgeführt.[3] Analog zur Lagrange-Funktion der statischen Optimierung unter Nebenbedingungen wird im Fall der dynamischen Optimierung die sog. Hamilton-Funktion aufgestellt. Die Nebenbedingung stellt hierbei die Bewegungsgleichung ($\overset{\circ}{ax}$) der Zustandsvariablen dar. Im Unterschied zur Lagrange-Funktion ist der Schattenpreis λ im Fall der dynamischen Optimierung mit der Zeit variabel.

Die (Present-Value-) **Hamilton-Funktion** lautet:

$$\text{(3.12)} \quad H = u_t \cdot e^{-\rho \cdot t} + \lambda(t) \cdot (\overset{\circ}{ax}_t)$$

$$\Rightarrow \quad H = u_t[x(ax_t, q_t), q_t] \cdot e^{-\rho \cdot t} + \lambda(t) \cdot (a[x(ax_t, q_t), q_t] - \mu \cdot ax_t)$$

Die **Optimalitätsbedingung** ergibt sich durch Nullsetzen der partiellen Ableitung nach der Kontrollvariable q (Optimierung über die Arbeitszeit-Freizeit-Entscheidung) unter Vernachlässigung des Zeitindex als:

$$\text{(3.13)} \quad \frac{\partial H}{\partial q} = 0: \qquad \left(\frac{\partial u}{\partial x} \cdot \frac{\partial x}{\partial q} + \frac{\partial u}{\partial q}\right) \cdot e^{-\rho \cdot t} + \lambda \cdot \left(\frac{\partial a}{\partial x} \cdot \frac{\partial x}{\partial q} + \frac{\partial a}{\partial q}\right) = 0$$

Ergänzend zur Optimalitätsbedingung muß die sog. **Multiplikatorgleichung** ermittelt werden, die Information über die Entwicklung des Schattenpreises der Erfahrung liefert:

$$\text{(3.14)} \quad \overset{\circ}{\lambda} = -\frac{\partial H}{\partial ax} \qquad = -\frac{\partial u}{\partial x} \cdot \frac{\partial x}{\partial ax} \cdot e^{-\rho \cdot t} - \lambda \cdot \left(\frac{\partial a}{\partial x} \cdot \frac{\partial x}{\partial ax} - \mu\right)$$

---

[3] Für eine Einführung in die Lösung dynamischer Problem mit Hilfe der Kontrolltheorie sei auf die Darstellung in Heer (1995), Meyer, Müller-Siebers, Ströbele (1998), S. 193 ff., sowie Barro, Sala-i-Martin (1995), S. 498 ff. verwiesen. Eine ausführlichere Darstellung erfolgt in der Monographie von Chiang (1992).

Die **Zustandsgleichung**, i.e. die dynamische Nebenbedingung, ergibt sich bei Ableitung nach dem Schattenpreis:

$$(3.15)\quad \overset{\circ}{ax} = \frac{\partial H}{\partial \lambda} \qquad = a[x(ax,q),q] - \mu \cdot ax$$

Der dynamische Optimierungsansatz wird durch die **Transversalitätsbedingung** abgeschlossen:

$$(3.16)\quad \lim_{t \to \infty} (\lambda(t) \cdot ax_t) = 0$$

Mit den oben aufgeführten Gleichungen läßt sich das intertemporal sozial-optimale Verhalten der Wirtschaftssubjekte bezüglich der Arbeitszeit-Freizeit-Wahl sowie die entsprechende Dynamik der modellierten Volkswirtschaft ermitteln. Zunächst soll aber auf den ökonomischen Gehalt der einzelnen formalen Bedingungen eingegangen werden.

Die Optimalitätsbedingung läßt sich – differenziert nach den einzelnen Bestandteilen – interpretieren:

$$(3.13')\quad \underbrace{\left(\underset{①}{\frac{\partial u}{\partial x} \cdot \frac{\partial x}{\partial q}} + \underset{②}{\frac{\partial u}{\partial q}}\right)}_{du_q} \cdot \underset{③}{e^{-\rho \cdot t}} + \underset{④}{\lambda} \cdot \underbrace{\left(\underset{⑤}{\frac{\partial a}{\partial x} \cdot \frac{\partial x}{\partial q}} + \underset{⑥}{\frac{\partial a}{\partial q}}\right)}_{da_q} = 0$$

①: Grenznutzen aus der Produktion mittels zusätzlicher Arbeitszeit

②: Nutzenentgang aus der geringeren Freizeit

③: Diskontierung des Zukunfts- auf den Gegenwartsnutzen ("present value")

④: Schattenpreis der Erfahrung; sorgt für die Umrechnung der Erfahrungseffekte auf Gegenwarts-Nutzeneinheiten

⑤: Erfahrungsbildung aus der Produktion mittels zusätzlicher Arbeit

⑥: Berücksichtigung der *Änderung* der Spillovers zwischen verschiedenen Tätigkeiten bzw. zwischen Personen bei einer Ausweitung der Arbeitszeit

Der Produktionsnutzen zusätzlicher Arbeitszeit ① hat ein positives Vorzeichen; der Freizeitnutzenentgang ② ist negativ. Der Lerneffekt ⑤ hat ein positives Vorzeichen, während der Spilloveränderungseffekt ⑥ negativ wirken kann. In der Summe dürfte der Effekt zusätzlicher Arbeitszeit auf die Erfahrungsbildung typischerweise positiv sein ($da_q > 0$, dies gilt im Cobb-Douglas-Beispiel für $\eta + \beta > 1$), so daß für diesen Fall der dynamisch optimale momentane Gesamtgrenznutzen aus Arbeitszeit negativ sein muß ($du_q < 0$).[4] Im Fall der statischen Optimierung müßte der *momentane* Grenznutzen der Zeit ausgeglichen sein, d.h. hier müßte $du_q = 0$ gelten.[5] Der negative Gesamtgrenznutzen der Arbeit bei dynamischer Optimierung ergibt sich aus einer Ausweitung der Arbeitszeit über das statisch-optimale Niveau hinaus, so daß der momentane Freizeitnutzenentgang schwerer wiegt als der momentane Zusatznutzen aus den zusätzlichen Produkten. Dies ist jedoch dynamisch optimal, da durch den gesteigerten Arbeitseinsatz die Erfahrungsbildung positiv beeinflußt wird, so daß hierdurch in der Zukunft ein zusätzlicher Nutzen aus der gesteigerten Produktivität entsteht. Es erfolgt daher wieder ein Ausgleich des Grenznutzens der Zeit – allerdings unter Berücksichtigung der Zukunftseffekte des aktuellen Handelns.

Zur besseren Interpretation sei die Multiplikatorgleichung in eine Formulierung über die negative Wachstumsrate des Schattenpreises umgeformt:

$$(3.14') \quad -\hat{\lambda} = \frac{\left(\frac{\partial u}{\partial x} \cdot e^{-\rho \cdot t} + \lambda \cdot \frac{\partial a}{\partial x}\right) \cdot \frac{\partial x}{\partial ax}}{\lambda} - \mu \quad \Rightarrow \quad r_{ax} = -\hat{\lambda}$$

Im Zähler steht der diskontierte Wert zusätzlicher Güter sowie der Erfahrungsbildung aus dem Einsatz zusätzlicher Erfahrung, d.h. das diskontierte Wertgrenzprodukt der Erfahrung. Dies wird auf den momentanen Wert der Erfahrung bezogen, folglich bildet der Bruch eine (Brutto-) **Ertragsrate** der Erfahrung, die noch um die Abschreibungsrate μ zu korrigieren ist. Die Schrumpfungsrate des Schattenpreises wird demgemäß durch die (Netto-) Ertragsrate des akkumulierbaren Faktors Erfahrung r_{ax} bestimmt. Hiermit versteckt sich hinter der Multiplikatorgleichung eine Analogie zur Methode des "**internen Zinsfußes**" aus der betriebswirtschaftlichen Investitionsrechnung. Derjenige Diskontierungszinssatz, der für ein Investitionsvorhaben zu einem Kapitalwert von null führt, ist der "interne Zinsfuß" dieser Investition.[6] Er gibt somit die intertemporale Knappheit in Form eines Opportunitäts-Zinssatzes an. Ähnliches geschieht im dynamischen Optimierungsansatz auf formale Weise: Mit dem Schattenpreis wird die aktuelle Knappheitssituation in Form eines Opportunitätspreises angegeben. Die Veränderung des Schattenpreises drückt daher die Dynamik der Knappheit aus. Mit der negativen Wachstumsrate des Schattenpreises wird daher analog zum internen Zinsfuß die Knappheitsdynamik in Form einer Ertragsrate beschrieben.

---

4 Zur Verkürzung der Schreibweise werden oft Ausdrücke der Art da_q bzw. du_q verwendet. Die genaue Definition ist zwar in Gleichung (3.13') gegeben. Doch die allgemeine mnemotechnische Regel hinter dieser Abkürzungsweise ist die, daß es sich um eine partielle Änderung der Größe hinter dem "d" bei Änderung der im Subscript genannten Größe handelt. D.h. im Fall von du_q handelt es sich um die Änderung ("d") des Nutzens (u) bei Änderung der Arbeitszeitquote (q).

5 Für die statische Optimierung von Nutzenfunktionen unter Berücksichtigung der Freizeit vgl. z.B. Schumann (1992), S. 93 ff. und S. 112 ff.

6 Vgl. hierzu z.B. die Stichworte "interner Zinsfuß" und "Investitionsrechnung" in Gabler Wirtschaftslexikon (1992).

Die Transversalitätsbedingung läßt sich analog zur "complementary slackness condition" von Kuhn/Tucker aus der statischen Optimierung im Fall von möglicherweise nicht bindenden Engpässen ("inequality constraints") interpretieren.[7] Ein optimales Verhalten impliziert hiernach, daß das Produkt aus Schattenpreis und nicht genutzter Engpaßmenge null sein muß. Entweder ist der Engpaß nicht bindend, so daß der Schattenpreis null ist, oder der Engpaß ist bindend, so daß der zur Verfügung stehende Engpaß voll ausgeschöpft werden sollte. In beiden Fällen muß das Produkt - i.e. *der Wert des nicht ausgeschöpften Engpasses - gleich null sein.*[8] Übertragen auf das dynamische Planungsproblem bedeutet dies: Für ein dynamisches Optimalverhalten muß der (diskontierte Gegenwarts-) Wert der Erfahrung gegen Ende des Planungshorizonts gegen null laufen. Andernfalls wäre eine intertemporale Umverteilung (hier der Arbeitszeit) nutzensteigernd. Möglicherweise ist ein intertemporales Optimum sogar überhaupt nicht zu ermitteln, weil der momentane Nutzen mit der Zeit so stark steigt, daß der über alle Perioden aggregierte Nutzen gegen unendlich läuft ("unbounded utility"). Die Erfüllung der Transversalitätsbedingung schließt diese beiden Fälle aus.

Das System aus Optimalitätsbedingung, Multiplikatorgleichung und Zustandsgleichung läßt sich lösen, indem die Optimalitätsbedingung nach t abgeleitet wird. In die zeitliche Ableitung der Optimalitätsbedingung wird die Veränderung des Schattenpreises entsprechend der Multiplikatorgleichung und die Veränderung der Erfahrung gemäß der Zustandsgleichung eingesetzt. Die Lösung der so ermittelten Gleichung nach $\frac{dq}{dt}=\overset{\circ}{q}$ folgt als eine Differentialgleichung in q und ax $[\overset{\circ}{q}=\overset{\circ}{q}(ax,q)]$. Zusammen mit der Zustandsgleichung $[\overset{\circ}{ax}=\overset{\circ}{ax}(ax,q)]$ ergibt sich ein System aus zwei Differentialgleichungen, welches die Dynamik der betrachteten Volkswirtschaft beschreibt.

Von den genannten Rechenschritten sollen nur die ersten explizit vorgestellt werden. Aus der Optimalbedingung ($du_q \cdot e^{-\rho \cdot t} + \lambda \cdot da_q = 0$) folgt bei Ableitung nach der Zeit:

$$\text{(3.17)} \quad \lambda = \frac{-e^{-\rho \cdot t} \cdot du_q}{da_q} \qquad \Rightarrow$$

$$\text{(3.18)} \quad \hat{\lambda} = \frac{\overset{\circ}{du_q}}{du_q} - \frac{\overset{\circ}{da_q}}{da_q} - \rho \;=\; \hat{du}_q - \hat{da}_q - \rho \;=\; -r_{ax}$$

$$\text{(3.18')} \quad r_{ax} = \rho - (\hat{du}_q - \hat{da}_q)$$

---

7 Vgl. hierzu Barro, Sala-i-Martin (1995), S. 494 ff., S. 503 und S. 507.

8 Der Kerngedanke kann leicht anhand der Situation eines Hungrigen vor einem gefüllten Teller klargemacht werden: Entweder der Teller wird von ihm im Laufe der Mahlzeit geleert; dann bleibt nichts über, d.h. die Menge läuft gegen Ende des "Planungshorizonts" gegen null. Oder aber er wird früh satt, dann bleibt etwas auf dem Teller liegen; dieser Rest hat aber keinen positiven "Preis" mehr. In beiden Fällen läuft der Wert des Rests gegen null. Ein Verhalten, daß nicht zu einem Wert des Rests von null führt, ist nicht optimal.

Die Multiplikatorgleichung läßt sich umformen in:

$$(3.19)\quad \hat{\lambda} = -\frac{\frac{\partial u}{\partial x}\cdot\frac{\partial x}{\partial ax}}{\lambda\cdot e^{\rho\cdot t}} - \frac{\partial a}{\partial x}\cdot\frac{\partial x}{\partial ax} + \mu \;=\; \frac{du_{ax}}{\lambda\cdot e^{\rho\cdot t}} - da_{ax} + \mu$$

$$\Rightarrow\quad \hat{\lambda} = \frac{du_{ax}\cdot da_q}{du_q} - da_{ax} + \mu$$

Das Gleichsetzen von (3.18) und (3.19) führt zu:

$$(3.20)\quad \rho = \frac{\overset{\circ}{du_q} - du_{ax}\cdot da_q}{du_q} - \frac{\overset{\circ}{da_q} - da_{ax}\cdot da_q}{da_q} - \mu$$

Die Gleichung (3.18') läßt sich wiederum ökonomisch interpretieren: Eine intertemporal optimale Arbeitszeitentscheidung impliziert, daß die Ertragsrate des akkumulierbaren Faktors (Erfahrung) die Summe aus Diskontierungsrate und der Rate der (erweiterten) Grenznutzenschrumpfung decken muß. Die Grenznutzenschrumpfung setzt sich zusammen aus dem Rückgang des momentanen Gesamtgrenznutzen der Arbeit ($-\hat{du}_q$), erweitert um das Wachstum des intertemporal wirkenden Effekts der Arbeitszeit auf die Ausbildung ($\hat{da}_q$). Somit liegt eine Analogie zur sog. Ramsey-Regel vor. Diese beinhaltet eine Bedingung für die dynamisch optimale Spar-Konsum-Entscheidung zur Akkumulation des physischen Kapitals. Die analoge Formulierungsvariante der Ramsey-Regel für die intertemporal optimale Kapitalakkumulation lautet unter Verwendung von c als Pro-Kopf-Konsum:[9]

$$r_k \equiv \frac{\partial x(k)}{\partial k} - \mu = \rho - \frac{d[\partial u(c)/\partial c]\,/\,dt}{\partial u(c)/\partial c} \equiv \rho - \hat{du}_c \qquad \text{bzw.} \qquad \rho = \hat{du}_c + \frac{\partial x(k)}{\partial k} - \mu$$

Die dynamisch-optimale Sparentscheidung impliziert somit analog, daß die Ertragsrate des akkumulierbaren Faktors Sachkapital die Summe aus Diskontierungsrate und der Schrumpfungsrate des Konsumgrenznutzens decken muß.

3.2.2 Cobb-Douglas-Produktionsfunktion und C(I)ES-Nutzenfunktion als Konkretisierung des Optimierungsproblems

Die Lösung des Modells sei wieder anhand der Cobb-Douglas-Technologie für den einfachen Fall mit **L = 1** exemplarisch demonstriert.

---

9 Zur Herleitung der Ramsey-Regel sei auf die Lehrbuchliteratur zur Wachstumstheorie wie z.B. Meyer, Müller-Siebers, Ströbele (1998), S. 110 ff., oder Barro, Sala-i-Martin (1995), S. 59 ff. und insb. S. 63, verwiesen.

(3.21) $x = ax^{\gamma} \cdot q^{\beta}$ (Produktion bzw. Konsum)

(3.22) $\overset{\circ}{ax} = \phi \cdot q^{(\eta-1)} \cdot x - \mu \cdot ax = \phi \cdot q^{(\beta+\eta-1)} \cdot ax^{\gamma} - \mu \cdot ax$ (Erfahrungsakkumulation)

Die intertemporale Nutzenfunktion soll zum einen durch eine substitutionale Beziehung mit konstanter ***intra***temporaler Substitutionselastizität zwischen Konsum und Freizeit *für einen bestimmten Zeitpunkt* t ("*Constant Elasticity of Substitution*": CES)[10] sowie zum anderen durch eine Substitutionsmöglichkeit *zwischen* den Nutzenniveaus *verschiedener Zeitpunkte* mit konstanter ***inter***temporaler Substitutionselastizität ("*Constant Intertemporal Elasticity of Substitution*": CIES) beschrieben werden. Für die exemplarische Veranschaulichung sollen die beiden Substitutionselastizitäten – für die *momentan-intra*temporale Substitution zwischen Konsum und Freizeit (σ) sowie für die *inter*temporale Substitution ($^1/_\theta$) – vereinfachend auf eins gesetzt werden ($\sigma = 1$, $\theta = 1$), so daß sich schließlich eine logarithmische Funktionsform ergibt:

(3.23) $$U = \int_0^{\infty} u_t \cdot e^{-\rho \cdot t} \, dt \qquad \text{mit } u_t = \frac{\left\{ \left[b \cdot x_t^{\frac{\sigma-1}{\sigma}} + (1-b) \cdot (1-q_t)^{\frac{\sigma-1}{\sigma}} \right]^{\frac{\sigma}{\sigma-1}} \right\}^{1-\theta} - 1}{1-\theta}$$

für $\lim\limits_{\theta \to 1} (\lim\limits_{\sigma \to 1} (u_t))$ folgt: $u_t = b \cdot \ln(x) + (1-b) \cdot \ln(1-q)$

mit b : Nutzengewichtungsparameter des Konsums ggü. der Freizeit (mit $0 < b \leq 1$)

Die für die vorliegende Produktions- und Nutzenfunktion konkretisierte Hamilton-Funktion lautet:

(3.24) $$H = [\, b \cdot \ln(ax^{\gamma} \cdot q^{\beta}) + (1-b) \cdot \ln(1-q) \,] \cdot e^{-\rho \cdot t} + \lambda(t) \cdot [\, \phi \cdot q^{(\eta+\beta-1)} \cdot ax^{\gamma} - \mu \cdot ax \,]$$

Die Optimalitätsbedingung in konkretisierter Form ist:

(3.25) $$\frac{\partial H}{\partial q} = 0 = \left(\frac{b \cdot \beta}{q} + \frac{b-1}{1-q} \right) \cdot e^{-\rho \cdot t} + \lambda \cdot [\beta \cdot \phi \cdot q^{\eta+\beta-2} \cdot ax^{\gamma} + (\eta-1) \cdot \phi \cdot q^{\eta+\beta-2} \cdot ax^{\gamma}]$$

①>0 ②<0 — ⑤>0 ⑥≤0

du_q (< 0 für $da_q > 0$) — $da_q > 0$ (für $\eta + \beta > 1$)

---

[10] In der Realität dürfte in bestimmten Bereichen infolge der benötigten Konsumzeit nicht eine Substitutions- sondern eher eine Komplementärbeziehung zwischen Konsum und Freizeit bestehen (vgl. Becker (1965)). Bei Zugrundelegen einer reinen Substitutionsbeziehung wird somit die Bedeutung der Konsumzeit vernachlässigt.

Anhand der konkreten Optimalitätsbedingung lassen sich die Resultate der intertemporalen Optimierung ökonomisch interpretieren. Der Lerneffekt ⑤ ist eindeutig positiv, der Spilloveränderungseffekt ⑥ wirkt hingegen negativ, soweit nicht vollständige Spillovers ($\eta = 1$) vorliegen. Für $\eta + \beta > 1$, d.h. für hinreichend große Spillovereffekte oder für eine hinreichend große Produktionselastizität der Arbeit, liegt ein in der Summe positiver Effekt zusätzlicher Arbeitszeit auf die Erfahrungsbildung vor ($da_q > 0$), so daß der dynamisch-optimale momentane Gesamtgrenznutzen aus Arbeitszeit negativ ist ($du_q < 0$). Der negative Wert von du_q setzt sich aus dem positiven Produktionsnutzen zusätzlicher Arbeitszeit ① sowie dem negativ wirkenden Freizeitnutzenentgang der geringeren Freizeit ② zusammen, wobei ① durch ② überkompensiert wird.

Im Fall der statischen Optimierung ist der *momentane* Grenznutzen der Zeit ausgeglichen ($du_q = 0$). Hier werden nur die beiden direkt momentan nutzenstiftenden Effekte des Produktionsgrenznutzens ① und des Arbeitsgrenzleids ② miteinander verglichen, da die zukünftigen Vorteile aus der Erfahrungsakkumulation unberücksichtigt bleiben. Als statisch momentan-optimale Arbeitszeitquote ergäbe sich:

$$(3.26) \quad q_m = \frac{b \cdot \beta}{1-(1-\beta) \cdot b}$$

Die statisch-optimale Arbeitszeitquote q_m hängt positiv von der Gewichtung b des Konsums der produzierten Güter in der Nutzenfunktion – oder analog negativ von der Nutzengewichtung der Freizeit (1–b) – ab. Die Produktionselastizität der Arbeit β beeinflußt die statisch-momentan optimale Arbeitsquote positiv, da mit steigendem β die mit erhöhtem q zusätzlich produzierte Gütermenge steigt.

Die Berücksichtigung der positiven zukünftigen Produktivitätseffekte infolge der mit der aktuellen Produktion verbundenen Erfahrungsakkumulation führt jedoch im Rahmen der dynamischen Optimierung zu einer Ausweitung der Arbeitszeit über das statisch-optimale Niveau q_m hinaus.[11] Trotzdem dürften die Größen, die schon q_m positiv beeinflußen, auch auf die Höhe des intertemporal-optimalen q positiv wirken. Die zusätzliche Erhöhung der Arbeitszeit über q_m hinaus ist um so größer, je größer die allgemeine Produktivität in der Erfahrungsakkumulation ϕ ist, je größer die (Grenz-) Produktivität der zusätzlichen Arbeitszeit – und damit je größer β – ist, je stärker die Spillovereffekte die Erfahrungsakkumulation unterstützen, d.h. je größer η ist, und je geringer die zukünftigen Effekte des aktuellen Erfahrungsaufbaus diskontiert werden, d.h. je kleiner die Diskontierungsrate ρ ausfällt.

---

11 Für einen Vergleich von statisch-optimalem und dynamisch-optimalem Verhalten bei Lerneffekten vgl. auch Wan (1966), S. 210.

Aus der Optimalitätsbedingung läßt sich der Schattenpreis der Produktionserfahrung direkt errechnen:

$$(3.27)\quad \lambda = \frac{q\cdot(1-b)-(1-q)\cdot b\cdot\beta}{\phi\cdot q^{\eta+\beta-1}\cdot ax^{\gamma}\cdot(\eta+\beta-1)\cdot(1-q)}\cdot e^{-\rho\cdot t}$$

Die Multiplikatorgleichung ist bestimmt als:

$$(3.28)\quad -\frac{\partial H}{\partial ax} = \mathring{\lambda} = -\frac{b\cdot\gamma}{ax}\cdot e^{-\rho\cdot t} - \lambda\cdot[\,\gamma\cdot\phi\cdot q^{\eta+\beta-1}\cdot ax^{\gamma-1} - \mu\,]$$

Die nach den oben genannten Schritten zu ermittelnde Lösung des Systems ergibt neben der Zustandsgleichung für $\mathring{ax}$ eine zweite Differentialgleichung, und zwar für die Entwicklung des Anteils der Arbeitszeit, d.h. für $\mathring{q}$:[12]

$$(3.29)\quad \mathring{q} = \frac{dq}{dt} = \Big(-q^2\rho b + q^3\rho b - q^2\mu b + q^3\gamma\mu + q^3 b\mu - q^2\gamma\mu$$
$$+ q\gamma\beta b\mu + ax^{(\gamma-1)} q^{(\eta+\beta+2)}\gamma b\phi$$
$$- ax^{(\gamma-1)} q^{(\eta+\beta)}\gamma\beta b\phi + ax^{(\gamma-1)} q^{(\eta+\beta)}\gamma b\phi$$
$$- q^3\mu + q^2\mu - ax^{(\gamma-1)} q^{(\eta+\beta+2)}\gamma b\phi\beta$$
$$- ax^{(\gamma-1)} q^{(\eta+\beta+2)}\gamma b\phi\eta - ax^{(\gamma-1)} q^{(\eta+\beta)}\gamma b\phi\eta$$
$$+ 2q^2\rho\beta b - 2q^2\gamma\beta b\mu + 2q^2\mu\beta b$$
$$+ 2\,ax^{(\gamma-1)} q^{(\eta+\beta+1)}\gamma b\phi\eta$$
$$+ 2\,ax^{(\gamma-1)} q^{(\eta+\beta+1)}\gamma\beta b\phi$$
$$- 2\,ax^{(\gamma-1)} q^{(\eta+\beta+1)}\gamma b\phi - q^3\rho b\beta + q^2\gamma b\mu$$
$$- q^3\gamma b\mu - q^3\beta b\mu - q\rho\beta b - q\mu\beta b + q^3\gamma\beta b\mu$$
$$- q^3\rho + q^2\rho\Big)\Big/\Big(q^2 b\eta\beta + \beta^2 b + q^2\beta + b\eta q + q^2 b$$
$$- \beta b + q^2\eta - \beta q - 2bq - \eta q + \beta b\eta + q^2\beta^2 b$$
$$- 2\beta b\eta q - q^2 b\eta - 2q^2 b\beta - 2\beta^2 bq + 3\beta bq$$
$$- q^2 + 2q\Big)$$

[12] Diese Formel (für den mit L=1 vereinfachten Fall) macht deutlich, daß das Modell (schon in dieser einfachsten Variante) nicht mehr ohne weiteres manuell zu errechnen ist. Zur Unterstützung der mathematischen Analyse wurde daher das Mathematik-Programm "Maple V Release 4" verwendet. Bei der in Gleichung (3.29) wiedergegebenen Formel handelt es sich um den Output des Programms. Da für Formeln dieser Größe das nachträgliche Editieren in der Textverarbeitung zu aufwendig und fehleranfällig wird, wurde hier der Original-MapleV4-Output einfach als Pixelgrafik eingefügt; erkennbar an der groben Druckstruktur sowie an dem ggü. dem Rest des Texts veränderten Schriftarten-Format. Immer wenn im folgenden eine solche Druckqualität bzw. Formatierung auftritt, handelt es sich um Outputs des Algebra-Programms. Die folgenden Simulationen wurden ebenfalls mit MapleV4 errechnet.

Für den Fall ohne anhaltendes endogenes Wachstum ($\gamma<1$) ergibt sich wieder ein steady state mit konstanten Niveaus. Für das steady state-Niveau der Erfahrung ergibt sich entsprechend der Gleichung (3.5):

$$(3.30)\quad \gamma<1: \qquad ax_{st}=\left(\frac{\phi}{\mu}\cdot q_{st}^{(\beta+\eta-1)}\right)^{\left(\frac{1}{1-\gamma}\right)}$$

Das steady state-Niveau des Erfahrungsstocks ist somit um so größer, je größer die Produktivität des Erfahrungsaufbaus (ϕ), je geringer der Abschreibungssatz μ, je höher der Arbeitseinsatz (erfaßt über die Arbeitszeitquote q), je größer die Produktionselastizität der Arbeit β und je größer der über η erfaßte Erfahrungsspillover ausfällt. Die jeweilige Kausalität hinter den gerade genannten Einflußrichtungen der verschiedenen Parameter auf ax_{st} dürfte ohne weitere Interpretation verständlich sein.

Der steady state-Wert der Arbeitszeitquote ist aus (3.29) für $\overset{\circ}{q}=0$ zu ermitteln:

$$(3.31)\quad q_{st}=\frac{b\cdot(\rho\cdot\beta+\mu\cdot\beta-\mu\cdot\gamma+\mu\cdot\gamma\cdot\eta)}{\mu\cdot b\cdot\beta+\rho\cdot b\cdot\beta+\rho-\rho\cdot b+\mu-\mu\cdot\gamma-\mu\cdot b+b\cdot\mu\cdot\gamma\cdot\eta}$$

Die Stabilitätseigenschaften des dynamischen Systems, welches aus den zwei nichtlinearen Differentialgleichungen erster Ordnung für $\overset{\circ}{ax}$ und $\overset{\circ}{q}$ gebildet wird, läßt sich anhand des Verhaltens des Systems in der Nähe des steady states untersuchen.[13] Hierzu wird mittels einer Taylor-Expansion eine Linearisierung um den steady state durchgeführt und es werden daraufhin die Eigenwerte der Koeffizientenmatrix ermittelt, aus deren Konstellation die Stabilitätseigenschaften ersichtlich sind.[14] Die linearisierte Approximation um den steady state ergibt sich als lineares System aus zwei Differentialgleichungen erster Ordnung (und damit als Gleichungssystem zweiter Ordnung):

$$(3.32)\quad \begin{bmatrix}\overset{\circ}{ax}\\ \overset{\circ}{q}\end{bmatrix}=\begin{bmatrix}\frac{\partial(\overset{\circ}{ax})}{\partial ax} & \frac{\partial(\overset{\circ}{ax})}{\partial q}\\ \frac{\partial(\overset{\circ}{q})}{\partial ax} & \frac{\partial(\overset{\circ}{q})}{\partial q}\end{bmatrix}_{\substack{ax=ax_{st}\\ q=q_{st}}}\cdot\begin{bmatrix}ax\\ q\end{bmatrix}=M\cdot\begin{bmatrix}ax\\ q\end{bmatrix}$$

Die Eigenwerte (characteristic roots) der Koeffizientenmatrix M werden über die Lösung der charakteristischen Gleichung der Matrix M als Lösung von (3.33) nach w berechnet.[15]

---

[13] Genau genommen wird dabei nur die *lokale* Stabilität des Systems um den steady state herum und nicht die globale Stabilität des gesamten Systems untersucht.

[14] Zur Linearisierung über die Taylor-Expansion vgl. z.B. Chiang (1984), S. 638 ff.

[15] Zur charakteristischen Gleichung vgl. Chiang (1984), S. 614 ff.

(3.33) $\det(M - w \cdot I) = 0$ (w : Vektor der Eigenwerte; I : Einheitsmatrix)

Ein Blick auf die Gleichungen für $\overset{\circ}{q}$ und q_{st} macht deutlich, daß eine allgemeine Lösung für die Ermittlung der transitional dynamics zu aufwendig wird.[16] Da es sich im vorliegenden Fall um ein typisches kontrolltheoretisches Problem mit unendlichem Zeithorizont handelt, dürfte im "sinnvollen" Parameterbereich[17] die Ermittlung der Eigenwerte zu einem Ergebnis führen, welches einen Eigenwert mit negativem Realteil aufweist, während der andere Eigenwert einen positiven Realteil besitzt. Damit dürfte die typische Eigenschaft der Sattelpfadstabilität vorliegen.[18]

Die Lösung des Systems sei für ein Beispiel vorgeführt ($\rho = {}^1/_{10}$; $\phi = {}^1/_5$; $\mu = {}^1/_{10}$; $b = {}^1/_2$; $\eta = {}^1/_2$; $\beta = 1$; $L = 1$):

$$\gamma = \frac{1}{3}: \quad \overset{\circ}{ax} = \frac{1}{5} \cdot q^{1/2} \cdot ax^{1/3} - \frac{1}{10} \cdot ax$$

$$\overset{\circ}{q} = \frac{\frac{-1}{15} q \left(-15\, q\, ax^{2/3} + 5\, ax^{2/3} - 2\, q^{3/2} + q^{1/2} + q^{5/2} + 10\, q^2\, ax^{2/3}\right)}{(1 - q + 2\, q^2)\, ax^{2/3}}$$

$q_{st} = 0{,}5238$ $\qquad ax_{st} = 1{,}7415$

$$M = \begin{bmatrix} -0{,}06667 & 0{,}166235 \\ 0{,}001478 & 0{,}166667 \end{bmatrix} \qquad w = [\,-0{,}067715\,,\; 0{,}167715\,]'$$

Das um den steady state herum linearisierte System weist eine Koeffizientenmatrix mit jeweils einem negativen und einem positiven Eigenwert auf, somit liegt im Bei-

---

16 Selbst mit Unterstützung von Mathematik-Programmen ist die allgemeine Lösung des Modells zu aufwendig.

17 Ein "sinnvoller" Parameterbereich schließt z.B. das Auftreten von unbounded utility trotz unendlich langer intertemporaler Nutzenaggregation aus. Dies wird z.B. durch eine hinreichend geringe Wachstumsrate der Konsummenge, eine ausreichende Höhe der Diskontierung und/oder das ausreichende Sinken des Grenznutzens des Konsums im Rahmen des Konsumwachstums erreicht. Eine formale Analyse der Bedingungen, die für ein solches Verhalten notwendig oder hinreichend sind, ist mathematisch zu anspruchsvoll und soll hier daher nicht durchgeführt werden. Anhand der später durchgeführten Simulationen wird außerdem gezeigt, daß ohne weiteres Parameterbeispiele gefunden werden, die in den "sinnvollen" Bereich gehören.

18 Für Beweise des Zusammenhangs von Optimal Control und Sattelpfadstabilität vgl. Tu (1994), S. 260 ff. Für typische Fälle von Sattelpfadstabilität in dynamischen Optimierungsproblemen bei unendlichem Zeithorizont vgl. auch Gandolfo (1996), S. 374 ff. Für den Zusammenhang zwischen den Vorzeichen der charakteristischen Wurzeln und den Stabilitätseigenschaften von Systemen vgl. z.B. ebenda, S. 358, Chiang (1984), S. 641 ff., oder auch Maußner, Klump (1996), S. 311.

spiel die typische Eigenschaft der Sattelpfadstabilität vor. Diese Stabilitätssituation läßt sich anhand eines Phasendiagramms (Abb. 3.3) schematisch darstellen.[19]

Im Phasendiagramm sind die ax/q-Kombinationen, für die keine Änderung von q (d.h. $\mathring{q}=0$) und für die keine Änderung von ax (also $\mathring{ax}=0$) auftritt, als Linienzug eingezeichnet. Die Pfeile deuten an, daß das System gegen die $\mathring{ax}=0$-Kurve strebt (dem entspricht der negative Eigenwert), gleichzeitig aber von der $\mathring{q}=0$-Kurve abgestoßen wird (positiver Eigenwert). Aufgrund dieser Eigenschaft – die bei einer dreidimensionalen grafischen Veranschaulichung wie ein *sattel*förmiger Höhenrücken aussehen würde – existiert genau ein Pfad, der für die unterschiedlichen Zustandsvariablen-Niveaus zum steady state (d.h. zum Schnittpunkt beider Kurven) führt. Eine nur kleine Abweichung von diesem Pfad würde zu einer immer größeren Abweichung führen ("Messerschneide"). Durch das intertemporale Optimalverhalten wird somit für die zeitliche Abfolge der ax-Zustände eine einzige, exakt einzuhaltene Abfolge der Kontrollvariable q impliziert. Weil die Wirtschaftssubjekte die Kontrollvariable q frei setzen können, werden sie die mit dem Sattelpfad beschriebene nutzenmaximale Abfolge von q(t) für die entsprechenden Zustände ax(t) genau befolgen.

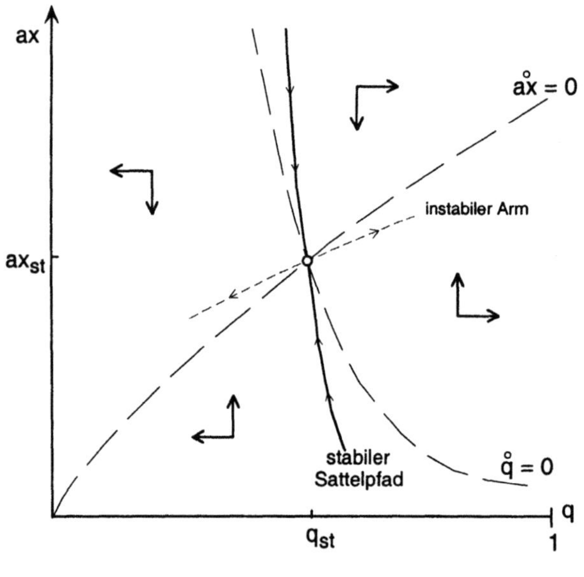

Abb. 3.3: Schema des Phasendiagramms für den Fall $\gamma<1$ (und $\eta+\beta>1$)

[19] Die Darstellung mit Hilfe des Phasendiagramms ist nur möglich, soweit das Differentialgleichungssystem "autonom" ist. Dies bedeutet, daß $\mathring{q}$ und $\mathring{ax}$ zwar von q_t und ax_t aber nicht direkt-explizit von t abhängig sind. Eine solche Situation liegt hier vor. Vgl. hierzu Chiang (1984), S. 628 ff. Die Technik der Darstellung der Dynamik sowie der Stabilitätseigenschaften eines System über Phasendiagramme wird z.B. näher erläutert in Maußner, Klump (1996), S. 309 ff., und Gandolfo (1996), S. 341 ff.

Die im Phasendiagramm veranschaulichte Entwicklung der Beziehung von Erfahrungsstock ax und Arbeitszeitquote q läßt sich im einzelnen interpretieren. Zur Veranschaulichung des dahinterstehenden ökonomischen Kalküls sei zunächst die Optimalitätsbedingung näher betrachtet:

$$(3.34)\quad \frac{\partial H}{\partial q} = du_q \cdot e^{-\rho \cdot t} + \lambda \cdot da_q = 0 \qquad \text{mit } \eta+\beta>1 \text{ folgt:}$$

$$du_q = \frac{b \cdot \beta}{q} + \frac{b-1}{1-q} < 0 \qquad \Rightarrow \qquad \frac{\partial(du_q)}{\partial q} = \frac{-b \cdot \beta}{q^2} + \frac{b-1}{(1-q)^2} < 0$$

$$da_q = (\beta+\eta-1) \cdot \phi \cdot q^{\eta+\beta-2} \cdot ax^{\gamma} > 0 \qquad \Rightarrow \qquad \frac{\partial(da_q)}{\partial ax} > 0 \text{ und } \frac{\partial(da_q)}{\partial q} \le 0$$

Zur Vereinfachung der Interpretation sollen zunächst die einzelnen Terme der Optimalitätsbedingung analysiert werden.

Wird der Arbeitszeitanteil q erhöht, so erhöht sich die Produktions- und somit auch die Konsummenge. Mit steigender Konsummenge sinkt jedoch der Grenznutzen zusätzlicher Konsumgütereinheiten $\frac{\partial u}{\partial x}$. Gleichzeitig sinkt (für $\beta<1$) das Grenzprodukt der Arbeit $\frac{\partial x}{\partial q}$, so daß insgesamt der Produktionsgrenznutzen der Arbeitsquote (gemäß Gleichung (3.13') bzw. (3.25): ① $= \frac{\partial u}{\partial x} \cdot \frac{\partial x}{\partial q} = \frac{b \cdot \beta}{q}$) mit steigendem q sinkt. Mit steigendem q sinkt außerdem der Freizeitanteil, daher erhöht sich der Grenznutzen der Freizeit, i.e. das Grenzleid der Arbeitszeit. Entsprechend ergibt sich für den Grenz-"Nutzen" der Arbeit als negatives Grenzleid der Arbeit (② $= \frac{\partial u}{\partial q} = \frac{b-1}{1-q}$) eine Verringerung mit steigender Arbeitszeitquote. Für die Gesamtheit der momentanen Grenznutzenkomponenten du_q folgt daher eine Verringerung bei steigender Arbeitszeit (d.h. absolut wird sich der negative Wert von du_q mit steigendem q erhöhen).

Mit zunehmender Erfahrung ax wird sich die bei einem bestimmten Zeiteinsatz q produzierbare Grenzgütermenge und somit die in aggregierter Produktion gemessene Grenzerfahrungsbildung da_q erhöhen, entsprechend ist die Ableitung von da_q nach ax positiv. Umgekehrt führt eine Erhöhung der Arbeitszeit, soweit sinkende Grenzerträge der Arbeit und/oder keine vollständigen Spillovers auftreten (d.h. für $\eta+\beta<2$), zum Sinken der Grenzerfahrungsbildung, daher ist die Ableitung von da_q nach q negativ.

Als letzter zu interpretierender Ausdruck in der Optimalitätsbedingung bleibt die Bewertung der Grenzerfahrungsbildung mit dem Schattenpreis λ. Ein entscheidender Bestimmungsfaktor des Wertes der Erfahrung ist der diskontierte Grenznutzen des Grenzprodukts der Erfahrung ($\frac{\partial u}{\partial x} \cdot \frac{\partial x}{\partial ax} \cdot e^{-\rho t} = \frac{b \cdot \gamma}{ax} \cdot e^{-\rho t}$).[20] Die Erhöhung des Erfahrungsstocks ax hat daher – da der Grenznutzen aus der zusätzlichen Erfahrung sinkt – einen negativen Einfluß auf den Schattenpreis: Eine Mengenerhöhung verringert die Knappheit an Erfahrung und senkt damit seinen Schattenpreis λ.

---

20 Vgl. hierzu den ersten Term der Multiplikatorgleichung (3.28).

Die Bausteine zur Interpretation der Optimalitätsbedingung sind hiermit vorgestellt. Die Transmission sei am Beispiel einer Annäherung an das steady state-Niveau ax_{st} ausgehend von niedrigen Stocks an Erfahrung, d.h. für steigende ax, präsentiert. Die Erhöhung des Erfahrungsstocks führt c.p. zur Senkung des Schattenpreises der Erfahrung λ. Damit wird dem intertemporal wirkenden Effekt der Erfahrungsakkumulation eine geringere Gewichtung zugeordnet; der (positive) Wert der Grenzerfahrungsakkumulation $(\lambda \cdot da_q)$ sinkt. Allerdings wird dieser Effekt durch die mit wachsendem ax steigende Grenzerfahrungsbildung $(\frac{\partial(da_q)}{\partial ax} > 0)$ gedämpft. Im vorliegenden Fall überwiegt der erste Effekt, so daß sich letztlich der Wert der Grenzerfahrungsbildung $\lambda \cdot da_q$ insgesamt verringert. Soll die Optimalitätsbedingung $(du_q \cdot e^{-\rho t} + \lambda \cdot da_q = 0)$ erfüllt bleiben, so muß sich der Gesamtgrenznutzen du_q zum Ausgleich erhöhen. Da der Produktionsgrenznutzen mit steigendem q ab- und das Arbeitsleid zunimmt, ist der Gesamtgrenznutzen negativ von der Arbeitszeit abhängig $(\frac{\partial(du_q)}{\partial q} < 0)$. Folglich ergibt sich die zum Ausgleich der Optimalitätsbedingung nötige Erhöhung von du_q über die Senkung von q. Mit der sinkenden Arbeitszeitquote ergibt sich allerdings wegen der hiermit steigenden Grenzerträge der Arbeit $(\frac{\partial(da_q)}{\partial q} \leq 0)$ c.p. eine Erhöhung der Grenzerfahrungsbildung da_q, so daß der mit der Senkung des Schattenpreises verbundene Effekt auf den Wert der Erfahrungsakkumulation auch von dieser Seite gedämpft wird.

Zusammenfassend ergibt sich somit im Prozeß der Erfahrungsakkumulation mit wachsendem ax eine Verringerung der Arbeitszeit q. Hinter der Verringerung der Arbeitszeit steht insbesondere die/der mit wachsender Erfahrung wachsende/r Produktion/Konsum und der hiermit verbundene sinkende Grenznutzen zusätzlicher Güter. Die saturierte reife Volkswirtschaft hat einen hohen Freizeitanteil bei einem hohen Niveau materieller Versorgung, während Volkswirtschaften zu Beginn der Erfahrungsakkumulation ein geringes Konsumniveau und eine lange Arbeitszeit aufweisen. Das Modell dürfte damit in seinen Ergebnissen der Realität nicht widersprechen.

Time elimination und Simulation des Zeitpfads

Die Dynamik des Systems wird mit dem Phasendiagramm qualitativ beschrieben. Für die Simulation eines Beispiels muß für jedes Niveau der Zustandsvariablen in der Ausgangssituation ax(t=0) das dem Sattelpfad entsprechende Niveau der Kontrollvariablen q(t=0) gefunden werden; andernfalls liefert die Simulation einen sich vom steady state entfernenden Pfad. Dies kann – weniger elegant – durch einen "trial and error"-Prozeß gefunden ("shooting") oder aber – eleganter – formal bestimmt werden. Das Instrumentarium zur Bestimmung der sog. "Policy-Funktion" q(ax), die für ein Niveau der Zustandsvariablen ax den zum Sattelpfad passenden Wert der Kontrollvariablen q angibt, ist mit der "time elimination-method" von Mulligan und Sala-i-Martin gegeben.[21] Für den simplen Fall mit nur je einer Zustands- und Kontrollvariablen ist das shooting eine einfache und adäquate Vorgehensweise. Trotzdem soll an

21 Für eine einfache Darstellung des Vorgehens bei der "time elimination" vgl. Barro, Sala-i-Martin (1995), S. 488 ff.

diesem einfachen Beispiel das Vorgehen und die Logik der time elimination vorgestellt werden, damit für spätere komplexere Situationen, für die der trial-and-error-Prozeß des shooting zu aufwendig wird, auf das dann bekannte Verfahren zurückgegriffen werden kann.

Das zu lösende Problem ist durch folgende Eigenschaften charakterisiert: Für eine Ausgangssituation mit dem Zustand ax(t=0) ist die zugehörige Kontrolle q(t=0) zunächst unbekannt. Das System wird fixiert durch die Randbedingung, daß für $t \to \infty$ die steady state-Werte ax_{st} und q_{st} erreicht werden müssen. Durch die Differentialgleichungen $\mathring{ax}$ und $\mathring{q}$ in Kombination mit der Randbedingung ist das Problem bzw. q(0) zwar eindeutig bestimmt, eine Lösung ist allerdings schwieriger als ein entsprechendes Problem für das statt der Randbedingung eine Initial-Bedingung mit einer [ax(0),q(0)]-Kombination vorläge. Der erhöhte Schwierigkeitsgrad liegt darin begründet, daß eigentlich aus dem steady state als Endbedingung zeitlich zurückgerechnet werden könnte, um den gesuchten Sattelpfad zu bestimmen. Doch im steady state gilt $\mathring{ax} = \mathring{q} = 0$; daher ist die Richtung, in die aus dem steady state in der Zeit zurückgegangen werden muß, unbekannt. Ziel der Anwendung des Zeit-Eliminations-Verfahrens ist es nun, die Policy-Funktion q(ax) zu errechnen, die zum gegebenen Wert der Zustandsvariable ax den Sattelpfad-Wert der Kontrollvariable q angibt, so daß aus dem Randbedingungs-Problem ein einfach zu handhabendes Anfangswert-Problem wird.

Die Technik der Zeit-Elimination besteht aus mehreren Schritten: Zunächst müssen die Differentialgleichungen in der Zeit $\mathring{ax}(t)$ und $\mathring{q}(t)$ ohne die explizite Zeiterfassung notiert werden (daher "Zeit-Elimination").[22] Statt dessen wird die Kontrollvariable als Funktion der Zustandsvariablen notiert [q(ax)].

$$(3.35)\quad \mathring{q}(t) = \mathring{q}[q(t),ax(t)] \xrightarrow{\text{time elimination}} \mathring{q}(ax) = \mathring{q}[q(ax),ax]$$

$$\mathring{ax}(t) = \mathring{ax}[q(t),ax(t)] \xrightarrow{\text{time elimination}} \mathring{ax}(ax) = \mathring{ax}[q(ax),ax]$$

Für das Zahlenbeispiel lauten die umformulierten Differentialgleichungen:

$$\mathring{ax}(ax) = \frac{1}{5}\cdot q(ax)^{1/2}\cdot ax^{1/3} - \frac{1}{10}\cdot ax$$

$$\mathring{q}(ax) = \frac{q(ax)\,(-15q(ax)\,ax^{2/3}+5ax^{2/3}-2q(ax)^{3/2}+q(ax)^{1/2}+q(ax)^{5/2}+10q(ax)^{2}\,ax^{2/3})}{-\,15\,(1-q(ax)+2\,q(ax)^{2})\,ax^{2/3}}$$

Der "Trick" besteht nun darin, daß die Steigung der Policy-Funktion sich als Quotient aus den umformulierten Differentialgleichungen errechnet.

---

22 Dies ist natürlich nur bei autonomen Differentialgleichungssystemen möglich.

(3.36) $$\frac{dq(ax)}{dax} = q'(ax) = \frac{\overset{\circ}{q}(ax)}{\overset{\circ}{ax}(ax)}$$

Aus den beiden Differentialgleichungen für q und ax bezogen auf t wurde somit eine Differentialgleichung für q bezogen auf ax. Für das Beispiel ergibt sich:

$$\frac{dq(ax)}{dax} = \frac{2\,q(ax)\,[5\,ax^{2/3}+10\,q(ax)^2\,ax^{2/3}-15\,q(ax)\,ax^{2/3}+q(ax)^{5/2}+\sqrt{q(ax)}-2\,q(ax)^{3/2}]}{-3\ [2\,q(ax)^2+1-q(ax)]\,ax^{2/3}\,[2\sqrt{q(ax)}\,ax^{1/3}-ax]}$$

Zur Lösung kann für diese Differentialgleichung die steady state-Kombination als Startpunkt verwendet werden, da für die Differentialgleichung dq(ax)/dax auch für den steady state die Steigung des Sattelpfads im Phasendiagramm von null verschieden ist, während die zeitlichen Änderungen $\overset{\circ}{q} = dq(t)/dt$ und $\overset{\circ}{ax} = dax(t)/dt$ im steady state jeweils gleich null sind. Aus dem Randwert-Problem wird damit ein einfacheres Anfangswert-Problem. Bei der direkten Berechnung ergibt sich allerdings noch ein rechentechnisches Problem, denn es gilt für den steady state:

(3.37) $$\frac{dq(ax_{st})}{dax_{st}} = q'(ax_{st}) = \lim_{ax \to ax_{st}} \left(\frac{\overset{\circ}{q}(ax)}{\overset{\circ}{ax}(ax)} \right) = \frac{0}{0}$$

Aus diesem Grund muß die Steigung der Policy-Funktion für den steady state mittels der l'Hôpital-Regel errechnet werden:

(3.38) $$\lim_{ax \to ax_{st}} (q'(ax)) = \lim_{ax \to ax_{st}} \left(\frac{d(\overset{\circ}{q}(ax))/dax}{d(\overset{\circ}{ax}(ax))/dax} \right)$$

Wird diese Formel für das Parameterbeispiel konkretisiert und nach der Steigung dq(ax)/dax gelöst, so ergeben sich zwei verschiedene Lösungen mit: $q'(ax_{st})_1 = -0{,}0063092$ und $q'(ax_{st})_2 = 1{,}40995$. Diese zwei Lösungen entsprechen den beiden Pfaden, die durch den steady state verlaufen: einem instabilen, direkt vom steady state wegführenden Arm und dem sattelpfad-stabilen, auf den steady state hinführenden Pfad. In diesem Fall handelt es sich bei $q'(ax_{st})_1 = -0{,}0063092$ um die Steigung des Sattelpfads.

Eine Alternativmethode zur numerischen Ermittlung der Steigung des Sattelpfads im steady state besteht darin, die Steigung der Eigenvektoren der Koeffizientenmatrix M des um den steady state linearisierten Systems zu verwenden. Die Matrix weist zu jedem Eigenwert w_i einen Eigenvektor v_i auf. Den zwei Eigenwerten bzw. Eigenvektoren entsprechen die zwei oben genannten Pfade durch den steady state. Die Steigung desjenigen Eigenvektors, der zum negativen Eigenwert gehört, gibt die Steigung des stabilen Sattelpfads im steady state an.

$$M = \begin{bmatrix} \partial\overset{\circ}{ax}/\partial ax & \partial\overset{\circ}{ax}/\partial q \\ \partial\overset{\circ}{q}/\partial ax & \partial\overset{\circ}{q}/\partial q \end{bmatrix}_{\substack{ax=ax_{st} \\ q=q_{st}}} = \begin{bmatrix} -0{,}06667 & 0{,}166235 \\ 0{,}001478 & 0{,}166667 \end{bmatrix}$$

$$w = [\,-0{,}067715\,,\ 0{,}167715\,]'$$

$$v_1 = [\,-9{,}98016\,,\ 0{,}0629666\,] \quad \text{und} \quad v_2 = [\,-0{,}70749\,,\ -0{,}997525\,]$$

Zum Eigenwert von $w_1 = -0{,}067715$ gehört der Eigenvektor v_1 und zu w_2 entsprechend v_2. Die Steigungen der Eigenvektoren ergeben sich somit als:

$$q'(ax_{st})_1 = \frac{v_{12}}{v_{11}} = \frac{0{,}0629666}{-9{,}98016} = -0{,}0063092$$

$$q'(ax_{st})_2 = \frac{v_{22}}{v_{21}} = \frac{-0{,}997525}{-0{,}70749} = 1{,}40995$$

Dem negativen Eigenwert w_1 entspricht der stabile Sattelpfad. Daher ist mit der Steigung von v_1 mit $\frac{v_{12}}{v_{11}} = -0{,}006309 = q'(ax_{st})_1$ die Steigung des Sattelpfads im steady state gegeben.

Die Policy-Funktion folgt als Lösung der Differentialgleichung $q'(ax) = \frac{dq(ax)}{dax}$. Mit Hilfe der bekannten Steigung des Sattelpfades im steady state ist es leicht, den Sattelpfad als Lösung zu finden (in Abgrenzung zum instabilen Arm, der prinzipiell ebenfalls eine Lösung des Systems darstellt). So ergeben sich für das Zahlenbeispiel mittels der Policy-Funktion die Werte der Kontrollvariablen q, die mit den Werten der Zustandsvariablen in Höhe von $ax(0) = \frac{1}{4} \cdot ax_{st} = 0{,}4354$ sowie $ax(0) = 2 \cdot ax_{st} = 3{,}483$ korrespondieren, nämlich $q(0{,}4354) = 0{,}54266$ bzw. $q(3{,}483) = 0{,}51706$. Für diese Werte wurde das Ausgangssystem simuliert, die entsprechenden Ergebnisse sind in den Abb. 3.4, Abb. 3.5 und Abb. 3.6 grafisch wiedergeben.

In Abb. 3.4 wird das Simulationsergebnis für den stabilen Sattelpfad in zweifacher Weise dargestellt: in der bekannten Darstellungsform des Phasendiagramms im zweidimensionalen ax/q-Diagramm sowie unter expliziter Erfassung der zeitlichen Entwicklung in Form einer perspektivischen 3D-Darstellung eines ax/q/t-Diagramms. Zusätzlich werden mit Abb. 3.5 noch die Zeitpfade der beiden Modellvariablen einzeln und ohne perspektivische Verzerrung wiedergegeben. Bei der Interpretation der Abbildungen ist jeweils zu beachten, daß der Koordinatenursprung nicht dem Nullpunkt entspricht: Im Interesse einer besseren Erkennbarkeit wird jeweils eine Ausschnittsvergrößerung des relevanten Wertebereichs vorgenommen.

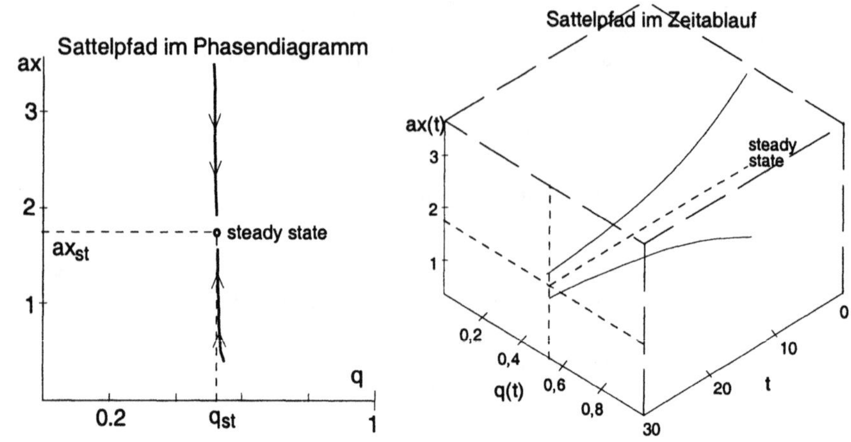

Abb. 3.4: Simulation des Sattelpfads für das Beispiel mit $\gamma={}^1/_3$
($\rho={}^1/_{10}$; $\phi={}^1/_5$; $\mu={}^1/_{10}$; $b={}^1/_2$; $\eta={}^1/_2$; $\beta=1$; $L=1$ / für $ax_0={}^1/_4 \cdot ax_{st}$ und alternativ $ax_0=2 \cdot ax_{st}$)

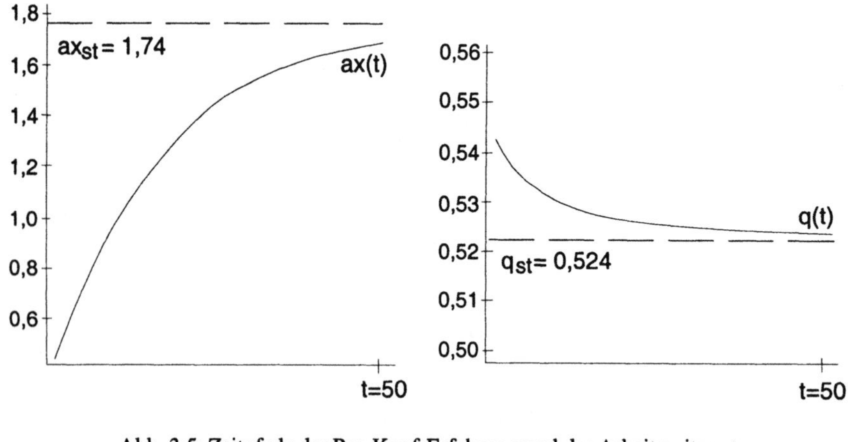

Abb. 3.5: Zeitpfade der Pro-Kopf-Erfahrung und der Arbeitszeitquote

Für die Simulationsergebnisse wird ergänzend die Ertragsrate für die Produktionserfahrung errechnet. Der entsprechende Zeitpfad der internen Verzinsung von ax wird in Abb. 3.6 dargestellt. Der Verlauf der Rendite zeigt anschaulich auf, warum die Faktorakkumulation zum Stillstand kommt: Die Ertragsrate der Erfahrung r_{ax} konvergiert im steady state gegen die Diskontierungsrate ρ. Daher lohnt sich eine weitere intertemporale Verlagerung des Konsums über die Akkumulation von Produktionserfahrung nicht mehr. Analog zur umformulierten Ramsey-Regel $r_{ax} = \rho - (\hat{du}_q - \hat{da}_q)$ bedeutet eine Gleichheit von Ertragsrate und Diskontierungsrate, daß die um Erfahrungseffekte bereinigte Grenznutzenschrumpfung $(\hat{du}_q - \hat{da}_q)$, gegen null läuft. Dies geschieht, falls sich die Konsummenge nicht mehr erhöht – also dann, wenn die

(Netto-) Faktorakkumulation zum Stillstand kommt. Dies ist im steady state mit dem langfristig konstanten Niveau des Erfahrungsstocks der Fall.

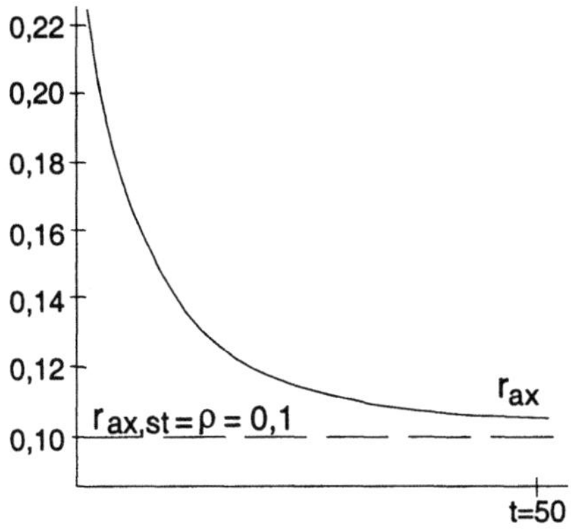

Abb. 3.6: Zeitpfad der internen Ertragsrate der Produktionserfahrung

Für den Fall des endogenen Wachstums ($\gamma = 1$) vereinfacht sich die Analyse der Dynamik erheblich. In der Gleichung (3.29) für $\dot{q}$[q,ax] tritt die Erfahrung ax nur mit dem Exponenten $(\gamma - 1)$ auf. Für den Fall endogenen Wachstums kürzt sich daher ax völlig aus der Gleichung für $\dot{q}$ heraus, so daß diese Differentialgleichung nur noch von q abhängig ist. Aus (3.29) folgt somit:

$$
\begin{aligned}
(3.39)\quad \frac{dq}{dt} = -\Big(& q^3 \rho - q^2 \rho + q^3 \rho b \beta + q \rho \beta b - 2 q^2 \rho \beta b \\
& + q^2 \rho b - q^3 \rho b + q^{(\eta+\beta+2)} b \phi \beta - q^{(\eta+\beta+2)} b \phi \\
& + q^{(\eta+\beta)} \beta b \phi - q^{(\eta+\beta)} b \phi + q^{(\eta+\beta+2)} b \phi \eta \\
& + q^{(\eta+\beta)} b \phi \eta - 2 q^{(\eta+\beta+1)} b \phi \eta \\
& - 2 q^{(\eta+\beta+1)} \beta b \phi + 2 q^{(\eta+\beta+1)} b \phi \Big) \Big/ \Big(q^2 b \eta \beta \\
& + \beta^2 b + q^2 \beta + b \eta q + q^2 b - \beta b + q^2 \eta - \beta q - 2 b q \\
& - \eta q + \beta b \eta + q^2 \beta^2 b - 2 \beta b \eta q - q^2 b \eta \\
& - 2 q^2 b \beta - 2 \beta^2 b q + 3 \beta b q - q^2 + 2 q \Big)
\end{aligned}
$$

Die Lösung des Systems kann daher für diesen Fall rekursiv erfolgen, indem zunächst die Gleichung $\dot{q}(q)$ gelöst wird und dann das Ergebnis in die Zustandsgleichung $\dot{ax}$ (q,ax) eingesetzt wird. Da das System in bezug auf die Kontrollvariable q instabil ist, muß wieder ein "Sattelpfad" gewählt werden, der hier die Besonderheit aufweist, daß q sofort auf den steady state-Wert gesetzt werden muß. Andernfalls ergäbe sich eine explosive Abweichung vom Gleichgewichtswert, der nicht über Änderungen von ax ausgeglichen werden kann, da für $\gamma = 1$ die Änderung von q nur von q abhängt. In diesem einfachen Fall mit nur einem akkumulierbaren Faktor treten folglich keine "transitional dynamics" auf; das System befindet sich sofort im steady state bzw. entwickelt sich unmittelbar mit der balanced growth-Wachstumsrate. Für $\gamma=1$ ergibt sich auch bei dynamischer Optimierung ein anhaltendes **Wachstum mit konstanter Rate**.

Zur Lösung ist das steady state-Niveau von q zu ermitteln, indem Gleichung (3.39) gleich null gesetzt und nach q gelöst wird. Die Lösung von (3.39) mit $\overset{\circ}{q}(q(t))=0$ entspricht nicht der mit (3.31) wiedergegebenen Lösung des Systems aus (3.29) mit $\overset{\circ}{q}(ax(t),q(t))=0$ und (3.22) mit $\overset{\circ}{ax}(ax(t),q(t))=0$, da mit dem Wegfall von ax aus (3.29) die Entwicklung der Pro-Kopf-Erfahrung aus der Bestimmung des steady state-Niveaus der Arbeitsquote völlig herausfällt. Die Wachstumsrate der Volkswirtschaft ergibt sich mit $q=q_{st}$ entsprechend der Formel (3.6) für den Fall ohne intertemporale Optimierung.

$$\text{(3.40)} \quad \gamma=1: \quad q_t = q_{st} = \text{Lösung}(\overset{\circ}{q}(q)=0)$$

$$\hat{ax}_t = \phi \cdot q_{st}^{(\eta+\beta-1)} - \mu = \hat{x}$$

Zur Veranschaulichung sei wieder auf das Zahlenbeispiel ($\rho=1/10$; $\phi=1/5$; $\mu=1/10$; $b=1/2$; $\eta=1/2$; $\beta=1$; $L=1$) zurückgegriffen, wobei nun allerdings $\gamma=1$ zu setzen ist:

$$\gamma = 1: \quad \overset{\circ}{q} = \frac{\frac{-1}{15} q\,(-3\,q + 1 + 2\,q^2 - 2\,q^{3/2} + q^{1/2} + q^{5/2})}{1 - q + 2\,q^2}$$

$$q_{st} = 0{,}6431$$

$$\hat{ax} = \hat{x} = \frac{1}{5} \cdot q^{1/2} - \frac{1}{10} = 0{,}060388$$

$$r_{ax} = 0{,}160388$$

Das für $\overset{\circ}{q}=\overset{\circ}{q}(q)$ eindimensionale Phasendiagramm des Beispiels zeigt die Stabilitätseigenschaften des Modells im Fall des endogenen Wachstums anschaulich auf (vgl. Abb. 3.7).[23] Für $q<q_{st}$ gilt $\overset{\circ}{q}<0$, somit verringert sich q noch weiter; umgekehrt ist $\overset{\circ}{q}>0$ für $q>q_{st}$, so daß q dort weiter steigt. Das Gleichgewicht in q_{st} ist somit instabil. Für ein dynamisch-optimales Verhalten sind folglich keine Abweichungen von q_{st} erlaubt.

---

23 Zu Stabilitätsanalyse mit Hilfe von eindimensionalen Phasendiagrammen vgl. z.B. Chiang (1984), S. 493 ff., oder Gandolfo (1996), S. 342 ff.

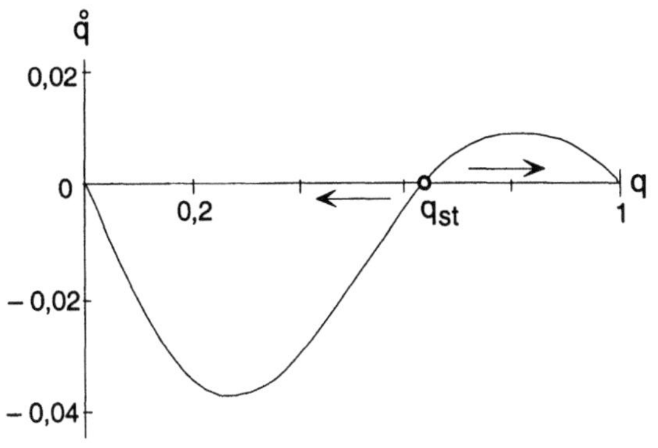

Abb. 3.7: Phasendiagramm für $\overset{\circ}{q}$ für den Fall $\gamma = 1$
$(\rho = 1/10;\ \phi = 1/5;\ \mu = 1/10;\ b = 1/2;\ \eta = 1/2;\ \beta = 1;\ L = 1)$

Für die Eigenschaft des anhaltenden Wachstums ist entscheidend, daß die Ertragsrate im Zeitablauf (konstant) oberhalb der Diskontierungsrate bleibt ($r_{ax} = 0{,}16$ bei $\rho = 0{,}1$). Da hier *kein* sinkender Grenzertrag der Erfahrung im Zeitablauf vorliegt, der zum Sinken der Ertragsrate auf den Diskontierungssatz führen würde, kann ein anhaltender Wachstumsprozeß *physisch* in Gang gehalten werden. Außerdem ist es auch intertemporal *nutzenoptimal* und damit *lohnend*, den Wachstumsprozeß durch eine anhaltende Ausdehnung des Konsums in Gang zu halten. Daß sich der Einsatz der Arbeit intertemporal besonders auszahlt, zeigt sich dementsprechend in einer gegenüber dem Beispiel mit $\gamma < 1$ gestiegenen Arbeitszeitquote.

3.2.3 Einige parametrische Vereinfachungen

Die später folgenden Modelle beinhalten die Erweiterung um andere Kapitalarten, wie z.B. physisches Kapital oder Humankapital aus schulischer Ausbildung. Aus Gründen der Handhabbarkeit weisen diese Modelle für die Veranschaulichung anhand des Cobb-Douglas-Falls starke Vereinfachungen bezüglich der Parameter der Produktionsfunktion auf. Zur besseren Vergleichbarkeit der Resultate zwischen den einzelnen Modellansätzen sollen die Ergebnisse sowie deren Ermittlung für die vereinfachte Situation mit $\beta = \eta = L = 1$ explizit vorgestellt werden.

Die Produktionsfunktion und die Gleichung für die Erfahrungsakkumulation vereinfachen sich zu:

(3.21') $x = ax^{\gamma} \cdot q$

(3.22') $\overset{\circ}{ax} = \phi \cdot x - \mu \cdot ax = \phi \cdot q \cdot ax^{\gamma} - \mu \cdot ax$

Die intertemporale C(I)ES-Nutzenfunktion war schon mit Werten von eins für die momentan-intratemporale Substitution zwischen Konsum und Freizeit ($\sigma = 1$) sowie für die intertemporale Substitution ($\theta=1$) sehr stark zu einer logarithmischen Form simplifiziert worden; sie soll daher unverändert bleiben:

(3.23') $U = \int_0^\infty u_t \cdot e^{-\rho \cdot t} dt$ mit: $u_t = b \cdot \ln(x) + (1-b) \cdot \ln(1-q)$

Als Hamilton-Funktion folgt unter Verwendung der vereinfachten Modellbestandteile:

(3.24') $H = [\, b \cdot \ln(ax^\gamma \cdot q) + (1-b) \cdot \ln(1-q)\,] \cdot e^{-\rho \cdot t} + \lambda(t) \cdot [\, \phi \cdot q \cdot ax^\gamma - \mu \cdot ax\,]$

Die Optimalitätsbedingung und der hieraus folgende Schattenpreis des Erfahrungskapitals errechnen sich nun in Vereinfachung von (3.25) als:

(3.25') $\frac{\partial H}{\partial q} = 0 = \left(\frac{b}{q} + \frac{b-1}{1-q}\right) \cdot e^{-\rho \cdot t} + \lambda \cdot [\phi \cdot ax^\gamma] = 0$

mit: $du_q = (①+②) < 0$ ⑤ $= da_q > 0$ (mit ⑥ $= 0$)

Die ökonomische Interpretation der vereinfachten Ergebnisse sei kurz angedeutet: Da hier mit $\eta=1$ vollständige Spillovers zwischen den verschiedenen Tätigkeiten des einen Wirtschaftssubjekts ($L=1$) angenommen werden, fällt der Spilloveränderungsterm ⑥ nun völlig weg. Der Einfluß der zusätzlichen Arbeitszeit auf die Erfahrungsbildung ($da_q>0$) besteht jetzt allein aus dem (positiven) Lerneffekt ⑤ (entsprechend gilt: $du_q<0$). Als statisch-momentan optimale Arbeitszeitquote (für $du_q=0$) ergäbe sich nun:

(3.26') $q_m = b$

Die statisch-optimale Arbeitszeitquote q_m wird hier nur noch von der Nutzengewichtung des Güterkonsums bestimmt. Bei einer dynamischen Optimierung führt die Berücksichtigung der Lerneffekte zur Ausweitung der Arbeitszeit über $q_m=b$ hinaus. Entsprechend gilt in den folgenden Gleichungen immer $q>b$.

Aus der Optimalitätsbedingung läßt sich der Schattenpreis des Erfahrungskapitals bestimmen (unter Verwendung von $c=x$):

(3.27') $\lambda = \frac{(q-b) \cdot e^{-\rho \cdot t}}{\phi \cdot q \cdot ax^\gamma \cdot (1-q)} = \frac{(q-b) \cdot e^{-\rho \cdot t}}{\phi \cdot (1-q) \cdot c}$

Mit der Multiplikatorgleichung kann die interne Ertragsrate der Erfahrungsakkumulation als relativ einfacher Ausdruck bestimmt werden:

$$(3.28') \quad -\frac{\partial H}{\partial ax} = \mathring{\lambda} = -\frac{b \cdot \gamma}{ax} \cdot e^{-\rho \cdot t} - \lambda \cdot [\, \gamma \cdot \phi \cdot q \cdot ax^{\gamma - 1} - \mu \,]$$

$$(3.41) \quad r_{ax} = -\hat{\lambda} = \frac{\phi \cdot \gamma \cdot (1-b) \cdot q^2}{q-b} \cdot ax^{\gamma-1} - \mu = \frac{\phi \cdot \gamma \cdot (1-b) \cdot q}{q-b} \cdot \frac{c}{ax} - \mu$$

Die Ableitung von (3.27') nach der Zeit sowie der Vergleich mit (3.28') führt unter Verwendung von (3.22') zur Bewegungsgleichung für die Arbeitszeitquote als Kontrollvariable des Systems:

$$(3.29') \quad \frac{dq}{dt} = \frac{q(1-q)\,[ax^{\gamma} q^2 \gamma b \phi - ax^{\gamma} q \gamma b \phi + q \mu ax - q \gamma \mu ax + q \rho ax - \mu b ax + \gamma b \mu ax - \rho b ax]}{[b + q^2 - 2bq]\, ax}$$

Im steady state muß die Arbeitszeitquote konstant bleiben. Im Fall ohne endogenes Wachstum ($\gamma < 1$) ist der steady state weiterhin mit konstanten Niveaus für die Erfahrung und die Pro-Kopf-Produktion verbunden. Die Langfrist-Ergebnisse sind folglich mittels Nullsetzen von (3.29'), d.h. $\mathring{q} = 0$, sowie (3.22'), i.e. $\mathring{ax} = 0$, zu ermitteln:

$$(3.30') \quad \gamma < 1: \quad ax_{st} = \left(\frac{\phi}{\mu} \cdot q_{st} \right)^{\left(\frac{1}{1-\gamma} \right)}$$

$$(3.31') \quad \gamma < 1: \quad q_{st} = \frac{b \cdot (\rho + \mu)}{\rho + \mu \cdot (1 - \gamma \cdot (1-b))}$$

Das steady state-Niveau des Erfahrungsstocks ist positiv abhängig von der sich langfristig ergebenden Arbeitszeitquote q_{st}. Diese wiederum ist um so größer,

- je gewichtiger der Konsum in der Nutzenfunktion ist (je größer b), da hier die mit zusätzlichem Arbeitseinsatz geschaffenen Güter einen höheren (Nutzen-) Wert aufweisen
- je geringer die zeitliche Abdiskontierung zukünftigen Nutzens ist (je kleiner ρ), da dann die zukünftigen positiven Produktivitätseffekte des gegenwärtigen Erfahrungsaufbaus ein höhere Bedeutung haben
- je größer die Produktionselastizität der Erfahrung γ ist und
- je geringer die Abschreibungsrate auf die mit dem Arbeitseinsatz gebildete Erfahrung ist.

Die Einflußrichtungen der unterschiedlichen Parameter, die gerade für den steady state-Wert der Arbeitszeitquote beschrieben wurden, dürften qualitativ ebenso für den gesamten Anpassungspfad q(t) gelten; sie sind allerdings formal nicht so einfach darstellbar.

Aufgrund der Vereinfachungen ist auch der Vergleich des steady state-Niveaus der Arbeitszeitquote mit dem statisch-optimalen Wert einfach, da direkt ersichtlich ist, daß bei intertemporaler Optimierung (auch langfristig) die Berücksichtigung von Erfahrungseffekten im dynamischen Optimierungskalkül zu höheren Arbeitszeiten führt. Es gilt: $q_{st} > b = q_m$.

Anhand der steady state-Ergebnisse läßt sich ebenfalls leicht aufzeigen, warum der Akkumulationsprozeß schließlich zum Stillstand kommt: Das Einsetzen von ax_{st} und q_{st} in die Formel für r_{ax} zeigt als steady state-Niveau der Ertragsrate: $r_{ax,st} = \rho$.

Der **Spezialfall endogenen Wachstums** ($\gamma = 1$) soll ebenfalls für die parametrische Vereinfachung untersucht werden. Die Bewegungsgleichung für die Arbeitszeitquote folgt als Vereinfachung von (3.29') mit:

$$\text{(3.39')} \quad \gamma = 1: \quad \overset{\circ}{q} = \frac{dq}{dt} = \frac{q \cdot (1-q) \cdot [q \cdot (q-1) \cdot b \cdot \phi + \rho \cdot (q-b)]}{b + q^2 - 2 \cdot b \cdot q}$$

Für den Spezialfall $\gamma = 1$ fällt das Erfahrungsniveau ax aus der Bewegungsgleichung $\overset{\circ}{q}$ heraus. Die Höhe der Arbeitszeit q wird daher nur noch von q(t) selbst bestimmt. Die Erfahrung ax erreicht kein konstantes steady state-Niveau, sondern es ergibt sich eine konstante steady state-Wachstumsrate für ax. Die steady state-Höhe der Arbeitszeitquote muß folglich nur unter Verwendung von $\overset{\circ}{q} = 0$ errechnet werden. Da im betrachteten Modell mit ax nur eine einzige Kapitalart vorliegt, treten keine Intensitätsanpassungen im Rahmen von transitional dynamics auf. Die steady state-Werte für die Arbeitszeitquote sowie für die Wachstumsrate der Erfahrung (bzw. des Pro-Kopf-Einkommens) ergeben sich unmittelbar. Unter Ausschluß der Randlösungen $q = 0$ bzw. $q = 1$ folgt als optimale Arbeitszeitquote:

$$\text{(3.40')} \quad \frac{dq}{dt} = 0 \quad \text{für} \quad q \cdot (q-1) \cdot b \cdot \phi + \rho \cdot (q-b) = 0$$

$$\Rightarrow \quad q = q_{st} = \frac{b\,\phi - \rho \pm \sqrt{b^2 \phi^2 - 2\, b\, \phi\, \rho + \rho^2 + 4\, b^2 \phi\, \rho}}{2\, b\, \phi} \qquad \text{mit:} \quad q = q_{st} > b$$

Diese Gleichung hat zwei verschiedene Lösungen, wobei im Einzelfall mit jeweils gegebenen Parametern die Wahl der relevanten Lösung relativ einfach ist, da diese positiv reell-wertig im Bereich $]b, 1[$ liegen muß.

3.2.4 Die Wahl der Nutzenfunktion und die Existenz eines steady state bei endogenem Wachstum

Soweit eine Wahlmöglichkeit zwischen dem Einsatz der Zeit als Arbeitszeit zur Produktion von Konsumgütern oder aber der direkt-nutzenstiftenden Verwendung als Freizeit existiert, ergibt sich für den Fall endogenen Wachstums mit einem immer weiter wachsendem Güterangebot folgende Problemsituation: Es wäre denkbar, daß das aus Sicht der Angebotsseite mögliche dauerhafte Produktivitäts- bzw. Konsummengen-Steigerungspotential nachfrageseitig nicht zur anhaltenden Mengenausweitung genutzt wird.

Die Nutzenfunktion der Wirtschaftssubjekte könnte so ausgestaltet sein, daß der Grenznutzen zusätzlicher Gütereinheiten sehr stark sinkt. Die Senkung des Grenznutzens pro Mengeneinheit kann den anhaltenden Produktivitätssteigerungs- bzw. Kostensenkungseffekt bei der Produktion weiterer Güter, der mit dem Erfahrungsaufbau einhergeht, überkompensieren. Somit wird die Freizeit relativ zur Zeitverwendung in der Konsumgüterproduktion immer wertvoller, so daß es in einer solchen Situation auch langfristig zu einer fortschreitenden Verringerung der Arbeitszeit kommt – soweit eine Arbeitszeit-Freizeit-Wahl besteht. Somit wird die angebotsseitig gegebene Möglichkeit zu einem dauerhaften Wachstum mit konstanter Rate aufgrund nachfrageseitiger Gründe nicht genutzt. Trotz einer Angebotssituation, die mit $\gamma = 1$ endogenes Wachstum ermöglichen würde, sinkt dann die Wachstumsrate der Produktion infolge der fortschreitenden Reduktion der Arbeitszeit immer weiter. Ein langfristiges steady state mit konstanten Wachstumsraten ist in einer solchen Situation nicht möglich. Im Extremfall könnte es sogar im Zuge einer vollständigen "Konsumsättigung" auf die Dauer zu einer Situation mit konstanter Produktionsmenge kommen.

Diese Problematik besteht generell bei Modellen endogenen Wachstums, soweit die Wahl zwischen Freizeit und Konsum integriert wird – sie ist folglich nicht auf das vorliegende Learning-by-doing-Modell beschränkt.[24] Die Bedingungen seitens der Nutzenfunktion, die das Auftreten dieses Problems implizieren, seien pars pro toto anhand des einfachen ax-Modells demonstriert.

Für die zur Veranschaulichung gewählte logarithmische intertemporale Nutzenfunktion trat die oben beschriebene Problemsituation nicht auf. Die Arbeitszeitquote blieb für den Fall endogenen Wachstums auch bei gegebener Wahlmöglichkeit über die Zeitallokation langfristig konstant. Dies bedeutet, daß die Senkung des Grenznutzens pro Konsumgütereinheit genau durch die Steigerung der Arbeitsproduktivität (und damit der in der Arbeitszeit produzierten Konsummenge) ausgeglichen wird. Somit weist der Zeiteinsatz in der Produktion einen im Zeitablauf konstanten Grenznutzen der Arbeitszeit über den Umweg des Konsums der produzierten Güter auf – wobei der (um die Erfahrungseffekte erweiterte) Grenznutzen der Arbeit immer dem Grenznutzen der Freizeit entsprechen muß. Mit der konstanten Arbeitszeitquote ergab sich gleichzeitig die Möglichkeit zu einem langfristig anhaltenden steady state-Wachstum

---

[24] Vgl. Baldassarri, DeSantis, Moscarini (1994) sowie Solow (1992), S. 19 ff. u. S. 28 f. Solow zeigt – angeregt von DeSantis und Moscarini – in seiner bekannten "Siena lecture" auf, daß oben genanntes Problem im Lucas-Uzawa-Modell auftritt, soweit dort die Wahlmöglichkeit zwischen Konsum und Freizeit eingebaut wird. Er demonstriert anhand einer relativ einfachen Nutzenfunktion mit nur einem einzigen Substitutionsparameter, daß bei dieser Wahlmöglichkeit die Eigenschaft endogenen Wachstums im allgemeinen zusammenbricht. Nur für den Spezialfall einer logarithmischen Nutzenfunktion, die konstante "spending proportions" impliziert, zeigt er, daß endogenes Wachstum möglich ist.

mit konstanter (positiver) Rate. Im gerade behandelten einfachst-möglichen Fall mit der Erfahrung als einzigem akkumulierbaren Faktor wird diese steady state-Situation sogar unmittelbar erreicht, da Anpassungsdynamiken der Intensitäten zwischen verschiedenen Kapitalarten fehlen.

Im folgenden soll untersucht werden, unter welchen Bedingungen bezüglich der Werte der beiden Substitutionselastizitäten langfristig ein konstantes Verhältnis zwischen Arbeitszeit und Freizeit folgt. Kommt es im Rahmen der Zeitallokation langfristig zu einer konstanten Arbeitszeitquote, so ist für $\gamma=1$ die Möglichkeit zu anhaltendem endogenen Wachstum nachfrageseitig gesichert.

Für das konkrete Beispiel einer intertemporalen Optimierung wurde eine CES-CIES-Nutzenfunktion gewählt, die infolge der vereinfachenden Annahmen bezüglich der Substitutionselastizitäten mit Werten von eins für die *momentan-intra*temporale Substitution zwischen Konsum und Freizeit ($\sigma=1$) sowie für die *inter*temporale Substitution ($^1/_\theta=1$) sehr stark vereinfacht wurde, so daß sich eine logarithmische Funktionsform ergab. Welche Konsequenzen die Aufgabe dieser vereinfachenden Annahmen für die Existenz eines langfristigen steady state- bzw. balanced growth-Wachstumspfads hat, für den Fall, daß von der Angebotsseite her endogenes Wachstum möglich ist ($\gamma=1$), sei hier näher analysiert. Um die Analyse der Nutzenseite nicht unnötig zu erschweren, sollen an dieser Stelle für die Angebotsseite folgende Vereinfachungen gelten: $\beta=\eta=L=1$. Da für die gerade analysierte Problematik nur der Fall relevant ist, in dem angebotsseitig die Möglichkeit endogenen Wachstums besteht, gelte $\gamma=1$. Daher lauten die Gleichungen für die Produktion der Konsumgüter sowie für die Erfahrungsakkumulation:

(3.42) $x = ax \cdot q$

(3.43) $\overset{\circ}{ax} = \phi \cdot q \cdot ax - \mu \cdot ax$ bzw. $\hat{ax} = \phi \cdot q - \mu$

Der Fall $\sigma = 1$ mit θ unbestimmt

Zunächst sei untersucht, welche Wirkung auf die Ergebnisse die Aufgabe der Annahme, daß die *intertemporale* Substitutionselasitzität den Wert $^1/_\theta=1$ annimmt, hat. Soweit nur für die momentan-*intra*temporale Substitution zwischen Konsum und Freizeit eine Substitutionselastizität von eins gilt ($\sigma=1$), während θ unbestimmt ist, folgt aus der allgemeinen C(I)ES-Nutzenfunktion:[25]

---

[25] Im vorliegenden einfachen ax-Modell stimmt der Pro-Kopf-Konsum c mangels der Möglichkeit zur Sachkapitalakkumulation mit der Pro-Kopf-Produktion x überein ($c=x$).

$$(3.44)\quad U=\int_0^{\infty} u_t\cdot e^{-\rho\cdot t}\,dt \qquad \text{mit: } \lim_{\sigma\to 1}(u_t)=\frac{\left\{c_t^{\,b}\cdot(1-q_t)^{(1-b)}\right\}^{1-\theta}-1}{1-\theta}$$

Durch die Annahme einer Substitutionselastizität von eins für die intratemporale Substitution zwischen Konsum und Freizeit läßt sich die momentane Beziehung zwischen Konsum und Freizeit zu einem Zeitpunkt t in Form einer Cobb-Douglas-Funktion beschreiben.

Die für die so gegebene Produktions- und Nutzenfunktion zu bestimmende Hamilton-Funktion lautet nun (mit $c=x=ax\cdot q$):

$$(3.45)\quad H=\frac{\left\{(ax\cdot q)^{b}\cdot(1-q_t)^{(1-b)}\right\}^{1-\theta}-1}{1-\theta}\cdot e^{-\rho\cdot t}+\lambda(t)\cdot[\,(\phi\cdot q-\mu)\cdot ax\,]$$

Anhand der Optimalitätsbedingung $\frac{\partial H}{\partial q}=0$ läßt sich der Schattenpreis der Erfahrung bestimmen als:

$$(3.46)\quad \lambda=\frac{(q-b)\cdot e^{-\rho\cdot t}}{\phi\cdot(q\cdot ax)^{1-(1-\theta)\cdot b}\cdot(1-q)^{(1-\theta)\cdot b+\theta}}$$

Dieses Ergebnis entspricht der Gleichung (3.27') für den Fall, daß hier $\theta=1$ und dort $\gamma=1$ gesetzt wird.

Mit Hilfe der Multiplikatorgleichung $\frac{\partial H}{\partial ax}=-\overset{\circ}{\lambda}$ kann die Wachstumsrate des Schattenpreises bzw. die Erfahrungsrendite errechnet werden:

$$(3.47)\quad r_{ax}=-\hat{\lambda}=\frac{1-b}{q-b}\cdot\phi\cdot q^2-\mu$$

Dieses Resultat ist ein reiner Spezialfall der Gleichung (3.41) für den Fall $\gamma=1$.

Die Ableitung der in (3.46) bestimmten Lösung für λ nach t und der Vergleich mit $\hat{\lambda}$ aus (3.47) führt zur Entwicklung des Anteils der Arbeitszeit $\overset{\circ}{q}$:

$$(3.48)\quad \overset{\circ}{q}=\frac{dq}{dt}=-\big(q^3\theta b\phi+q^2\rho+q^2\mu b-q^2\theta b\mu-q^2b^2\theta\phi \\ +q^2b^2\phi-q^2b\phi-q^2\theta b\phi+qb\phi-qb^2\mu-qb^2\phi \\ +q\theta b\mu+qb^2\theta\phi-q\rho b-q\mu b-q\rho+qb^2\theta\mu \\ -b^2\theta\mu+b^2\mu+\rho b\big)q/\big(\theta q^2-2\theta bq-b^2+b+b^2\theta\big)$$

Hierbei handelt es sich nur um eine Verallgemeinerung des in (3.38') für $\theta=1$ wiedergegebenen Ergebnisses. Qualitativ hat sich das Ergebnis ggü. (3.38') nicht verändert.

Für den Fall, daß angebotsseitig endogenes Wachstums möglich ist (d.h. für $\gamma=1$), fällt auch für $\theta \neq 1$ das Erfahrungsniveau ax aus der Bewegungsgleichung $\overset{\circ}{q}$ heraus – soweit $\sigma=1$ gilt. Die Höhe der Arbeitszeit q wird auch hier nur noch von q(t) selbst bestimmt. Somit kann für die Arbeitszeitquote ein von dem dauerhaft wachsenden Erfahrungskapitalstock unabhängiges steady state-Niveau q_{st} anhand der Bedingung $\overset{\circ}{q}(q_{st})=0$ errechnet werden. Unter Ausschluß der Randlösungen $q=0$ bzw. $q=1$ folgt als steady state-Arbeitszeitquote:

$$(3.49)\quad q_{st}=\frac{1}{2}\Big(b^2\theta\phi-\rho-\mu b+\theta b\mu-b^2\phi+b\phi\pm \big(2b^2\phi\rho+2b^3\phi\mu+b^4\theta^2\phi^2-2b^4\theta\phi^2+\rho^2+\mu^2b^2 +b^4\phi^2-2b^3\phi^2+b^2\phi^2+2b^3\theta\phi^2-2b^3\theta^2\phi\mu +2\theta b^2\mu\phi+2b^2\theta\phi\rho-2\rho\theta b\mu-2\mu^2b^2\theta -2\mu b^2\phi+\theta^2b^2\mu^2+2\rho\mu b-2\rho b\phi\big)^{1/2}\Big)/(\theta b\phi)$$

Bei Substitution von $\theta=1$ folgt hieraus das mit (3.39') bekannte Ergebnis für q_{st}.

Der steady state-Wert für die Arbeitszeitquote folgt auch hier unmittelbar, da im betrachteten Modell mit ax als einziger Kapitalart Intensitätsanpassungen im Rahmen von transitional dynamics fehlen. Daher ergibt sich auch sofort die über $\widehat{ax}=\phi\cdot q_{st}-\mu$ bestimmte konstante (steady state-) Wachstumsrate der Erfahrung bzw. des Pro-Kopf-Einkommens.

Festzuhalten bleibt, daß eine Verallgemeinerung der Nutzenfunktion in Richtung der *inter*temporalen Substitution mit $\theta \neq 1$ bei gleichzeitigem Beibehalten einer *intra*temporalen Substitutionselastizität zwischen Konsum c_t und Freizeit $(1-q_t)$ im Zeitpunkt t in Höhe von $\sigma=1$ die einzelnen Rechnungen zwar algebraisch verkompliziert, letztlich aber keine qualitative Änderung der Ergebnisse mit sich bringt. Insbesondere die oben angesprochene Problematik, daß eine sinkende Arbeitszeitquote kein anhaltendes steady state-Wachstum mit konstanter Rate erlaubt, trat im Rahmen dieser Verallgemeinerung nicht auf. Dies liegt daran, daß sowohl die logarithmische als auch die Cobb-Douglas-Form des momentanen Nutzens u_t konstante Ausgabenanteile für der Güter- und den Freizeit-"Konsum" implizieren.[26] Daher wird die Reduktion des Schattenpreises der Konsumgüter infolge des sinkenden Konsumgrenznutzens exakt durch das Wachstum der Konsummenge, das infolge des mit dem Erfahrungsaufbau einhergehenden Produktivitätswachstums möglich ist, kompensiert. Folglich bleiben

26 Vgl. Solow (1992), S. 28 f., für diese Interpretation im Fall eines um die Freizeitwahl erweiterten Lucas-Uzawa-Modell. Technisch gesprochen erfolgt hier ein exakter Ausgleich von angemessen definierten Einkommens- und Substitutionseffekten. Übrigens impliziert im Fall von Cobb-Douglas-*Produktions*funktionen eine analoge Eigenschaft die Konstanz der Einkommensverteilung zwischen den Faktoren.

die Oportunitätskosten der Freitzeit konstant und somit bleibt der Anteil der Arbeitszeit gleich.[27]

Der Fall $\theta = 1$ mit σ unbestimmt

Die *inter*temporale Substitutionselasitzität sei nun wieder mit $1/\theta = 1$ angenommen, allerdings sei die momentan-*intra*temporale Substitutionselastizität zwischen Konsum und Freizeit σ nicht mehr auf eins festgelegt.[28] Die Nutzenfunktion lautet nun:

$$(3.50)\quad U = \int_0^\infty u_t \cdot e^{-\rho \cdot t}\, dt \qquad \text{mit: } \lim_{\theta \to 1} (u_t) = \frac{\sigma \cdot \ln\left[b \cdot c_t^{\frac{\sigma-1}{\sigma}} + (1-b) \cdot (1-q_t)^{\frac{\sigma-1}{\sigma}} \right]}{\sigma - 1}$$

Wird analog zur oben beschriebenen Vorgehensweise über das Aufstellen der Hamilton-Funktion der Schattenpreis λ anhand der Optimalitätsbedingung ermittelt und daraufhin die zeitliche Ableitung $\mathring{\lambda}$ mit dem Ergebnis der Multiplikatorgleichung kombiniert, so folgt für die Situation mit $\theta = 1$ und $\sigma \neq 1$ als Bewegungsgleichung für $\mathring{q}$ der mit Gleichung (3.51) beschriebene, extrem umfangreiche Ausdruck der Form $\mathring{q}(ax,q)$.

Aus dieser Bewegungsgleichung fällt zwar für $\sigma = 1$ die wachsende Kapitalgröße ax heraus, so daß für diesen Spezialfall Gleichung (3.39') folgt, doch im allgemeinen Fall $\sigma \neq 1$ bleibt ax in der Gleichung für $\mathring{q}$ erhalten. Daher ist für diese Situation eine konstante Arbeitszeitquote nicht mit einem ständig wachsenden Kapitalstock bzw. mit ständig wachsendem Konsum kompatibel. Es kann hier also kein steady state mit konstanter positiver Wachstumsrate und konstanter Arbeitsquote existieren. Somit besteht für den Fall einer intratemporalen Substitutionselastizität zwischen Konsum und Freizeit in Höhe von $\sigma \neq 1$ die Möglichkeit, daß oben angesprochene Problemsituation auftritt.

---

27 Vgl. King, Plosser, Rebelo (1988), S. 201 f. und S. 324, für die Klasse von Nutzenfunktionen, die einen konstanten Arbeitszeitanteil in einer balanced growth-Situation erlaubt.

28 Für den Fall des Konsums als einziger Nutzenquelle zeigen Palivos, Wang, Zhang (1997), daß die (asymptotische) *Konstanz* der intertemporalen Substitutionselastizität eine notwendige und hinreichende Bedingung für die Existenz eines (eindeutigen, nicht-degenerierten, asymptotischen) balanced growth-Pfads ist. Da dort die Freizeit nicht als Alternative zum Güterkonsum betrachtet wird, tritt dort allerdings die hier analysierte Problematik nicht auf.

$$
\begin{aligned}
(3.51)\quad \overset{\circ}{q} = \frac{dq}{dt} = -\Big(& q^3\, ax^2\, \rho\,(1-q)^{\left(2\frac{1}{\sigma}\right)} b^2\sigma - q^2\, ax^2\, \rho\,(1-q)^{\left(2\frac{1}{\sigma}\right)} b^2\sigma \\
& + q^{\left(\frac{2+\sigma}{\sigma}\right)} \rho\, ax^{\left(2\frac{1}{\sigma}\right)} b^2\sigma + q^{\left(\frac{\sigma+1}{\sigma}\right)} ax^{\left(\frac{\sigma+1}{\sigma}\right)} \rho\,(1-q)^{\left(\frac{1}{\sigma}\right)} b^2\sigma \\
& - q^{\left(\frac{\sigma+1}{\sigma}\right)} ax^{\left(\frac{\sigma+1}{\sigma}\right)} \rho\,(1-q)^{\left(\frac{1}{\sigma}\right)} b\,\sigma + q^{\left(\frac{2+\sigma}{\sigma}\right)} \rho\, ax^{\left(2\frac{1}{\sigma}\right)} \sigma \\
& + q^{\left(\frac{3\sigma+2}{\sigma}\right)} \rho\, ax^{\left(2\frac{1}{\sigma}\right)} b^2\sigma + q^{\left(\frac{3\sigma+2}{\sigma}\right)} \rho\, ax^{\left(2\frac{1}{\sigma}\right)} \sigma \\
& + 4\, q^{\left(2\frac{\sigma+1}{\sigma}\right)} \rho\, ax^{\left(2\frac{1}{\sigma}\right)} b\,\sigma + 2\, q^{\left(\frac{3\sigma+1}{\sigma}\right)} ax^{\left(\frac{\sigma+1}{\sigma}\right)} \rho\,(1-q)^{\left(\frac{1}{\sigma}\right)} b^2\sigma \\
& + 3\, q^{\left(\frac{1+2\sigma}{\sigma}\right)} ax^{\left(\frac{\sigma+1}{\sigma}\right)} \rho\,(1-q)^{\left(\frac{1}{\sigma}\right)} b\,\sigma - 2\, q^{\left(\frac{3\sigma+2}{\sigma}\right)} \rho\, ax^{\left(2\frac{1}{\sigma}\right)} b\,\sigma \\
& - 2\, q^{\left(\frac{2+\sigma}{\sigma}\right)} \rho\, ax^{\left(2\frac{1}{\sigma}\right)} b\,\sigma - 2\, q^{\left(2\frac{\sigma+1}{\sigma}\right)} \rho\, ax^{\left(2\frac{1}{\sigma}\right)} \sigma \\
& - 3\, q^{\left(\frac{1+2\sigma}{\sigma}\right)} ax^{\left(\frac{\sigma+1}{\sigma}\right)} \rho\,(1-q)^{\left(\frac{1}{\sigma}\right)} b^2\sigma \\
& - 2\, q^{\left(\frac{3\sigma+1}{\sigma}\right)} ax^{\left(\frac{\sigma+1}{\sigma}\right)} \rho\,(1-q)^{\left(\frac{1}{\sigma}\right)} b\,\sigma - 2\, q^{\left(2\frac{\sigma+1}{\sigma}\right)} \rho\, ax^{\left(2\frac{1}{\sigma}\right)} b^2\sigma \\
& + q^{\left(\frac{1+2\sigma}{\sigma}\right)} ax^{\left(\frac{\sigma+1}{\sigma}\right)} (1-q)^{\left(\frac{1}{\sigma}\right)} b^2\mu - q^3\, ax^2\, \sigma\,(1-q)^{\left(2\frac{1}{\sigma}\right)} b^2\phi \\
& + q^4\, ax^2\, \sigma\,(1-q)^{\left(2\frac{1}{\sigma}\right)} b^2\phi + q^{\left(\frac{4\sigma+1}{\sigma}\right)} ax^{\left(\frac{\sigma+1}{\sigma}\right)} \sigma\,(1-q)^{\left(\frac{1}{\sigma}\right)} b^2\phi \\
& + q^{\left(\frac{\sigma+1}{\sigma}\right)} ax^{\left(\frac{\sigma+1}{\sigma}\right)} \sigma\,(1-q)^{\left(\frac{1}{\sigma}\right)} b^2\mu - q^{\left(\frac{1+2\sigma}{\sigma}\right)} ax^{\left(\frac{\sigma+1}{\sigma}\right)} (1-q)^{\left(\frac{1}{\sigma}\right)} b\,\mu \\
& + q^{\left(\frac{3\sigma+1}{\sigma}\right)} ax^{\left(\frac{\sigma+1}{\sigma}\right)} \sigma\,(1-q)^{\left(\frac{1}{\sigma}\right)} b\,\phi + q^{\left(\frac{\sigma+1}{\sigma}\right)} ax^{\left(\frac{\sigma+1}{\sigma}\right)} (1-q)^{\left(\frac{1}{\sigma}\right)} \mu\, b \\
& + q^{\left(\frac{1+2\sigma}{\sigma}\right)} ax^{\left(\frac{\sigma+1}{\sigma}\right)} \sigma\,(1-q)^{\left(\frac{1}{\sigma}\right)} b\,\mu + q^{\left(\frac{3\sigma+1}{\sigma}\right)} ax^{\left(\frac{\sigma+1}{\sigma}\right)} (1-q)^{\left(\frac{1}{\sigma}\right)} b\,\phi \\
& - q^{\left(\frac{\sigma+1}{\sigma}\right)} ax^{\left(\frac{\sigma+1}{\sigma}\right)} \sigma\,(1-q)^{\left(\frac{1}{\sigma}\right)} b\,\mu \\
& - q^{\left(\frac{1+2\sigma}{\sigma}\right)} ax^{\left(\frac{\sigma+1}{\sigma}\right)} \sigma\,(1-q)^{\left(\frac{1}{\sigma}\right)} b^2\mu \\
& - q^{\left(\frac{3\sigma+1}{\sigma}\right)} ax^{\left(\frac{\sigma+1}{\sigma}\right)} (1-q)^{\left(\frac{1}{\sigma}\right)} b^2\phi \\
& - q^{\left(\frac{3\sigma+1}{\sigma}\right)} ax^{\left(\frac{\sigma+1}{\sigma}\right)} \sigma\,(1-q)^{\left(\frac{1}{\sigma}\right)} b^2\phi \\
& + q^{\left(\frac{1+2\sigma}{\sigma}\right)} ax^{\left(\frac{\sigma+1}{\sigma}\right)} (1-q)^{\left(\frac{1}{\sigma}\right)} b^2\phi - q^{\left(\frac{1+2\sigma}{\sigma}\right)} ax^{\left(\frac{\sigma+1}{\sigma}\right)} (1-q)^{\left(\frac{1}{\sigma}\right)} b\,\phi \\
& - q^{\left(\frac{4\sigma+1}{\sigma}\right)} ax^{\left(\frac{\sigma+1}{\sigma}\right)} \sigma\,(1-q)^{\left(\frac{1}{\sigma}\right)} b\,\phi - q^{\left(\frac{\sigma+1}{\sigma}\right)} ax^{\left(\frac{\sigma+1}{\sigma}\right)} (1-q)^{\left(\frac{1}{\sigma}\right)} \mu\, b^2 \\
\Big) \Big/ \Big(& -ax^{\left(2\frac{1}{\sigma}\right)} q^{\left(\frac{2+\sigma}{\sigma}\right)} \sigma - 2\, ax^{\left(2\frac{1}{\sigma}\right)} q^{\left(2\frac{\sigma+1}{\sigma}\right)} b\,\sigma + 2\, ax^{\left(2\frac{1}{\sigma}\right)} q^{\left(\frac{2+\sigma}{\sigma}\right)} b\,\sigma \\
& - ax^2\,(1-q)^{\left(2\frac{1}{\sigma}\right)} b^2\sigma\, q + ax^2\,(1-q)^{\left(2\frac{1}{\sigma}\right)} b^2\sigma\, q^2 \\
& + 2\, ax^{\left(\frac{\sigma+1}{\sigma}\right)} q^{\left(\frac{\sigma+1}{\sigma}\right)} (1-q)^{\left(\frac{1}{\sigma}\right)} b\,\sigma - 2\, ax^{\left(\frac{\sigma+1}{\sigma}\right)} q^{\left(\frac{1+2\sigma}{\sigma}\right)} (1-q)^{\left(\frac{1}{\sigma}\right)} b\,\sigma \\
& - 2\, ax^{\left(\frac{\sigma+1}{\sigma}\right)} q^{\left(\frac{\sigma+1}{\sigma}\right)} (1-q)^{\left(\frac{1}{\sigma}\right)} b^2\sigma \\
& + 2\, ax^{\left(\frac{\sigma+1}{\sigma}\right)} q^{\left(\frac{1+2\sigma}{\sigma}\right)} (1-q)^{\left(\frac{1}{\sigma}\right)} b^2\sigma - (1-q)^{\left(\frac{1}{\sigma}\right)} b\, ax^{\left(\frac{\sigma+1}{\sigma}\right)} q^{\left(\frac{1}{\sigma}\right)} \\
& + (1-q)^{\left(\frac{1}{\sigma}\right)} b^2\, ax^{\left(\frac{\sigma+1}{\sigma}\right)} q^{\left(\frac{1}{\sigma}\right)} + ax^{\left(2\frac{1}{\sigma}\right)} q^{\left(2\frac{\sigma+1}{\sigma}\right)} b^2\sigma \\
& - ax^{\left(2\frac{1}{\sigma}\right)} q^{\left(\frac{2+\sigma}{\sigma}\right)} b^2\sigma + ax^{\left(2\frac{1}{\sigma}\right)} q^{\left(2\frac{\sigma+1}{\sigma}\right)} \sigma \Big)
\end{aligned}
$$

Wenn die intratemporale Substitutionselastizität zwischen Konsum und Freizeit gering ist ($\sigma < 1$) wird die wachsende Erfahrung in einem schnell sinkenden Grenznutzen weiterer Produktions-/Konsumzuwächse resultieren, und somit zu einem sinkenden Arbeitszeitanteil bzw. zu einem steigendem Freizeitanteil führen. Langfristig wird dieser Prozeß endogenes Wachstum verhindern. Im Gegensatz hierzu wird eine hohe intratemporale Subsitutionselastizität ($\sigma > 1$) zur vermehrten Substitution von

Freizeit durch Konsum führen. Daher wird die Arbeitszeit zulasten der Freizeit expandieren bis keinerlei Freizeit mehr übrig bleibt. Das System konvergiert in diesem Fall gegen die Grenzlösung mit $q_{st}=1$.

Ein Beispiel mit einer geringen Substitutionselastizität ($\sigma = {}^1/_2$)

Um ein möglichst einfaches Beispiel für die nutzenseitige Beschränkung des endogenen Wachstums zu liefern, wurde das Modell für den Fall einer intratemporalen Substitutionselastizität zwischen Konsum und Freizeit in Höhe von $\sigma = {}^1/_2$ berechnet (während die intertemporale Substitutionselastizität noch über $\theta = 1$ festgelegt wird). Die momentane Nutzenfunktion zu einem Zeitpunkt t vereinfacht sich in diesem Fall zu:

$$(3.52)\quad u_t = -\ln\left[\frac{b}{x_t} + \frac{(1-b)}{(1-q_t)}\right]$$

Die Optimalitätsbedingung $\partial H/\partial q = 0$ resultiert nun in:

$$(3.53)\quad \lambda = \frac{(2\cdot b\cdot q - b\cdot q^2 + \xi\cdot q^2 - ax\cdot q^2\cdot b - b)\cdot e^{-\rho\cdot t}}{\phi\cdot q\cdot ax\cdot(-2\cdot b\cdot q + b\cdot q^2 + ax\cdot q - ax\cdot q^2 - ax\cdot q\cdot b + ax\cdot q^2\cdot b + b)}$$

Aus $\frac{\partial H}{\partial ax} = -\overset{\circ}{\lambda}$ kann die Nettogrenzertragsrate der Erfahrung hergeleitet werden:

$$(3.54)\quad r_{ax} = -\hat{\lambda} = \frac{\phi\cdot(1-b)\cdot q^3\cdot ax}{2\cdot b\cdot q - b\cdot q^2 + ax\cdot q^2 - ax\cdot q^2\cdot b - b} - \mu$$

Die Dynamik des Modells wird über die Gleichung (3.51) unter Verwendung von $\sigma = {}^1/_2$ beschrieben. Da sich wieder ein entsprechend extensiver Ausdruck der Form $\overset{\circ}{q}(ax,q)$ ergibt, sei aus Platzgründen auf eine explizite Wiedergabe verzichtet.

Infolge der geringen intratemporalen Substitutionsmöglichkeiten wird trotz $\gamma = 1$ ein steady state ohne endogenes Wachstum, d.h. mit konstanten Niveauwerten, resultieren. Der steady state-Wert des Arbeitszeitanteils q_{st} kann errechnet werden, indem in Gleichung (3.43) $\overset{\circ}{ax} = 0$ gesetzt wird. Der steady state der Erfahrung ax_{st} kann anhand von (3.51) mit $\overset{\circ}{q} = 0$ (und $\sigma = {}^1/_2$) bestimmt werden. Einsetzen von ax_{st} und q_{st} in Gleichung (3.53) führt wieder zu einer steady state-Ertragsrate von $r_{ax,st} = \rho$.

$$(3.55)\quad q_{st} = \frac{\mu}{\phi} \quad \text{und} \quad \xi_{st} = \frac{(\phi^2\cdot\mu + \phi^2\cdot\rho - 2\cdot\phi\cdot\mu^2 - 2\cdot\phi\cdot\mu\cdot\rho + \mu^2\cdot\rho + \mu^3)\cdot b}{\mu^2\cdot\rho\cdot(1-b)}$$

Die lokalen Stabilitätseigenschaften des mit den Gleichungen (3.43) und (3.51) bestimmten dynamischen Systems sind für $\gamma = 1$ und $\sigma < 1$ die gleichen wie bei dem aus (3.22) und (3.29) für den Fall $\gamma < 1$ und $\sigma = 1$ gegebenen System. In beiden Fällen wird das System durch zwei Differentialgleichungen des Typs $\overset{\circ}{ax}(ax,q)$ und $\overset{\circ}{q}(ax,q)$ charakterisiert, die zu einem steady state mit konstanten Niveauwerten hin führen. Die Koeffizientenmatrix M der Taylor-Expansion erster Ordnung (vgl. Gleichung (3.32)) weist typischerweise einen positiven und einen negativen Eigenwert auf (d.h. Sattelpfadstabilität). Daher kann auch für $\gamma=1$ und $\sigma<1$ die Dynamik wieder mit einem Phasendiagramm genau der Form, wie es in Abb. 3.3 für den Fall $\gamma<1$ und $\sigma=1$ wiedergegeben wurde, illustriert werden (vgl. hierzu auch Abb. 3.8).

Ein Simulation auf der Basis folgender Werte wurde durchgeführt:
$\sigma={}^1/_2;\ \rho={}^1/_{10};\ \phi={}^1/_5;\ \mu={}^1/_{10};\ b={}^1/_2;\ \eta=1;\ \beta=1;\ L=1$ und $\gamma=1 \ \Rightarrow$

$$\frac{dq}{dt}=\frac{q\,(-2q^5+7q^4+2q^5ax-ax^2q^4-8q^3+6q^3ax+q^3ax^2-6q^4ax-1+2q-2axq^2+2q^2)}{10\,(1+4q^3ax-4axq^2+2axq+6q^2-4q-2q^4ax+ax^2q^4+q^4-4q^3)}$$

$$\overset{\circ}{ax}=\frac{q\cdot ax}{5}-\frac{ax}{10} \qquad q_{st}={}^1/_2 \qquad ax_{st}=2 \qquad M=\begin{bmatrix} 0 & 0{,}4 \\ 0{,}00882353 & 0{,}1 \end{bmatrix}$$

Die Eigenwerte sind $w=[-0{,}0276493,\ 0{,}1276493]'$; die entsprechenden Eigenvektoren sind mit $v_1=[-8{,}22606,\ 0{,}56861]$ und $v_2=[-3{,}13113,\ -0{,}999215215]$ gegeben. Die Steigung des Sattelpfads im steady state wird über die Steigung des negativen Eigenvektors bestimmt: $\left(\frac{dq}{dax}\right)_{st}=\frac{v_{12}}{v_{11}}=-0{,}0691232$.

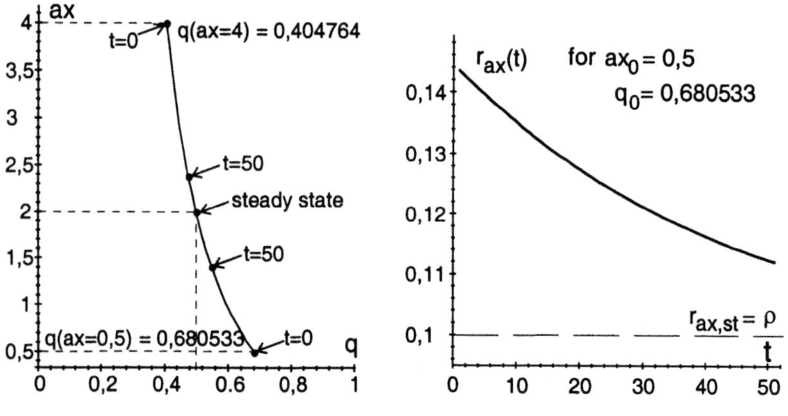

Abb. 3.8: Simulation des Sattelpfads
($\sigma={}^1/_2$; Anfangswerte: $ax_0={}^1/_4\cdot ax_{st}$ und $ax_0=2\cdot ax_{st}$)

Für die Anfangswerte der Zustandsvariablen $ax(0)={}^1/_4\cdot ax_{st}={}^1/_2$ und $ax(0)=2\cdot a_{st}=4$ ist der Sattelpfad von ax und q in Abb. 3.8 wiedergegeben. Als Sattelpfadanfangswerte der Kontrollvariablen folgen $q(ax={}^1/_2)=0{,}680533$ und $q(ax=4)=0{,}404764$. Der resultierende Zeitverlauf der Nettoertragsrate der Erfahrung r_{ax} wird für diejenige Anfangssituation mit geringer Erfahrung ($ax(0)={}^1/_2$) explizit dargestellt. Wie schon für den Fall $\sigma=1$ und $\gamma<1$ beschrieben, konvergiert auch im vorliegenden Fall mit $\sigma<1$ und $\gamma=1$ für eine steigende Erfahrung die Ertragsrate r_{ax} gegen die Zeitpräferenzrate ρ. Daher ist im steady state eine intertemporale Verlagerung des Konsums über eine weitere Akkumulation von Erfahrung nicht länger lohnend und das Wachstum wird langfristig versiegen.

Zusammenfassende Würdigung der Wahl der logarithmischen Nutzenfunktion

Zusammenfassend ist bezüglich der Wahl der zugrundeliegenden Nutzenfunktion folgendes festzuhalten: Die im vorangehenden Abschnitt gewählte Vereinfachung zu einer logarithmischen Funktionsform hat starke Implikationen für die Existenz eines langfristigen Gleichgewichts mit konstanter steady state-Wachstumsrate. Die logarithmische Form impliziert eine intratemporale Substitutionselastizität zwischen Konsum und Freizeit in Höhe von $\sigma = 1$ und ermöglicht hierüber nachfrageseitig die Existenz eines balanced growth-Wachstumspfads mit konstanter Wachstumsrate. Mögliche Probleme, die generell bei der Wahlmöglichkeit zwischen Konsum und Freizeit in Modellen endogenen Wachstums auftreten könnten, existieren für diesen Fall nicht. Die gleichzeitig implizierte Vereinfachung der intertemporalen Substitution in Form von $\theta = 1$ erwies sich als wenig schwerwiegend. Hierdurch haben sich die qualitativen Eigenschaft kaum verändert – die Rechnungen waren allerdings erheblich weniger komplex.

Die Wahl der logarithmischen Nutzenfunktion läßt sich daher aus mehreren Gründen rechtfertigen: Zum einen soll insbesondere das angebotsseitig auftretende Phänomen des Learning-by-doing untersucht werden und nicht die nachfrageseitigen Probleme, die allgemein in Modellen endogenen Wachstums bestehen. Eine stärkere Problematisierung der Nachfrageseite würde demnach vom eigentlichen Analyseobjekt wegführen. Zum anderen ist insbesondere die angebotsseitig vorhandene Möglichkeit endogenen Wachstums von Interesse – auch vor dem Hintergrund der Vergleichbarkeit zu anderen Modellen der endogenen Wachstumstheorie. Diese Vergleichbarkeit sollte nicht aufgrund eines Nebenproblems aufgegeben werden. Außerdem führt eine allgemeinere Formulierung der Nutzenseite zu nicht mehr handhabbaren algebraischen Ausdrücken – wie es Gleichung (3.51) eindringlich demonstriert. Dies allein rechtfertigt schon die getroffene Wahl. In der weiteren Arbeit wird daher zur Veranschaulichung immer wieder auf die einfache logarithmische Funktionsform für die Nutzenmodellierung zurückgegriffen, ohne jeweils erneut auf die mit dieser Wahl implizierten Konsequenzen einzugehen.

3.3 Ein kritischer Kommentar zum Learning-by-doing-Modell

Im vorliegenden Kapitel wurde anhand eines stark vereinfachenden Modells beschrieben, in welcher Weise Learning-by-doing im Sinne einer zeitlich akkumulierten Produktionserfahrung zu Wachstum und sogar zu anhaltendem endogenen Wachstum führen kann. Es wurde über die flexible Wahl der Arbeitszeit eine intertemporal-optimale Erfahrungsakkumulation hergeleitet. Für die Modelle ohne und mit dynamischer Optimierung zeigt die Interpretation der Ergebnisse des Learning-by-doing-Modells starke Analogien zu neoklassischen und "neuen" wachstumstheoretischen Modellen der Akkumulation physischen Kapitals mittels Sparen.

Der Grundgedanke bzw. die aufgezeigte Art der Beschreibung von Lerneffekten läßt sich ohne weiteres zu realistischeren Modellen mit mehreren akkumulierbaren Faktoren wie physisches Kapital oder auch Humankapital durch "Schooling" erweitern. Diese Erweiterungen werden in den folgenden Kapiteln auch vorgenommen und die entsprechenden Modelle in ihrem dynamischen Verhalten analysiert.

Das vorgestellte Modell weist allerdings – dies gilt ebenso für die erweiterten Modelle der folgenden Kapitel – diejenigen Schwächen auf, die auch von anderen wachstumstheoretischen Modellen her bekannt sind.[29] So ist die Analyse stark stilisiert. Der eigentliche Prozeß der Erfahrungsakkumulation, die Spillovers zwischen einzelnen Tätigkeiten, zwischen Individuen, Unternehmen und Branchen oder auch zwischen Ländern können nur über eine stark simplifizierte Form im Rahmen eines logisch-exakten, konsistent aufgebauten formalen Modells wiedergegeben werden. Weiterhin setzt die intertemporale Betrachtung die Annahme rationaler Erwartungen, insbesondere auch für die Technik der Erfahrungsakkumulation voraus – ein etwas heroischer Anspruch: Die Wirtschaftssubjekte müssen wissen, wie sich ihre Erfahrung *in Zukunft* ändern wird. Andererseits zahlen sich die Vereinfachungen insofern aus, als daß einzelne Mechanismen, die das Wachstum einer Volkswirtschaft mitbestimmen, in ihrer Wirkung wenigsten teilweise herauskristallisiert werden können. Ohne die getroffenen Stilisierungen ließen sich diese ökonomischen Zusammenhänge kaum aufdecken, da sie in der Komplexität (der Wirklichkeit) versteckt blieben.

---

[29] Zur Kritik an dieser Art von Modellen vgl. Verspagen (1992), S. 659.

4. Learning-by-doing und physisches Kapital

4.1 Zur Erweiterung des Learning-by-doing-Modells

Im dritten Kapitels wurde nur eine einzige Kapitalart betrachtet – das mit der bisherigen Produktionserfahrung aufgebaute Humankapital, i.e. das Learning-by-doing.[1] Die Beschränkung auf nur einen akkumulierbaren Faktor hat den Vorteil, daß die Mechanismen der Faktorakkumulation sowie der Steuerung der Akkumulation für den Faktor Erfahrung in möglichst simpler Form ohne Wechselwirkungen mit anderen akkumulierbaren Faktoren herausgearbeitet werden können. Des weiteren ist für den einfachen Fall nur mit Erfahrung ein direkter Vergleich zum neoklassischen Standardmodell allein mit physischem Kapital möglich. So wurde auf die Analogien zwischen dem Fall endogenen Wachstums aus reiner Erfahrungsakkumulation ($\gamma = 1$) und dem Ak-Modell – als dem einfachsten Modell endogenen Wachstums aus der reinen Akkumulation physischen Kapitels – an gegebener Stelle hingewiesen. Der Nachteil der Veranschaulichung der Wirkungen des Learning-by-doings anhand dieses einfachen Vorgehens liegt allerdings auf der Hand: In der Realität existieren auch andere akkumulierbare Faktoren. Die Konzentration allein auf die Erfahrungsbildung abstrahiert daher zu stark vom realen Geschehen in der wachsenden Wirtschaft. Außerdem ist bei reiner Erfahrungsakkumulation die Produktionselastizität dieses einzigen akkumulierbaren Faktors sehr hoch anzusetzen, damit nicht die sinkenden Grenzerträge der Erfahrung den Wachstumsprozeß schnell abwürgen: Die für den Fall endogenen Wachstums nötige Produktionselastizität der Erfahrung von $\gamma = 1$ dürfte kaum realistisch sein. Soweit mehrere akkumulierbare Faktoren vorliegen, ist eine solche Höhe der Elastizitäten für die einzelnen Faktoren nicht mehr nötig. Hier ist die Summe der Elastizitäten relevant, so daß trotz sinkender partieller Grenzerträge der einzelnen Faktoren im Wachstumsprozeß mit der Akkumulation der verschiedenen Faktoren insgesamt die Grenzerträge nicht sinken, wodurch endogenes Wachstum auftreten kann.

Eine Erweiterung des Learning-by-doing-Modells um andere Kapitalarten ist in vielfältiger Weise möglich: Zum einen kann die physische Kapitalakkumulation über die Ersparnisbildung berücksichtigt werden, zum anderen könnte im Rahmen der Zeitverwendung – neben der Arbeits- und der Freizeit – als weitere Alternative die Schulausbildung und damit die Akkumulation von Humankapital durch "Studieren" im weitesten Sinne integriert werden. Die Ergänzung um andere Kapitalarten soll an dieser Stelle durch die Modellierung der physischen Kapitalakkumulation mittels des Sparens eingeleitet werden.[2] Dies hat folgende Gründe: Erstens wird mit der Integration der Akkumulation des physischen Kapitals in das Learning-by-doing-Modell aus

---

1 Zur Unterscheidung von den im weiteren Text entwickelten Modellen sei das einfache Modell des Vorkapitels im folgenden ax-Modell genannt.

2 Die Struktur des im vorliegenden Kapitel behandelten Modells wurde schon in der Abb. 2.3, S. 18, schematisch dargestellt.

Sicht der neoklassischen Wachstumstheorie das Standardmodell der Sachkapitalakkumulation um das Learning-by-doing erweitert. Somit wird durch dieses Vorgehen das Learning-by-doing-Modell in die Gesamtheit der neoklassischen Wachstumstheorie eingeordnet. Zweitens ist es technisch einfacher zu bewerkstelligen, die Kapitalakkumulation durch Sparen und Investieren aus der (teilweise) schon modellmäßig erfaßten Produktion von Gütern – aus der gleichzeitig die Erfahrung gebildet wird – in das Modell zu integrieren, als die Modellierung einer völlig neuen Funktion für den Sektor der Humankapitalbildung durch "Schooling" einzuführen. Hier wird damit auch aus didaktischen Gründen (Motto: "das Einfache vor dem Schwierigen") zuerst das physische Kapital in das Modell einbezogen. Die Integration des Humankapitals aus Schulausbildung erfolgt in späteren Kapiteln.

4.2 Das Modell ohne dynamische Optimierung

4.2.1 Die Modellgleichungen

Als Ausgangspunkt für die Analyse des Modells mit expliziter Sachkapitalakkumulation (im folgenden k-ax-Modell genannt) sei – analog zum Vorgehen im vorangehenden Kapitel – die Dynamik des Modells für den Fall ohne die intertemporale Optimierung des Arbeitszeiteinsatzes sowie der intertemporalen Konsumallokation mittels des Sparens analysiert. Entsprechend werden die Arbeitszeitquote q und die Sparquote s zunächst als (konstante) Parameter des Modells und nicht als Kontrollvariable betrachtet.

Die Modellgleichungen für das einfache Beispiel mit Cobb-Douglas-Funktion sowie konstanter Bevölkerung ($L_t = L = \text{const.}$) lauten unter Berücksichtigung einer Bewegungsgleichung für die Sachkapitalakkumulation:

(4.1) $$X_t = K_t^{\alpha} \cdot AX_t^{\gamma} \cdot (q_t \cdot L)^{\beta}$$ (Produktionsfunktion)

(4.2) $$\overset{\circ}{K}_t = \frac{dK}{dt} = s \cdot X_t - \mu \cdot K_t$$ (Akkumulation des physischen Kapitals)

(4.3) $$\overset{\circ}{AX}_t = \frac{dAX}{dt} = \phi \cdot (q_t \cdot L)^{(\eta - 1)} \cdot X_t - \mu \cdot AX_t$$ (Erfahrungsaufbau)

mit: K : physisches (Sach-) Kapital
s : Sparquote (mit $0 < s \leq 1$)
α : Produktionselastizität des physischen Kapitals (mit $0 \leq \alpha \leq 1$)
μ : Abschreibungsrate (vereinfachend für beide Kapitalarten gleich; mit $0 \leq \mu \leq 1$)
(andere Symbolik: wie vorne)

Vereinfachend wird die Abschreibungsrate μ für beide Kapitalarten gleich hoch angesetzt. Die Betrachtung einer unterschiedlichen Abschreibungshöhe für die verschiedenen Kapitalarten ist zwar prinzipiell ohne weiteres möglich, bedeutet aber – ohne fundamental neue Erkenntnisse zu generieren – eine erhebliche Steigerung der Komplexität des formalen Apparats.

Die Modellgleichungen lassen sich in eine Formulierung anhand von Pro-Kopf-Größen (Schreibweise in Kleinbuchstaben: $x \equiv X/L$; $ax \equiv AX/L$; $k \equiv K/L$) umwandeln. Analog zum Konzept der Kapitalintensität der Arbeit bezogen auf die "effective labor"[3] im Fall des neoklassisch-exogen formulierten technischen Fortschritts erfolgt außerdem eine Formulierung der Modellgleichungen über die Definition eines Intensitätsverhältnisses ka zwischen physischem Kapital K und der Erfahrung AX sowie der Arbeit L. Es folgt für die Beschreibung der Güterproduktion unter Vernachlässigung des Zeitindex "$_t$":

(4.4) $$x = k^{\alpha} \cdot ax^{\gamma} \cdot q^{\beta} \cdot L^{(\alpha+\beta+\gamma-1)}$$ (Pro-Kopf-Produktion)

(4.5) $$ka \equiv \frac{K}{AX \cdot L} = \frac{k}{ax \cdot L}$$ (Kapitalintensität bezogen auf Erfahrung und Arbeit)

(4.4') $$x = ka^{\alpha} \cdot ax^{(\alpha+\gamma)} \cdot q^{\beta} \cdot L^{(2\alpha+\beta+\gamma-1)}$$

Die verschiedenen Pro-Kopf-Formulierungsvarianten der Akkumulationsgleichungen für das Sachkapital und die Erfahrung lauten:

(4.6) $$\overset{\circ}{k} = s \cdot x - \mu \cdot k$$ (Pro-Kopf-Sachkapitalakkumulation)

(4.6') $$\overset{\circ}{k} = s \cdot ka^{\alpha} \cdot ax^{(\alpha+\gamma)} \cdot q^{\beta} \cdot L^{(2\alpha+\beta+\gamma-1)} - \mu \cdot ka \cdot ax \cdot L$$

(4.7) $$\overset{\circ}{ax} = \phi \cdot (q \cdot L)^{(\eta-1)} \cdot x - \mu \cdot ax$$ (Entwicklung der Pro-Kopf-Erfahrung)

(4.7') $$\overset{\circ}{ax} = \phi \cdot ka^{\alpha} \cdot ax^{\alpha+\gamma} \cdot q^{(\beta+\eta-1)} \cdot L^{(2\alpha+\beta+\gamma+\eta-2)} - \mu \cdot ax$$

Aus den beiden Differentialgleichungen für die Faktorakkumulationen folgt als Bewegungsgleichung für die Kapitalintensität der Erfahrung:

(4.8) $$\overset{\circ}{ka} = ka^{\alpha} \cdot ax^{(\alpha+\gamma-1)} \cdot q^{\beta} \cdot L^{(2\alpha+\beta+\gamma-2)} \cdot [s - \phi \cdot ka \cdot q^{(\eta-1)} \cdot L^{\eta}]$$

4.2.2 Der steady state

Die Ergebnisse für den steady state lassen sich für das k-ax-Modell relativ leicht ermitteln – insbesondere für die Kapitalintensität der Erfahrung ka. Unabhängig davon,

---

3 Zur Formulierung mittels "effective labor" vgl. Barro, Sala-i-Martin (1995), S. 35.

ob endogenes Wachstum vorliegt oder nicht, läßt sich aus der Bewegungsgleichung für ka direkt eine Bedingung für die Konstanz dieser Intensität (die – wie später noch gezeigt wird – im steady state gegeben ist) herleiten. Das Nullsetzen der Veränderung von ka mit der Zeit führt zum steady state-Niveau der Kapitalintensität der Erfahrung:

$$(4.9) \quad \overset{\circ}{ka} = 0 \quad \text{für:} \quad ka_{st} = \frac{s}{\phi} \cdot \frac{q^{1-\eta}}{L^{\eta}}$$

Für die beiden Kapitalarten selbst ist – anders als bei dem Verhältnis ka – wieder eine Unterscheidung der Fälle ohne und mit endogenem Wachstum nötig. Für den Fall endogenen Wachstums mit einer Summe der Elastizitäten der akkumulierbaren Faktoren von $\alpha+\gamma=1$ ergeben sich langfristig konstante, von null verschiedene Wachstumsraten der beiden unterschiedlichen Kapitalstocks sowie der Produktion bzw. des Konsums, d.h. es folgt wieder anhaltendes endogenes Wachstum. Anders im Fall einer Elastizitätensumme von $\alpha+\gamma<1$: Hier sorgen sinkende Grenzerträge der beiden Kapitalarten letztlich zu einem Zusammenbruch des Wachstums und daher zu konstanten Niveaus im steady state.

Für die beiden Kapitalstocks ergeben sich für den Fall $\alpha+\gamma<1$ **konstante steady state-Niveaus**, die sich aus den Akkumulationsgleichungen durch das Nullsetzen der Veränderung von k und ax errechnen lassen. Die Ergebnisse für die steady state-Erfahrung und die entsprechende Pro-Kopf-Produktion lassen sich angeben als:

$$(4.10) \quad \overset{\circ}{ax} = 0 \quad \text{und} \quad \overset{\circ}{k} = 0 \quad \text{für:}$$

$$ax_{st} = \left(\frac{\phi^{1-\alpha} \cdot s^{\alpha}}{\mu} \cdot q^{(\alpha+\beta+\eta-\alpha\eta-1)} \cdot L^{(2\alpha+\beta+\gamma+\eta-\alpha\eta-2)} \right)^{\left(\frac{1}{1-\alpha-\gamma}\right)}$$

$$x_{st} = \left(\left(\frac{\phi^{\gamma} \cdot s^{\alpha}}{\mu^{\alpha+\gamma}} \right)^{\gamma} \cdot q^{(\beta-\gamma+\gamma\eta)} \cdot L^{(\beta+\gamma\eta-1)} \right)^{\left(\frac{1}{1-\alpha-\gamma}\right)}$$

Für die Elastizitätensumme von $\alpha+\gamma=1$ liegt wieder **endogenes Wachstum** vor. Die Modellgleichungen für die Faktorakkumulation lauten in diesem Fall:

$$(4.11) \quad \overset{\circ}{k} = s \cdot ka^{\alpha} \cdot ax \cdot q^{\beta} \cdot L^{\alpha+\beta} - \mu \cdot ka \cdot ax \cdot L$$

$$(4.12) \quad \overset{\circ}{ax} = \phi \cdot ka^{\alpha} \cdot ax \; q^{(\beta+\eta-1)} \cdot L^{(\alpha+\beta+\eta-1)} - \mu \cdot ax$$

Für die Kapitalintensität der Erfahrung ergibt sich als Veränderung mit der Zeit:

$$(4.13) \quad \overset{\circ}{ka} = ka^{\alpha} \cdot q^{\beta} \cdot L^{(\alpha+\beta-1)} \cdot [s - \phi \cdot ka \cdot q^{(\eta-1)} \cdot L^{\eta}]$$

Die Wachstumsrate der Erfahrung läßt sich aus (4.12) bestimmen:

$$(4.14)\quad \hat{ax} = \frac{\mathring{ax}}{ax} = \phi \cdot ka^{\alpha} \cdot q^{(\beta+\eta-1)} \cdot L^{(\alpha+\beta+\eta-1)} - \mu$$

Eine Betrachtung der Gleichungen (4.13) und (4.14) macht den Sinn der Umformulierung auf die Kapitalintensität der Erfahrung ka deutlich: Die Veränderung der Kapitalintensität ($\mathring{ka}$) selbst sowie die Wachstumsrate der Erfahrung ($\hat{ax}$) sind bei endogenem Wachstum nur noch von dem Verhältnis ka abhängig (und nicht vom Niveau der Stocks).

Im Gegensatz zu Modellen mit nur einem einzigen akkumulierbaren Faktor (wie dem ax-Modell allein mit Erfahrung oder auch dem Ak-Modell) ergibt sich bei mehreren akkumulierbaren Faktoren im Fall endogenen Wachstums die konstante steady state-Wachstumsrate bzw. das balanced growth nicht mehr unmittelbar, sondern erst nach Abschluß von transitional dynamics, die durch die Anpassung der Intensitäten zwischen den verschiedenen akkumulierbaren Faktoren an die steady state-Werte gekennzeichnet sind. Eine konstante Wachstumsrate ergibt sich im steady state und damit bei Erreichen der steady state-Intensität $ka = ka_{st}$ als:

$$(4.15)\quad \hat{ax}_{st} = \phi^{1-\alpha} \cdot s^{\alpha} \cdot (q \cdot L)^{(\alpha+\beta+\eta-\alpha\eta-1)} - \mu$$

mit $\hat{x} = \alpha \cdot \hat{ka} + (\alpha+\gamma) \cdot \hat{ax}$ folgt für $\alpha+\gamma=1$ und $\hat{ka}_{st}=0$:

$$\hat{x}_{st} = \hat{ax}_{st} = \hat{k}_{st}$$

Der steady state weist somit konstante Intensitäten und daher für alle Modellgrößen gleiche (konstante) Wachstumsraten auf.

Die Ergebnisse für den Fall endogenen Wachstums lassen sich für verschiedene spezielle Parameterkonstellationen weiter vereinfachen, um eine direkte Vergleichbarkeit zu den später aufzustellenden, parametrisch-simplifizierten Modellen bei intertemporaler Optimierung zu ermöglichen. Für ein auf eins normiertes Arbeitspotential L folgt bei Annahme nicht abnehmender Grenzerträge der Arbeit ($\beta = 1$) sowie vollständiger Erfahrungs-Spillovers ($\eta = 1$):[4]

(4.16) $L=1$ und $\beta=\eta=1$:

$$\hat{ka} = ka^{\alpha-1} \cdot q \cdot (s - \phi \cdot ka) \qquad \Rightarrow \qquad ka_{st} = \frac{s}{\phi}$$

$$\hat{ax} = \phi \cdot ka^{\alpha} \cdot q - \mu \qquad \Rightarrow \qquad \hat{ax}_{st} = \phi^{1-\alpha} \cdot s^{\alpha} \cdot q - \mu = \hat{x}_{st}$$

---

4 Für die Bedeutung der Abgrenzung der Werte von β, η bzw. von $(\beta+\eta)$ für das Verhalten des Modells vgl. S. 21 f. dieser Arbeit.

Wird statt dessen angenommen, daß sich die Produktionselastizität der Arbeit und der Spillover-Parameter genau zu eins addieren, so fällt die Arbeitszeitquote aus der Bestimmungsgleichung für das Wachstum der Erfahrung heraus:[5]

(4.16') $L=1$ und $\beta+\eta=1$:

$$\hat{ax} = \phi \cdot ka^{\alpha} - \mu \qquad \Rightarrow \qquad \hat{ax}_{st} = \phi^{1-\alpha} \cdot s^{\alpha} - \mu = \hat{x}_{st}$$

Mit den Annahmen zur Produktionselastizität der Arbeit sowie zum Spillover-Parameter, die für (4.16) bzw. (4.16') zugrunde gelegt werden, dürften die beiden Grenzfälle gegeben sein. Für $\beta=\eta=1$ hat man mit der Arbeitszeitwahl eine sehr starke lineare Einflußmöglichkeit auf die Rate der Erfahrungsbildung, während für den Fall $\beta+\eta=1$ keine direkte Einflußnahme auf die Erfahrungsakkumulation besteht.

4.2.3 Die Simulation von Beispielen

Das dynamische Verhalten des Modells soll wieder für die beiden Fälle $\alpha+\gamma<1$ und $\alpha+\gamma=1$ anhand von simulierten Beispielen demonstriert werden.

Der Fall ohne endogenes Wachstum: $\alpha+\gamma<1$

Als Beispiel für den Fall ohne endogenes Wachstum sei folgende Parameterkonstellation gewählt:

$$\alpha={}^1/_3;\ \gamma={}^1/_3;\ \beta={}^1/_2;\ s={}^1/_3;\ q={}^2/_3;\ \phi={}^1/_5;\ \mu={}^1/_{20};\ \eta={}^1/_2;\ L=2.$$

Das Differentialgleichungssystem lautet damit für das Beispiel:

$$\overset{\circ}{ax} = \frac{dax(t)}{dt} = \frac{1}{5}\, ax(t)^{(2/3)}\, ka(t)^{(1/3)} - \frac{1}{20}\, ax(t)$$

$$\overset{\circ}{ka} = \frac{dka(t)}{dt} = -\frac{1}{45} \cdot \frac{ka(t)^{(1/3)} \left(-5 \cdot 3^{(1/2)} + 9\, ka(t)\right)}{ax(t)^{(1/3)}}$$

Die Linearisierung des Modells um den steady state herum mittels einer Taylor-Expansion führt zu folgendem linearen Differentialgleichungssystem:

$$\text{(4.17)} \quad \begin{bmatrix} \overset{\circ}{ax} \\ \overset{\circ}{ka} \end{bmatrix} = \begin{bmatrix} \dfrac{\partial(\overset{\circ}{ax})}{\partial ax} & \dfrac{\partial(\overset{\circ}{ax})}{\partial ka} \\ \dfrac{\partial(\overset{\circ}{ka})}{\partial ax} & \dfrac{\partial(\overset{\circ}{ka})}{\partial ka} \end{bmatrix}_{\substack{ax=ax_{st} \\ ka=ka_{st}}} \cdot \begin{bmatrix} ax \\ ka \end{bmatrix} = M \cdot \begin{bmatrix} ax \\ ka \end{bmatrix}$$

---

[5] Die Arbeitszeitquote ist hier zwar nicht mehr für die *Wachstumsrate* der Erfahrung relevant, bestimmt aber immer noch das *Niveau* der Pro-Kopf-Produktion.

Für das Beispiel ergeben sich als steady state-Werte, als Koeffizientenmatrix und als deren Eigenwerte:

$ax_{st} = 61{,}584$ $\qquad$ $ka_{st} = 0{,}96225$

$$M = \begin{bmatrix} -0{,}016667 & 1{,}06667 \\ 0 & -0{,}05 \end{bmatrix} \qquad w = [\,-0{,}016667\,,\,-0{,}05\,]'$$

Die beiden negativen Eigenwerte zeigen die Stabilität des Systems an. Die Dynamik des Systems sowie die Stabilitätseigenschaft sind in Abb. 4.1 illustriert. Dort wurden als Anfangswerte jeweils die vier möglichen Kombinationen gewählt, die aus der Hälfte sowie aus drei Halben der jeweiligen steady state-Niveaus von ax und ka kombinierbar sind. Der Stabilitätseigenschaft des Systems entsprechend, nähern sich die verschiedenen Trajektorien aus allen Richtungen dem gestrichelt dargestellten steady state.

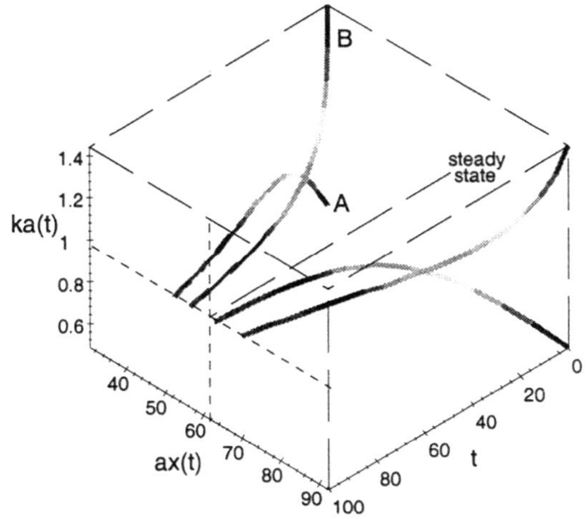

Abb. 4.1: Zeitpfade der Pro-Kopf-Erfahrung und der Kapitalintensität der Erfahrung für verschiedene Ausgangssituationen ($\alpha = 1/3$; $\gamma = 1/3$; $\beta = 1/2$; $s = 1/3$; $q = 2/3$; $\phi = 1/5$; $\mu = 1/20$; $\eta = 1/2$; $L = 2$)

Die Trajektorie A, die sich bei Anfangswerten für ax und k jeweils in Höhe der Hälfte der steady state-Werte ergibt, führt erheblich langsamer an das steady state-Niveau von ax heran als die Trajektorie B (mit den Startwerten $1/2 \cdot ax_{st}$ und $3/2 \cdot ka_{st}$). Die für A gegenüber B geringere Kapitalintensität bewirkt eine geringere Produktivität der Erfahrung. Wegen der geringeren Produktivität erfolgt der Erfahrungsaufbau und damit die Annäherung an ax_{st} langsamer.

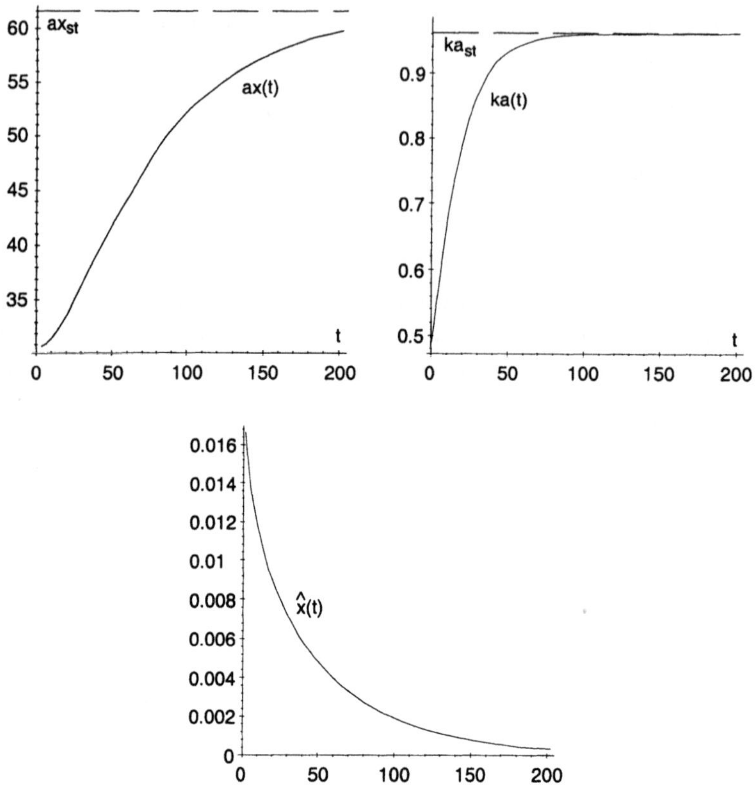

Abb. 4.2: Zeitpfade der Pro-Kopf-Erfahrung, der Kapitalintensität der Erfahrung sowie der Wachstumsrate der Pro-Kopf-Produktion (für $ax(t{=}0) = {}^1/_2 \cdot ax_{st}$; $ka(t{=}0) = {}^1/_2 \cdot ka_{st}$)

Für die Trajektorie A wurden die Zeitpfade für die Erfahrung, die Kapitalintensität der Erfahrung sowie die Wachstumsrate der Pro-Kopf-Produktion in Abb. 4.2 nochmals explizit wiedergegeben. Hier wird die Annäherung an die steady state-Niveaus für einen Zeitraum von 200 Perioden verdeutlicht. Die Wachstumsrate der Pro-Kopf-Produktion $\hat{x}$ läuft, da kein endogenes Wachstum vorliegt, gegen null.

Das Beispiel macht zusätzlich deutlich, daß die Annäherung des Systems an den steady state einen sehr langen Zeitraum in Anspruch nehmen und daß allein die Anpassungsdynamik über viele Jahrzehnte zu erheblichen Wachstumsraten der Pro-Kopf-Produktion führen kann. Im zugrunde liegenden Beispiel war die Summe der Produktionselastizitäten mit $\alpha + \gamma = {}^2/_3$ noch weit vom Grenzfall endogenen Wachstums entfernt. Nähert sich die Elastizitätensumme dem Wert eins, so dürfte – obwohl formal steady state-Niveaus vorliegen – die Länge der Anpassungsdynamik sich in einem Maße strecken, daß für einen längeren Zeitraum kaum Unterschiede in der Dynamik gegenüber dem Fall endogenen Wachstums (mit $\alpha + \gamma = 1$) erkennbar sind. Folglich dürfte sich eine empirische Trennung der beiden in ihrem langfristigen Verhalten eigentlich qualitativ völlig verschiedenen Parameterausprägungen auf der Basis von existierenden Zeitreihen als sehr schwierig erweisen.

Der Fall endogenen Wachstums: $\alpha+\gamma=1$

Als Beispiel für den Fall mit endogenem Wachstum soll folgende Parameterkonstellation gelten:

$$\alpha={}^1/_3;\ \gamma={}^2/_3;\ \beta={}^1/_2;\ s={}^1/_3;\ q={}^2/_3;\ \phi={}^1/_{15};\ \mu={}^1/_{10};\ \eta={}^1/_2;\ L=2.$$

Das entsprechende Differentialgleichungssystem ist:

$$\frac{dax(t)}{dt}=\frac{1}{30}\cdot ax(t)\cdot\left(2\cdot 2^{(1/3)}\cdot ka(t)^{(1/3)}-3\right)$$

$$\frac{dka(t)}{dt}=-\frac{1}{45}\cdot ka(t)^{(1/3)}\cdot 2^{(1/3)}\cdot\left(-5\cdot 3^{(1/2)}+3\cdot ka(t)\right)$$

Für die Sachkapitalintensität der Erfahrung ergibt sich auch im Fall endogenen Wachstums ein konstantes steady state-Intensitätsniveau. Für die Pro-Kopf-Erfahrung ax (und damit auch für die Pro-Kopf-Kapitalausstattung k) sowie für die Pro-Kopf-Produktion ergibt sich jedoch eine von null verschiedene steady state-Wachstumsrate:

$ka_{st}=2{,}88675$ $\qquad \hat{ax}_{st}=\hat{k}_{st}=\hat{x}_{st}=0{,}019597$

Verschiedene Trajektorien für das Beispiel zum Fall mit endogenem Wachstum werden in Abb. 4.3 für Anfangswerte der Kapitalintensität in Höhe der Hälfte bzw. des 1,5-fachen des steady state-Niveaus sowie von $ax(0)=1$ bzw. $ax(0)=10$ grafisch veranschaulicht.

Die Stabilitätseigenschaften des dynamischen Systems haben sich gegenüber dem Vorbeispiel drastisch geändert: Die Erfahrung ax konvergiert nicht mehr gegen ein steady state-Niveau, sondern strebt eine (positive) steady state-Wachstumsrate an. Bezüglich der Kapitalintensität der Erfahrung ka hingegen weist das System noch eine stabile Anpassung an einen steady state-Wert auf. Die Differentialgleichung, die die Entwicklung von ka angibt, zeigt im Fall endogenen Wachstums nur eine Abhängigkeit von ka_t selbst auf, daher kann die Stabilitätssituation des Modells durch ein eindimensionales Phasendiagramm illustriert werden. Die entsprechende Grafik ist in Abb. 4.4 zu finden. Für $ka<ka_{st}$ gilt $\overset{\circ}{ka}>0$, d.h. ka steigt, während für $ka>ka_{st}$ die Kapitalintensität sinkt ($\overset{\circ}{ka}<0$). Es ergibt sich folglich eine stabile Bewegung nach ka_{st} hin.

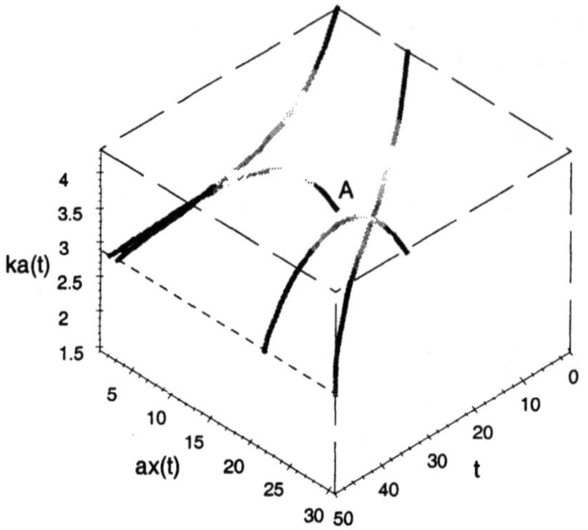

Abb. 4.3: Zeitpfade der Pro-Kopf-Erfahrung und der Kapitalintensität der Erfahrung bei endogenem Wachstum für verschiedene Ausgangssituationen ($\alpha={}^1/_3$; $\gamma={}^2/_3$; $\beta={}^1/_2$; $s={}^1/_3$; $q={}^2/_3$; $\phi={}^1/_{15}$; $\mu={}^1/_{10}$; $\eta={}^1/_2$; $L=2$)

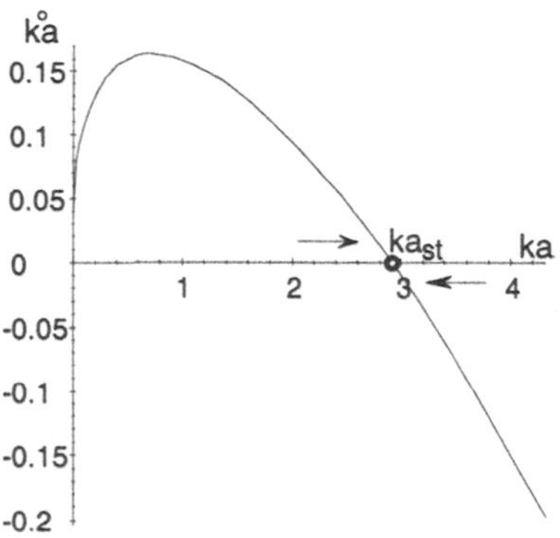

Abb. 4.4: Phasendiagramm für die Sachkapitalintensität der Erfahrung

Für diejenige Ausgangssituation, die durch die Anfangswerte $ax(0)=1$ und $ka(0)={}^1/_2 \cdot ka_{st}$ charakterisiert ist (Trajektorie A in Abb. 4.3), sind in der Abb. 4.5 die Zeitpfade für die Pro-Kopf-Erfahrung ax, die Kapital-Erfahrungs-Intensität ka sowie für die Wachstumsraten der Erfahrung und der Pro-Kopf-Produktion jeweils in eigenen Diagrammen abgebildet.

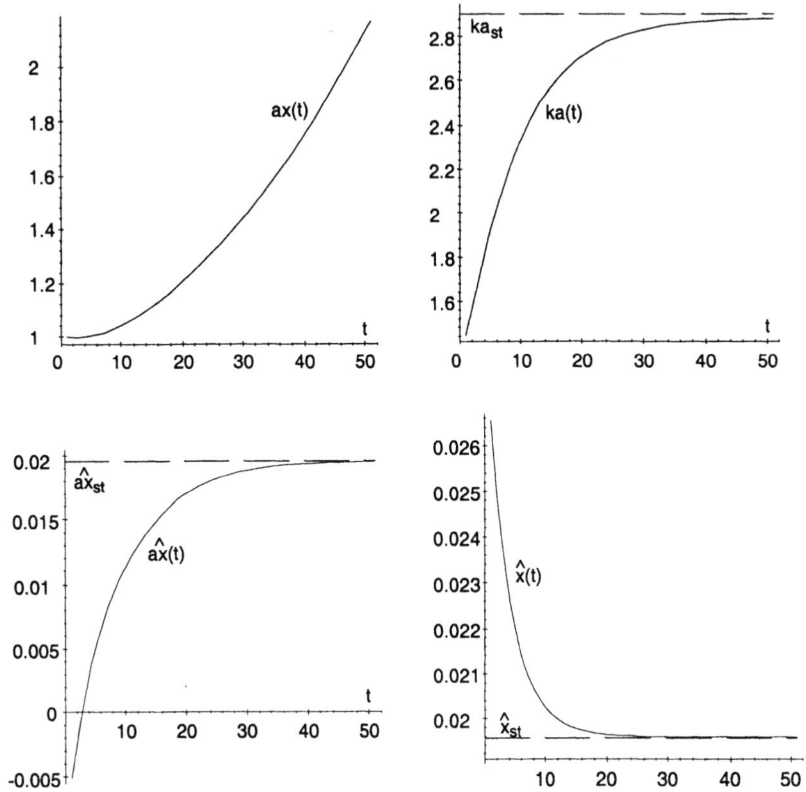

Abb. 4.5: Zeitpfade der Pro-Kopf-Erfahrung, der Kapitalintensität der Erfahrung sowie der Wachstumsraten von Erfahrungsstock und Produktion

Das Beispiel weist eine Besonderheit auf: Die Wachstumsrate der Erfahrung ist zunächst sogar negativ, d.h. die Erfahrung schrumpft in der Anfangsphase. Später strebt die Wachstumsrate der Erfahrung jedoch gegen ihren (positiven) langfristigen Gleichgewichtswert. Dies ist durch die anfänglich sehr geringe Kapitalintensität der Erfahrung bedingt, die dazu führt, daß zunächst die Produktivität der Erfahrung nicht ausreicht, um die Verluste aus der Abschreibung zu kompensieren. Mit steigender Kapitalintensität übersteigt der aus der Produktivität der Erfahrung folgende Erfahrungsaufbau die Abschreibung; die Wachstumsrate wird positiv und konvergiert letztlich gegen $\hat{ax}_{st}$. Die steigende Sachkapitalintensität der Erfahrung zeigt, daß gleichzeitig der physische Kapitalstock stärker steigt als der Erfahrungsstock. Die Wachstumsrate der Pro-Kopf-Produktion, die sowohl von der Wachstumsrate der Erfahrung als auch von der des Kapitals abhängt, nähert sich daher aufgrund des starken Sachkapitalwachstums von einem höheren Niveau aus der steady state-Wachstumsrate $\hat{x}_{st} = \hat{ax}_{st}$. Da sich die Kapitalintensität der Erfahrung langfristig nicht mehr ändert, konvergiert auch die Wachstumsrate des physischen Kapitalstocks gegen diesen Wert. Im steady state wachsen alle Modellgrößen mit der gleichen konstanten Rate.

4.3 Die Optimierung der intertemporalen Konsumverteilung und der Arbeitszeit

4.3.1 Das dynamische Optimierungsproblem in allgemeiner Formulierung

Während im Vorabschnitt noch die Arbeitszeitquote q und die Sparquote s als konstante Parameter behandelt wurden, kann im Rahmen eines dynamischen Optimierungsansatzes die intertemporale Verteilung der Arbeitszeit und des Konsums über q und s gesteuert werden, um eine Maximierung der Wohlfahrt im Sinne der Maximierung des intertemporalen Nutzens eines repräsentativen Wirtschaftssubjekts zu erreichen. In diesem Abschnitt wird analog zur dynamischen Optimierung des einfachen ax-Modells des Vorkapitels, wo allein die Erfahrung ax als akkumulierbarer Faktor und die Arbeitszeit als Steuerungsmöglichkeit auftreten, vorgegangen. Allerdings verdoppelt sich die Größe des Modells im gerade vorliegenden Problem, weil nun als zusätzlicher akkumulierbarer Faktor das physische Kapital und als ergänzende Steuerungsmöglichkeit die Ersparnis bzw. der von der Produktion abweichende Konsum vorliegen.

Es wird zunächst von der Cobb-Douglas-Formulierung abstrahiert und wieder die Bevölkerungsgröße vereinfachend auf eins normiert ($L=1$). Für die Produktionsfunktion, die Kapital- und die Erfahrungsakkumulation ergeben sich folgende allgemeine Formulierungen:

(4.18) $x_t = x(k_t, ax_t, q_t)$ (Produktionsfunktion)

(4.19) $\mathring{k}_t = x(k_t, ax_t, q_t) - c_t - \mu \cdot k_t$ (Kapitalakkumulation; mit c: Pro-Kopf-Konsum)

(4.20) $\mathring{ax}_t = a[x(k_t, ax_t, q_t), q_t] - \mu \cdot ax_t$ (Erfahrungsaufbau)

Über die Arbeitszeit-Freizeit-Entscheidung – d.h. mittels der Wahl von q_t – und über die Entscheidung zur Konsumhöhe c_t wird intertemporal optimiert. Es wird wieder die zeit-separable Nutzenfunktion eines repräsentativen Wirtschaftssubjekts unter den Nebenbedingungen der Kapital- und der Erfahrungsakkumulation maximiert, wobei erneut vereinfachend das Modell des "Sozialen Planers" verwendet wird. Der Nutzen des repräsentativen Wirtschaftssubjekts wird durch den Konsum von Gütern (c) und durch die Freizeit (1−q) erzeugt. Als intertemporaler Nutzen U, der sich aus der Aggregation der jeweiligen momentanen Nutzen (u_t) ergibt, folgt:

(4.21) $U = \int_0^\infty u_t[c_t, q_t] \cdot e^{-\rho \cdot t}\, dt$ (intertemporale Nutzenfunktion)

Als Werkzeug zur dynamischen Optimierung dient wiederum das Maximumprinzip von Pontryagin. Da diesmal mit den zwei Bewegungsgleichungen der beiden verschiedenen Kapitalarten zwei Nebenbedingungen ($\overset{\circ}{ax}$ und $\overset{\circ}{k}$) und damit zwei Zustandsvariablen vorliegen, existieren nun zwei unterschiedliche (zeitvariable) Schattenpreise: Mit λ_1 der Schattenpreis der Güter, die entweder konsumiert oder investiert werden können, sowie λ_3 als Schattenpreis der Erfahrung. Der Schattenpreis λ_3 entspricht also dem Schattenpreis λ des einfachen ax-Modells aus dem Vorkapitel.

Die (Present-Value-) **Hamilton-Funktion** lautet für das um das physische Kapital erweiterte Learning-by-doing-Wachstumsmodell:

$$(4.22)\quad H = u_t \cdot e^{-\rho \cdot t} + \lambda_1(t) \cdot \overset{\circ}{k}_t + \lambda_3(t) \cdot \overset{\circ}{ax}_t$$

$$\Rightarrow \quad H = u_t[c_t,q_t] \cdot e^{-\rho \cdot t} + \lambda_1(t) \cdot (x(k_t,ax_t,q_t) - c_t - \mu \cdot k_t) + \lambda_3(t) \cdot (a[x(ax_t,q_t),q_t] - \mu \cdot ax_t)$$

Die **Optimalitätsbedingungen** ergeben sich durch Nullsetzen der partiellen Ableitungen nach den zwei Kontrollvariablen c bzw. q unter Vernachlässigung des Zeitindex als:

$$(4.23)\quad \frac{\partial H}{\partial c} = 0: \qquad \frac{\partial u}{\partial c} \cdot e^{-\rho \cdot t} - \lambda_1 = 0$$

$$(4.24)\quad \frac{\partial H}{\partial q} = 0: \qquad \frac{\partial u}{\partial c} \cdot e^{-\rho \cdot t} + \lambda_1 \cdot \frac{\partial x}{\partial q} + \lambda_3 \cdot \left(\frac{\partial a}{\partial x} \cdot \frac{\partial x}{\partial q} + \frac{\partial a}{\partial q} \right)$$

Die (negativen) Veränderungen der beiden Schattenpreise mit der Zeit werden in Form der **Multiplikatorgleichungen** erfaßt, indem man die Hamilton-Funktion nach den Zustandsvariablen ableitet:

$$(4.25)\quad \frac{\partial H}{\partial k} = -\overset{\circ}{\lambda}_1 \qquad = \lambda_1 \cdot \left(\frac{\partial x}{\partial k} - \mu \right) + \lambda_3 \cdot \frac{\partial a}{\partial x} \cdot \frac{\partial x}{\partial k}$$

$$(4.26)\quad \frac{\partial H}{\partial ax} = -\overset{\circ}{\lambda}_3 \qquad = \lambda_1 \cdot \frac{\partial x}{\partial ax} + \lambda_3 \cdot \left(\frac{\partial a}{\partial x} \cdot \frac{\partial x}{\partial ax} - \mu \right)$$

Die **Zustandsgleichungen**, i.e. die beiden dynamischen Nebenbedingungen, folgen bei Ableitung nach den Schattenpreisen:

$$(4.27)\quad \overset{\circ}{k} = \frac{\partial H}{\partial \lambda_1} \qquad = x(k,ax,q) - c - \mu \cdot k$$

$$(4.28)\quad \overset{\circ}{ax} = \frac{\partial H}{\partial \lambda_3} \qquad = a[x(ax,q),q] - \mu \cdot ax$$

Der dynamische Optimierungsansatz wird wieder durch die **Transversalitätsbedingungen** abgeschlossen:

$$\text{(4.29)} \quad \lim_{t \to \infty} (\lambda_1(t) \cdot k_t) = 0$$

$$\text{(4.30)} \quad \lim_{t \to \infty} (\lambda_3(t) \cdot ax_t) = 0$$

Die oben aufgeführten, rein formal hergeleiteten Gleichungen dienen zur Bestimmung des intertemporal-optimalen Verhaltens bezüglich der Arbeitszeit und des Konsum bzw. des Sparens (und damit des Investierens). Diese mathematische Analyse ergänzend, soll zunächst näher auf die ökonomischen Interpretationsmöglichkeiten der einzelnen formalen Bedingungen eingegangen werden.

Aus der Optimalitätsbedingung für den Konsum (4.23) läßt sich direkt der Schattenpreis der (Konsum- bzw. Investitions-) Güter für den Zeitpunkt t ermitteln. Er wird durch den auf den Gegenwartswert diskontierten Grenznutzen des zusätzlichen Konsums determiniert:

$$\text{(4.31)} \quad \frac{\partial H}{\partial c} = 0: \qquad \lambda_1 = \frac{\partial u}{\partial c} \cdot e^{-\rho \cdot t}$$

Das Ergebnis für den Güterschattenpreis λ_1 entspricht dem Ergebnis des neoklassischen Optimierungsmodells der Sachkapitalakkumulation ohne Erfahrungsaufbau.[6] Wird der Ausdruck für λ_1 in die Optimalitätsbedingung für die Arbeitszeit (4.24) eingesetzt, so ergibt sich ein Ausdruck, der völlig analog zur Optimalitätsbedingung (3.13') für die Arbeitszeit im einfachen ax-Modell des Vorkapitels ist:[7]

---

6 Vgl. hierzu z.B. Meyer, Müller-Siebers, Ströbele (1998), S. 111.

7 Infolge der Möglichkeit des Sparens bzw. Investierens ist nun allerdings die Produktion x vom Konsum c zu unterscheiden, daher erscheint hier direkt der Konsum im Ausdruck für den Grenznutzen des Konsums im Term ①.

(4.32) $\frac{\partial H}{\partial q} = 0: \quad \left(\frac{\partial u}{\partial c} \cdot \frac{\partial x}{\partial q} + \frac{\partial u}{\partial q}\right) \cdot e^{-\rho \cdot t} + \lambda_3 \cdot \left(\frac{\partial a}{\partial x} \cdot \frac{\partial x}{\partial q} + \frac{\partial a}{\partial q}\right) = 0$

$$\underbrace{\text{①} \quad \text{②}}_{du_q} \quad \text{③} \quad \text{④} \quad \underbrace{\text{⑤} \quad \text{⑥}}_{da_q}$$

mit:
①: Grenznutzen aus dem Konsum der Produkte aus zusätzlicher Arbeitszeit
②: Nutzenentgang aus weniger Freizeit
③: Diskontierung des Zukunfts- auf den Gegenwartsnutzen ("present value")
⑤: (Grenz-) Erfahrungsbildung aus der Produktion mittels zusätzlicher Arbeit
⑥: Berücksichtigung der Änderung der Spillovers zwischen verschiedenen Tätigkeiten bzw. Personen bei einer Ausweitung der Arbeitszeit
④: Schattenpreis der Erfahrung, sorgt für Umdimensionierung der Erfahrungseffekte auf Gegenwarts-Nutzeneinheiten

Aufgrund dieser Analogie ergibt sich als Lösung aus den Optimalitätsbedingungen für den Schattenpreis der Erfahrung λ_3 ein dem einfachen Fall [vgl. Gleichung (3.17)] entsprechender Ausdruck :

(4.32') $\frac{\partial H}{\partial q} = 0: \quad du_q \cdot e^{-\rho \cdot t} + \lambda_3 \cdot da_q = 0$

$$\Rightarrow \quad \lambda_3 = -e^{-\rho \cdot t} \cdot \frac{du_q}{da_q}$$

Da sich die Optimalitätsbedingung $\frac{\partial H}{\partial q} = 0$ bei Berücksichtigung von $\frac{\partial H}{\partial c} = 0$ gegenüber dem Fall mit reiner Erfahrungsakkumulation nicht ändert, ist auch die Interpretation von $\frac{\partial H}{\partial q} = 0$ identisch. Es wird durch diese Marginalbedingung wieder ein Ausgleich des Grenznutzens der Zeit sichergestellt – allerdings unter Berücksichtigung der Zukunftseffekte des aktuellen Handelns infolge der Erfahrungsakkumulation.

Zur besseren Interpretation der Multiplikatorgleichungen seien zunächst die Ertragsraten der beiden Kapitalarten angegeben. Der marginale Bruttoertrag des physischen Kapitals ergibt sich als Summe aus dem Güter-Grenzprodukt des Kapitals multipliziert mit dem Schattenpreis der Investitionsgüter λ_1 (der mit dem Schattenpreis der Konsumgüter übereinstimmt) sowie aus der mit der Produktion des Grenzprodukts zusätzlich gewonnenen Erfahrung, bewertet mit dem Schattenpreis der Erfahrung λ_3. Die marginale Netto-Ertragsrate errechnet sich dann, indem der Bruttoertrag durch den Güterschattenpreis dividiert und schließlich die Abschreibungsrate abgezogen wird:

(4.33) $r_k = \frac{\left(\lambda_1 \cdot \frac{\partial x}{\partial k} + \lambda_3 \cdot \frac{\partial a}{\partial x} \cdot \frac{\partial x}{\partial k}\right)}{\lambda_1} - \mu = \frac{\partial x}{\partial k} - \mu + \frac{\lambda_3}{\lambda_1} \cdot \frac{\partial a}{\partial x} \cdot \frac{\partial x}{\partial k} = -\hat{\lambda}_1$

Die Rendite entspricht daher der negativen Änderungsrate (d.h. der Schrumpfungsrate) des Schattenpreises, die aus der Multiplikatorgleichung ($\frac{\partial H}{\partial k}=-\dot{\lambda}_1$) folgt. Entsprechend wird mit der Multiplikatorgleichung ein der Ermittlung des internen Zinsfußes analoges Kalkül in den intertemporalen Optimierungsansatz integriert.

Analog ergibt sich der marginale Bruttoertrag der Erfahrung über die Summe aus dem mit λ_1 bewerteten Güter-Grenzprodukt der Erfahrung sowie der durch die Produktion zusätzlich gewonnenen Erfahrung, bewertet mit λ_3. Die marginale Netto-Ertragsrate wird wieder durch die Division des Bruttoertrags durch den Erfahrungsschattenpreis bei Subtraktion der Abschreibungsrate ermittelt:

$$(4.34)\quad r_{ax}=\frac{\left(\lambda_1\cdot\frac{\partial x}{\partial ax}+\lambda_3\cdot\frac{\partial a}{\partial x}\cdot\frac{\partial x}{\partial ax}\right)}{\lambda_3}-\mu \;=\; \frac{\partial a}{\partial x}\cdot\frac{\partial x}{\partial ax}-\mu+\frac{\lambda_1}{\lambda_3}\cdot\frac{\partial x}{\partial ax} \;=\; -\hat{\lambda}_3$$

Auch hier wird mit der entsprechenden Multiplikatorgleichung die marginale interne Verzinsung des Faktors Erfahrung über die Schrumpfungsrate des Schattenpreises in das Optimierungskalkül integriert.

Die Transversalitätsbedingungen stellen wieder sicher, daß der mittels der Schattenpreise diskontierte Gegenwarts*wert* der jeweiligen Kapitalbestände am Ende des Planungshorizonts gegen null läuft. Damit bleibt gegen Ende des Planungshorizonts kein "wertvoller Restbestand" übrig, der besser vorher nutzensteigernd hätte eingesetzt werden können. Außerdem ist bei Gültigkeit der Transversalitätsbedingungen der Fall der "unbounded utility" ausgeschlossen, der aufträte, wenn der momentane Nutzen mit der Zeit so stark steigt, daß der über alle (d.h. unendliche viele) Perioden aggregierte Nutzen trotz Diskontierung gegen unendlich läuft.

Das System aus Optimalitätsbedingungen, Multiplikator- und Zustandsgleichungen läßt sich ebenso wie im einfachen Fall mit reiner Erfahrungsakkumulation lösen, indem die beiden Optimalitätsbedingungen nach t abgeleitet werden. In die zeitlichen Ableitungen der Optimalitätsbedingungen werden dann analog die Veränderungen der Schattenpreise entsprechend der Multiplikatorgleichungen und die Veränderungen der Bestände gemäß der Zustandsgleichungen eingesetzt. Die Lösung des so ermittelten Systems einerseits nach $\frac{dq}{dt}=\dot{q}$ und andererseits nach $\frac{dc}{dt}=\dot{c}$ ergibt zwei Differentialgleichungen in q, c, k und ax [$\dot{q}=\dot{q}(k,ax,c,q)$ sowie $\dot{c}=\dot{c}(k,ax,c,q)$]. Zusammen mit den beiden Zustandsgleichungen [$\dot{k}=\dot{k}(k,ax,c,q)$ und $\dot{ax}=\dot{ax}(k,ax,c,q)$] ergibt sich somit ein System aus vier Differentialgleichungen.

Obwohl die Angabe der einzelnen Schritte zur Ermittlung des Systems der Lösungs-Differentialgleichungen noch recht einfach ist, führt die Ausführung dieser Anleitung auch bei allgemeiner Formulierung zu sehr umfangreichen Ausdrücken. Infolgedessen sollen für den allgemein formulierten Ansatz nur die ersten Schritte, deren Ergebnisse einer ökonomischen Interpretation noch direkt zugänglich sind, explizit vorgestellt werden.

Aus den beiden Optimalitätsbedingungen ergeben sich bei Ableitung nach der Zeit folgende Änderungsraten der Schattenpreise:

$$(4.35)\quad \lambda_1 = \frac{\partial u}{\partial c} \cdot e^{-\rho \cdot t} = du_c \cdot e^{-\rho \cdot t}$$

$$\Rightarrow \quad \hat{\lambda}_1 = \frac{d[\partial u / \partial c] / dt}{\partial u / \partial c} - \rho = \widehat{\left(\frac{\partial u}{\partial c}\right)} - \rho = \hat{du}_c - \rho$$

$$(4.36)\quad \lambda_3 = -e^{-\rho \cdot t} \cdot \frac{du_q}{da_q}$$

$$\Rightarrow \quad \hat{\lambda}_3 = \frac{\mathring{du}_q}{du_q} - \frac{\mathring{da}_q}{da_q} - \rho = \hat{du}_q - \hat{da}_q - \rho$$

Die Wachstumsrate des Güterschattenpreises ist demnach determiniert durch die Wachstumsrate des Konsumgrenznutzens $\hat{du}_c$ abzüglich der Diskontierungsrate ρ. In ähnlicher Weise ist die Wachstumsrate des Schattenpreises der Erfahrung bestimmt: Von der Differenz der Wachstumsraten von Produktionsgrenznutzen und Grenzerfahrungsbildung der Arbeitszeitquote $(\hat{du}_q - \hat{da}_q)$ wird wiederum die Diskontierungsrate substrahiert.

Aus den beiden Multiplikatorgleichungen lassen sich weitere Ausdrücke für die Änderungsraten der Schattenpreise ermitteln:

$$(4.37)\quad \hat{\lambda}_1 = -\frac{\partial x}{\partial k} - \frac{\lambda_3}{\lambda_1} \cdot \frac{\partial a}{\partial x} \cdot \frac{\partial x}{\partial k} + \mu = -\frac{\partial x}{\partial k} + \frac{du_q}{da_q} \cdot \frac{\frac{\partial a}{\partial x} \cdot \frac{\partial x}{\partial k}}{\frac{\partial u}{\partial c}} + \mu$$

$$\Rightarrow \quad \hat{\lambda}_1 = -\frac{\partial x}{\partial k} + \frac{du_q}{du_c} \cdot \frac{da_k}{da_q} + \mu$$

$$(4.38)\quad \hat{\lambda}_3 = -\frac{\partial a}{\partial x} \cdot \frac{\partial x}{\partial ax} - \frac{\lambda_1}{\lambda_3} \cdot \frac{\partial x}{\partial ax} + \mu = -\frac{\partial a}{\partial x} \cdot \frac{\partial x}{\partial ax} + \frac{\partial u}{\partial x} \cdot \frac{\partial x}{\partial ax} \cdot \frac{da_q}{du_q} + \mu$$

$$\Rightarrow \quad \hat{\lambda}_3 = -da_{ax} + \frac{du_{ax} \cdot da_q}{du_q} + \mu$$

Die zwei Ergebnisse für die Änderungsraten der Schattenpreise aus den jeweiligen Optimalitätsbedingungen und den entsprechenden Multiplikatorgleichungen lassen sich gleichsetzen. So folgt aus (4.35) und (4.37) für das physische Kapital:

$$(4.39)\quad \rho = \frac{\partial x}{\partial k} + \widehat{\left(\frac{\partial u}{\partial c}\right)} + \frac{\lambda_3}{\lambda_1}\cdot\frac{\partial a}{\partial x}\cdot\frac{\partial x}{\partial k} - \mu \;=\; \frac{\partial x}{\partial k} + \hat{du}_c - \frac{du_q}{du_c}\cdot\frac{da_k}{da_q} - \mu$$

$$\Rightarrow\quad \frac{\partial x}{\partial k} + \frac{\lambda_3}{\lambda_1}\cdot da_k = \rho + \mu - \hat{du}_c$$

Es ist ersichtlich, daß es sich hier um eine Erweiterung der schon vorgestellten Ramsey-Regel, die eine Bedingung für die intertemporal-optimale Sparentscheidung angibt, handelt. Die Ramsey-Regel für das neoklassische Standardmodell mit physischem Kapital als einzigem Faktor fordert nur die Deckung von Diskontierungs- und Abschreibungsrate zuzüglich der Schrumpfungsrate des Konsum-Grenznutzens (d.h. abzüglich des Grenznutzenwachstums $\hat{du}_c$) durch den Produktions-Grenzertrag des Kapitals ($\frac{\partial x}{\partial k}$).[8] Im Learning-by-doing-Modell tritt zusätzlich ein durch die Erfahrungsbildung verursachter Term hinzu: Neben dem Vorteil des direkten Produktions-Grenzertrags des Kapitals besteht noch der Vorteil der zusätzlichen Erfahrungsakkumulation aus dem zusätzlichen Einsatz von Kapital (da_k), der allerdings noch mit dem Preisverhältnis λ_3/λ_1 umbewertet werden muß. In der so erweiterten Ramsey-Regel für die intertemporal-optimale Konsum-Spar-Entscheidung muß demnach die Summe aus Diskontierungsrate, Abschreibungsrate und der Schrumpfung des Konsum-Grenznutzens durch die Summe aus Produktions-Grenzertrag und bewerteter Grenzerfahrungsbildung des Kapitals gedeckt werden. Da mit dem Kapitaleinsatz ein zusätzlicher Vorteil verbunden ist, wird es infolge der Berücksichtigung des Erfahrungsbildungseffekts des Kapitaleinsatzes zu einem positiven Effekt auf die Ersparnisbildung (und damit zu einem negativen Effekt auf den momentanen Konsum) kommen. Damit ist eine positive wechselseitige Rückkopplung zwischen den Akkumulationsprozessen der beiden Kapitalarten feststellbar: Die Erfahrungsbildung ist mit einem Zusatzvorteil für die Kapitalbildung verbunden, während gleichzeitig ein höherer Kapitalstock die Erfahrungsbildung fördert.

Aus (4.36) und (4.38) kann für den Erfahrungskapitalstock eine ähnliche Bedingung hergeleitet werden:

$$(4.40)\quad \rho = \frac{\partial a}{\partial x}\cdot\frac{\partial x}{\partial ax} + (\hat{du}_q - \hat{da}_q) + \frac{\lambda_1}{\lambda_3}\cdot\frac{\partial x}{\partial ax} - \mu$$

$$\Rightarrow\quad \rho = \frac{\mathring{du}_q - du_{ax}\cdot da_q}{du_q} - \frac{\mathring{da}_q - da_{ax}\cdot da_q}{da_q} - \mu$$

$$\Rightarrow\quad da_{ax} + \frac{\lambda_1}{\lambda_3}\cdot\frac{\partial x}{\partial ax} = \rho + \mu - (\hat{du}_q - \hat{da}_q)$$

---

[8] Die Ramsey-Regel für das neoklassische Standard-Modell allein mit physischem Kapital lautet in dieser Variante: $\partial x/\partial k = \rho + \mu - \hat{du}_c$. Vgl. hierzu die Ausführungen auf S. 30.

Bei dieser Bedingung handelt es sich um eine Analogie zu der oben aufgeführten Ramsey-Regel. Die zweite Zeile dieses Ramsey-Analogons für die intertemporal-optimale Arbeits-Freizeit-Entscheidung ist mit der für den einfachen Fall des Vorkapitels hergeleiteten Bedingung identisch. Durch die explizite Berücksichtigung des Güterschattenpreises ist diese Bedingung allerdings in eine einfacher auszulegende Schreibweise umzuformen. Die dritte Zeile von Gleichung (4.40) ist wie folgt zu interpretieren: Auf der linken Seite steht der Gesamtgrenzertrag der Erfahrung, bestehend aus der Grenzerfahrungsbildung der Erfahrung selbst (da_{ax}) und dem Gütergrenzertrag der Erfahrung, umdimensioniert mit dem Schattenpreisverhältnis. Durch das Gleichheitszeichen wird ausgedrückt, daß mit diesem Gesamtgrenzertrag der Erfahrung die auf der rechten Seite stehenden Größen gedeckt werden müssen. Die rechte Seite setzt sich aus der Summe aus Diskontierungs- und Abschreibungsrate und einem Term zur (erweiterten) Schrumpfung des Grenznutzens der Arbeitszeitquote zusammen. Die Grenznutzenschrumpfung beinhaltet die Schrumpfung des momentanen Gesamtgrenznutzen der Arbeit ($-\hat{du}_q$), erweitert um das Wachstum des intertemporal wirkenden Effekts der Arbeitszeit auf die Ausbildung ($\hat{da}_q$). Mit dem gesamten Term zur Grenznutzenschrumpfung wird die Veränderung des Schattenpreises der Erfahrung λ_3 in das intertemporale Optimierungskalkül integriert. Das Sinken des Schattenpreises bedeutet einen zukünftigen Wertverlust des Erfahrungskapitalstocks, der im Rahmen eines Vergleichs der verschiedenen intertemporalen Verwendungsmöglichkeiten aus dem momentanen (Grenz-) Ertrag gedeckt werden muß. Zusammenfassend dürfte deutlich gemacht worden sein, daß es sich um eine Analogie zur oben aufgeführten, um die Erfahrungseffekte erweiterten Ramsey-Regel handelt.

4.3.2 Cobb-Douglas-Produktionsfunktion und C(I)ES-Nutzenfunktion als Konkretisierung des Optimierungsproblems

Die Lösung des Modells bei intertemporaler Optimierung sei in gleicher Weise wie im Vorkapitel anhand einer Cobb-Douglas-Technologie bei Normierung des Arbeitspotentials auf **L = 1** demonstriert.

(4.41) $x = k^{\alpha} \cdot ax^{\gamma} \cdot q^{\beta}$ (Produktion)

(4.42) $\overset{\circ}{k} = x - c - \mu \cdot k$ (Kapitalakkumulation)

(4.43) $\overset{\circ}{ax} = \phi \cdot q^{(\eta-1)} \cdot x - \mu \cdot ax = \phi \cdot q^{(\beta+\eta-1)} \cdot ax^{\gamma} - \mu \cdot ax$ (Erfahrungsaufbau)

Die intertemporale Nutzenfunktion soll der Nutzenfunktion im einfachsten Fall mit reiner Erfahrungsakkumulation gleichen: Es handelt sich wieder um eine C(I)ES-Funktion mit konstanten Elastizitäten für die momentan-*intra*temporale Substitution zwischen Konsum und Freizeit (σ) sowie für die *inter*temporale Substitution ($1/\theta$), die jeweils vereinfachend auf eins gesetzt werden ($\sigma = 1$, $\theta = 1$), so daß sich eine logarithmische Funktionsform ergibt:

$$(4.44)\quad U=\int_0^\infty u_t\cdot e^{-\rho\cdot t}\,dt \qquad \text{mit}\quad u_t=\frac{\left\{\left[b\cdot c_t^{\frac{\sigma-1}{\sigma}}+(1-b)\cdot(1-q_t)^{\frac{\sigma-1}{\sigma}}\right]^{\frac{\sigma}{\sigma-1}}\right\}^{1-\theta}-1}{1-\theta}$$

$$\text{für}\quad \lim_{\theta\to 1}(\lim_{\sigma\to 1}(u_t))\ \text{folgt:}\qquad u_t=b\cdot\ln(c)+(1-b)\cdot\ln(1-q)$$

Die Hamilton-Funktion lautet im Fall dieser Konkretisierung:

$$(4.45)\quad H=[\,b\cdot\ln(c)+(1-b)\cdot\ln(1-q)\,]\cdot e^{-\rho\cdot t}+\lambda_1(t)\cdot[\,k^{\alpha}\cdot ax^{\gamma}\cdot q^{\beta}-c-\mu\cdot k\,]$$
$$+\lambda_3(t)\cdot[\,\phi\cdot q^{(\eta+\beta-1)}\cdot ax^{\gamma}-\mu\cdot ax\,]$$

Die folgenden Ausdrücke lassen sich häufig unter Verwendung der Sparquote $s=1-\frac{c}{x}$ [bzw. $c=(1-s)\cdot x$] vereinfachen. Denn die Sparquote besitzt als Quote einen begrenzten Wertebereich ($0\le s<1$)[9] und kann im Rahmen des Wachstumsprozesses konstante Niveaus aufweisen, während das Pro-Kopf-Konsumniveau c weiter wächst. So folgt als Optimalitätsbedingung für die Konsumentscheidung unter Verwendung der Sparquote s für den Güterschattenpreis:

$$(4.46)\quad \frac{\partial H}{\partial c}=0=\frac{b}{c}\cdot e^{-\rho\cdot t}-\lambda_1$$

$$\Rightarrow\quad \lambda_1=\frac{b}{c}\cdot e^{-\rho\cdot t}=\frac{b\cdot e^{-\rho\cdot t}}{(1-s)\cdot k^{\alpha}\cdot ax^{\gamma}\cdot q^{\beta}}$$

Die Optimalitätsbedingung für die Arbeitszeitentscheidung kann mit Hilfe der Sparquote in eine Form gebracht werden, die die Analogien zum einfachen Fall mit alleiniger Erfahrungsbildung verdeutlicht:

$$(4.47)\quad \frac{\partial H}{\partial q}=0=$$
$$\underbrace{\Big(\underset{①>0}{\frac{b\cdot\beta}{(1-s)\cdot q}}+\underset{②<0}{\frac{b-1}{1-q}}\Big)}_{du_q\,(>0\text{ für }da_q<0)}\cdot e^{-\rho\cdot t}+\lambda_3\cdot\underbrace{[\underset{⑤>0}{\beta\cdot\phi\cdot q^{\eta+\beta-2}\cdot k^{\alpha}\cdot ax^{\gamma}}+\underset{⑥\le 0}{(\eta-1)\cdot\phi\cdot q^{\eta+\beta-2}\cdot k^{\alpha}\cdot ax^{\gamma}}]}_{da_q<0\,(\text{ für }\eta+\beta>1)}$$

---

9 Vom Entsparen mit $s<0$ sei hier vereinfachend abgesehen. Der oben angegebene Wertebereich muß im steady state jedoch in jedem Fall eingehalten werden.

Diese Optimalitätsbedingung entspricht bis auf den Faktor (1−s) im Term ① sowie dem Ausdruck k^{α} in ⑤ der vergleichbaren Bedingung (3.25) des einfachen ax-Modells des Vorkapitels.

Die Multiplikatorgleichungen lauten in einer für den Cobb-Douglas-/C(I)ES-Fall konkretisierten Form:

$$\text{(4.48)} \quad \frac{\partial H}{\partial k} = -\mathring{\lambda}_1 = \lambda_1 \cdot (\alpha \cdot k^{\alpha-1} \cdot ax^{\gamma} \cdot q^{\beta} - \mu) + \lambda_3 \cdot (\phi \cdot \alpha \cdot k^{\alpha-1} \cdot ax^{\gamma} \cdot q^{\beta+\eta-1})$$

$$\text{(4.49)} \quad \frac{\partial H}{\partial ax} = -\mathring{\lambda}_3 = -\frac{b \cdot \gamma}{(1-s) \cdot ax} \cdot e^{-\rho \cdot t} - \lambda_3 \cdot [\,\gamma \cdot \phi \cdot k^{\alpha} \cdot ax^{\gamma-1} \cdot q^{\beta+\eta-1} - \mu\,]$$

Für $s=0$ und $\alpha=0$ folgt aus (4.49) direkt die Multiplikatorgleichung für das ax-Modell (3.28) des Vorkapitels. Auf die erneute Wiedergabe der Zustandsgleichungen und der Transversalitätsbedingungen sei an dieser Stelle verzichtet.

Eine weitergehende Lösung des Modells wäre durchaus möglich, indem die Optimalitätsbedingungen abgeleitet und unter Verwendung der Multiplikator- sowie der Zustandsgleichungen Differentialgleichungen für die Veränderungen von Arbeitszeit- und Sparquote sowie für die Akkumulation der beiden Kapitalarten aufgestellt werden. Doch die Lösung dieses aus vier nicht-linearen Differentialgleichungen bestehenden Systems erweist sich als rechentechnisch extrem aufwendig, so daß selbst unter Zuhilfenahme von Algebraprogrammen kaum eine Lösung ermittelt werden kann. Aus diesem rein rechentechnischen Grund wurden für die weiteren Berechnungen einige Vereinfachungen durchgeführt, die insbesondere Nichtlinearitäten vermeiden sollen.

4.3.3 Einige parametrische Vereinfachungen und die Simulation numerischer Beispiele

Die Ermittlung der Lösung wird insbesondere durch Nichtlinearitäten, die sich auf die Kontrollvariablen beziehen, erschwert. Daher wird versucht, bezüglich der Arbeitszeitquote q möglichst lineare Einflüsse zu modellieren. Für die Produktion (und somit auch für die Kapitalakkumulation) wird dies durch die vereinfachende **Annahme** $\beta = 1$ erreicht. Mittels der zusätzlichen **Annahme** $\eta = 1$ tritt die Arbeitszeitquote auch in der Gleichung für die Erfahrungsakkumulation in linearer Form auf. Der Preis dieser Vereinfachungen ist allerdings, daß hiermit gerade der Fall untersucht wird, für den die Arbeitszeitquote q den Prozeß der Erfahrungsakkumulation stark beeinflußt (vgl. S. 21 f. sowie S. 63 f.). Trotzdem dürfte mit der näheren Analyse dieses Grenzfalls die qualitative Ausprägung der Dynamik des Systems exemplarisch verdeutlicht werden können.

Die für das Parameterbeispiel $\beta=\eta=1$ vereinfachten Gleichungen des intertemporalen Optimierungsansatzes führen zu folgenden Ausdrücken für die beiden Schattenpreise:

$$(4.50)\quad \lambda_1 = \frac{b\cdot e^{-\rho\cdot t}}{(1-s)\cdot k^{\alpha}\cdot ax^{\gamma}\cdot q} = \frac{b\cdot e^{-\rho\cdot t}}{c}$$

$$(4.51)\quad \lambda_3 = \frac{(q-q\cdot s-b+b\cdot s\cdot q)\cdot e^{-\rho\cdot t}}{(1-q)\cdot(1-s)\cdot\phi\cdot k^{\alpha}\cdot ax^{\gamma}\cdot q} = \frac{[(1-b)\cdot(1-s)\cdot q-b\cdot(1-q)]\cdot e^{-\rho\cdot t}}{\phi\cdot(1-q)\cdot c}$$

Wie schon im Vergleich der Gleichungen (3.17) und (4.32') deutlich wurde, entspricht die Formel für den Schattenpreis der Erfahrung dem in Gleichung (3.27') wiedergegebenen Resultat des einfachen ax-Modells, welches für $s=0$ direkt aus (4.51) folgt.

Aus (4.50) und (4.51) ergibt sich ein Ausdruck für das Schattenpreisverhältnis, in dem die Zustandsvariablen ax und k (bzw. ka) nicht mehr auftreten, sondern neben einigen Parametern nur noch die Arbeitszeit- und die Sparquote als die beiden Kontrollvariablen des Systems:

$$(4.52)\quad \frac{\lambda_3}{\lambda_1} = \frac{q-q\cdot s-b+b\cdot s\cdot q}{\phi\cdot(1-q)\cdot b} = \frac{(1-b)\cdot(1-s)\cdot q-b\cdot(1-q)}{\phi\cdot(1-q)\cdot b}$$

Mit Hilfe der Multiplikatorgleichungen lassen sich die internen Renditen der beiden Kapitalarten nun als recht einfache Ausdrücke bestimmen:

$$(4.53)\quad r_k = -\hat{\lambda}_1 = \frac{\alpha\cdot(1-b)\cdot(1-s)\cdot q^2}{b\cdot(1-q)}\cdot k^{\alpha-1}\cdot ax^{\gamma} - \mu = \frac{\alpha\cdot(1-b)\cdot q}{b\cdot(1-q)}\cdot\frac{c}{k} - \mu$$

$$(4.54)\quad r_{ax} = -\hat{\lambda}_3 = \frac{\phi\cdot\gamma\cdot(1-b)\cdot(1-s)\cdot q^2}{(1-b)\cdot(1-s)\cdot q-b\cdot(1-q)}\cdot k^{\alpha}\cdot ax^{\gamma-1} - \mu$$

$$= \frac{\phi\cdot\gamma\cdot(1-b)\cdot q}{(1-b)\cdot(1-s)\cdot q-b\cdot(1-q)}\cdot\frac{c}{ax} - \mu$$

Wie wenig sich die Ergebnisse des k-ax-Modells vom einfachen ax-Modell unterscheiden, zeigt der Vergleich der jeweiligen internen Verzinsungen der Erfahrung r_{ax}. Aus (4.54) folgt für $s=0$ das Ergebnis aus Gleichung (3.41).

Die Ermittlung der Lösung verläuft über die bekannten Schritte, indem die Optimalitätsbedingungen abgeleitet und unter Verwendung der Multiplikator- und der Zustandsgleichungen die Lösungs-Differentialgleichungen für die Kontrollvariablen errechnet werden.

Lösung für den Fall $\alpha+\gamma<1$

Die Durchführung dieser Schritte führt im Fall ohne endogenes Wachstum zu folgenden Gleichungen für die Veränderungen von Arbeitszeit- und Sparquote:

$$\text{(4.55)}\quad \overset{\circ}{q}=\frac{dq}{dt}=[\,\rho+\mu\cdot(1-\alpha-\gamma)-(1-s)\cdot\alpha\cdot ka^{\alpha-1}\cdot ax^{\alpha+\gamma-1}\cdot q\,]\cdot(1-q)$$

$$\begin{aligned}\text{(4.56)}\quad \overset{\circ}{s}=\frac{ds}{dt}= & -(-1+s)\big(-ka^{\alpha}\,ax^{(\gamma+\alpha)}\,\alpha\,s\,q\,b\\ & +q^3\,ax^{(\gamma+\alpha)}\,ka^{\alpha}\,\alpha\,s\,b-q^3\,ax^{(\gamma+\alpha)}\,ka^{\alpha}\,\alpha\,s\\ & +q^2\,s\,ka^{\alpha}\,ax^{(\gamma+\alpha)}\,\alpha\,b-\rho\,ka\,ax\,b+\alpha\,\mu\,ka\,ax\,b\\ & -q^2\,ax^{(\gamma+\alpha)}\,ka^{(1+\alpha)}\,\gamma\,\phi\,b-2\,q^2\,ka^{\alpha}\,ax^{(\gamma+\alpha)}\,\alpha\,b\\ & +ka^{\alpha}\,ax^{(\gamma+\alpha)}\,\alpha\,q\,b+q^3\,ax^{(\gamma+\alpha)}\,ka^{(1+\alpha)}\,\gamma\,\phi\,b\\ & -\mu\,ka\,ax\,b+\mu\,q\,ka\,ax\,b-\alpha\,\mu\,q\,ka\,ax\,b\\ & +q^3\,ax^{(\gamma+\alpha)}\,ka^{\alpha}\,\alpha-\gamma\,\mu\,q\,ka\,ax\,b+\gamma\,\mu\,ka\,ax\,b\\ & +\rho\,q\,ka\,ax\,b\big)/((-1+q)\,q\,ka\,ax\,b)\end{aligned}$$

Die steady state-Werte für die beiden Kontrollvariablen ergeben sich bei Nullsetzen der Bewegungsgleichungen für die Kontroll- sowie die Zustandsvariablen (mit $\overset{\circ}{q}=0$, $\overset{\circ}{s}=0$, $\overset{\circ}{ax}=0$ und $\overset{\circ}{k}=0$) als:

$$\text{(4.57)}\quad q_{st}=\frac{(\mu+\rho)\cdot b}{\rho+\mu-\gamma\cdot\mu+\gamma\cdot\mu\cdot b-\alpha\cdot\mu+\alpha\cdot\mu\cdot b}=\frac{(\mu+\rho)\cdot b}{\rho+\mu\cdot[1-(\alpha+\gamma)\cdot(1-b)]}$$

$$\text{(4.58)}\quad s_{st}=\frac{\alpha\cdot\mu}{\rho+\mu-\gamma\cdot\mu}$$

Der Ausdruck für das steady state-Niveau der Arbeitszeitquote q_{st} entspricht bis auf die zusätzliche Erfassung der Produktionselastizität des Sachkapitals α dem Ergebnis für das einfache ax-Modell des Vorkapitels [vgl. die Gleichung (3.31')]. Daher bleiben auch die dortigen Ausführungen zur Interpretation der jeweiligen Einflußgrößen gültig. Ergänzend ist nur hinzuzufügen, daß – analog zu γ – nun auch die Elastizität des Sachkapitals α einen positiven Einfluß auf die Höhe von q_{st} aufweist.

Die Höhe des steady state-Wertes der Sparquote wird insbesondere durch die Elastizität des Sachkapitals α bestimmt. Sie wird weiterhin positiv durch eine niedrige Abschreibungsrate, durch eine niedrige Diskontierungsrate zukünftiger Nutzenkomponenten ρ sowie durch eine hohe Erfahrungselastizität γ beeinflußt. Diese Einflußrichtungen wurden formal zwar nur für die steady state-Sparquote hergeleitet, sie dürften in qualitativer Weise allerdings für den gesamten Zeitpfad s(t) der Sparquote gelten.

Da sich die beiden Kontrollvariablen q und s im steady state nicht mehr verändern, ergeben sich die steady state-Werte der Zustandsvariablen identisch zu den steady state-Werten, die ohne intertemporale Optimierung hergeleitet wurden, da dort q und s als Parameter ebenfalls konstant waren. So folgt bei Berücksichtigung der Vereinfachungen aus Gleichung (4.9) für das steady state-Niveau der Kapitalintensität der Erfahrung ka:

$$\text{(4.9')} \quad \text{für } L = 1\,,\ \beta = 1\,,\ \eta = 1: \qquad ka_{st} = \frac{s_{st}}{\phi}$$

Das steady state-Niveau von ka lautet entsprechend:

$$\text{(4.59)} \quad ka_{st} = \frac{\alpha \cdot \mu}{\phi \cdot (\rho + \mu - \gamma \cdot \mu)}$$

Analog vereinfacht sich die Bestimmungsgleichung für das steady state-Niveau der Erfahrung aus Gleichung (4.10) für $L=1$, $\beta=1$ und $\eta=1$ unter Verwendung der Ergebnisse für die langfristigen Werte von Arbeitszeit- und Sparquote zu:

$$\text{(4.60)} \quad ax_{st} = \left(\frac{\phi^{1-\alpha} \cdot s_{st}^{\alpha}}{\mu} \cdot q_{st} \right)^{\left(\frac{1}{1-\alpha-\gamma}\right)}$$

$$\Rightarrow \quad ax_{st} = \left(\left(\frac{\phi}{\mu}\right)^{1-\alpha} \cdot \left(\frac{\alpha}{\rho + \mu \cdot (1-\gamma)}\right)^{\alpha} \cdot \frac{(\mu+\rho) \cdot b}{\rho + \mu \cdot (1 - \alpha - \gamma + b \cdot (\alpha + \gamma))} \right)^{\left(\frac{1}{1-\alpha-\gamma}\right)}$$

Die Stabilitätseigenschaften des dynamischen Systems, welches hier aus vier nichtlinearen Differentialgleichungen erster Ordnung für $\overset{\circ}{k}$, $\overset{\circ}{ax}$, $\overset{\circ}{s}$ und $\overset{\circ}{q}$ besteht, läßt sich abermals anhand des Verhaltens des Systems in der Nähe des steady states unter Verwendung einer Taylor-Expansion untersuchen. Mit den Eigenwerten der Koeffizientenmatrix sind die Stabilitätseigenschaften determiniert. Die lineare Approximation des Systems um den steady state ergibt folgendes lineares Differentialgleichungssystem:

$$\text{(4.61)} \quad \begin{bmatrix} \overset{\circ}{s} \\ \overset{\circ}{q} \\ \overset{\circ}{k} \\ \overset{\circ}{ax} \end{bmatrix} = \begin{bmatrix} \frac{\partial \overset{\circ}{s}}{\partial s} & \frac{\partial \overset{\circ}{s}}{\partial q} & \frac{\partial \overset{\circ}{s}}{\partial k} & \frac{\partial \overset{\circ}{s}}{\partial ax} \\ \frac{\partial \overset{\circ}{q}}{\partial s} & \frac{\partial \overset{\circ}{q}}{\partial q} & \frac{\partial \overset{\circ}{q}}{\partial k} & \frac{\partial \overset{\circ}{q}}{\partial ax} \\ \frac{\partial \overset{\circ}{k}}{\partial s} & \frac{\partial \overset{\circ}{k}}{\partial q} & \frac{\partial \overset{\circ}{k}}{\partial k} & \frac{\partial \overset{\circ}{k}}{\partial ax} \\ \frac{\partial \overset{\circ}{ax}}{\partial s} & \frac{\partial \overset{\circ}{ax}}{\partial q} & \frac{\partial \overset{\circ}{ax}}{\partial k} & \frac{\partial \overset{\circ}{ax}}{\partial ax} \end{bmatrix}_{\substack{s=s_{st} \\ q=q_{st} \\ k=k_{st} \\ ax=ax_{st}}} \cdot \begin{bmatrix} s \\ q \\ k \\ ax \end{bmatrix} = M \cdot \begin{bmatrix} s \\ q \\ k \\ ax \end{bmatrix}$$

Die Vorzeichen der Eigenwerte der Koeffizientenmatrix M zeigen die Stabilitätssituation auf. Im vorliegenden Fall handelt es sich abermals um ein typisches kontrolltheoretisches Problem mit unendlichem Zeithorizont. Daher liegt (für "sinnvolle" Parameterbereiche) wieder Sattelpfadstabilität vor. Sattelpfadstabilität in Systemen mit mehr als zwei Variablen ist dann gegeben, wenn die Zahl der stabilen negativen Eigenwerte der Zahl der prädeterminierten Variablen und wenn die Zahl instabiler positiver Eigenwerte der Zahl der frei wählbaren Variablen entspricht.[10] Im untersuchten Fall sind die Zustandsvariablen k und ax (z.B. in ihren Ausgangsniveaus) prädeterminiert, während die Kontrollvariablen s und q frei wählbar sind. Damit müssen hier für die Sattelpfadstabilität zwei Eigenwerte mit negativem und zwei Eigenwerte mit positivem Realteil vorliegen. Eine grafisch-schematische Darstellung der Stabilitätssituation wie im Fall der ein- und zweidimensionalen Phasendiagramme des Vorkapitels, wo nur eine bzw. zwei Variablen auftraten, ist hingegen bei vier Variablen und damit vier Dimensionen nicht mehr möglich.

Für folgende Parameter-Konstellation wurde das System exemplarisch numerisch präzisiert: $\alpha = {}^1/_3$; $\gamma = {}^1/_3$; $\phi = {}^1/_{10}$; $b = {}^1/_2$; $\rho = {}^1/_{10}$; $\mu = {}^1/_{10}$. Hieraus folgt das dynamische System mit:

$$\frac{ds}{dt} = \frac{10\,ax\,s\,q + 10\,q^3 ax\,s - 10\,q^2 s\,ax + 20\,q^2 ax - 10\,ax\,q - 20\,q^3 ax + q^2 k - q^3 k - 4\,k^{2/3} q\,ax^{2/3} + 4\,k^{2/3} ax^{2/3}}{30\,\frac{(1-q)}{(1-s)}\,k^{2/3} q\,ax^{2/3}}$$

$$\frac{dq}{dt} = \frac{(1-q)\,(5\,q\,ax^{1/3}\,s - 5\,q\,ax^{1/3} + 2\,k^{2/3})}{15\,k^{2/3}}$$

$$\frac{dk}{dt} = s\,ax^{1/3}\,k^{1/3}\,q - \frac{1}{10}\,k$$

$$\frac{dax}{dt} = \frac{1}{10}\,ax^{1/3}\,k^{1/3}\,q - \frac{1}{10}\,ax$$

Die steady state-Werte der Modellvariablen, die Koeffizientenmatrix des um den steady state linearisierten Systems sowie die zugehörigen Eigenwerte des Beispiels errechnen sich als:

10 Zur Sattelpfadstabilität im allgemeinen Fall vgl. z.B. Gandolfo (1996), S. 401 ff.

$s_{st} = {}^1/_5\,;\; q_{st} = {}^3/_5\,;\; k_{st} = {}^{108}/_{125}\,;\; ax_{st} = {}^{54}/_{125}$

$$M = \begin{bmatrix} 0{,}42222 & -0{,}96296 & 0{,}16804 & -0{,}19890 \\ 0{,}066667 & -0{,}088889 & 0{,}041152 & -0{,}041152 \\ 0{,}432 & 0{,}144 & -0{,}066667 & 0{,}066667 \\ 0 & 0{,}072 & 0{,}016667 & -0{,}06667 \end{bmatrix}$$

$$w = [\,0{,}35732\,,\; 0{,}15245\,,\; -0{,}25732\,,\; -0{,}052745\,]$$

Die beiden letzten negativen Eigenwerte repräsentieren die Stabilität bezüglich der prädeterminierten Zustandsvariablen k und ax, während die ersten beiden positiven Eigenwerte die Instabilität bezüglich der frei wählbaren Kontrollvariablen s und q widerspiegeln. Folglich ist im betrachteten System das Kriterium für das Vorliegen von Sattelpfadstabilität erfüllt: Das System weist wieder einen Sattelpunkt auf.

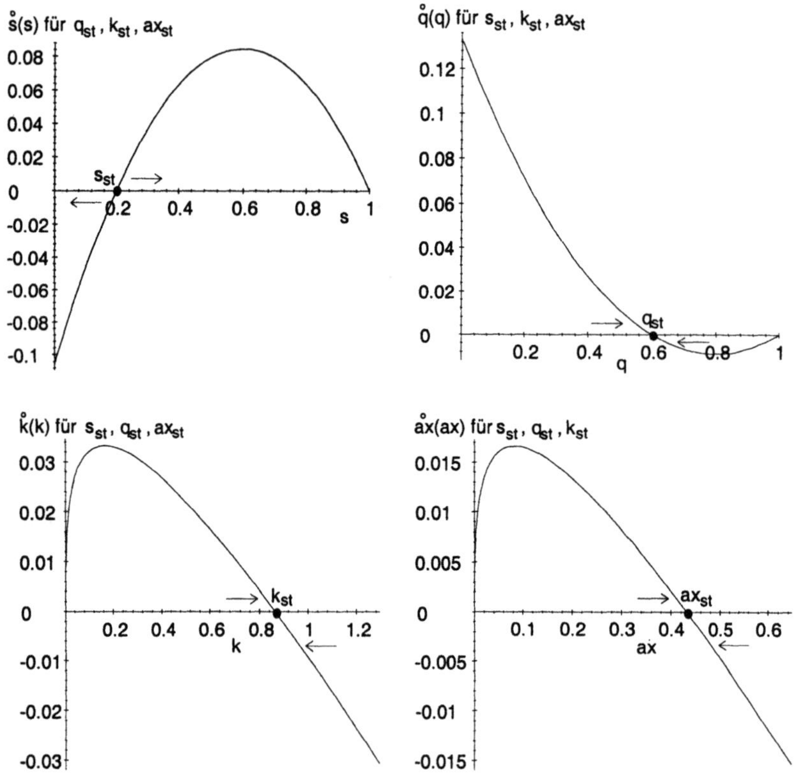

Abb. 4.6: Partielle Abhängigkeiten der Bewegungsgleichungen im steady state

In der Abb. 4.6 wurden für das Beispiel die steady states der vier Modellvariablen grafisch dargestellt. Als Zusatzinformation wurde die *partielle* Abhängigkeit der zeitlichen Änderung der jeweiligen Variable vom eigenen Niveau abgetragen, wobei für die jeweils anderen Variablen die steady state-Werte unterstellt wurden. In Abb. 4.6 zeigt sich, daß das System nicht allgemein stabil ist. Die Sattelpfadstabilität des Gesamtsystems äußert sich hier darin, daß die partielle Abhängigkeit von $\overset{\circ}{s}$ bezogen auf s im steady state instabil ist: Eine kleine Änderung der Sparquote führt *ceteris paribus* dazu, daß sich die Sparquote von ihrem steady state-Wert noch weiter wegentwickelt. Da die Änderung von s auch von den anderen Variablen des Systems abhängt, kann jedoch der sich hier andeutenden Instabilität durch die richtige Wahl der Kontrollvariablen in einer Weise entgegengewirkt werden, daß auf einem bestimmten (Sattel-) Pfad der steady state trotzdem erreicht wird. Mit der Darstellung in Abb. 4.6 kann dies jedoch nicht vollständig wiedergegeben werden, hierzu wäre die Änderung jeder Variable in Abhängigkeit von allen vier Systemvariablen zu betrachten.[11] Vier Dimensionen sind allerdings nicht mehr darstellbar. Die hier gewählte grafische Aufbereitung kann daher nur einen begrenzten Einblick in die Stabilitätseigenschaften des Systems bieten.

Werden die steady state-Ergebnisse für k, ax, s und q in die Ausdrücke für die internen Renditen der beiden Kapitalarten eingesetzt, so folgt mit Gleichungen (4.53) und (4.54) für die steady state-Renditen $r_{k,st}=r_{ax,st}=\rho={}^{1}/_{10}$. Folglich ist der steady state durch zwei Eigenschaften gekennzeichnet: Zum einen kommt es langfristig zu einem Ausgleich der Renditen der beiden Kapitalarten. Die Allokation zwischen den beiden akkumulierbaren Faktoren ist im Gleichgewicht, wenn die beiden Kapitalarten eine gleich hohe Rendite aufweisen. Die Faktorakkumulation orientiert sich an diesem Gleichgewicht und strebt es langfristig an, soweit in der Ausgangssituation mit den vorliegenden Kapitalstöcken bzw. der gegebenen Intensität ein Renditeungleichgewicht besteht. Ein zweites Charakteristikum des steady state für den Fall ohne endogenes Wachstum wird ebenfalls herausgestellt: Die Faktorakkumulation – und damit das Wachstum der Volkswirtschaft – kommt dann zum Stillstand, wenn die Ertragsraten der Kapitalarten die Diskontierungsrate ρ nicht mehr übersteigen. Eine Verlagerung momentanen Nutzens in die Zukunft durch Sachkapitalaufbau mittels Sparen oder durch zusätzliche Erfahrungsbildung mittels einer Ausweitung der Arbeitszeit ist nur dann lohnend, wenn die hieraus erzielte Rendite die Diskontierungsrate übersteigt. Mit dem Erreichen der Diskontierungsrate durch die Renditen der Faktorakkumulation kommt folglich die Faktorakkumulation selbst und damit das Wachstum zum Stillstand: Der steady state ist erreicht.

Aufgrund der Komplexität des Systems sei an dieser Stelle auf eine Simulation der transitional dynamics verzichtet. So wird einerseits das Auffinden des Sattelpfades für

[11] Mit der Abb. 4.6 werden eigentlich nur einige der Parameter der Matrix M veranschaulicht, und zwar diejenigen auf der Hauptdiagonale. Für eine vollständige Analyse sind selbstverständlich alle Elemente von M zu berücksichtigen, wie dies bei der Ermittlung der Eigenwerte auch formal erfolgt.

ein System mit zwei Zustands- und zwei Kontrollvariablen rechentechnisch sehr aufwendig, andererseits verhindert die Vierdimensionalität eine anschauliche grafische Aufbereitung des Sattelpfads.

Lösung im Fall endogenen Wachstums ($\alpha+\gamma=1$)

Bei endogenem Wachstum, d.h. bei einer Produktionselastizitätensumme der akkumulierbaren Faktoren von eins ($\alpha+\gamma=1$), führt die Ausführung der oben genannten Arbeitsschritte ebenfalls zu Ausdrücken für die zeitlichen Änderungen von q und s. Wie schon für das einfache ax-Modell mit der Erfahrung als einziger Kapitalart, führt die Parameterkonstellation, die endogenes Wachstum ermöglicht, gleichzeitig zu einer Vereinfachung. Im Einfachmodell fiel die Zustandsvariable Erfahrung ax aus der Gleichung für die intertemporal optimale Änderung von q heraus, so daß $\mathring{q}$ nur noch von q abhängig war. Dies bedeutete infolge der Instabilität gleichzeitig, daß sich der steady state unmittelbar ergab. Im gegenwärtig vorliegenden k-ax-Modell mit den beiden unterschiedlichen Kapitalarten können die beiden Zustandsvariablen ax und k in denjenigen Differentialgleichungen, die aus dem dynamischen Optimierungsansatz folgen, durch nur eine Variable, nämlich durch die Kapitalintensität der Erfahrung (mit: $ka=k/ax$), ersetzt werden. Hiermit ergibt sich erst mit der Anpassung der Kapitalintensität ka an ihr langfristiges Niveau allmählich – d.h. unter "transitional dynamics" – eine Konvergenz gegen den steady state. Die Dynamik des Modells wird nun allerdings neben q und s nur durch das Verhältnis ka bestimmt, so daß sich das Modell von einem System aus vier Differentialgleichungen zu einem System mit drei Differentialgleichungen vereinfacht.

Als Lösung des intertemporalen Optimierungsansatzes folgt für die Änderung der Arbeitszeit- und der Sparquote unter Verwendung der Kapitalintensität der Erfahrung:

$$\text{(4.62)} \quad \mathring{q} = \frac{dq}{dt} = [\,\rho-(1-s)\cdot\alpha\cdot ka^{\alpha-1}\cdot q\,]\cdot(1-q)$$

$$\begin{aligned}\text{(4.63)} \quad \mathring{s} = \frac{ds}{dt} = -(-1+s)\big(&-ka^{\alpha}\,\alpha\, s\, q\, b + q^3\, ka^{\alpha}\,\alpha\, s\, b - q^3\, ka^{\alpha}\,\alpha\, s \\ &+ q^2\, s\, ka^{\alpha}\,\alpha\, b - \rho\, ka\, b + q^2\, ka^{(1+\alpha)}\,\phi\, b\,\alpha \\ &- q^2\, ka^{(1+\alpha)}\,\phi\, b - 2\, q^2\, ka^{\alpha}\,\alpha\, b + ka^{\alpha}\,\alpha\, q\, b \\ &- q^3\, ka^{(1+\alpha)}\,\phi\, b\,\alpha + q^3\, ka^{(1+\alpha)}\,\phi\, b + q^3\, ka^{\alpha}\,\alpha \\ &+ \rho\, q\, ka\, b\big)/((-1+q)\, q\, ka\, b)\end{aligned}$$

Parallel zur Reduktion des intertemporalen Optimierungsproblems auf die drei Variablen ka, q und s beschränken sich die Ausdrücke für die interne Verzinsung der beiden Kapitalarten bei endogenem Wachstum ebenfalls auf ebendiese Variablen:

$$(4.53') \quad r_k = \frac{\alpha \cdot (1-b) \cdot (1-s) \cdot q^2}{b \cdot (1-q)} \cdot ka^{-\gamma} - \mu$$

$$(4.54') \quad r_{ax} = \frac{\phi \cdot \gamma \cdot (1-b) \cdot (1-s) \cdot q^2}{(1-b) \cdot (1-s) \cdot q - b \cdot (1-q)} \cdot ka^{\alpha} - \mu$$

Die interne Verzinsung der akkumulierbaren Faktoren steuert die intertemporale Allokation, die sich in den Kontrollvariablen q und s widerspiegelt. Da die internen Renditen allein von ka, q und s abhängig sind, sind es auch die beiden oben aufgeführten intertemporal optimalen Differentialgleichungen für $\overset{\circ}{q}$ und $\overset{\circ}{s}$.

Die Produktions- und Akkumulations-Gleichungen für den gerade analysierten Fall endogenen Wachstums seien in Form der Kapitalintensitätsnotation unter Berücksichtigung der vereinfachenden Annahmen näher betrachtet:[12]

$$(4.64) \quad \overset{\circ}{ka} = ka^{\alpha} \cdot q_t \cdot (s_t - \phi \cdot ka)$$

$$(4.65) \quad x = ka^{\alpha} \cdot ax \cdot q_t$$

$$(4.66) \quad \overset{\circ}{k} = s_t \cdot ka^{\alpha} \cdot ax \cdot q_t - \mu \cdot ka \cdot ax$$

$$(4.67) \quad \hat{ax} = \frac{\overset{\circ}{ax}}{ax} = \phi \cdot ka^{\alpha} \cdot q_t - \mu$$

Es zeigt sich, daß in diesen Modellgleichungen keineswegs eine Reduktion nur auf eine Abhängigkeit von ka, s und q unter Wegfall von ax erfolgt (mit Ausnahme der Bewegungsgleichung von ka (4.64)). Trotzdem wird die Dynamik des Systems durch die Dynamik von ka, q und s bestimmt, denn die Änderung der anderen Variablen – insbesondere der Erfahrung ax – folgt rekursiv aus den intertemporal-optimalen Ergebnissen für ka, q_t und s_t.

Der steady state im Fall endogenen Wachstums

Die Zustandsvariablen ax und k weisen bei endogenem Wachstum langfristig kein konstantes Niveau, sondern konstante Wachstumsraten auf. Ein steady state muß allerdings auch in dieser Situation durch die Konstanz der beiden Quoten q und s charakterisiert sein. Das Nullsetzen der Änderung von s führt zu einem ersten Ausdruck für die steady state-Sparquote:

---

12 Zur Verdeutlichung der bei dynamischer Optimierung erforderlichen Variabilität der Kontrollvariablen q und s wurde für diese der Zeitindex t explizit aufgeführt. Für die entsprechenden Ausdrücke des Modells ohne Optimierung vgl. die Gleichungen (4.4'), (4.6'), (4.14) und (4.8).

(4.68) $\overset{\circ}{s} = 0$:

$$s_{st,1} = \frac{q^3\alpha - q^2\phi b\,ka - 2\,b\alpha q^2 + \alpha b q - q^3\phi\alpha b\,ka + q^2\phi\alpha b\,ka - ka^{1-\alpha} b\rho + ka^{1-\alpha}\rho b q + q^3\phi b\,ka}{-\alpha q(-q^2 + q b - b + q^2 b)}$$

Aus der Konstanz von q im steady state folgt als zweiter Ausdruck für die steady state-Sparquote:

(4.69) $\overset{\circ}{q} = 0$: $$s_{st,2} = \frac{\alpha \cdot q - \rho \cdot ka^{1-\alpha}}{\alpha \cdot q}$$

Mit der Konstanz der Sparquote ist infolge von Gleichung (4.9) auch die Kapitalintensität der Erfahrung im steady state konstant, so daß sich ein dritter Term für die steady state-Sparquote ergibt:

(4.70) $\overset{\circ}{ka} = 0$: $$s_{st,3} = \phi \cdot ka$$

Die Kombination der drei verschiedenen Teilergebnisse für s_{st} führt zu zwei unterschiedlichen Teilergebnissen für den steady state der Arbeitszeitquote:

(4.71) $s_{st,2} = s_{st,3}$: $$q_{st,1} = \frac{\rho \cdot ka^{1-\alpha}}{\alpha \cdot (1 - \phi \cdot ka)}$$

(4.72) $s_{st,1} = s_{st,2}$: $$q_{st,2} = \frac{\phi\, b\, ka + \alpha\, b - \phi\, b\, ka\, \alpha - ka^{1-\alpha}\rho + ka^{1-\alpha} b\, \rho}{-b\,(\phi\, ka\, \alpha - \phi\, ka - \alpha)}$$

Aus diesen beiden Ergebnissen für q_{st} kann schließlich das steady state-Niveau der Kapitalintensität ka bestimmt werden. Aufgrund der möglichen Mehrwertigkeit infolge der Nichtlinearitäten des Modells kann diese Lösung gleichwohl nicht in allgemeiner Form bestimmt werden. Jedoch kann ka_{st} über die Lösung des folgenden Problems ermittelt werden:

(4.73) $q_{st,1} = q_{st,2}$: $ka_{st} = e^{Z}$ mit Z als Lösung von:

$$Z\alpha - Z - \ln\left(\frac{-\rho(-e^{Z} b\phi - \alpha + \phi e^{Z}\alpha)}{\alpha b(-1 + \phi e^{Z})(\phi e^{Z}\alpha - \phi e^{Z} - \alpha)}\right) = 0$$

Die Lösung dieses Problems ist für bestimmte Parameterbeispiele weniger schwierig, da aus der Mehrzahl möglicher Ergebnisse nur positive reell-wertige Resultate für die Intensität ka in Frage kommen.

Unter Verwendung einer Taylor-Expansion können erneut die Stabilitätseigenschaften um den steady state herum analysiert werden. Analog zu Gleichung (4.61) kann bei Verwendung von ka folgende linearisierte Approximation des Systems um den steady state aufgestellt werden:

$$(4.74)\quad \begin{bmatrix} \overset{\circ}{s} \\ \overset{\circ}{q} \\ \overset{\circ}{ka} \end{bmatrix} = \begin{bmatrix} \frac{\partial \overset{\circ}{s}}{\partial s} & \frac{\partial \overset{\circ}{s}}{\partial q} & \frac{\partial \overset{\circ}{s}}{\partial ka} \\ \frac{\partial \overset{\circ}{q}}{\partial s} & \frac{\partial \overset{\circ}{q}}{\partial q} & \frac{\partial \overset{\circ}{q}}{\partial ka} \\ \frac{\partial \overset{\circ}{ka}}{\partial s} & \frac{\partial \overset{\circ}{ka}}{\partial q} & \frac{\partial \overset{\circ}{ka}}{\partial ka} \end{bmatrix}_{\substack{s=s_{st} \\ q=q_{st} \\ ka=ka_{st}}} \cdot \begin{bmatrix} s \\ q \\ ka \end{bmatrix} = M \cdot \begin{bmatrix} s \\ q \\ ka \end{bmatrix}$$

Die Sattelpfadstabilität des Systems äußert sich bei Verwendung von ka als prädeterminierter Variable darin, daß die Koeffizientenmatrix einen stabilen Eigenwert mit negativem Realteil und zwei instabile Eigenwerte mit positivem Realteil aufweist, die den frei wählbaren Kontrollvariablen s und q entsprechen.

Ein Parameterbeispiel für den Fall endogenen Wachstums

Das Modell soll nun für den Fall endogenen Wachstums simuliert werden. Als Beispiel dienen die schon oben verwendeten Parameter ($\phi = {}^1/_{10}$; $b = {}^1/_2$; $\rho = {}^1/_{10}$; $\mu = {}^1/_{10}$), allerdings sind die Produktionselastizitäten für die beiden akkumulierbaren Faktoren nun so gesetzt, daß sie sich zu eins addieren: $\alpha = {}^1/_2$, $\gamma = {}^1/_2$. Für diese Parametrisierung ergibt sich folgendes System aus drei Differentialgleichungen:

$$\frac{ds}{dt} = \frac{10\,q\,s + 10\,q^3 s - 10\,q^2 s + 20\,q^2 - 10\,q - 20\,q^3 + q^2 ka - q^3 ka - 2\,q\sqrt{ka} + 2\sqrt{ka}}{20\,\frac{(1-q)}{(1-s)}\sqrt{ka}\,q}$$

$$\frac{dq}{dt} = \frac{(1-q)(5\,q\,s - 5\,q + \sqrt{ka}\,)}{10\sqrt{ka}}$$

$$\frac{dka}{dt} = \frac{1}{10}\sqrt{ka}\,q\,(10\,s - ka)$$

Konstante steady state-Werte ergeben sich für die Kapitalintensität der Erfahrung, für die beiden Kontrollvariablen q und s sowie für die Wachstumsrate des Systems. Diese steady state-Wachstumsrate gilt für das Pro-Kopf-Einkommen x, wegen der konstanten Sparquote aber auch für den Konsum und infolge der Produktionselastizitätensumme von eins auch für die beiden Kapitalarten.

$$ka_{st} = 4{,}2212\ ;\ s_{st} = 0{,}42212\ ;\ q_{st} = 0{,}71106$$

$$\hat{x}_{st} = \hat{c}_{st} = \hat{k}_{st} = \hat{ax}_{st} = 0{,}04609$$

Die Koeffizientenmatrix M des um den steady state herum linearisierten Systems ist bestimmt als:

$$M = \begin{bmatrix} 0{,}38673 & -0{,}80648 & 0{,}019627 \\ 0{,}05 & -0{,}040636 & 0{,}0034225 \\ 1{,}4609 & 0 & -0{,}14609 \end{bmatrix}$$

Die Eigenwerte w_i (i=1,2,3) sowie die zugehörigen Eigenvektoren v_i von M lauten für das Parameterbeispiel:

$$w = [\, 0{,}30908\,,\; 0{,}01\,,\; -0{,}2090827767\,]'$$

$$v_1 = [\, 0{,}59831\,,\; 0{,}29915\,,\; 3{,}5518\,]$$
$$v_2 = [\, 0{,}49529\,,\; 0{,}086370\,,\; 1{,}5896\,]$$
$$v_3 = [-0{,}39254\,,\; -0{,}068453\,,\; 9{,}1037\,]$$

Die Gültigkeit der Transversalitätsbedingungen ist gegeben.

Time elimination bei zwei Kontrollvariablen

Zum Auffinden des Sattelpfades kann wieder das time elimination-Verfahren von Mulligan/Sala-i-Martin herangezogen werden. Vom einfachen Fall mit nur einer Kontroll- und einer Zustandsverfahren unterscheidet sich die vorliegende Situation dadurch, daß hier zwei Kontrollvariablen zu berücksichtigen sind. Die Dynamik der beiden Kapitalarten läßt sich jedoch im Fall endogenen Wachstum – wie oben dargestellt – zusammenfassend durch die Kapitalintensität ka beschreiben. Folglich reduziert sich das Optimierungsmodell auf ein dynamisches System mit zwei Kontroll- und einer Zustandsvariablen.[13] Das zu lösende Problem liegt nun wieder darin, die Policy-Funktionen s(ka) und q(ka) zu finden, die für Werte des Zustands ka die dem Sattelpfad entsprechenden Werte der Kontrollvariablen s und q angeben. Analog zum einfachen Fall ist mit den steady state-Werten ka_{st}, s_{st} und q_{st} wieder eine Randbedingung für $t \rightarrow \infty$ gegeben. Die Sattelpfadwerte von s(t=0) und q(t=0) für die Ausgangsintensität ka(t=0) sind jedoch zunächst unbekannt und sollen mit Hilfe der noch zu ermittelnden Policy-Funktion bestimmt werden. Da hier bei der Suche von q und s zwei verschiedene Dimensionen vorliegen, ist das einfache trial-and-error-Verfahren mittels "shooting" nur unter Schwierigkeiten anzuwenden. Eine Berechnung des Sattelpfades – und damit eine Simulation des Systems – ist aber mit Hilfe einer erweiterten Anwendung des vorne schon dargestellten Verfahrens der Zeit-Eliminierung möglich. Dies wird im folgenden beschrieben.

---

[13] Für die Beschreibung der Technik der time elimination bei Vorliegen von zwei Kontroll- sowie einer Zustandsvariablen vgl. Barro, Sala-i-Martin (1995), S. 490 f.

Wie im einfachen Fall mit nur einer Kontroll- und einer Zustandsvariablen müssen die über die Ableitung nach der Zeit t formulierten Differentialgleichungen $\overset{\circ}{ka}(t)$, $\overset{\circ}{s}(t)$ und $\overset{\circ}{q}(t)$ umgeschrieben werden, indem die explizite Zeitnotierung weggelassen (Zeit-Elimination) und die Kontrollvariablen als Funktion der Zustandsvariablen notiert werden. Die so umformulierten Differentialgleichungen lassen sich in allgemeiner Schreibweise notieren:

$$\overset{\circ}{s}(t) = \overset{\circ}{s}[s(t),q(t),ka(t)] \xrightarrow{\text{time elimination}} \overset{\circ}{s}(ka) = \overset{\circ}{s}[s(ka),q(ka),ka] \tag{4.75}$$

$$\overset{\circ}{q}(t) = \overset{\circ}{q}[s(t),q(t),ka(t)] \xrightarrow{\text{time elimination}} \overset{\circ}{q}(ka) = \overset{\circ}{q}[s(ka),q(ka),ka]$$

$$\overset{\circ}{ka}(t) = \overset{\circ}{ka}[s(t),q(t),ka(t)] \xrightarrow{\text{time elimination}} \overset{\circ}{ka}(ka) = \overset{\circ}{ka}[s(ka),q(ka),ka]$$

Die jeweilige Steigung der Policy-Funktionen folgt als Quotient aus den umformulierten Differentialgleichungen:

$$\frac{ds(ka)}{dka} = s'(ka) = \frac{\overset{\circ}{s}(ka)}{\overset{\circ}{ka}(ka)} \tag{4.76}$$

$$\frac{dq(ka)}{dka} = q'(ka) = \frac{\overset{\circ}{q}(ka)}{\overset{\circ}{ka}(ka)}$$

Für das Parameter-Beispiel ergeben sich folgende Steigungen:

$$\frac{\partial q(ka)}{\partial ka} = \frac{-5\sqrt{ka}\, s(ka)\, q(ka) + 5\, q(ka)^2 s(ka)\sqrt{ka} + q(ka)\, ka - ka + 5\sqrt{ka}\, q(ka) - 5\, q(ka)^2\sqrt{ka}}{ka^{3/2}(-10\, s(ka) + ka)\, q(ka)}$$

$$\begin{aligned}\frac{\partial}{\partial ka} s(ka) = \frac{1}{2}\Big(&20\, s(ka)\sqrt{ka}\, q(ka)\\
&+ 30\, q(ka)^3 s(ka)\sqrt{ka} - 30\, s(ka)\, q(ka)^2\sqrt{ka} + 2\, ka\\
&+ ka^{3/2} q(ka)^2 + 20\, q(ka)^2\sqrt{ka} - 10\sqrt{ka}\, q(ka)\\
&- q(ka)^3 ka^{3/2} - 2\, ka\, q(ka) - 20\, q(ka)^3\sqrt{ka}\\
&- 10\, s(ka)^2 q(ka)\sqrt{ka} - 10\, q(ka)^3 s(ka)^2\sqrt{ka}\\
&+ 10\, s(ka)^2 q(ka)^2\sqrt{ka} - 2\, s(ka)\, ka\\
&- s(ka)\, ka^{3/2} q(ka)^2 + q(ka)^3 s(ka)\, ka^{3/2}\\
&+ 2\, s(ka)\, ka\, q(ka)\Big)\Big/\Big((-1 + q(ka))\, ka^{3/2} q(ka)^2\\
&(-10\, s(ka) + ka)\Big)\end{aligned}$$

Die steady state-Werte können für die umformulierten Differentialgleichungen ds(ka)/dka und dq(ka)/dka zur einfacheren Lösung herangezogen werden, da sie für den steady state von null verschiedene Werte annehmen, während die Ableitungen nach der Zeit $\overset{\circ}{s}=ds(t)/dt$, $\overset{\circ}{q}=dq(t)/dt$ und $\overset{\circ}{ka}=dka(t)/dt$ im steady state jeweils gleich null sind. Aus dem Randwert-Problem wird folglich wieder ein einfacheres Anfangswert-Problem. Unter Anwendung der l'Hôpital-Regel folgt:

$$\text{(4.77)}\quad \frac{ds(ka_{st})}{dka_{st}} = s'(ka_{st}) = \lim_{ka \to ka_{st}} \left(\frac{\overset{\circ}{s}(ka)}{\overset{\circ}{ka}(ka)} \right) = \frac{0}{0}$$

$$\lim_{ka \to ka_{st}} (s'(ka)) = \lim_{ka \to ka_{st}} \left(\frac{d(\overset{\circ}{s}(ka))/dka}{d(\overset{\circ}{ka}(ka))/dka} \right)$$

$$\text{(4.78)}\quad \frac{dq(ka_{st})}{dka_{st}} = q'(ka_{st}) = \lim_{ka \to ka_{st}} \left(\frac{\overset{\circ}{q}(ka)}{\overset{\circ}{ka}(ka)} \right) = \frac{0}{0}$$

$$\lim_{ka \to ka_{st}} (q'(ka)) = \lim_{ka \to ka_{st}} \left(\frac{d(\overset{\circ}{q}(ka))/dka}{d(\overset{\circ}{ka}(ka))/dka} \right)$$

Für das Beispiel ergibt die Verwendung der Formeln

$$\frac{d(\overset{\circ}{s}(ka))}{dka} = \frac{1}{20}(-1 + s(ka))\Big(10\, q(ka)\, s(ka) + 10\, q(ka)^3 s(ka) - 10\, q(ka)^2 s(ka) + 20\, q(ka)^2 - 10\, q(ka) - 20\, q(ka)^3 + q(ka)^2 ka - q(ka)^3 ka - 2\, q(ka)\sqrt{ka} + 2\sqrt{ka}\Big) \Big/ \Big((-1 + q(ka))\sqrt{ka}\, q(ka)\Big)$$

sowie

$$\frac{d(\overset{\circ}{q}(ka))}{dka} = \frac{(1-q(ka))[5\, q(ka)\, s(ka) - 5\, q(ka) + \sqrt{ka}\,]}{10\sqrt{ka}}$$

und

$$\frac{d(\overset{\circ}{ka}(ka))}{dka} = \frac{1}{10} q(ka)\sqrt{ka}\,(10\, s(ka) - ka)$$

bei gleichzeitigem Einsetzen der steady state-Werte für s, q und ka folgende Ausdrücke für die Steigungen der Policy-Funktionen im steady state (mit ds/dka = ds(ka)/dka und dq/dka = dq(ka)/dka):[14]

$$ds/dka = \frac{-33{,}13884149\ dq/dka + 15{,}89090886\ ds/dka + 0{,}8064761507}{60{,}02975229\ ds/dka - 6{,}002975232 - 0{,}00000001\ dq/dka}$$

$$dq/dka = \frac{-1{,}669750820\ dq/dka + 0{,}1406355248 + 2{,}054545657\ ds/dka}{60{,}02975229\ ds/dka - 6{,}002975232 - 0{,}00000001\ dq/dka}$$

---

14 Diese – wie auch die anderen – Simulations-Berechnungen wurden mit dem Mathematik-Programm MapleV4 durchgeführt. Bei dem Ausdruck "0,00000001 dq/dka" im Nenner dürfte es sich um einen Rundungsfehler des Programms handeln.

Eine Lösung dieses Gleichungssystems nach ds/dka und dq/dka führt, da das System mit s, q und ka drei Dimensionen aufweist, zu drei verschiedenen Resultaten. Diese Lösungen entsprechen den drei Pfaden, die durch den steady state verlaufen. Von diesen Pfaden sind zwei Arme instabil, d.h. direkt vom steady state wegführend, und einer der gesuchte, auf den steady state hinführende Sattelpfad. Als Lösungen folgen:

$$\left(\frac{ds}{dka}\right)_{st} = [\,0{,}16845\,,\ 0{,}31157\,,\ -0{,}043119\,]$$

$$\left(\frac{dq}{dka}\right)_{st} = [\,0{,}084225\,,\ 0{,}054332\,,\ -0{,}0075192\,]$$

Die Steigung des Sattelpfads im steady state läßt sich alternativ über die Steigung des Eigenvektors v_3, der zum negativen Eigenwert gehört, errechnen:

$$\left(\frac{ds}{dka}\right)_{st,3} = \frac{-0{,}39254}{9{,}1037} = -0{,}043119$$

$$\left(\frac{dq}{dka}\right)_{st,3} = \frac{-0{,}068453}{9{,}1037} = -0{,}0075192$$

Die beiden Policy-Funktionen s(ka) bzw. q(ka) ergeben sich als Lösung der in (4.76) formulierten Differentialgleichungen ds(ka)/dka und dq(ka)/dka. Hierbei können mit Hilfe der soeben ermittelten Informationen zur Steigung des Sattelpfads im steady state die Policy-Funktionen und damit die dem stabilen Sattelpfad entsprechenden (Anfangs-) Werte der Kontrollvariablen bestimmt werden.

Eine Simulation für den Fall endogenen Wachstums

Werden als Ausgangswerte für die Kapitalintensität alternativ die Hälfte bzw. drei Halbe des steady state-Wertes (ka_{st}=4,2212) angenommen, so ergibt eine numerische Lösung des Systems gemäß der ermittelten Policy-Funktionen als Resultat folgende Sattelpfadwerte für s und q:

$$ka(t{=}0) = 2{,}1106 \quad\Rightarrow\quad s(t{=}0) = 0{,}52986 \quad \text{und} \quad q(t{=}0) = 0{,}73281 \quad \text{bzw.}$$

$$ka(t{=}0) = 6{,}3317 \quad\Rightarrow\quad s(t{=}0) = 0{,}34068 \quad \text{und} \quad q(t{=}0) = 0{,}69818\,.$$

Die Dynamik des Modells wurde für diese beiden alternativen Ausgangssituationen simuliert. Die Ergebnisse dieser Simulation werden in den folgenden Abbildungen grafisch aufbereitet.

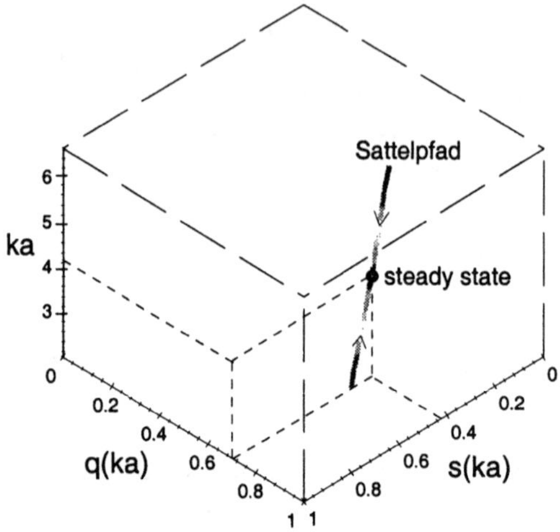

Abb. 4.7: Dreidimensionaler Sattelpfad für Sparquote, Arbeitszeitquote und Kapitalintensität der Erfahrung

In der Abb. 4.7 ist zunächst der stabile Sattelpfad für das Simulationsbeispiel wiedergegeben. Für Kapitalintensitäten der Erfahrung oberhalb des steady state-Niveaus ka_{st} weist der Sattelpfad eine Entwicklung von oben auf den steady state hin auf, während für Ausgangswerte von ka, die unterhalb des steady state-Niveaus liegen, eine Entwicklung von unten auf den steady state hin erfolgt. Der steady state (Sattelpunkt) selbst ist als Punkt im dreidimensionalen Raum durch die drei Werte ka_{st}, q_{st} und s_{st} gekennzeichnet.

Da das analysierte dynamische System aus Differentialgleichungen für drei Variablen besteht, ist es nicht möglich, die Dynamik und die Stabilitätssituation in qualitativer Form über ein zweidimensionales Phasendiagramm grafisch darzustellen, da dort nur zwei Variablen simultan betrachtet werden können. Die Informationen, die im Phasendiagramm eingetragen werden – d.h. die Bedingungen für die Konstanz der betrachteten Variablen, i.e. die $^{d(.)}/_{dt}=0$-Isokinen, sowie der Sattelpfad – lassen sich jedoch anhand einer perspektivisch-dreidimensionalen Grafik darstellen.[15] Eine gleichzeitige Illustration der gesamten Bestandteile des Phasendiagramms in einer einzigen 3D-Abbildung würde diese jedoch überfrachten, daher werden die einzelnen Bestandteile jeweils in eigenen Grafiken abgebildet.

Die Null-Isokinen, für die keine Änderung der betrachteten Variablen auftritt ($\overset{\circ}{q}=0$, $\overset{\circ}{s}=0$ bzw. $\overset{\circ}{ka}=0$), sind nicht mehr eindimensionale Linienzüge innerhalb eines zwei-

[15] Der Begriff "Isokine" dürfte auf "gleiche Kinetik" bzw. "gleiche Bewegung" zurückzuführen sein. Durch Isokinen werden die geometrischen Orte gleicher (zeitlicher) Änderung veranschaulicht – mit der Null-Isokine eben gerade die Orte ohne Änderung. Vgl. hierzu Gandolfo (1996), S. 350 f. Synonym wird auch häufig der Begriff "Isokline" (mit "l") verwendet; was auf "gleiche Steigung" zurückzuführen ist. Ist die Steigung in zeitlicher Richtung angesprochen, liegt eine Isokine als spezielle Isokline vor.

dimensionalen Phasendiagramms, sondern selbst zweidimensionale Ebenen im dreidimensionalen Phasenraum. Für die Variablen des Systems wurden diese Ebenen in Abb. 4.8 in jeweils gesonderten Grafiken wiedergegeben. Um den ka-Wertebereich der Abbildungen in Grenzen zu halten, wurde dort allerdings nur der ±20%-Bereich um die steady state-Werte von q und s herum veranschaulicht. Die Stabilitätssituation wurde jeweils mittels der Pfeile angedeutet, die für den Bereich oberhalb der $\mathring{(.)}=0$-Ebenen (d.h. für hohe ka-Werte) sowie unterhalb der Ebenen die dort gültige Änderungsrichtung der entsprechenden Variablen anzeigen. Der steady state-Sattelpunkt – jeweils als schwarzer Punkt in den Grafiken der Abb. 4.8 eingezeichnet – muß als Schnittpunkt dieser drei Null-Isokinen-Ebenen selbstverständlich auf jeder der Ebenen liegen.

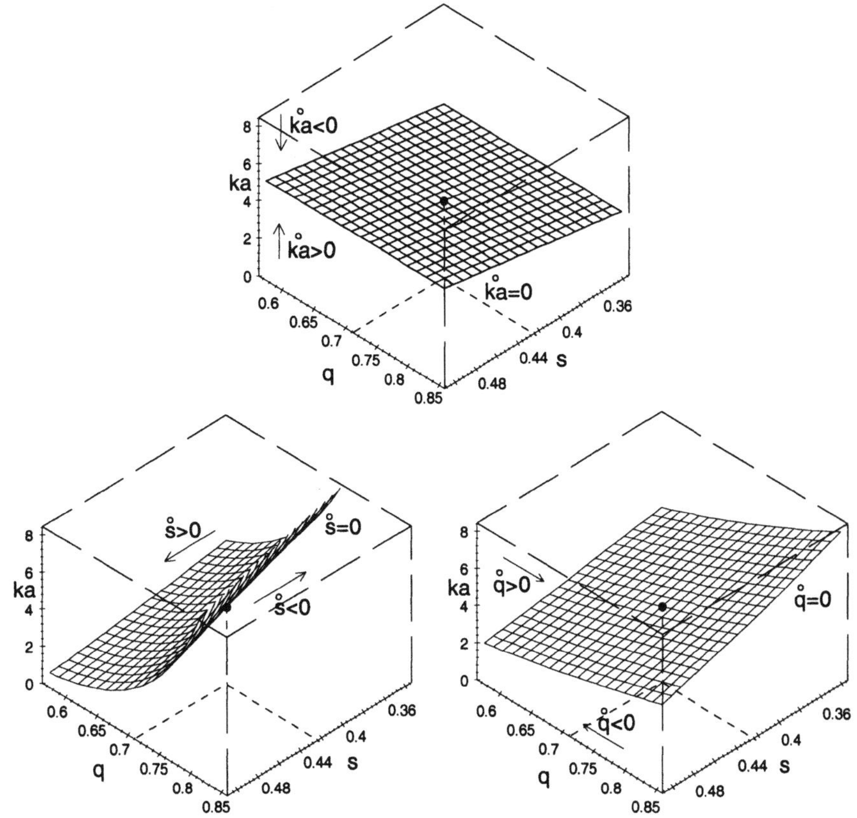

Abb. 4.8: Zweidimensionale $\mathring{q}=0$-, $\mathring{s}=0$- und $\mathring{ka}=0$-Isokinen-Ebenen im dreidimensionalen Phasenraum

In der Abb. 4.6 wurde infolge der Vierdimensionalität des Falls ohne endogenes Wachstum nur die partielle Abhängigkeit der Änderung der Variablen vom eigenen Niveau für steady state-Werte der anderen Variablen grafisch wiedergegeben, um einen kleinen (unvollständigen) Einblick in die Stabilitätssituation zu gewinnen. Für das Modell mit endogenem Wachstum reduziert sich die Zahl der Dimensionen auf drei, so daß hier mit der Abb. 4.8 die gesamten Informationen des Phasendiagramms zur Verfügung stehen. Allerdings zeigt sich in Abb. 4.8 ebenso wie in der verkürzenden Darstellungsweise der Abb. 4.6, daß die Instabilität des Systems an der Sparquote ansetzt. Die Pfeile, die die Sparquotenentwicklung andeuten, weisen von der $\dot{s}=0$-Isokinen-Ebene weg. Dieser Instabilität wird durch die optimale Wahl der Kontrollvariablen entsprechend des Sattelpfads entgegengewirkt, so daß das System zum steady state hin *"balanciert"* wird.

Die Trajektorie, die mit dem stabilen Sattelpfad in der Abb. 4.7 veranschaulicht wurde, sei anhand des unteren Arms, der sich mit $ka(t{=}0)={}^1\!/_2 \cdot ka_{st}=2{,}11$ als Anfangswert ergibt, exemplarisch näher betrachtet. Die Alternativsituation mit $ka(0)={}^3\!/_2 \cdot ka_{st}$ läßt sich spiegelbildlich interpretieren; daher ist die explizite Betrachtung einer der zwei alternativen Anfangssituationen ausreichend.

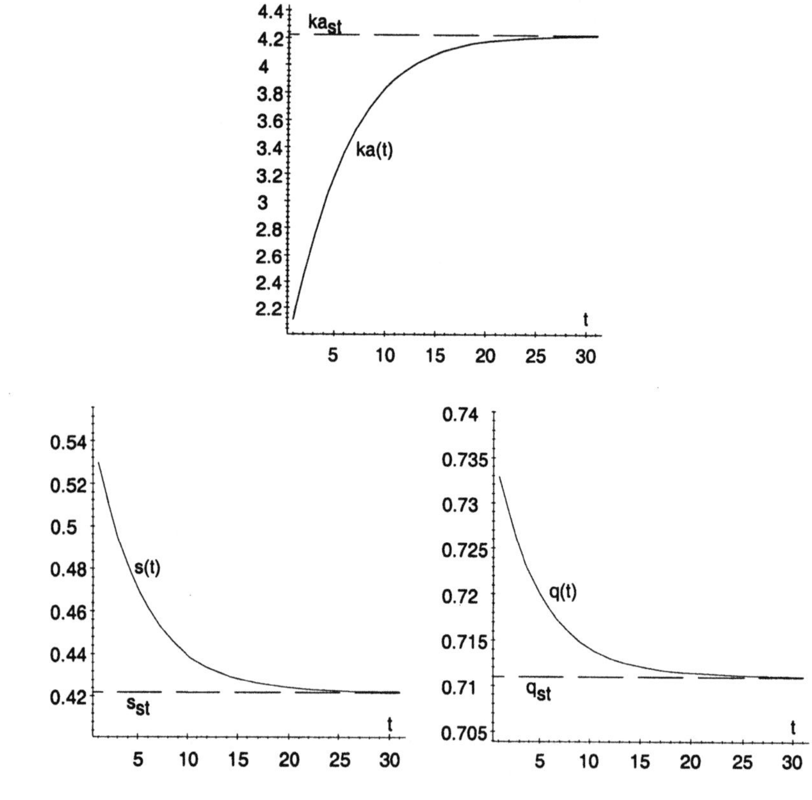

Abb. 4.9: Zeitpfade von Sparquote, Arbeitszeitquote und der Kapitalintensität der Erfahrung (für $ka_{t=0}={}^1\!/_2 \cdot ka_{st}$)

Die Annäherung der einzelnen Variablen des Systems an den steady state für die oben genannte Ausgangssituation mit $ka(0) = {}^{1}/_{2} \cdot ka_{st}$ wird (zusätzlich zur Darstellung des Sattelpfads in Abb. 4.7) in Abb. 4.9 in expliziter Abhängigkeit von der Zeit für jede Variable einzeln für den Zeitraum von dreißig Perioden verdeutlicht.

Mit der Steigerung der Kapitalintensität auf das Doppelte des Ausgangswertes sinkt simultan die Sparquote von ca. 53% auf 42% (d.h. um etwa ein Viertel) und die Arbeitszeitquote fällt von 73,3% auf 71,1% (d.h. um nur ca. 3% des Ausgangswertes). Damit wird deutlich, daß die Dynamik der Kapitalintensität erheblich stärker ausfällt als die Dynamik der Kontrollvariablen, wobei die Sparquote sich stärker verändert als die Arbeitszeitquote. Die Dynamik der Kapitalintensität dominiert folglich die Dynamik des Gesamtsystems. Für den unteren Arm des Sattelpfads wird die Anpassung an den steady state somit durch die Lage unterhalb der jeweiligen Null-Isokinen-Ebenen ($ka < ka_{st}$) charakterisiert: In diesem Bereich sinken Spar- und Arbeitszeitquote.

Die Entwicklung der restlichen Modellgrößen, wie die des Kapitals k, der Erfahrung ax oder auch der Produktion x, läßt sich aus der oben aufgezeigten Dynamik von ka, s und q herleiten. So folgt die Entwicklung des physischen Kapitalstocks direkt aus diesen Größen: (4.66) $\mathring{k} = s \cdot ka^{\alpha} \cdot ax \cdot q - \mu \cdot ka \cdot ax$. Gleiches gilt für die Wachstumsrate der Erfahrung: (4.67) $\hat{ax} = \phi \cdot ka^{\alpha} \cdot q - \mu$. Mit der Entwicklung der Erfahrung ist dann auch die Wachstumsdynamik der Produktion x [mit (4.65) $x = ka^{\alpha} \cdot ax \cdot q$] bestimmt. Die Wachstumsrate der Produktion folgt als:

(4.79) $$\hat{x} = \alpha \cdot \hat{ka} + \hat{ax} + \hat{q}$$

Unter Verwendung von

(4.80) $$\hat{ka} = ka^{\alpha-1} \cdot q \cdot (s - \phi \cdot ka)$$

sowie von Gleichung (4.62) $\mathring{q} = [\rho - (1-s) \cdot \alpha \cdot ka^{\alpha-1} \cdot q] \cdot (1-q)$ läßt sich die Wachstumsrate der Produktion in einen Ausdruck umformen, der nur noch von ka, s und q abhängt:

(4.81) $$\hat{x} = \alpha \cdot ka^{\alpha-1} \cdot q_t \cdot (s_t - \phi \cdot ka) + \phi \cdot ka^{\alpha} \cdot q + [\frac{\rho}{q} - (1-s) \cdot \alpha \cdot ka^{\alpha-1}] \cdot (1-q) - \mu$$

Die Entwicklung der Wachstumsrate der Produktion ist in Abb. 4.10 illustriert. Mit dem anfänglich starken Wachstum der Kapitalintensität liegt die Wachstumsrate der Produktion zu Beginn oberhalb des steady state-Niveaus, nähert sich dann aber mit der Konvergenz von ka und q gegen ihre jeweiligen steady state-Werte (mit $\hat{ka}_{st} = \hat{q}_{st} = 0$) der niedrigeren steady state-Wachstumsrate des Gesamtsystems ($\hat{x}_{st} = \hat{ax}_{st} = \hat{k}_{st}$) an, die im Fall endogenen Wachstums typischerweise von Null verschieden ist.

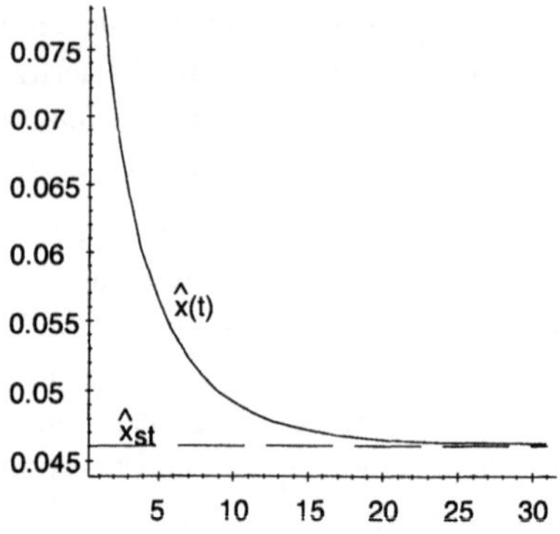

Abb. 4.10: Zeitpfad der Wachstumsrate des Pro-Kopf-Einkommens

Wie in den Gleichungen (4.53') für r_k und (4.54') für r_{ax} deutlich wird, hängt die interne Rendite der beiden Kapitalarten insbesondere von der Kapitalintensität der Erfahrung ka ab. Für eine niedrige Kapitalintensität ka ist die Rendite des physischen Kapitals c.p. höher, während die Ertragsrate der Erfahrung c.p. niedriger ist. Da das relativ niedrige Ausgangsniveau der Kapitalintensität ka für den betrachteten unteren Arm des Sattelpfads zur Annäherung von unten an das langfristige Gleichgewichtsniveau ka_{st} führt, weist die Rendite des physischen Kapitals r_k eine Konvergenz von oben und die interne Ertragsrate der Erfahrung r_{ax} eine Konvergenz von unten an die steady state-Rendite r_{st} auf. Dies wird in Abb. 4.11 veranschaulicht.

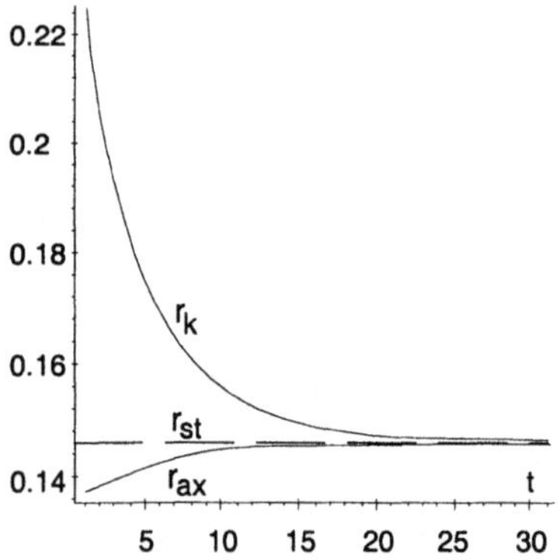

Abb. 4.11: Zeitpfade der internen Renditen des physischen Kapitals und der Erfahrung

Langfristig sorgt die (intertemporal) optimale Konsum- und Arbeitszeitallokation dafür, daß sich beide Ertragsraten angleichen. Im Gegensatz zum Fall ohne endogenes Wachstum liegt bei endogenem Wachstum die steady state-Rendite der beiden Kapitalarten (mit $r_{st}=14{,}6\%$) höher als die Diskontierungsrate der intertemporalen Nutzenfunktion ($\rho={}^1/_{10}$). Aufgrund dieser Situation bleibt auch langfristig der Anreiz zur weiteren Akkumulation von Sachkapital über Konsumverzicht sowie zur Erfahrungsbildung über eine erhöhte Dauer der Arbeitszeit erhalten.

Anhand der Renditeentwicklung kann auch die festgestellte Entwicklung der Kontrollvariablen erklärt werden. Die anfänglich sehr hohe Rendite des Sachkapitals macht die Erhöhung der Sparquote über das langfristige Gleichgewichtsniveau hinaus lohnend. Infolge dieser hohen Sparquote kommt es zu einem sehr schnellen Sachkapitalstock-Aufbau, der die Kapitalintensität in Richtung steady state-Niveau nach oben treibt. Als Folge verringert sich schließlich die Rendite des physischen Kapitals, womit der Sparanreiz und somit auch die Sparquote wieder zurückgehen. Weil die Verwendung der Güter als Investitionsgüter zur Sachkapitalakkumulation außerordentlich lohnend ist, wird zu Beginn – bei niedriger Kapitalintensität der Erfahrung – auch die Arbeitszeit ausgedehnt, um diese Güter vermehrt zu fertigen. Da allerdings die Rendite aus der hiermit verbundenem Erfahrungsbildung infolge des niedrigen ka-Niveaus relativ gering ist, erfolgt die Arbeitszeitausweitung nur stark gedämpft. Der Erfahrungsaufbau ist daher erheblich weniger dynamisch als der Aufbau des Sachkapitalstocks, was sich schließlich in der steigenden Kapitalintensität widerspiegelt.

5. Learning-by-doing und Humankapital aus Schulbildung

5.1 Zur Erweiterung des Erfahrungsakkumulations-Modells um das "Studieren"

Bisher wurde mit der Akkumulation von Produktionserfahrung nur eine spezielle Form der Humankapitalbildung analysiert. In diesem Kapitel soll nun eine weitere Variante des Humankapitals in das Learning-by-doing-Modell integriert werden – nämlich die Schulausbildung, d.h die Akkumulation von Humankapital durch den expliziten Zeiteinsatz für das "Studieren" im weitesten Sinne. Aus Vereinfachungsgründen wird allerdings zunächst auf die gleichzeitige Berücksichtigung von physischem Kapital verzichtet. Wegen der Erfassung der schulischen Humankapitalbildung sowie des Aufbaus der Produktionserfahrung bei gleichzeitigem Verzicht auf die Modellierung der Sachkapitalakkumulation wird das in diesem Kapitel aufgestellte Modell im folgenden h-ax-Modell genannt.

Bei Berücksichtigung des physischen Kapitals im Learning-by-doing-Modell ergab sich aus folgendem Umstand eine Vereinfachung: Die beiden Faktorakkumulationen – des Sachkapitals ebenso wie der Erfahrung – speisen sich aus der Güterproduktion: die Sachkapitalakkumulation über die Ersparnis aus der Produktionsmenge und die Erfahrungsbildung als Kuppelprodukt aus der Produktionstätigkeit selbst. Der "Motor" bzw. die "Quelle" der Akkumulation wird folglich für beide Kapitalarten durch die (Güter-) Produktionsfunktion beschrieben. Die Analyse der Wachstumseigenschaften bzw. des Vorliegens von endogenem Wachstum bezog sich somit im Fall des ax- sowie des k-ax-Modells auf die Eigenschaften der Kapitalarten nur in der Produktionsfunktion – beschrieben über die Summe der Produktionselastizitäten der akkumulierbaren Faktoren in ebendieser Funktion.

Die Einbeziehung des Humankapitals aus "Schooling" (im folgenden oft verkürzend als "Humankapital" bezeichnet) erfordert hingegen eine zusätzliche Funktion, die die Humankapitalbildung in Abhängigkeit vom Einsatz der Ausbildungszeit sowie von anderen Faktoren beschreibt. Aus diesem Grund ist zunächst eine Funktion der Humankapitalbildung zu formulieren und daraufhin zu analysieren, welche Eigenschaften vorliegen müssen, damit es entweder zu steady state-Niveaus der Pro-Kopf-Größen oder aber zu einem balanced growth mit konstanten Wachstumsraten und damit zu endogenem Wachstum kommt.

5.2 Das Modell ohne dynamische Optimierung

5.2.1 Die Erfassung der Schulausbildung im Modell

Einführend sei als Referenz wieder eine einfache Variante des Modells für den Fall von Cobb-Douglas-Funktionen in der Güterproduktion ebenso wie in der schulischen

Humankapitalbildung bei Verzicht auf die Durchführung einer intertemporalen Optimierung vorgestellt.

Die Besonderheit bei der Erfassung der Schulausbildung besteht darin, daß zwei "Produktionen" bzw. Sektoren zu unterscheiden sind: die Güterproduktion und die Humankapital-"Produktion" mittels des Zeiteinsatzes für die schulische Bildung. Die Güterproduktion erfolgt nun unter Einsatz des Humankapitals aus Schulbildung H sowie unter Verwendung der akkumulierten Erfahrung AX. Es wird die vereinfachende Annahme getroffen, daß das schulische Humankapital an Personen gebunden ist und daß damit bei der Nutzung der Schulbildung eine vollständige Rivalität zwischen der Verwendung in der Güterproduktion und der Verwendung in der Ausbildung des schulischen Humankapitals besteht. Der Anteil des in der Güterproduktion eingesetzten schulischen Humankapitals sei ω, der Anteil des Schulsektors am Humankapital entsprechend $(1-\omega)$. Im Rahmen des im Schulsektor gebundenen Anteils der schulischen Bildung ist der Humankapitalbestand der Lehrer ebenso wie das schon akkumulierte Humankapital der Schüler zu berücksichtigen. Die einfache, unausgebildete Arbeit bzw. das Zeitpotential der Volkswirtschaft L kann rivalisierend entweder für das "Arbeiten in der Güterproduktion" oder für die "Ausbildung im Schulsystem" eingesetzt werden; die entsprechenden Anteile sind ν für den Zeiteinsatz in der Produktion bzw. $(1-\nu)$ in der Schulausbildung. Da das schulische Humankapital an Personen gebunden ist, werden die Leistungen des Humankapitals nur in der Nicht-Freizeit abgegeben. Folglich muß das Humankapital ebenso wie das Zeitpotential mit der Arbeitszeitquote q multipliziert werden, um die effektive Leistungsabgabe zu erfassen. Bezüglich der Erfahrung wird vereinfachend unterstellt, daß auf diesen Stock nicht-rivalisierend von der Güterproduktion ebenso wie von der schulischen Humankapitalbildung zugegriffen werden kann. Bei Annahme einer konstanten Bevölkerung bzw. eines konstanten Zeitpotentials der Volkswirtschaft $(L_t = L = \text{const.})$ wird die Güterproduktion somit durch folgende Funktion beschrieben:

(5.1) $$X_t = (q_t \cdot \omega_t \cdot H_t)^{\delta_1} \cdot AX_t^{\gamma_1} \cdot (q_t \cdot \nu_t \cdot L)^{\beta_1}$$ (Güterproduktionsfunktion)

mit: H : Humankapital aus schulischer Bildung

ν : Anteil der Arbeitszeit in der Güterproduktion (mit $0 < \nu \leq 1$)

ω : Anteil des schulischen Humankapitals in der Güterproduktion (mit $0 < \omega \leq 1$)

δ_1 : Elastizität des schulischen Humankapitals in der Güterproduktion (mit $0 \leq \delta_1 \leq 1$)

γ_1 : Elastizität der Erfahrung in der Güterproduktion (mit $0 \leq \gamma_1 \leq 1$)

β_1 : Elastizität der einfachen Arbeit bzw. der Arbeitszeit in der Güterproduktion (mit $0 \leq \beta_1 \leq 1$)

(andere Symbolik: wie vorne)

Die Erfahrungsakkumulation speist sich wiederum aus der Güterproduktion. Da die Erfahrungsbildung nur durch die Produktionstätigkeit erfolgt, muß im Spillover-Term eine Bereinigung des Zeitpotentials mit der Arbeitszeitquote q sowie mit dem Zeiteinsatzanteil in der Produktion ν berücksichtigt werden. Die entsprechende Akkumulationsgleichung lautet somit:

$$\text{(5.2)} \quad \overset{\circ}{AX}_t = \frac{dAX}{dt} = \phi_3 \cdot (q_t \cdot \nu_t \cdot L)^{(\eta-1)} \cdot X_t - \mu \cdot AX_t \qquad \text{(Erfahrungsaufbau)}$$

mit: ϕ_3 : Produktivitätsparameter in der Erfahrungsakkumulation (mit $\phi_3 > 0$)
μ : Abschreibungsrate (vereinfachend: gleich für alle Kapitalarten; mit $0 \leq \mu \leq 1$)

Die Humankapitalbildung im Schulsektor erfolgt unter Einsatz von Zeit sowie von Humankapital. Hierbei wird auch auf die Produktionserfahrung zurückgegriffen. In Cobb-Douglas-Form lautet die schulische Humankapitalbildung somit:

$$\text{(5.3)} \quad \overset{\circ}{H}_t = \frac{dH}{dt} = \phi_2 \cdot (q_t \cdot (1-\omega_t) \cdot H_t)^{\delta_2} \cdot AX_t^{\gamma_2} \cdot (q_t \cdot (1-\nu_t) \cdot L)^{\beta_2} - \mu \cdot H_t$$

(Akkumulation des schulischen Humankapitals)

mit: ϕ_2 : Produktivitätsparameter in der Schulausbildung (mit $\phi_2 > 0$)
δ_2 : Elastizität des Humankapitals in der Schulausbildung (mit $0 \leq \delta_2 \leq 1$)
γ_2 : Elastizität der Erfahrung in der Schulausbildung (mit $0 \leq \gamma_2 \leq 1$)
β_2 : Elastizität der Arbeitszeit in der Schulausbildung (mit $0 \leq \beta_2 \leq 1$)

Vereinfachend wird die Abschreibungsrate μ für die beiden Humankapitalvarianten als gleich hoch angesetzt.

Die Struktur des soeben formal beschriebenen Modells läßt sich ähnlich zu den Abbildungen 2.2 und 2.3 – allerdings schon unter teilweiser Verwendung der gerade vorgestellten Symbolik – schematisch veranschaulichen (Abb. 5.1).

Die Aufteilung in eine Güter- und eine Bildungs-"Produktion" erfordert es, die Elastizitäten sektorenbezogen zu unterscheiden: Die (Güter-) Produktionselastizitäten der Faktoren weisen eine "$_1$" als Subscript auf, während die entsprechende Schulbildungselastizitäten durch eine "$_2$" charakterisiert werden. Die Bedingung für endogenes Wachstum muß nun auf Elastizitäten aus den beiden Sektoren bzw. Produktionen basieren. Die Herleitung einer solchen Bedingung erfolgt in einem gesonderten Abschnitt (5.2.2).

Während bei intertemporaler Optimierung die Anteilsgrößen – die Arbeitszeitquote q, der Humankapitalanteil in der Güterproduktion ω sowie der Arbeitszeitanteil in der Güterproduktion ν – als Kontrollvariablen variabel sind, können sie bei Verzicht auf intertemporale Optimierung als konstante Parameter behandelt werden: Eine Kennzeichnung der gerade genannten Quoten mittels eines Zeitindex ist dann nicht nötig.

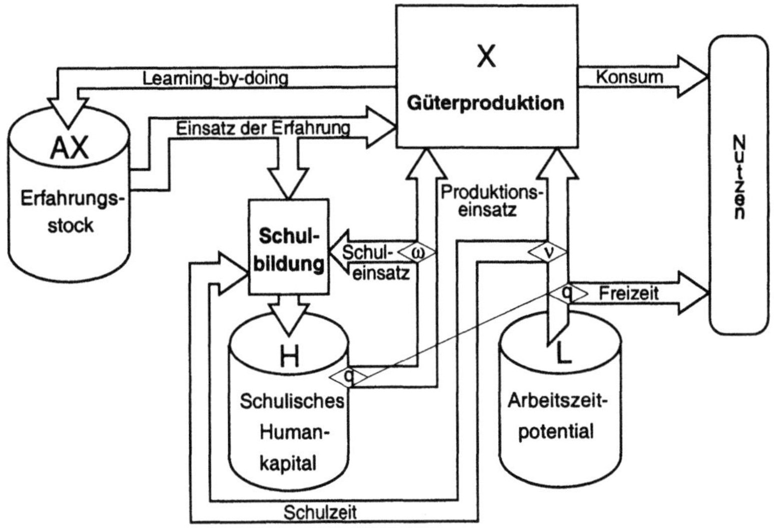

Abb. 5.1: Modellstruktur des h-ax-Modells

Die Modellgleichungen sollen abermals über Pro-Kopf-Größen (dargestellt als Kleinbuchstaben: $x \equiv X/L$; $ax \equiv AX/L$; $h \equiv H/L$) formuliert werden. Analog zur physischen Kapitalintensität der Erfahrung ka des Vorkapitels wird eine Humankapitalintensität der Erfahrung ha zwischen schulischem Humankapital H und der Erfahrung AX sowie der Arbeit L definiert und zur Umformung der Gleichungen eingesetzt. Es folgt für die Beschreibung der Güterproduktion bei Vernachlässigung des Zeitindex "$_t$":

(5.4) $$x = (q \cdot \omega \cdot h)^{\delta_1} \cdot ax^{\gamma_1} \cdot (q \cdot \nu)^{\beta_1} \cdot L^{(\beta_1 + \delta_1 + \gamma_1 - 1)}$$ (Pro-Kopf-Produktion)

(5.5) $$ha \equiv \frac{H}{AX \cdot L} = \frac{h}{ax \cdot L}$$ (Humankapitalintensität bezogen auf Erfahrung und Arbeit)

(5.4') $$x = (q \cdot \omega \cdot ha)^{\delta_1} \cdot ax^{\gamma_1 + \delta_1} \cdot (q \cdot \nu)^{\beta_1} \cdot L^{(\beta_1 + 2\delta_1 + \gamma_1 - 1)}$$

Die unterschiedlichen Pro-Kopf-Formulierungsvarianten der Akkumulationsgleichungen für das schulische Humankapital und die Produktionserfahrung lauten:

(5.6) $$\mathring{h} = \phi_2 \cdot (q \cdot (1-\omega) \cdot h)^{\delta_2} \cdot ax^{\gamma_2} \cdot (q \cdot (1-\nu))^{\beta_2} \cdot L^{(\beta_2 + \delta_2 + \gamma_2 - 1)} - \mu \cdot h$$ (Schulbildung)

(5.6') $$\mathring{h} = \phi_2 \cdot (q \cdot (1-\omega) \cdot ha)^{\delta_2} \cdot ax^{\gamma_2 + \delta_2} \cdot (q \cdot (1-\nu))^{\beta_2} \cdot L^{(\beta_2 + 2\delta_2 + \gamma_2 - 1)} - \mu \cdot ha \cdot ax \cdot L$$

(5.7) $\overset{\circ}{ax} = \phi_3 \cdot (q \cdot v \cdot L)^{(\eta-1)} \cdot x - \mu \cdot ax$ (Pro-Kopf-Erfahrungsaufbau)

(5.7') $\overset{\circ}{ax} = \phi_3 \cdot (\omega \cdot ha)^{\delta_1} \cdot ax^{\gamma_1+\delta_1} \cdot v^{\beta_1+\eta-1} \cdot q^{\beta_1+\delta_1+\eta-1} \cdot L^{\beta_1+2\delta_1+\gamma_1+\eta-2} - \mu \cdot ax$

Die Wachstumsraten der Pro-Kopf-Schulbildung sowie der Pro-Kopf-Produktionserfahrung lassen sich hieraus herleiten als:

(5.8) $\hat{h} = \phi_2 \cdot (1-\omega)^{\delta_2} \cdot ha^{\delta_2-1} \cdot ax^{\gamma_2+\delta_2-1} \cdot (1-v)^{\beta_2} \cdot q^{\beta_2+\delta_2} \cdot L^{\beta_2+2\delta_2+\gamma_2-2} - \mu$

(5.9) $\hat{ax} = \phi_3 \cdot (\omega \cdot ha)^{\delta_1} \cdot ax^{\gamma_1+\delta_1-1} \cdot v^{\beta_1+\eta-1} \cdot q^{\beta_1+\delta_1+\eta-1} \cdot L^{\beta_1+2\delta_1+\gamma_1+\eta-2} - \mu$

Hieraus folgt die Wachstumsrate der Humankapitalintensität der Erfahrung ha über:

(5.10) $\hat{ha} = \hat{h} - \hat{ax}$

Die Wachstumsrate der Pro-Kopf-Produktion läßt sich ebenfalls bezogen auf das Faktorwachstum angeben:

(5.11) $\hat{x} = \delta_1 \cdot \hat{h} + \gamma_1 \cdot \hat{ax} = \delta_1 \cdot \hat{ha} + (\delta_1 + \gamma_1) \cdot \hat{ax}$

5.2.2 Der steady state und die Bedingungen für endogenes Wachstum

Langfristig müssen auch für den Fall intertemporaler Optimierung die Quoten q, v und ω konstant sein. Der steady state kann daher durch das Modell ohne intertemporale Optimierung, in dem diese Quoten als konstante Parameter behandelt werden, beschrieben werden. Die langfristigen Wachstumseigenschaften lassen sich somit auf der Basis dieses einfacheren Modells stellvertretend für den später noch näher zu behandelnden Fall der intertemporalen Optimierung untersuchen.

Ein balanced growth bedingt konstante Wachstumsraten.[1] Folglich müssen dann die *Wachstumsraten der Wachstumsraten* gleich null sein. Für die Wachstumsrate von $\hat{ax}$ folgt aus (5.9):

$$\text{(5.12)} \quad \hat{\hat{ax}}_{bg} = 0 \;\Rightarrow\; \delta_1 \cdot \hat{ha}_{bg} + (\gamma_1 + \delta_1 - 1)\, \hat{ax}_{bg} = 0$$

Als Bedingung für ein balanced growth folgt hiermit für die Wachstumsrate der Humankapitalintensität der Erfahrung:

$$\text{(5.13)} \quad \hat{ha}_{bg,1} = \frac{1-\delta_1-\gamma_1}{\delta_1} \cdot \hat{ax}_{bg}$$

Analog folgt aus (5.8) für das Wachstum der Wachstumsrate des Pro-Kopf-Humankapitals aus Schulbildung:

$$\text{(5.14)} \quad \hat{\hat{h}}_{bg} = 0 \;\Rightarrow\; (\delta_2 - 1) \cdot \hat{ha}_{bg} + (\delta_2 + \gamma_2 - 1) \cdot \hat{ax}_{bg} = 0 \quad \text{bzw.}$$

$$\text{(5.15)} \quad \hat{ha}_{bg,2} = \frac{1-\delta_2-\gamma_2}{\delta_2 - 1} \cdot \hat{ax}_{bg}$$

Das Gleichsetzen der beiden Bedingungen für konstante Wachstumsraten (5.13) und (5.15) führt zur allgemeinen Bedingung für ein balanced growth:

$$\text{(5.16)} \quad \gamma_1 + \delta_1 \cdot \frac{\gamma_2}{1-\delta_2} = 1$$

Wird nicht nur ein langfristiges balanced growth mit konstanten Wachstumsraten der jeweiligen Modellgrößen, sondern ein enger definiertes steady state mit konstanten Intensitäten gefordert, so ergibt sich aus (5.13) und (5.15) für eine konstante Humankapitalintensität der Erfahrung, d.h. für $\hat{ha}_{bg} = 0$:

---

1 Da in der Literatur die Begriffe "balanced growth" und "steady state" nicht eindeutig verwendet werden, soll eine exakte Begriffsdefinition für diese Arbeit erfolgen: Der Begriff "*balanced growth*" beschreibt nur eine Situation mit *konstanten Wachstumsraten*. (Eine Situation mit konstantem Null-Wachstum kann als degeneriertes balanced growth bezeichnet werden.) Darüber hinausgehend wird als steady state eine Situation mit *konstanten Wachstumsraten* und gleichzeitig mit *konstanten Intensitäten* verstanden, was impliziert, daß im *steady state eine gleichhohe gemeinsame Wachstumsrate* vorliegt. Diese allgemeine Definition von balanced growth entspricht z.B. derjenigen von Palivos, Whang, Zhang (1997), S. 210 - dort ist der Ursprung dieser Definition erläutert - oder auch von Koch (1996), S. 2 f. (Koch bezeichnet das steady state mit gemeinsamer Wachstumsrate als "*linear* balanced growth".) Zum steady state vgl. auch Gabler Wirtschaftslexikon (1992). Für eine differierende Definition vgl. Meyer, Müller-Siebers, Ströbele (1998), S. 40. Für Ein-Sektoren-Modelle (wie das ax- oder das k-ax-Modell) ist diese Unterscheidung typischerweise irrelevant: Ein balanced growth impliziert dort gleichzeitig ein steady state. Daher werden beide Begriffe meistens synonym verwendet, worin wohl die nicht eindeutige Abgrenzung begründet liegt.

$$(5.17)\quad \frac{1-\delta_1-\gamma_1}{\delta_1}\cdot \hat{ax}_{bg}=0 \quad\Rightarrow\quad \gamma_1+\delta_1=1$$

$$(5.18)\quad \frac{1-\delta_2-\gamma_2}{\delta_2-1}\cdot \hat{ax}_{bg}=0 \quad\Rightarrow\quad \gamma_2+\delta_2=1$$

Ein anhaltendes endogenes Wachstum mit langfristig konstanten, von null verschiedenen Wachstumsraten ergibt sich schon bei Gültigkeit der Bedingung (5.16). Allerdings sind dann die balanced growth-Wachstumsraten für das schulische Humankapital h und die Produktionserfahrung ax unterschiedlich hoch, so daß im balanced growth die Intensität ha als das Verhältnis der beiden Größen mit konstanter Rate wächst oder schrumpft. Mit der balanced growth-Bedingung $\gamma_1+\delta_1\cdot\gamma_2/(1-\delta_2)=1$ wird eine Bedingung über die Elastizitäten der akkumulierbaren Faktoren in den beiden Sektoren – der "Produktion" der Güter bzw. der des schulischen Humankapitals – als Voraussetzung für anhaltendes endogenes Wachstum formuliert. In den Vorkapiteln hatte sich die Faktorakkumulation nur aus der Güterproduktion gespeist. Dort bestand die Elastizitätsbedingung aus der Forderung nach Linearität der Güterproduktion in den akkumulierbaren Faktoren selbst. Im vorliegenden Fall speist sich die Faktorakkumulation aus zwei unabhängigen Quellen. Daher ist hier die Forderung nach Linearität der Faktorakkumulation in den akkumulierbaren Faktoren zu verallgemeinern. Die Bedingung (5.16) fordert eine Linearität in den Kapitalarten im "gewichteten Mittelwert" zwischen den beiden Akkumulations-"Quellen". Liegt in einer der beiden Funktionen eine Summe der Kapitalelastizitäten von unter eins vor, so würde dies c.p. dazu führen, daß die Grenzerträge der beiden Kapitalarten sinken würden. Dies hätte zur Folge, daß die Faktorakkumulation letztlich zum Stillstand kommt. Damit ist dann keine dauerhaft anhaltende Faktorakkumulation als Quelle endogenen Wachstums möglich. Da nun aber mit den beiden verschiedenen Sektoren zwei unabhängige Akkumulations-"Quellen" vorliegen, kann diese Entwicklung durch die Überlinearität der jeweils anderen Akkumulationsgleichung in den verschiedenen Kapitalarten kompensiert werden. Hier sorgen c.p. steigende Grenzerträge der beiden Kapitalarten für eine Beschleunigung der Faktorakkumulation. In der Wechselwirkung zwischen den beiden verschiedenen Sektoren sorgen Unter- und Überlinearität der einzelnen Funktionen bei Gültigkeit von (5.16) dafür, daß im balanced growth die Grenzerträge der akkumulierbaren Faktoren konstant bleiben, so daß sich eine dauerhafte Faktorakkumulation als Basis des endogenen Wachstums ergibt. Natürlich wird diejenige Kapitalart, deren Akkumulationsgleichung überlinear in der Summe der verschiedenen Kapitalarten ist, stärker wachsen als derjenige akkumulierbare Faktor, für den eine Unterlinearität in der Funktion besteht, aus der sich seine Faktorakkumulation speist. Entsprechend wird sich im allgemeinen Fall des balanced growth eine anhaltende Verschiebung des Intensitätsverhältnisses zwischen den Faktoren ergeben.

Die Wachstumsrate der Güterproduktion folgt mit Gleichung (5.11) als $\hat{x}=\delta_1\cdot\hat{ha}+(\delta_1+\gamma_1)\cdot\hat{ax}$. Mit Gleichung (5.13) gilt außerdem für ein balanced growth mit konstanter Wachstumsrate: $\hat{ha}_{bg}=(1/\delta_1)\cdot(1-\delta_1-\gamma_1)\cdot\hat{ax}_{bg}$. Die Verknüpfung dieser beiden Bedingungen zeigt auf, daß bei endogenem Wachstum im balanced growth langfristig folgende Beziehung gelten muß:

(5.19) $\hat{x}_{bg} = \hat{ax}_{bg}$

Dies ist logisch einfach nachvollziehbar: Die Akkumulation der Produktionserfahrung speist sich aus der Güterproduktion. Im balanced growth wächst die produzierte Gütermenge langfristig mit konstanter Rate, da es die in der Güterproduktion eingesetzten Faktoren ebenfalls tun. Die Verschiebung des Verhältnisses der akkumulierbaren Faktoren, ausgedrückt durch die Humankapitalintensität ha, weist ebenfalls eine konstante Änderungsrate auf. Im balanced growth fehlen daher diejenigen transitionalen Verschiebungen zwischen den Faktoren, die den Unterschied zwischen dem Wachstum der Produktionserfahrung und dem Wachstum der Güterproduktion selbst ausmachen. Fehlen diese Verschiebungen, so tritt zutage, daß die Erfahrungsakkumulation sich letztlich aus der Produktion speist und daß daher langfristig beide Größen mit gleicher Rate wachsen müssen.

Wird nicht nur ein balanced growth mit konstanten Wachstumsraten, sondern werden auch konstante Intensitäten als Bedingung für ein steady state in enger Interpretation gefordert, so wird damit entsprechend der Bedingungen (5.17) und (5.18) die Linearität in den Kapitalarten für jede einzelne Akkumulationsfunktion impliziert. Damit liegt ein Spezialfall der Gleichung (5.16) vor: Der Term $\frac{\gamma_2}{1-\delta_2}$ reduziert sich hier zu eins. Da sich nun die Intensitäten im steady state nicht mehr verändern, weisen in diesem Fall alle Modellgrößen die gleiche balanced growth- bzw. steady state-Wachstumsrate auf.

Wie gerade dargelegt, führt die Erfüllung der Elastizitätenbedingung (5.16) $\gamma_1+\delta_1 \cdot \gamma_2/(1-\delta_2)=1$ zu anhaltendem endogenen Wachstum. Gilt hingegen $\gamma_1+\delta_1 \cdot \gamma_2/(1-\delta_2)<1$, so impliziert dies wieder sinkende Grenzerträge der akkumulierbaren Faktoren. Infolgedessen kommt hier der Akkumulationsprozeß im steady state zum Stillstand. In einer solchen Elastizitätensituation folgt daher eine "konstante" "balanced growth"-Wachstumsrate von null: $\hat{ax}_{bg}=0$. Entsprechend sind die Bedingungsgleichungen für das balanced growth ((5.13) und (5.15)) in diesem Fall trivial erfüllt. Es folgt für $\hat{ax}_{bg}=0$ jeweils die gleiche balanced growth-Wachstumsrate der Humankapitalintensität: $\hat{ha}_{bg,1}=\hat{ha}_{bg,2}=0$. Mit der langfristigen Konstanz der Intensität ha liegt daher in diesem "trivialen" Fall ein steady state in engerer Definition vor. Die Konstanz der Intensität fußt im Fall von $\gamma_1+\delta_1 \cdot \gamma_2/(1-\delta_2)<1$ allerdings auf konstanten Niveaus der Modellgrößen im steady state.

Würde für die gewichtete Summe der Elastizitäten sogar eine Summe von über eins gelten (d.h. für $\gamma_1+\delta_1 \cdot \gamma_2/(1-\delta_2)>1$), so würden steigende Grenzerträge der akkumulierbaren Faktoren vorliegen. Es ergäbe sich ein selbstverstärkender Wachstumsprozeß mit steigenden Wachstumsraten. Auf diesen Fall soll im folgenden nicht weiter eingegangen werden, da er einer langfristigen Analyse nicht zugänglich ist, weil die Wachstumsraten hier langfristig gegen unendlich streben.

Linearität in allen Akkumulationsgleichungen

Da der Fall der Linearität in allen einzelnen Akkumulationsgleichungen einige Besonderheiten aufweist, die die Analyse des Modells erheblich vereinfachen, sollen für diesen Spezialfall die entsprechenden Modellgleichungen explizit vorgestellt werden. Für $\gamma_1 = 1-\delta_1$ und $\gamma_2 = 1-\delta_2$ ergeben sich folgende Wachstumsraten für die verschiedenen Kapitalarten:

$$\hat{h} = \phi_2 \cdot (1-\omega)^{\delta_2} \cdot ha^{\delta_2 - 1} \cdot (1-\nu)^{\beta_2} \cdot q^{\beta_2+\delta_2} \cdot L^{\beta_2+\delta_2-1} - \mu \tag{5.20}$$

$$\hat{ax} = \phi_3 \cdot (\omega \cdot ha)^{\delta_1} \cdot \nu^{\beta_1+\eta-1} \cdot q^{\beta_1+\delta_1+\eta-1} \cdot L^{\beta_1+\delta_1+\eta-1} - \mu \tag{5.21}$$

Die Wachstumsraten des schulischen Ausbildungsstands sowie der Produktionserfahrung sind in dieser Situation nur noch von der Humankapitalintensität der Erfahrung ha abhängig, während sich die Einzelbestände h bzw. ax aus den Gleichungen für die Wachstumsraten herauskürzen.

Für die Dynamik der Humankapitalintensität ha selbst ergibt sich in dieser Spezialsituation ebenfalls eine reine Abhängigkeit von ha und damit vom eigenen Niveau. Denn gemäß Gleichung (5.10) gilt: $\hat{ha} = \hat{h} - \hat{ax}$. Da die Wachstumsraten $\hat{h}$ und $\hat{ax}$ nur von ha abhängig sind, gilt somit Gleiches für $\hat{ha}$.

Der steady state mit konstantem Intensitätsniveau ha_{st} errechnet sich mit $\hat{ha}_{st} = 0$ und daher gemäß (5.10) mit $\hat{h}_{st} = \hat{ax}_{st}$ über das Gleichsetzen von (5.20) mit (5.21) als:

$$ha_{st} = \left(\frac{\phi_2 \cdot (1-\omega)^{\delta_2} \cdot (1-\nu)^{\beta_2}}{\phi_3 \cdot \omega^{\delta_1} \cdot \nu^{\beta_1+\eta-1}} \cdot L^{\beta_2+\delta_2-\beta_1-\delta_1-\eta} \cdot q^{\beta_2+\delta_2-\beta_1-\delta_1-\eta+1} \right)^{\left(\frac{1}{1+\delta_1-\delta_2}\right)} \tag{5.22}$$

Eine von anderen akkumulierbaren Faktoren unabhängige Schulbildung

Wird für die schulische Humankapitalbildung angenommen, daß die Produktionserfahrung keinen Einfluß auf die Produktivität der Schulbildung hat, so ist die entsprechende Elastizität $\gamma_2 = 0$. Wenn gleichzeitig Linearität der Schulbildung in den akkumulierbaren Faktoren angenommen wird, so ist die Schulbildung in dem schulischen Humankapital selbst linear, d.h. $\delta_2 = 1$.[2]

Für die Analyse dieses Falls ist die allgemeine Bedingung für endogenes Wachstum (5.16) umzuformen in:

$$\gamma_1 \cdot (1-\delta_2) + \delta_1 \cdot \gamma_2 = 1 - \delta_2 \tag{5.16'}$$

---

2 Dies ist eine typische Annahme im sog. Lucas-Uzawa-Modell. Vgl. hierzu Lucas (1988) sowie Uzawa (1965) und Chamley (1993).

Für die vorliegende Parametersituation mit $\delta_2=1$ und $\gamma_2=0$ ist die in dieser Weise umgeformte Gleichung in der trivialen Form $0=0$ erfüllt. Deswegen ist dieser spezielle Fall, für den sich die Dynamik des Systems in entscheidender Weise verändert, gesondert zu untersuchen.

Die Gleichung (5.20) vereinfacht sich bei Unterstellung der Annahmen $\delta_2=1$ und $\gamma_2=0$ zu:

$$\text{(5.20')} \quad \hat{h} = \phi_2 \cdot (1-\omega) \cdot (1-v)^{\beta_2} \cdot q^{\beta_2+1} \cdot L^{\beta_2} - \mu$$

Die so modifizierte Gleichung für die Wachstumsrate des schulischen Pro-Kopf-Humankapitals weist entscheidende Besonderheiten auf: Als Bestimmungsgrößen tauchen einerseits keine Zustandsvariablen (h, ax oder das Verhältnis ha) mehr auf. Die Wachstumsrate $\hat{h}$ ist daher vom erreichten Akkumulationsstand der Volkswirtschaft unabhängig und ist lediglich durch die Verhaltensparameter (ω, v und q) bestimmt. Diese Parameter stellen in Modellen dynamischer Optimierung die Kontrollvariablen dar, daher besteht in dieser Situation eine völlige Kontrolle von $\hat{h}$ durch die Wirtschaftssubjekte. Andererseits ist die Akkumulation des Humankapitals im vorliegenden Fall vollkommen unabhängig von den Akkumulationsbedingungen in der Güterproduktion: Die Güterproduktionselastizitäten der akkumulierbaren Faktoren spielen bei der Bestimmung der Wachstumsrate des schulischen Humankapitals keine Rolle.

Soweit das schulische Humankapital in der Güterproduktion eingesetzt wird (d.h. für $\delta_1>0$), liegt somit ein mit konstanter Rate wachsender Produktionsfaktor vor, dessen Wachstum auch für $\delta_1+\gamma_1<1$ verhindern kann, daß die Grenzerträge der Produktionserfahrung in der Güterproduktion sinken.[3] Aus diesem Grund kann endogenes Wachstum vorliegen, obwohl mit $\delta_1+\gamma_1<1$ Unterlinearität der akkumulierbaren Faktoren in der Güterproduktion besteht, die nicht durch eine Überlinearität in der schulischen Humankapitalbildung kompensiert wird.

Gemäß Gleichung (5.11) ergibt sich die Wachstumsrate der Güterproduktion als $\hat{x}=\delta_1 \cdot \hat{h}+\gamma_1 \cdot \hat{ax}$. Da sich die Erfahrungsbildung aus der Güterproduktion speist, weist die Erfahrung ax außerdem die gleiche balanced growth-Wachstumsrate wie die Produktion x auf. Daher gilt im balanced growth:

$$\text{(5.23)} \quad \hat{ax}_{bg} = \delta_1 \cdot \hat{h} + \gamma_1 \cdot \hat{ax}_{bg} \;\Rightarrow\; \hat{x}_{bg} = \hat{ax}_{bg} = \frac{\delta_1}{1-\gamma_1} \cdot \hat{h}$$

Für die qualitative Eigenschaft des anhaltenden endogenen Wachstums mit konstanten balanced growth-Wachstumsraten reicht somit das Vorliegen der Bedingung $\delta_2=1$ (bei $\gamma_2=0$) aus. Allerdings wird die Höhe der Wachstumsraten der einzelnen Modell-

---

3 Die Wirkung wäre damit analog zur Wirkung des exogenen technischen Fortschritts im neoklassischen Wachstumsmodell mit physischer Kapitalakkumulation.

größen und damit die quantitative Seite durch die Elastizitäten in der Güterproduktion mitbestimmt. Trotzdem wird hier letztlich das anhaltende endogene Wachstum allein durch die Linearität der Humankapitalbildung im schulischen Humankapital selbst verursacht.

Aus der Gleichung (5.23) läßt sich für diesen Spezialfall folgende Beziehung für die Änderungsrate der Humankapitalintensität der Erfahrung herleiten:

$$(5.24)\quad \hat{ha}_{bg} = \hat{h} - \hat{ax}_{bg} = \frac{1-\gamma_1-\delta_1}{1-\gamma_1} \cdot \hat{h}$$

Somit ist im vorliegenden Fall das Niveau der Humankapitalintensität der Erfahrung im allgemeinen langfristig nicht konstant. Denn die Änderungsrate von ha im balanced growth ist nur dann gleich null, wenn zusätzlich Linearität der Güterproduktion (und damit der Produktionserfahrungsbildung) in den akkumulierbaren Faktoren besteht.

Liegt nun aber zusätzlich für die Güterproduktion Linearität in den Kapitalarten vor ($\delta_1+\gamma_1=1$), ergibt sich ein steady state mit konstantem Intensitätsniveau ha_{st}, und daher gilt dann im steady state $\hat{ax}_{st}=\hat{h}_{st}=\hat{h}$. Mit der Wachstumsrate $\hat{h}$ in Gleichung (5.20') ist deshalb gleichzeitig die steady state Wachstumsrate des gesamten Modells gegeben. Daher sind hier langfristig alle Wachstumsraten des Modells vom erreichten Niveau der Kapitalakkumulation unabhängig. Allerdings dürften im Rahmen der Anpassung an den steady state (insbesondere der Humankapitalintensität der Erfahrung ha an das steady state-Niveau ha_{st}) transitional dynamics auftreten, für die sich die Wachstumsraten der anderen Modellgrößen von $\hat{h}$ unterscheiden. Entscheidend ist jedoch, daß für diesen Spezialfall das langfristige Wachstumsverhalten der Volkswirtschaft allein von der schulischen Humankapitalbildung abhängt – wobei diese außerdem noch unabhängig von erreichten Systemzustand ist.

Liegt alternativ neben $\delta_2=1$ und $\gamma_2=0$ zusätzlich sogar Überlinearität der akkumulierbaren Faktoren in der Güterproduktion vor ($\delta_1+\gamma_1>1$), so folgt in diesem Sonderfall kein explosives Wachstum. Statt eines "Wachstumsmotors" bildet die Humankapitalakkumulation hier eine Art "Bremse", die das explosive Wachstum des Systems verhindert. Weiterhin bleibt Gleichung (5.23) gültig. Diese besagt nun, daß im balanced growth Güterproduktion und Erfahrungsstock mit einer höheren Rate als der Humankapitalstock wachsen. Entsprechend signalisiert Gleichung (5.24) für diese Situation eine langfristig sinkende Humankapitalintensität der Erfahrung.

5.2.3 Einige sinnvolle Vereinfachungen

Für das einfache Modell ohne dynamische Optimierung sollen einige Vereinfachungen vorgenommen werden. Dabei ist es das Ziel, eine bessere Vergleichbarkeit zu den Ergebnissen des Modells mit dynamischer Optimierung herzustellen. Denn dort werden entsprechende Annahmen getroffen, um eine unnötige Erhöhung der Komplexität zu vermeiden. Das Modell ist ohne Verlust der interessierenden qualitativen dynamischen Eigenschaften auf zweierlei Art zu simplifizieren: Erstens kann das Arbeitspotential auf eins normiert werden (L=1). Zweitens interessieren hier insbesondere die akkumulierbaren Faktoren und nicht der Einsatz der einfachen Arbeit. Eine mögliche Vereinfachung besteht daher darin, die Arbeit nur über ihre Qualitätsausprägung H bzw. h zu erfassen und die entsprechenden Terme für die einfache Arbeit unberücksichtigt zu lassen. Hiermit wird implizit angenommen, daß die einfache Arbeitszeit und die Leistungsabgabe des schulischen Humankapitals in konstantem Verhältnis eingesetzt werden. Formal wird die Eliminierung der entsprechenden Terme der reinen Arbeit aus dem Modell dadurch erreicht, daß die Elastizitäten der reinen Arbeit, i.e. β_1 und β_2, auf null gesetzt werden.

Das Modell in seiner einfachen Ausprägung läßt sich somit formulieren als:

(5.25) $x = (q \cdot \omega \cdot h)^{\delta_1} \cdot ax^{\gamma_1} = (q \cdot \omega \cdot ha)^{\delta_1} \cdot ax^{\gamma_1 + \delta_1}$

(5.26) $\overset{\circ}{h} = \phi_2 \cdot (q \cdot (1-\omega) \cdot h)^{\delta_2} \cdot ax^{\gamma_2} - \mu \cdot h = \phi_2 \cdot (q \cdot (1-\omega) \cdot ha)^{\delta_2} \cdot ax^{\gamma_2 + \delta_2} - \mu \cdot ha \cdot ax$

(5.27) $\overset{\circ}{ax} = \phi_3 \cdot q^{\eta - 1} \cdot x - \mu \cdot ax = \phi_3 \cdot (\omega \cdot ha)^{\delta_1} \cdot ax^{\gamma_1 + \delta_1} \cdot q^{\delta_1 + \eta - 1} - \mu \cdot ax$

Die Wachstumsraten der Schulbildung und der Produktionserfahrung sind nun:

(5.28) $\hat{h} = \phi_2 \cdot (1-\omega)^{\delta_2} \cdot ha^{\delta_2 - 1} \cdot ax^{\gamma_2 + \delta_2 - 1} \cdot q^{\delta_2} - \mu$

(5.29) $\hat{ax} = \phi_3 \cdot (\omega \cdot ha)^{\delta_1} \cdot ax^{\gamma_1 + \delta_1 - 1} \cdot q^{\delta_1 + \eta - 1} - \mu$

Der Fall der Linearität in allen einzelnen Akkumulationsgleichungen ($\gamma_1 = 1 - \delta_1$ und $\gamma_2 = 1 - \delta_2$) führt nun zu folgenden Ausdrücken für die Wachstumsraten der beiden Humankapitalarten:

(5.30) $\hat{h} = \phi_2 \cdot (1-\omega)^{\delta_2} \cdot ha^{\delta_2 - 1} \cdot q^{\delta_2} - \mu$

(5.31) $\hat{ax} = \phi_3 \cdot (\omega \cdot ha)^{\delta_1} \cdot q^{\delta_1 + \eta - 1} - \mu$

Als Differentialgleichung für die Dynamik der Humankapitalintensität der Erfahrung folgt somit:

(5.32) $\overset{\circ}{ha} = \phi_2 \cdot (1-\omega)^{\delta_2} \cdot ha^{\delta_2} \cdot q^{\delta_2} - \phi_3 \cdot \omega^{\delta_1} \cdot ha^{\delta_1 + 1} \cdot q^{\delta_1 + \eta - 1}$

Das steady state-Intensitätsniveau ha_{st} (mit $\overset{\circ}{ha} = 0$) ist jetzt:

$$(5.33)\quad ha_{st} = \left(\frac{\phi_2 \cdot (1-\omega)^{\delta_2}}{\phi_3 \cdot \omega^{\delta_1}} \cdot q^{\delta_2 - \delta_1 - \eta + 1} \right)^{\left(\frac{1}{1+\delta_1-\delta_2}\right)}$$

Die Verwendung von ha_{st} führt zu folgenden steady state-Wachstumsraten:

$$(5.34)\quad \hat{x}_{st} = \hat{ax}_{st} = \hat{h}_{st} = \left(\frac{\phi_2^{\delta_1} \cdot (1-\omega)^{\delta_1 \cdot \delta_2}}{\phi_3^{\delta_2 - 1} \cdot \omega^{\delta_1 \cdot (\delta_2 - 1)}} \cdot q^{\delta_1 + \delta_2 + \eta - 1 - \delta_2 \cdot \eta} \right)^{\left(\frac{1}{1+\delta_1-\delta_2}\right)} - \mu$$

Wird zusätzlich zur Linearität in beiden Funktionen noch die Unabhängigkeit der Schulbildung von den anderen Kapitalarten angenommen ($\gamma_2 = 0$, $\delta_2 = 1$, $\delta_1 + \gamma_1 = 1$), so ergeben sich sehr einfache Ausdrücke für das Wachstum des schulischen Humankapitals sowie für das steady state-Intensitätsniveau:

$$(5.35)\quad \hat{h} = \phi_2 \cdot (1-\omega) \cdot q - \mu$$

$$(5.36)\quad ha_{st} = \left(\frac{\phi_2 \cdot (1-\omega)}{\phi_3 \cdot \omega^{\delta_1}} \cdot q^{2 - \delta_1 - \eta} \right)^{\left(\frac{1}{\delta_1}\right)}$$

Selbstverständlich ist auch für das vereinfachte Modell in dieser Situation mit der Wachstumsrate des Humankapitals aus Schulbildung die steady state-Wachstumsrate der anderen Modellgrößen bestimmt: $\hat{x}_{st} = \hat{ax}_{st} = \hat{h}$.

5.2.4 Simulationsbeispiele für unterschiedliche Elastizitätensituationen

Die bisher nur in allgemeiner Weise beschriebene Dynamik des Modells sei für die Fälle ohne und mit endogenem Wachstum erneut anhand von simulierten Beispielen veranschaulicht. Zur Orientierung bzw. zur Einordnung der jeweils simulierten Situation soll Tab. 5.1 dienen. Dort sind – differenziert nach den beiden Sektoren – die verschiedenen Kombinationen für die Elastizitäten der akkumulierbaren Faktoren erfaßt. Zusätzlich werden die noch folgenden sechs verschiedenen Simulationsbeispiele – gekennzeichnet als (A1), (A2), (B), (C), (D) und (E) – den jeweiligen Elastizitätenkonstellationen zugeordnet.

Tab. 5.1: Übersicht über das langfristige Verhalten des h-ax-Modells für verschiedene Elastizitätenkonstellationen

<table>
<tr><th>Güter / Schule</th><th>$\gamma_1+\delta_1<1$</th><th>$\gamma_1+\delta_1=1$</th><th colspan="3">$\gamma_1+\delta_1>1$</th></tr>
<tr><td>$\gamma_2+\delta_2<1$</td><td>konstante
st.st.-Niveaus
(A1)</td><td>konstante
st.st.-Niveaus</td><td>$E<1$:
konstante
st.st.-Niveaus</td><td>$E=1$:
endog. Wachst.
ha sinkt im b.g. **(B)**</td><td>$E>1$:
explosiv</td></tr>
<tr><td>$\gamma_2+\delta_2=1$</td><td>konstante
st.st.-Niveaus</td><td>endog. Wachst.
ha_{st} konst. (st.st.)
(C)</td><td colspan="3">explosiv</td></tr>
<tr><td>$\delta_2=1$;
$\gamma_2=0$</td><td>endog. Wachst.
ha steigt im b.g.
(D)</td><td>endog. Wachst.
ha_{st} konst. (st.st.)
(E)</td><td colspan="3">endog. Wachst.: ha sinkt im b.g.</td></tr>
<tr><td rowspan="3">$\gamma_2+\delta_2>1$</td><td>$E<1$: konstante
st.st.-Niveaus
(A2)</td><td rowspan="3">explosiv</td><td rowspan="3" colspan="3">explosiv</td></tr>
<tr><td>$E=1$:
endog. Wachst.
ha steigt im b.g.</td></tr>
<tr><td>$E>1$: explosiv</td></tr>
</table>

mit: $E \equiv \gamma_1 + \delta_1 \cdot \frac{\gamma_2}{1-\delta_2}$ (für $E=1$: Elastizitätenbedingung für endogenes Wachstum erfüllt)

(A) Ohne endogenes Wachstum: $\gamma_1+\delta_1 \cdot \frac{\gamma_2}{1-\delta_2}<1$

Soweit die zwischen den beiden Sektoren gewichtete Elastizitätensumme der akkumulierbaren Faktoren eins unterschreitet, tritt kein anhaltendes endogenes Wachstum infolge der Faktorakkumulation auf. Vielmehr erreichen alle Modellgrößen konstante steady state-Niveaus. Es seien zwei unterschiedliche Situationen ohne endogenes Wachstum anhand eines Zahlenbeispiels analysiert. Die zunächst betrachtete Situation [Fall **(A1)**] weist für beide Akkumulationsquellen Unterlinearität in den akkumulierbaren Faktoren auf. Für eine solche Situation dürfte sich ohne Zweifel kein endogenes Wachstum ergeben. Als zweite Situation [Fall **(A2)**] sei eine "gemischte" Parameterkonstellation betrachtet: Die Güterproduktion sei unterlinear, während die Schulbildung überlinear in den akkumulierbaren Faktoren ist. Gleichzeitig wird aber für die nach Gleichung (5.16) gewichtete Elastizitätensumme eins nicht erreicht. In dieser Situation ergibt sich ebenfalls kein endogenes Wachstum. Dies ist allerdings nicht so offensichtlich und soll daher in einer zweiten Simulation veranschaulicht werden.

Als Beispiel für den **ersten Fall (A1)** ohne endogenes Wachstum bei **Unterlinearität beider Gleichungen** sei folgende Parameterkonstellation gewählt:

$$\delta_1 = {}^1\!/_5 \,;\, \delta_2 = {}^1\!/_3 \,;\, \gamma_1 = {}^1\!/_3 \,;\, \gamma_2 = {}^1\!/_4 \,;\, \beta_1 = {}^1\!/_2 \,;\, \beta_2 = {}^1\!/_2 \,;\, \eta = {}^1\!/_2 \,;$$
$$q = {}^2\!/_3 \,;\, \omega = {}^1\!/_2 \,;\, \nu = {}^1\!/_2 \,;\, \phi_2 = {}^1\!/_4 \,;\, \phi_3 = {}^1\!/_4 \,;\, \mu = {}^1\!/_{10} \,;\, L = 1 \,;\, n = 0 .$$

Es folgt somit: $\gamma_1 + \delta_1 = {}^8\!/_{15} < 1$, $\gamma_2 + \delta_2 = {}^7\!/_{12} < 1$ und $\gamma_1 + \delta_1 \cdot \frac{\gamma_2}{1-\delta_2} = {}^{49}\!/_{120} < 1$.

Das numerisch präzisierte Differentialgleichungssystem lautet:

$$\overset{\circ}{ax} = \frac{dax(t)}{dt} = \frac{1}{12} \cdot 3^{(4/5)} \cdot ax(t)^{(8/15)} \cdot ha(t)^{(1/5)} - \frac{1}{10} \cdot ax(t)$$

$$\overset{\circ}{ha} = \frac{dha(t)}{dt} = \frac{1}{12} \cdot \frac{ha(t)^{(1/5)} \cdot \left(3^{(1/6)} \cdot ha(t)^{(2/15)} \cdot ax(t)^{(1/20)} - 3^{(4/5)} \cdot ha(t)\right)}{ax(t)^{(7/15)}}$$

Die Linearisierung des Modells um den steady state herum führt zu folgendem linearen Differentialgleichungssystem:

$$\text{(5.37)} \quad \begin{bmatrix} \overset{\circ}{ax} \\ \overset{\circ}{ha} \end{bmatrix} = \begin{bmatrix} \dfrac{\partial(\overset{\circ}{ax})}{\partial ax} & \dfrac{\partial(\overset{\circ}{ax})}{\partial ha} \\ \dfrac{\partial(\overset{\circ}{ha})}{\partial ax} & \dfrac{\partial(\overset{\circ}{ha})}{\partial ha} \end{bmatrix}_{\substack{ax = ax_{st} \\ ha = ha_{st}}} \cdot \begin{bmatrix} ax \\ ha \end{bmatrix} = M \cdot \begin{bmatrix} ax \\ ha \end{bmatrix}$$

Für das Beispiel folgen als steady state-Werte, als Koeffizientenmatrix M und deren Vektor der Eigenwerte w:

$$ax_{st} = 3{,}2469 \qquad ha_{st} = 0{,}47956$$

$$M = \begin{bmatrix} -0{,}046667 & 0{,}13541 \\ 0{,}00073849 & -0{,}086667 \end{bmatrix} \qquad w = [-0{,}044306 \,,\, -0{,}089027\,]'$$

Die Stabilität des Systems wird durch die beiden negativen Eigenwerte verdeutlicht. Abb. 5.2 veranschaulicht die Dynamik des Systems sowie die Eigenschaft der Stabilität. Dort werden vier mögliche Kombinationen mit Anfangswerten ober- und unterhalb der jeweiligen steady state-Niveaus von ax und ha gewählt (alternativ: ax(0) = 7 bzw. ax(0) = 1 und ha(0) = 0,1 bzw. ha(0) = 1). Da ein stabiles System vorliegt, nähern sich die Trajektorien aus allen Richtungen den gestrichelt eingezeichneten steady state-Niveaus.

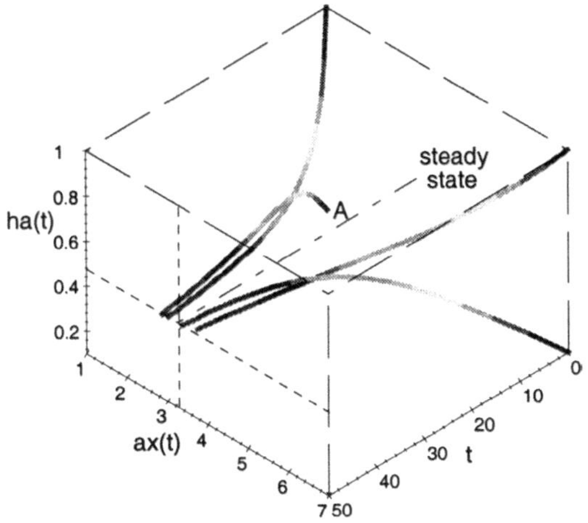

Abb. 5.2: Unterschiedliche Zeitpfade der Erfahrung und der Humankapitalintensität der Erfahrung im Fall ohne endogenes Wachstum

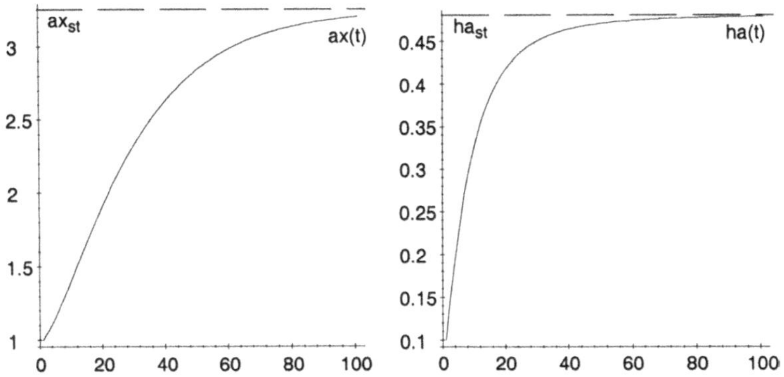

Abb. 5.3: Zeitpfade der Erfahrung und der Humankapitalintensität im Fall ohne endogenes Wachstum

Exemplarisch werden in Abb. 5.3 für die Trajektorie A – mit $ax(t{=}0)=1$ und $ha(t{=}0)=0{,}1$ – die Zeitpfade der Produktionserfahrung ax und der schulischen Humankapitalintensität ha einzeln dargestellt. Da kein endogenes Wachstum vorliegt, konvergieren alle Größen gegen ihre steady state-Niveaus. Die in Abb. 5.4 illustrierten Wachstumsraten der Produktionserfahrung ax, der schulischen Humankapitalintensität der Erfahrung sowie der Pro-Kopf-Produktion laufen entsprechend gegen null. Nicht explizit dargestellt wird das schulische Humankapital h sowie dessen Wachstumsrate, da diese Größen sich über (5.5') $h = ha \cdot ax \cdot L$ bzw. (5.10') $\hat{h} = \hat{ha} + \hat{ax}$ direkt aus den explizit dargestellten Zeitpfaden ermitteln lassen. Da ax und ha ein steady state-Niveau mit Wachstumsraten von null anstreben, gilt somit Gleiches für h.

Gemäß der Gleichung (5.11) $\hat{x} = \delta_1 \cdot \hat{ha} + (\delta_1 + \gamma_1) \cdot \hat{ax}$ ergibt sich die Wachstumsrate der Produktion als ein mit den Produktionselastizitäten gewichtetes Mittel aus den Wachstumsraten von Produktionserfahrung und Humankapitalintensität.

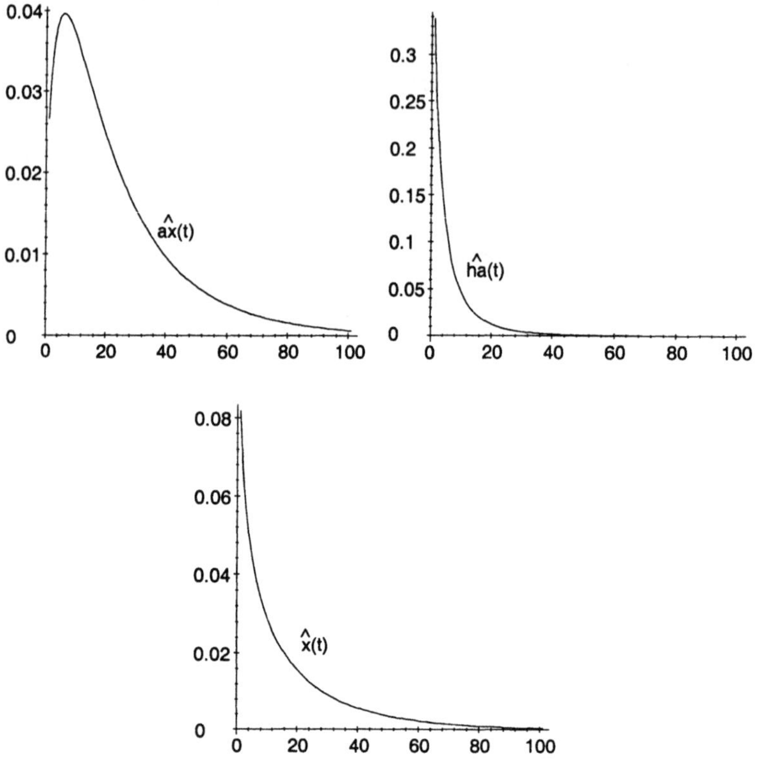

Abb. 5.4: Zeitpfade der Wachstumsraten der Erfahrung, der Humankapitalintensität der Erfahrung sowie der Pro-Kopf-Produktion (für ax(t=0)=1; ha(t=0)=0,1)

Die grafische Veranschaulichung der Dynamik der Modellgrößen sei näher erläutert: Infolge der zu Beginn sehr geringen Humankapitalintensität wächst das schulische Humankapital zunächst überproportional zur Produktionserfahrung, so daß die Humankapitalintensität ansteigt. Das hohe Wachstum des schulischen Bildungsstands führt dazu, daß anfänglich eine sehr hohe Produktionssteigerungsrate vorliegt. Hieraus folgt zunächst sogar eine steigende Wachstumsrate der Produktionserfahrung. Mit den im Wachstumsprozeß sinkenden Grenzerträgen der akkumulierbaren Faktoren wird das Wachstum der Güterproduktion und damit auch der Produktionserfahrung sowie des schulischen Humankapitals im Zeitablauf gedämpft, bis schließlich im steady state nur noch ein Ausgleich der Abschreibungen erfolgen kann: Langfristig werden die konstanten Niveaus des Erfahrungsstocks, des schulischen Humankapitalstocks und damit der Produktion erreicht. Das allmähliche Sinken der Wachstumsrate der Pro-Kopf-Produktion gegen null ist konstituierend für einen Wachstumsprozeß, dem kein endogenes Wachstum zugrunde liegt.

Als Beispiel für den zweiten, d.h für den **"gemischten" Fall (A2)** ohne endogenes Wachstum bei **Unterlinearität der einen und gleichzeitiger Überlinearität der anderen Gleichung** seien folgende Elastizitäten gewählt, wobei die Werte der anderen Parameter beibehalten werden:

$$\delta_1 = {}^1/_4;\ \delta_2 = {}^3/_4;\ \gamma_1 = {}^1/_3;\ \gamma_2 = {}^1/_3.$$

Es liegt somit Unterlinearität in der Güterproduktion ($\gamma_1+\delta_1={}^7/_{12}<1$) bei Überlinearität der Schulbildung ($\gamma_2+\delta_2={}^{13}/_{12}>1$) vor. Die Überlinearität in der Schulbildung ist in der vorliegenden Situation jedoch nicht stark genug, um die Unterlinearität in der Güterproduktion zu kompensieren, so daß die gewichtete Elastizitätensumme [mit $\gamma_1+\delta_1\cdot\gamma_2/(1-\delta_2)={}^2/_3<1$] einen für das Auftreten von endogenem Wachstum unzureichenden Wert aufweist.

Das Differentialgleichungssystem lautet für das numerische Beispiel:

$$\overset{\circ}{ax} = \frac{dax(t)}{dt} = \frac{1}{12}\cdot 3^{(3/4)}\cdot ax(t)^{(7/12)}\cdot ha(t)^{(1/4)} - \frac{1}{10}\cdot ax(t)$$

$$\overset{\circ}{ha} = \frac{dha(t)}{dt} = \frac{1}{36}\cdot 3^{(3/4)}\cdot\frac{ha(t)^{(3/4)}\cdot\left(ax(t)^{(1/2)} - 3\cdot ha(t)^{(1/2)}\right)}{ax(t)^{(5/12)}}$$

Für das System (5.37) ergeben sich im betrachteten Beispiel als steady state-Werte, als Koeffizientenmatrix M und deren Eigenwerte w:

$ax_{st} = 1{,}7402$ $\qquad$ $ha_{st} = 0{,}19335$

$$M = \begin{bmatrix} -0{,}041667 & 0{,}2257 \\ 0{,}0055556 & -0{,}05 \end{bmatrix}$$

$$w = [-0{,}010233\,, -0{,}081433\,]'$$

Die Stabilitätseigenschaft des Systems hat sich nicht geändert: Die beiden Eigenwerte sind negativ. Dies wird auch in Abb. 5.5 deutlich: Die Trajektorien nähern sich aus allen Richtungen dem steady state, wie dies mit den vier möglichen Kombinationen aus ax(0)=0,5 bzw. ax(0)=4 und ha(0)=0,05 bzw. ha(0)=0,5 exemplarisch dargestellt wird.

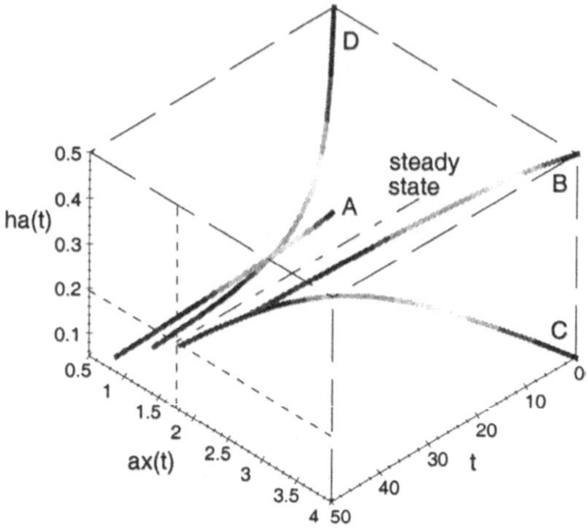

Abb. 5.5: Unterschiedliche Zeitpfade der Erfahrung und der Humankapitalintensität im "gemischten" Fall ohne endogenes Wachstum

Die Trajektorie A, die sich bei relativ niedrigen Ausgangswerten von ax und ha [ax(0)=0,5 und ha(0)=0,05] ergibt, wird in Abb. 5.6 und Abb. 5.7 näher betrachtet. Für diese beiden Abbildungen ist allerdings der geänderte Zeithorizont von 300 Perioden zu beachten.

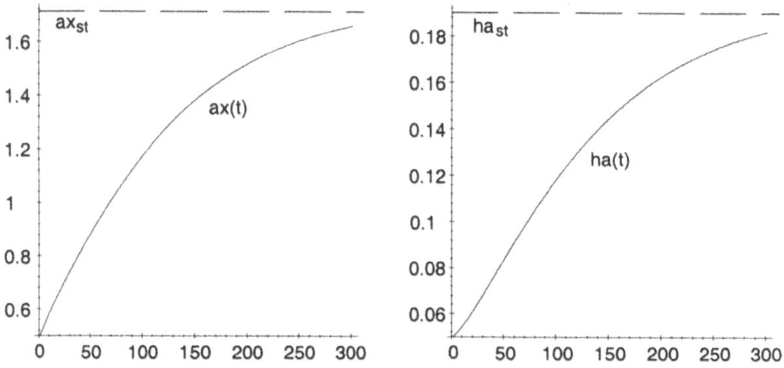

Abb. 5.6: Zeitpfade der Erfahrung und der Humankapitalintensität der Erfahrung im "gemischten" Fall ohne endogenes Wachstum

Die Wahl des langen Zeithorizonts liegt in der geringen Geschwindigkeit begründet, mit der sich die Modellvariablen an die entsprechenden steady state-Niveaus anpassen. Die festzustellende geringe Anpassungsgeschwindigkeit kann hierbei auf folgende Ursachen zurückgeführt werden:

(1) Schon in Abb. 5.5 fällt insbesondere für die Trajektorien A und B eine sehr geringe Geschwindigkeit der Anpassung an den steady state auf, während für die Trajektorien C und D die Anpassungsgeschwindigkeit an den steady state erheblich größer ausfällt. Der Grund für die geringere Anpassungsgeschwindigkeit in den Fällen A und B liegt darin, daß in beiden Fällen die Abweichung von ax und von ha von ihren steady state-Werten das gleiche Vorzeichen aufweist. So liegen für die Trajektorie A sowohl ax als auch ha unterhalb von ax_{st} bzw. ha_{st}. Die Anpassung von ax an ax_{st} bedingt somit eine Erhöhung von ax, was c.p. eine Verringerung von ha bedeutet. Die Anpassung von ha an ha_{st} verlangt hingegen eine Steigerung von ha, so daß sich hier zwei Effekte teilweise kompensieren. Der Fall B läßt sich analog mit umgekehrten Vorzeichen erklären.

(2) Der zweite Grund für die verzögerte Anpassung an den steady state liegt in der Überlinearität der Schulbildung. Die nach (5.16) gewichtete Elastizitätensumme ist zwar noch weit von eins entfernt, so daß sich nicht die qualitative Eigenschaft des endogenen Wachstums ergibt. Trotzdem ähnelt das Verhalten des Systems bei Überlinearität einer Akkumulationsquelle dem Verhalten eines Systems mit endogenem Wachstum, was sich in einer sehr zähen Anpassung des Systems an die entsprechenden steady state-Niveaus bzw. in einem sehr flachen Verlauf des Zeitpfads der Wachstumsraten der Modellgrößen gegen null – wie in Abb. 5.7 veranschaulicht – widerspiegelt.

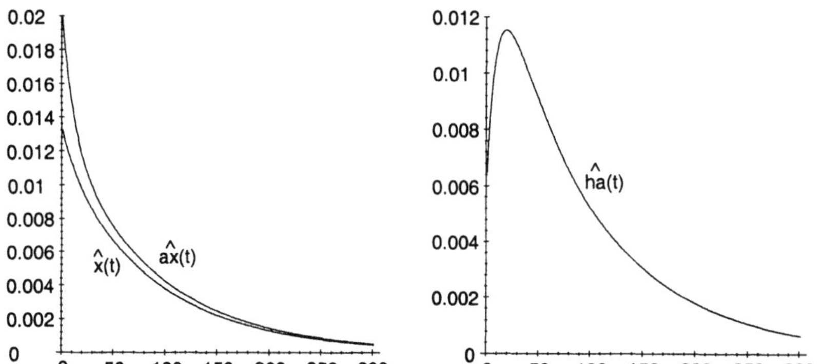

Abb. 5.7: Zeitpfade der Wachstumsraten von Erfahrung, Produktion und Humankapitalintensität im "gemischten" Fall ohne endogenes Wachstum

Die als Beispiel veranschaulichte Dynamik der Modellgrößen ist – abgesehen von der erläuterten Zähigkeit – qualitativ der des vorangegangenen Simulationsbeispiels sehr ähnlich und sei daher nur knapp kommentiert: Wegen der anfänglich geringen Humankapitalintensität wächst das schulische Humankapital zunächst überproportional zur Produktionserfahrung, so daß die Humankapitalintensität steigt. Mit dem Wachstum der Schulbildungsintensität erhöht sich die Produktivität der Erfahrung in der Güterproduktion, so daß anfänglich die Steigerungsraten der Produktion sowie der

Produktionserfahrung relativ hoch sind. Im Wachstumsprozeß sinken allerdings die Grenzerträge der akkumulierbaren Faktoren, so daß schließlich im steady state nur noch die Abschreibungen ausgeglichen werden: Die Modellgrößen weisen dann ein konstantes Niveau auf. In Abb. 5.7 wird allerdings gezeigt, daß eine solche Situation im analysierten Beispiel selbst nach 300 Perioden noch nicht erreicht ist.

(B) Der allgemeine Fall endogenen Wachstums: $\gamma_1+\delta_1\cdot\frac{\gamma_2}{1-\delta_2}=1$

Erreicht die zwischen den beiden Akkumulationsfunktionen gewichtete Elastizitätensumme den Wert eins, so ist aus der Akkumulation der verschiedenen Humankapitalarten anhaltendes endogenes Wachstum möglich. Die Parameter des für diesen Fall gewählten Beispiels seien die gleichen wie im obigen Fall ohne endogenes Wachstum; nur die Elastizitäten der akkumulierbaren Faktoren in den Akkumulationsgleichungen sind nun so gesetzt, daß die Bedingung (5.16) erfüllt ist. Somit sinken hier die Grenzerträge der Kapitalarten nicht soweit, daß allenfalls eine Deckung der Abschreibungen erreicht wird, wie dies im vorher beschriebenen Fall ohne endogenes Wachstum im steady state noch auftrat. Das Parameterbeispiel sei:

$$\delta_1={}^1\!/_3;\ \delta_2={}^2\!/_3;\ \gamma_1={}^3\!/_4;\ \gamma_2={}^1\!/_4;$$

Das exemplarische Differentialgleichungssystem für den Fall endogenen Wachstums ist:

$$\overset{\circ}{ax}=\frac{1}{12}\cdot 3^{(2/3)}\cdot ax(t)^{(13/12)}\cdot ha(t)^{(1/3)}-\frac{1}{10}\cdot ax(t)$$

$$\overset{\circ}{ha}=\frac{1}{36}\cdot\frac{ha(t)^{(2/3)}\cdot\left(3^{(5/6)}-3^{(5/3)}\cdot ha(t)^{(2/3)}\cdot ax(t)^{(1/6)}\right)}{ax(t)^{(1/12)}}$$

Die Zeitpfade für zwei unterschiedliche Ausgangssituationen [A: ax(0)=1 ; ha(0)=0,1 / B: ax(0)=0,1 ; ha(0)=1] werden in Abb. 5.8 illustriert. Die Stabilitätseigenschaften des Modells haben sich durch die Änderung der angenommenen Produktionselastizitäten grundlegend geändert. Nun wird infolge des endogenen Wachstums langfristig nicht mehr ein konstantes steady state-Niveau der Produktionserfahrung ax, des schulischen Humankapitals h und der Produktion x realisiert, sondern es werden vielmehr konstante Wachstumsraten angestrebt. Da im allgemeinen Fall der Gültigkeit von Bedingung (5.16) zwar langfristig konstante balanced growth-Wachstumsraten der Modellgrößen erreicht werden, diese jedoch nicht übereinstimmen, erreicht auch die Humankapitalintensität ha langfristig kein konstantes steady state-Niveau. Weil weder ax noch ha steady state-Niveaus aufweisen, kann in Abb. 5.8 auch kein steady state eingezeichnet werden.

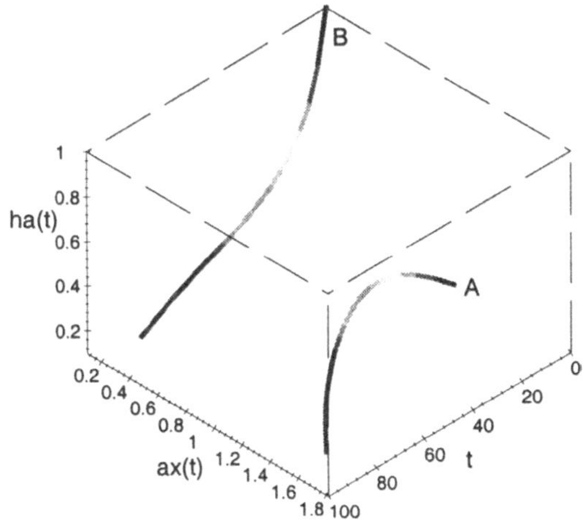

Abb. 5.8: Unterschiedliche Zeitpfade der Erfahrung und der Humankapitalintensität der Erfahrung bei endogenem Wachstum

Die mit A bezeichnete Trajektorie, die für Ausgangswerte von ax(0) = 1 und ha(0) = 0,1 folgt, wird in Abb. 5.9 sowie in Abb. 5.10 näher betrachtet. Dort wird offensichtlich, daß keine steady states der Niveaugrößen existieren. Die Produktionserfahrung ax wächst im balanced growth exponentiell, während die Humankapitalintensität ha langfristig sinkt, da das Humankapital h mit geringerer Rate wächst als die Produktionserfahrung ax. Dies liegt darin begründet, daß im gerade betrachteten Beispiel die Produktion der Investitionsgüter (mit $\delta_1+\gamma_1 = {}^1/_3 + {}^3/_4 > 1$) überlinear in den akkumulierbaren Faktoren ist, während gleichzeitig die Humankapital-"Produktion" in diesen Faktoren unterlinear ist ($\delta_2+\gamma_2 = {}^2/_3 + {}^1/_4 < 1$). Im umgekehrten Fall hätte sich langfristig eine steigende Humankapitalintensität ergeben.

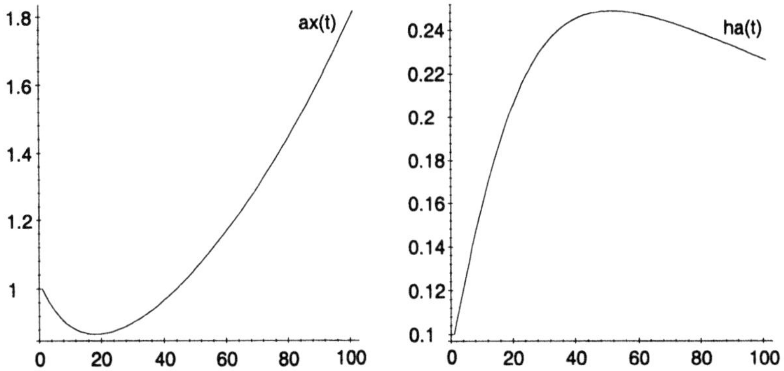

Abb. 5.9 : Zeitpfade der Erfahrung und der Humankapitalintensität der Erfahrung bei endogenem Wachstum

Die Wachstumsrate der Güterproduktion folgt wieder mit Gleichung (5.11) als $\hat{x} = \delta_1 \cdot \hat{ha} + (\delta_1 + \gamma_1) \cdot \hat{ax}$. Wie Gleichung (5.19) zeigt, weist die Güterproduktion und die sich aus der Produktion speisende Erfahrungsakkumulation langfristig die gleiche balanced growth-Wachstumsrate auf: $\hat{x}_{bg} = \hat{ax}_{bg}$.

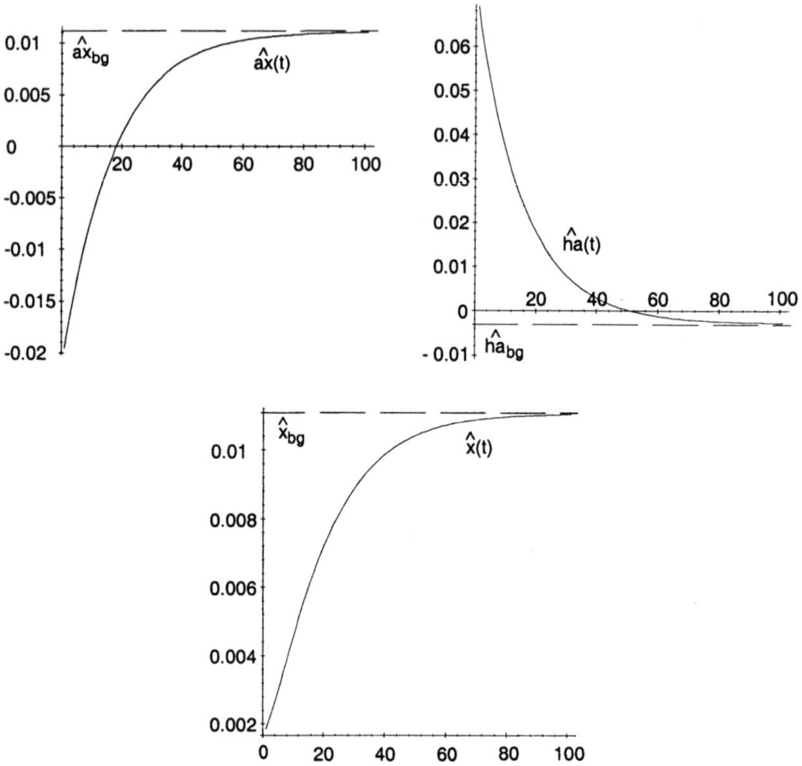

Abb. 5.10: Zeitpfade der Wachstumsraten von Erfahrung, Humankapitalintensität und Produktion bei endogenem Wachstum

Das Beispiel ist analog zu dem im Vorkapitel beschriebenen Exempel für das k-ax-Modell im Fall von endogenem Wachstum gewählt: Die Wachstumsrate der Erfahrung ist in der Anfangsphase negativ, strebt aber gegen eine positive langfristige Gleichgewichtsrate. Der Grund liegt (analog) in der anfänglich sehr geringen Humankapitalintensität der Erfahrung, die dazu führt, daß die Produktivität der Erfahrung nicht ausreicht, um Abschreibungsverluste zu kompensieren. Mit wachsender schulischer Humankapitalintensität steigt auch die Produktivität der Erfahrung, so daß die hieraus folgende Erfahrungsbildung die Erfahrungsabschreibung überkompensiert. Im dargestellten Beispiel ist infolge eines anfangs sehr hohen Humankapitalwachstums auch die Wachstumsrate der Humankapitalintensität sehr hoch. Dies reicht zwar aus, die Wachstumsrate der Güterproduktion auch zu Beginn im positiven Bereich zu halten; trotzdem konvergiert $\hat{x}$ infolge des zunächst negativen, aber dann steigenden Erfahrungswachstums von unten gegen seinen langfristigen Gleichgewichtswert.

(C) Endogenes Wachstum bei Linearität in allen Akkumulationsgleichungen

Das bekannte Parameterbeispiel soll nun so modifiziert werden, daß beide Gleichungen, aus denen sich die Faktorakkumulation speist, i.e. die Güterproduktionsfunktion und die Gleichung zur Schulbildung, jeweils Linearität in den akkumulierbaren Faktoren aufweisen. D.h. die Elastizitäten sollen sich mit $\delta_1+\gamma_1=1$ und $\delta_2+\gamma_2=1$ jeweils zu eins summieren. Da für beide Sektoren Linearität vorliegt, gilt auch für die gemäß (5.16) zwischen den beiden Funktionen gewichtete Elastizitätensumme Linearität. Somit liegt ein Spezialfall endogenen Wachstums vor, der sich durch ein langfristig konstantes Verhältnis zwischen den akkumulierbaren Faktoren auszeichnet. Als Beispiel soll für die Produktionselastizitäten folgende Kombination angenommen werden:

$$\delta_1={}^1/_3\,;\ \delta_2={}^2/_3\,;\ \gamma_1={}^2/_3\,;\ \gamma_2={}^1/_3$$

Die Dynamik des Systems wird nun durch folgendes Differentialgleichungssystem beschrieben:

$$\overset{\circ}{ax}=\frac{1}{60}\cdot ax(t)\cdot\left(5\cdot 3^{(2/3)}\cdot ha(t)^{(1/3)}-6\right)$$

$$\overset{\circ}{ha}=\frac{1}{36}\cdot ha(t)^{(2/3)}\cdot\left(3^{(5/6)}-3^{(5/3)}\cdot ha(t)^{(2/3)}\right)$$

Die Besonderheit des Falls der "Einzellinearität" liegt darin, daß die Dynamik der schulischen Humankapitalintensität der Erfahrung $\overset{\circ}{ha}$ nur noch vom eigenen Niveau ha abhängt. Damit hat sich die Stabilitätseigenschaft des Systems gegenüber dem allgemeinen Fall endogenen Wachstums verändert. Die Stabilitätssituation des Modells ist nun durch ein eindimensionales Phasendiagramm illustrierbar (Abb. 5.11). Es liegt mit $ha_{st}=0{,}25328$ ein Gleichgewichtswert von ha vor, für den sich ha nicht mehr verändert, während für $ha<ha_{st}$ die Humankapitalintensität ansteigt und für $ha>ha_{st}$ fällt: Der Wert ha_{st} ist demzufolge ein stabiles Gleichgewicht, das langfristig als steady state-Wert vom System angestrebt wird.

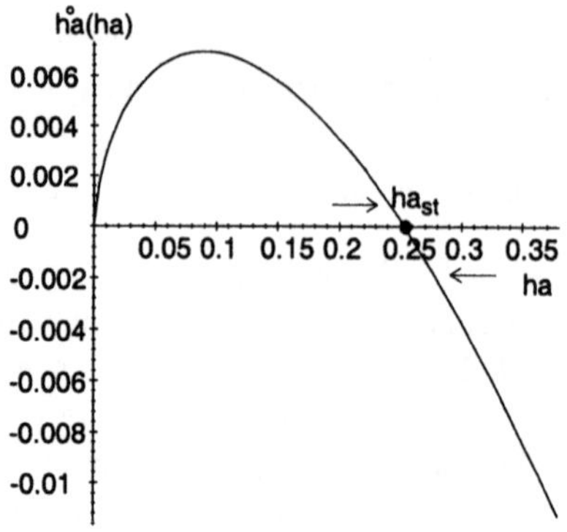

Abb. 5.11: Eindimensionales Phasendiagramm der schulischen Humankapitalintensität der Erfahrung bei Linearität in den Einzelakkumulationen

Für eine mit $ax(0)=1$ und $ha(0)={}^{1}/_{10}\cdot ha_{st}=0{,}025$ charakterisierte Ausgangssituation wurde die Dynamik des Systems simuliert und in den Abbildungen Abb. 5.12 und Abb. 5.13 veranschaulicht.

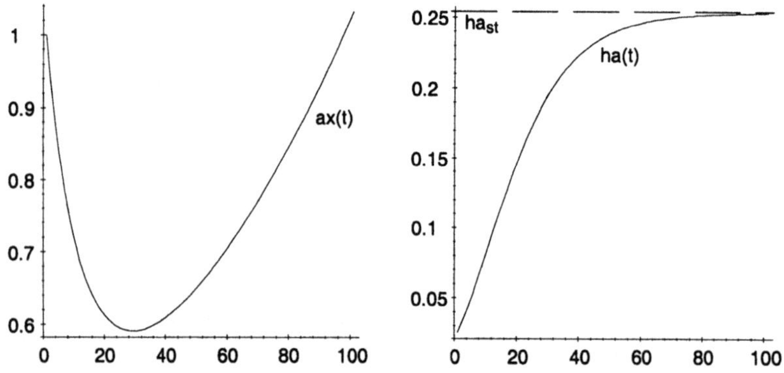

Abb. 5.12: Zeitpfade der Erfahrung und der Humankapitalintensität der Erfahrung bei Linearität in den Einzelakkumulationen

Da hier zu Beginn eine extrem geringe Humankapitalintensität vorliegt, kann zunächst nicht genügend Erfahrung aus der Produktion gebildet werden, um Abschreibungsverluste auszugleichen. Ebenso wie im vorhergehenden Simulationsbeispiel schrumpft der Erfahrungsstock zunächst, um schließlich bei einer steigenden Humankapitalintensität zu wachsen. Die Wachstumsrate der Erfahrung nähert sich somit ihrer positiven steady state-Rate, während die Humankapitalintensität im Fall der Einzellinearität ein konstantes steady state-Niveau anstrebt. Die Wachstumsrate der Produktion, die sich aus dem Erfahrungswachstum und der Änderungsrate der Intensität errechnet, weist im vorliegenden Simulationsbeispiel ein unstetes Verhalten auf. Zunächst infolge des sehr hohen Intensitätswachstums oberhalb der langfristig angestrebten Wachstumsrate liegend, sinkt die Produktionswachstumsrate später infolge des sinkenden Erfahrungsstocks. Mit der steigenden Wachstumsrate der Erfahrung steigt schließlich die Rate des Produktionswachstums wieder an, um langfristig die gleiche Wachstumsrate wie die Erfahrung ax zu erreichen. Da ha sich langfristig nicht mehr ändert, gilt auch für das schulische Humankapital im steady state die gemeinsame Wachstumsrate von $\hat{x}_{st} = \hat{ax}_{st} = \hat{h}_{st} = 0{,}9673\%$.

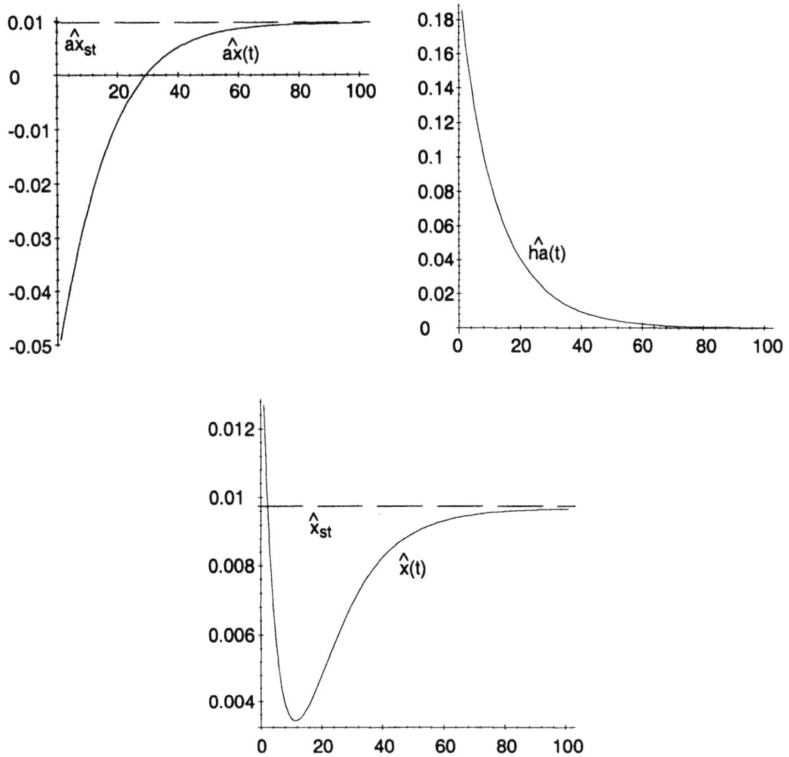

Abb. 5.13: Zeitpfade der Wachstumsraten der Erfahrung, der Humankapitalintensität und der Produktion bei Linearität in den Einzelakkumulationen

(D) Unterlinearität in der Güterproduktion bei $\delta_2 = 1$ und $\gamma_2 = 0$

Wie in allgemeiner Form schon ausgeführt, weist der Fall für den sich die Schulbildung nur auf das schulische Humankapital selbst stützt ($\gamma_2 = 0$) und hierbei allein schon die für das endogene Wachstum erforderliche Linearität erreicht ($\delta_2 = 1$), folgende Besonderheit auf: Die Endogenitätseigenschaft des Wachstums ist allein durch die Akkumulation des schulischen Humankapitals sichergestellt. Die Erfahrungsakkumulation aus der Güterproduktion kann hier also unterlinear in den akkumulierbaren Faktoren sein, und trotzdem kommt es zu anhaltendem endogenem Wachstum.

Dies sei an einem Simulationsbeispiel demonstriert. Die Parameter sollen bis auf folgende Ausnahmen den vorangegangenen Beispielen entsprechen:

$$\delta_2 = 1\,;\ \gamma_2 = 0\,;\ \delta_1 = {}^1\!/_3\,;\ \gamma_1 = {}^1\!/_3\,;\ \phi_2 = {}^2\!/_3\,;\ \phi_3 = {}^2\!/_3\,.$$

Hieraus folgt das Differentialgleichungssystem:

$$\overset{\circ}{ax} = \frac{2}{9}\cdot 3^{(2/3)}\cdot ax(t)^{(2/3)}\cdot ha(t)^{(1/3)} - \frac{1}{10}\cdot ax(t)$$

$$\overset{\circ}{ha} = \frac{2}{27}\cdot\frac{ha(t)\cdot\left(\sqrt{3}\cdot ax(t)^{(1/3)} - 3^{(5/3)}\cdot ha(t)^{(1/3)}\right)}{ax(t)^{(1/3)}}$$

Die Wachstumsrate des Humankapitals errechnet sich unabhängig vom Stand der Faktorakkumulation mit Gleichung (5.20') als konstante Größe direkt aus den Parametern als $\hat{h} = 0{,}0283$.

Mit der konstanten Wachstumsrate des Humankapitals sind gemäß Gleichung (5.23) und (5.24) die anderen langfristigen balanced growth-Wachstumsraten in Abhängigkeit von $\hat{h}$ ebenfalls bestimmt (zufällig in gleicher Höhe):

$$\hat{x}_{bg} = \hat{ax}_{bg} = \frac{\delta_1}{1-\gamma_1}\cdot\hat{h} = 0{,}01415 \qquad \text{und}$$

$$\hat{ha}_{bg} = \frac{1-\gamma_1-\delta_1}{1-\gamma_1}\cdot\hat{h} = 0{,}01415 \ .$$

Da zwar Linearität in der Humankapitalakkumulation vorliegt, die Güterproduktion aber im Beispiel unterlinear ist, strebt die Humankapitalintensität kein konstantes steady state-Niveau an. Vielmehr weist ha eine balanced growth-Änderungsrate (in Höhe der Differenz zwischen $\hat{ax}_{bg}$ und $\hat{h}$) auf. Diese Änderungsrate ist positiv, da die Summe der Elastizitäten der akkumulierbaren Faktoren in der Schulbildung gleich eins und die Summe der Produktionselastizitäten dieser Faktoren in der Güterproduktion gleichzeitig kleiner eins ist.

In Abb. 5.14 und Abb. 5.15 sind die Zeitpfade der Modellgrößen dargestellt, wie sie sich für eine Ausgangssituation mit $ax(0) = 1$ und $ha(0) = 0{,}1$ ergeben. Die Erfahrungsbildung (sowie die Produktion selbst) weist zunächst ein weit über der balanced growth-Rate liegendes Wachstum auf. Infolgedessen sinkt die Humankapitalintensität der Erfahrung anfänglich, um schließlich bei sinkender Wachstumsrate des Erfahrungsstocks gegen seine langfristig positive Änderungsrate zu konvergieren. Das Beispiel macht deutlich, daß allein die Linearität der Schulbildung im schulischen Humankapital für ein anhaltendes endogenes Wachstum ausreicht.

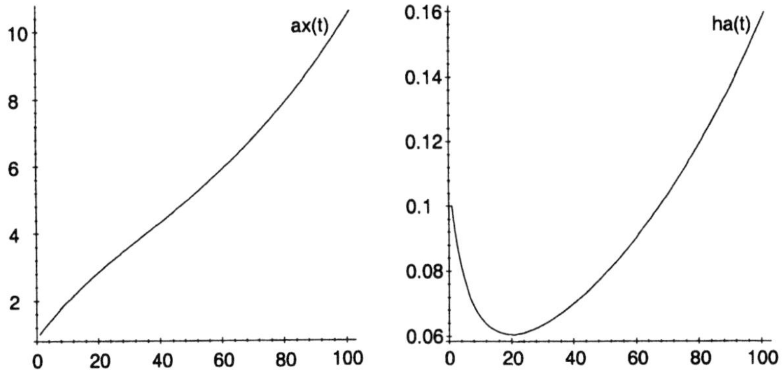

Abb. 5.14: Zeitpfade der Erfahrung und der Humankapitalintensität der Erfahrung bei $\delta_2 = 1$, $\gamma_2 = 0$ und Unterlinearität in der Produktion

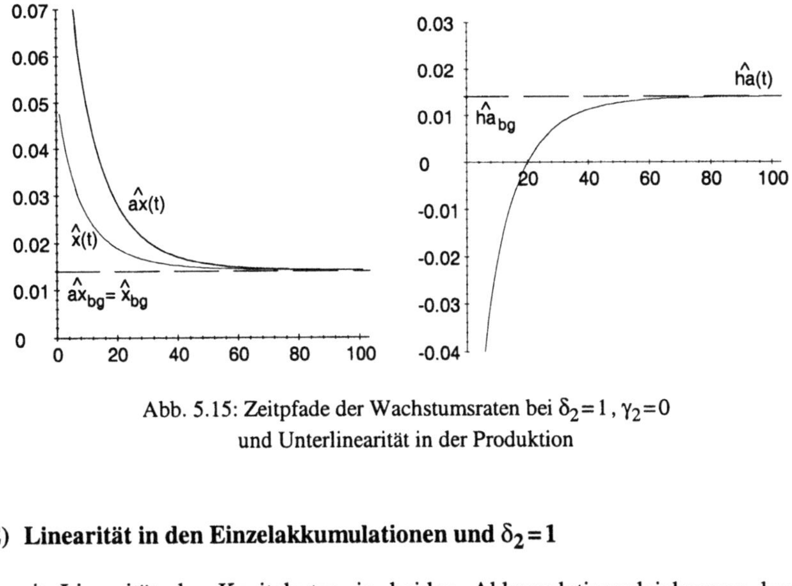

Abb. 5.15: Zeitpfade der Wachstumsraten bei $\delta_2 = 1$, $\gamma_2 = 0$ und Unterlinearität in der Produktion

(E) Linearität in den Einzelakkumulationen und $\delta_2 = 1$

Soweit Linearität der Kapitalarten in beiden Akkumulationsgleichungen besteht, gleichzeitig aber noch der Fall ausschließlicher linearer Abhängigkeit der Schulbildung vom Humankapital unterstellt wird, liegt eine Kombination der beiden vorangehenden Simulationsfälle vor. Die Linearität in beiden Akkumulationsgleichungen bewirkt, daß ein steady state-Wert der Humankapitalintensität angestrebt wird. Gleichzeitig bedeutet der Fall $\delta_2 = 1$, daß die Wachstumsrate des Humankapitals nur von den Modellparametern und nicht vom Stand der Faktorakkumulation abhängt: Die konstante Wachstumsrate des Humankapitals $\hat{h}$ gilt außerdem von Anfang an. Da die Humankapitalintensität der Erfahrung langfristig ein konstantes Niveau aufweist, muß der Erfahrungsstock eine steady state-Wachstumsrate in Höhe von $\hat{h}$ aufweisen. Gleiches gilt damit schließlich auch für die Wachstumsrate der Produktion. Im betrachteten Fall wird daher die langfristige Dynamik aller Modellgrößen direkt und in voller Höhe durch die Schulbildung determiniert.

Die Parameter seien wie im vorangehenden Beispiel gesetzt, allerdings gilt nun mit $\delta_1 = {}^1/_3$ und $\gamma_1 = {}^2/_3$ auch in der Güterproduktion Linearität in den akkumulierbaren Faktoren. Hieraus ergibt sich das Differentialgleichungssystem als:

$$\overset{\circ}{ax} = \frac{1}{90} \cdot ax(t) \cdot \left(20 \cdot 3^{(2/3)} \cdot ha(t)^{(1/3)} - 9\right)$$

$$\overset{\circ}{ha} = \frac{2 \cdot \sqrt{3}}{27} \cdot ha(t) - \frac{2}{9} \cdot 3^{(2/3)} \cdot ha(t)^{(4/3)}$$

Die Differentialgleichung $\overset{\circ}{ha}$ weist wegen der Linearität in beiden Akkumulationen wieder nur eine Abhängigkeit von ha selbst auf. Eine Veranschaulichung der mit $\overset{\circ}{ha}$(ha) gegebenen Stabilitätssituation anhand eines Phasendiagramms in Abb. 5.16 entspricht qualitativ dem allgemeineren Fall in Abb. 5.11: Wieder liegt bezüglich ha ein stabiles steady state-Gleichgewicht vor ($ha_{st} = 0{,}02138$).

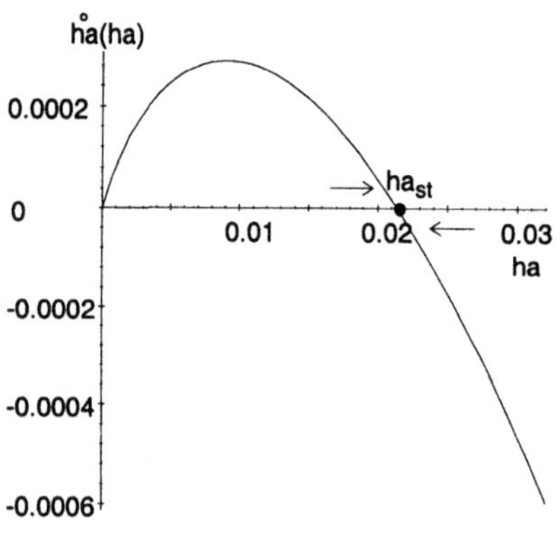

Abb. 5.16: Phasendiagramm der schulischen Humankapitalintensität der Erfahrung bei Linearität in den Einzelakkumulationen und $\delta_2 = 1$

Da sich im Vergleich zum vorangegangenen Beispiel für die gemäß Gleichung (5.20') zu bestimmende Wachstumsrate des Humankapitals keine Unterschiede ergeben, gilt weiterhin die zeitkonstante Rate in Höhe von $\hat{h} = 0{,}0283$. Allerdings folgen nun verglichen mit dem Vorbeispiel andere steady state-Wachstumsraten der weiteren Modellgrößen: Der Erfahrungsstock und die Produktion müssen nun langfristig mit der gleichen Rate wachsen wie das Humankapital.

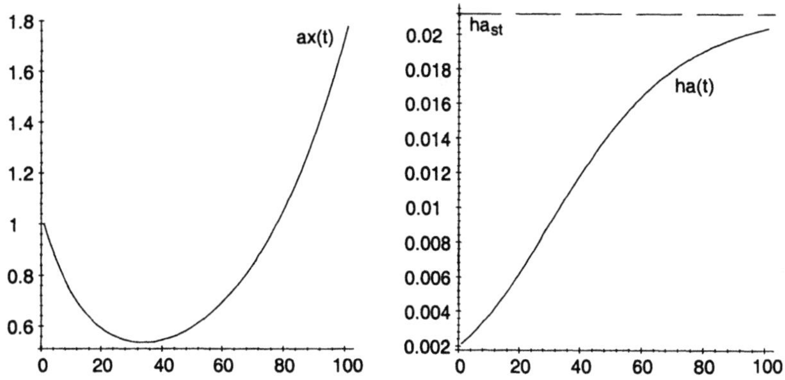

Abb. 5.17: Zeitpfade der Erfahrung und der Humankapitalintensität bei $\delta_2=1$, $\gamma_2=0$ und Linearität in der Güterproduktion

Die Simulation erfolgte auf der Basis der Ausgangswerte in Höhe von $ax(0)=1$ und $ha(0)={}^1/_{10}\cdot ha_{st}=0{,}00283$. Infolge der zu Beginn zu geringen Humankapitalintensität sinkt auch im gerade vorliegenden Beispiel der Erfahrungsstock zunächst, um mit steigendem ha erneut positive Wachstumsraten aufzuweisen. Die Wachstumsraten der Erfahrungsbildung sowie der Produktion nähern sich von unten der mit dem Humankapitalwachstum gegebenen steady state-Wachstumsrate des gesamten Systems.

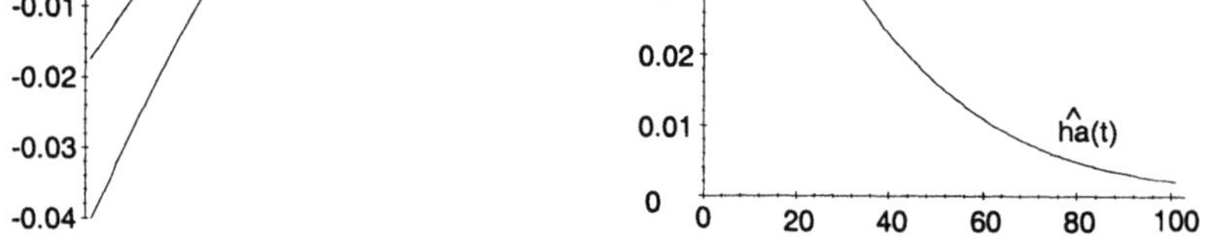

Abb. 5.18: Zeitpfade der Wachstumsraten bei $\delta_2=1$, $\gamma_2=0$ und Linearität in der Güterproduktion

5.3 Die dynamische Optimierung der Schulbildung und der Arbeitszeit

5.3.1 Das intertemporale Optimierungsproblem in allgemeiner Formulierung

Die Darstellung des Modells erfolgte im Vorabschnitt noch unter Verzicht auf eine intertemporale Optimierung der verschiedenen Entscheidungsmöglichkeiten, die den Wirtschaftssubjekten im Rahmen des Modells eigentlich gegeben sind. So wurden die Arbeitszeitentscheidung mittels der Arbeitszeitquote q sowie die Aufteilung der Faktoren Humankapital und Arbeitszeit auf die beiden Sektoren, i.e. auf die Güterproduktion bzw. die Schulbildung, mittels der Anteilswerte ω und ν nicht explizit modelliert. Statt dessen wurden die entsprechenden Quoten als zeitkonstante Modellparameter behandelt. Im Rahmen einer intertemporalen Optimierung kann die Entscheidungsfindung explizit gemacht werden. Folglich sind in einem solchen Ansatz die genannten Quoten als Ergebnis der Entscheidungsfindung modellendogen und daher auch als Variable erfaßt. Die Modellierung der Entscheidungen über Quoten hat den Vorteil, daß im steady state konstante Anteilswerte angestrebt werden. Folglich behalten die Beschreibungen des steady states aus dem Vorabschnitt auch im Rahmen des dynamischen Optimierungsmodells ihre Gültigkeit.

Da mit der Endogenisierung der unterschiedlichen Entscheidungsmöglichkeiten die Komplexität des Modells stark zunimmt, soll auf die schon in Abschnitt 5.2.3 genannten Vereinfachungsmöglichkeiten zurückgegriffen werden. Mit der Frage des (endogenen) Wachstums steht die Akkumulation der Faktoren im Brennpunkt des Interesses. Daher soll auf die explizite Modellierung der Aufteilung der reinen Arbeitszeit und damit auf die Endogenisierung der Entscheidung über die optimale Höhe von ν verzichtet werden. Implizit wird insofern angenommen, daß der Einsatz des (personengebundenen) Humankapitals und der reine Zeiteinsatz nicht unabhängig voneinander gesteuert werden können. Ein unabhängiger Einsatz wäre dann nicht möglich, wenn alle Wirtschaftssubjekte das gleiche (über h erfaßte) schulische Qualifikationsniveau aufweisen. Erst die Heterogenität der Wirtschaftssubjekte würde eine Trennung zwischen Humankapitaleinsatz und reinem Zeiteinsatz ermöglichen. Da im folgenden die Nutzenfunktion eines *repräsentativen* Wirtschaftssubjekts (welches mit dem Humankapital h ausgestattet ist) maximiert wird, "paßt" der Wegfall der expliziten Entscheidung über die reine Zeitverteilung sogar besser in die Systematik des Optimierungsmodells.

In Abb. 5.19 ist die in diesem Sinne simplifizierte Modellstruktur skizziert. Das Potential an reiner Arbeit(szeit) L wird nun nicht mehr explizit erfaßt. Die Arbeitszeit-Freizeit-Entscheidung beeinflußt bei der vereinfachten Modellstruktur die Höhe der Güterproduktion allein über die Änderung der Leistungsabgabe des schulischen Humankapitals.

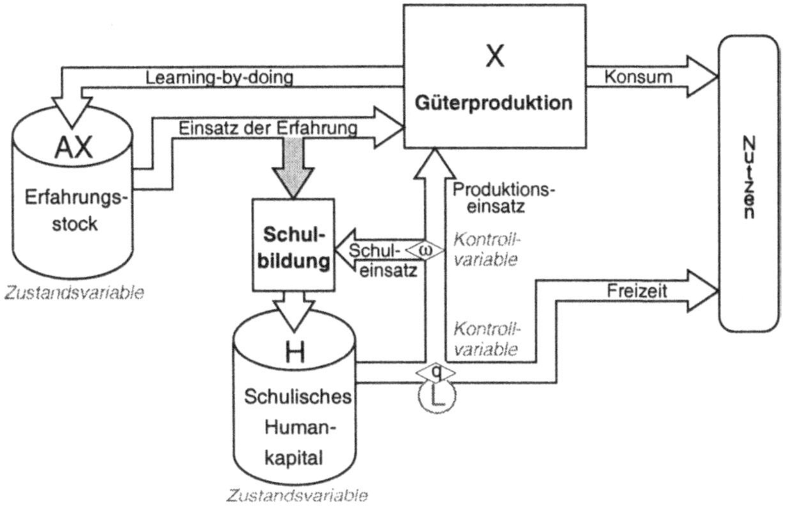

Abb. 5.19: Modellstruktur des vereinfachten h-ax-Modells bei intertemporaler Optimierung

Im Rahmen eines dynamischen Optimierungsansatzes ist daher zum einen wieder die intertemporale Verteilung des gesamten Zeitpotentials auf Arbeits- und Freizeit über den Zeitpfad von q(t) zu ermitteln sowie die Verteilung des schulischen Humankapitals auf Güterproduktion bzw. schulische Ausbildung über den Zeitpfad der Quote ω(t) zu bestimmen. Mit der Wahl von q_t und ω_t soll analog zu den Vorkapiteln wieder die Wohlfahrt im Sinne des intertemporalen Nutzens eines repräsentativen Wirtschaftssubjekts maximiert werden.

Der dynamische Optimierungsansatz sei zunächst wieder – abstrahierend von der oben ausgeführten Cobb-Douglas-Formulierung – in allgemeiner Form aufgestellt. Für die Güterproduktion, die schulische Humankapitalbildung sowie die Erfahrungsakkumulation ergeben sich folgende allgemeine Formulierungen:

(5.38) $x_t = x(h_t, ax_t, \omega_t, q_t)$ (Güterproduktion)

(5.39) $\overset{\circ}{h}_t = g(h_t, ax_t, \omega_t, q_t) - \mu \cdot h_t$ (Schulausbildung)

(5.40) $\overset{\circ}{ax}_t = a(h_t, ax_t, \omega_t, q_t) - \mu \cdot ax_t$ (Erfahrungsakkumulation)

Es wird abermals die zeit-separable Nutzenfunktion eines repräsentativen Wirtschaftssubjekts unter den Nebenbedingungen der schulischen Humankapital- und der Erfahrungsakkumulation intertemporal maximiert (Modell des "Sozialen Planers"). Der Nutzen des repräsentativen Wirtschaftssubjekts entsteht durch Freizeit (1−q) und durch den Konsum von Gütern, der hier mangels Spar- bzw. Investitionsmöglichkeit der Güterproduktion entspricht (c=x). Der intertemporale Nutzen U folgt aus der Aggregation der jeweiligen momentanen Nutzen (u_t) als:

$$U = \int_0^{\infty} u_t[x(h_t,ax_t,\omega_t,q_t),\, q_t] \cdot e^{-\rho \cdot t}\, dt \tag{5.41}$$

(intertemporale Nutzenfunktion)

Als Werkzeug zur dynamischen Optimierung dient erneut das Maximumprinzip von Pontryagin. Wie im Fall des Kapital-Erfahrungs-Modells liegen für die beiden betrachteten Kapitalarten Produktionserfahrung und schulisches Humankapital zwei Bewegungsgleichungen und damit zwei dynamische Nebenbedingungen ($\overset{\circ}{ax}$ und $\overset{\circ}{h}$) für die beiden Zustandsvariablen vor. Folglich sind zwei unterschiedliche (zeitvariable) Schattenpreise zu berücksichtigen: λ_2 als Schattenpreis des schulischen Humankapitals und λ_3 wieder als Schattenpreis der Produktionserfahrung.

Die (Present-Value-) **Hamilton-Funktion** H lautet im Fall des um die Schulbildung erweiterten Learning-by-doing-Modells:

$$H = u_t \cdot e^{-\rho \cdot t} + \lambda_2(t) \cdot \overset{\circ}{h}_t + \lambda_3(t) \cdot \overset{\circ}{ax}_t \tag{5.42}$$

$$\Rightarrow \quad H = u_t[x(h_t,ax_t,\omega_t,q_t),q_t] \cdot e^{-\rho \cdot t}$$

$$+ \lambda_2(t) \cdot (g(h_t,ax_t,\omega_t,q_t) - \mu \cdot h_t) + \lambda_3(t) \cdot (a[x(h_t,ax_t,\omega_t,q_t),q_t] - \mu \cdot ax_t)$$

Die **Optimalitätsbedingungen** folgen erneut durch Nullsetzen der partiellen Ableitungen nach den Kontrollvariablen (hier ω und q), wobei vereinfachend der Zeitindex im folgenden vernachlässigt wird:

$$\frac{\partial H}{\partial \omega} = 0: \qquad \frac{\partial u}{\partial x} \cdot \frac{\partial x}{\partial \omega} \cdot e^{-\rho \cdot t} + \lambda_2 \cdot \frac{\partial g}{\partial \omega} + \lambda_3 \cdot \frac{\partial a}{\partial \omega} = 0 \tag{5.43}$$

$$\frac{\partial H}{\partial q} = 0: \qquad \left(\frac{\partial u}{\partial x} \cdot \frac{\partial x}{\partial q} + \frac{\partial u}{\partial q} \right) \cdot e^{-\rho \cdot t} + \lambda_2 \cdot \frac{\partial g}{\partial q} + \lambda_3 \cdot \frac{\partial a}{\partial q} = 0 \tag{5.44}$$

Als Ableitung der Hamilton-Funktion nach den Zustandsvariablen werden in den **Multiplikatorgleichungen** die (negativen) Veränderungen der Schattenpreise erfaßt:

$$\frac{\partial H}{\partial h} = -\overset{\circ}{\lambda}_2 \qquad = \frac{\partial u}{\partial x} \cdot \frac{\partial x}{\partial h} \cdot e^{-\rho \cdot t} + \lambda_2 \cdot \left(\frac{\partial g}{\partial h} - \mu \right) + \lambda_3 \cdot \frac{\partial a}{\partial h} \tag{5.45}$$

$$\frac{\partial H}{\partial ax} = -\overset{\circ}{\lambda}_3 \qquad = \frac{\partial u}{\partial x} \cdot \frac{\partial x}{\partial ax} \cdot e^{-\rho \cdot t} + \lambda_2 \cdot \frac{\partial g}{\partial ax} + \lambda_3 \cdot \left(\frac{\partial a}{\partial ax} - \mu \right) \tag{5.46}$$

Die zwei dynamischen Nebenbedingungen (**Zustandsgleichungen**) ergeben sich bei Ableitung nach den Schattenpreisen:

$$(5.47)\quad \overset{\circ}{h} = \frac{\partial H}{\partial \lambda_2} \qquad = g(h, ax, \omega, q) - \mu \cdot h$$

$$(5.48)\quad \overset{\circ}{ax} = \frac{\partial H}{\partial \lambda_3} \qquad = a(h, ax, \omega, q) - \mu \cdot ax$$

Die **Transversalitätsbedingungen** schließen den dynamischen Optimierungsansatz ab:

$$(5.49)\quad \lim_{t \to \infty} (\lambda_2(t) \cdot h_t) = 0$$

$$(5.50)\quad \lim_{t \to \infty} (\lambda_3(t) \cdot ax_t) = 0$$

Basierend auf den oben spezifizierten Gleichungen läßt sich das intertemporal-optimale Verhalten bezüglich der Arbeitszeit-/Freizeitaufteilung sowie der Aufteilung des Humankapitals auf seine alternativen Verwendungen in Produktion und Bildung bestimmen. Analog zum Vorgehen in den vorangehenden Kapiteln sollen ergänzend die Möglichkeiten der ökonomischen Interpretation dieser formalen Bedingungen näher betrachtet werden.

Aus den beiden Optimalitätsbedingungen lassen sich explizite Ausdrücke für die Schattenpreise ermitteln. Für den Schattenpreis des Humankapitals folgt aus den Gleichungen (5.43) und (5.44) jeweils:

$$(5.51)\quad \lambda_2 = \frac{-\frac{\partial u}{\partial x} \cdot \frac{\partial x}{\partial \omega} \cdot e^{-\rho \cdot t} - \lambda_3 \cdot \frac{\partial a}{\partial \omega}}{\frac{\partial g}{\partial \omega}} = \frac{-du_\omega \cdot e^{-\rho \cdot t} - \lambda_3 \cdot da_\omega}{dg_\omega}$$

$$(5.52)\quad \lambda_2 = \frac{-\frac{\partial u}{\partial x} \cdot \frac{\partial x}{\partial q} \cdot e^{-\rho \cdot t} - \lambda_3 \cdot \frac{\partial a}{\partial q}}{\frac{\partial g}{\partial q}} = \frac{-du_q \cdot e^{-\rho \cdot t} - \lambda_3 \cdot da_q}{dg_q}$$

Das Gleichsetzen der beiden Zwischenlösungen führt zu folgenden Ergebnissen für die beiden Schattenpreise:

$$(5.53)\quad \lambda_2 = e^{-\rho \cdot t} \cdot \frac{du_\omega \cdot da_q - du_q \cdot da_\omega}{da_\omega \cdot dg_q - da_q \cdot dg_\omega}$$

$$(5.54)\quad \lambda_3 = e^{-\rho \cdot t} \cdot \frac{du_q \cdot dg_\omega - du_\omega \cdot dg_q}{da_\omega \cdot dg_q - da_q \cdot dg_\omega}$$

Ein Vergleich mit den Ergebnissen für den Schattenpreis der Erfahrung aus den beiden vorangehenden Kapiteln [dort galt: $\lambda_3 = -e^{-\rho \cdot t} \cdot (du_q / da_q)$] zeigt, daß es sich hier um eine Verallgemeinerung des dortigen Ergebnisses handelt, welches sich für den Spezialfall $da_\omega = du_\omega = 0$ zum dortigen Resultat reduziert.

Die Optimalitätsbedingungen lassen sich unter Verwendung des hier nur impliziten Schattenpreises der (Konsum-) Güter – der im Vorkapitel als diskontierter Konsumgrenznutzen mit $\lambda_1 = \frac{\partial u}{\partial x} \cdot e^{-\rho \cdot t}$ explizit errechnet wurde – in eine leichter interpretierbare Form umschreiben.[4] Zunächst sei die in anderen Varianten schon aus den Vorkapiteln bekannte Optimalitätsbedingung für die Arbeits-Freizeit-Entscheidung über die Arbeitszeitquote q betrachtet. Die entsprechende Marginalbedingung in Gleichung (5.44) läßt sich umformen in:

$$(5.44')\quad \frac{\partial H}{\partial q} = 0: \qquad \underbrace{\lambda_1 \cdot \frac{\partial x}{\partial q}}_{❶} + \underbrace{\lambda_2 \cdot \frac{\partial g}{\partial q}}_{❷} + \underbrace{\lambda_3 \cdot \frac{\partial a}{\partial q}}_{❸} = \underbrace{\left(-\frac{\partial u}{\partial q}\right) \cdot e^{-\rho \cdot t}}_{❹}$$

mit:
❶: Gegenwartswert des Grenznutzens aus dem Konsum der durch zusätzliche Arbeitszeit in t erstellten Produkte (mittels λ_1 erfolgt implizit eine Diskontierung auf den Gegenwartsnutzen)
❷: Gegenwartswert der Grenz-Humankapitalbildung aus zusätzlicher Arbeitszeit
❸: Gegenwartswert der Grenz-Erfahrungsbildung aus der Produktion mittels zusätzlicher Arbeitszeit
❹: Gegenwartswert des Grenznutzens aus Freizeit in t

Die Interpretation der Optimalitätsbedingung $\frac{\partial H}{\partial q} = 0$ ändert sich in den Grundzügen nicht gegenüber den Ausführungen zu den analogen Bedingungen der Vorkapitel. Mit der in (5.44') wiedergegebenen Marginalbedingung wird erneut sichergestellt, daß für die verschiedenen Zeitverwendungsalternativen ein Ausgleich des Grenznutzens der Zeit unter Berücksichtigung der aus dem Erfahrungsaufbau folgenden Zukunfts-

---

4 Bei der Interpretation des Ausdrucks "λ_1" ist an dieser Stelle zu beachten, daß es sich hier nicht um einen explizit aus dem gerade betrachteten Optimierungsansatz folgenden Schattenpreis handelt, sondern nur um eine Interpretationshilfe.

effekte des aktuellen Handelns erfolgt. Der Grenznutzen der Zeit bei der Verwendung als Freizeit (❹) muß dem Grenznutzen entsprechen, der durch zusätzliche Arbeitszeit entsteht. Da die Arbeitszeit auf die Verwendungen Güterproduktion und Schulausbildung aufgeteilt wird, setzt sich der Grenznutzen zusätzlicher Arbeitszeit aus dem Konsumgrenznutzen der mit der zusätzlichen Arbeitszeit produzierten Güter (❶) und dem Wert des zusätzlich geschaffenen schulischen Humankapitals (❷) zusammen. Außerdem besteht noch eine intertemporal wirkende Nutzen-Komponente der Arbeitszeit: Der Wert des zusätzlichen Erfahrungsaufbaus bei vermehrtem Arbeitseinsatz (❸) muß in das dynamisch-optimale Arbeits-Freizeit-Entscheidungs-Kalkül integriert werden.

Ein analoges Vorgehen für die Marginalbedingung $\frac{\partial H}{\partial \omega}=0$ führt zu:

$$(5.43') \quad \frac{\partial H}{\partial \omega}=0: \qquad \underbrace{\lambda_1 \cdot \frac{\partial x}{\partial \omega}}_{❺} + \underbrace{\lambda_3 \cdot \frac{\partial a}{\partial \omega}}_{❻} = \underbrace{\lambda_2 \cdot \left(-\frac{\partial g}{\partial \omega}\right)}_{❼}$$

mit: ❺: Gegenwartswert des Grenznutzens aus dem Konsum der Güter, die bei zusätzlichem Einsatz von schulischem Humankapital in der Produktion geschaffen werden

❻: Gegenwartswert der Grenz-Erfahrungsbildung bei zusätzlichem Einsatz von Humankapital in der Produktion

❼: Gegenwartswert der Grenz-Humankapitalbildung bei zusätzlichem Einsatz von Humankapital in der Schulbildung

Wie zu erwarten, stellt auch die Optimalitätsbedingung $\frac{\partial H}{\partial \omega}=0$ einen Ausgleich des Grenznutzens sicher, und zwar den Ausgleich des Grenznutzens aus den alternativen Möglichkeiten der Verwendung des schulischen Humankapitals. Der Wert des zusätzlichen Humankapitals, das bei vermehrter Verwendung des Humankapitals in der Schulbildung gebildet wird (❼), muß bei optimaler Allokation der Summe aus dem Wert der Güter (❺) sowie der Produktionserfahrung (❻) entsprechen, die zusätzlich geschaffen werden, wenn vermehrt schulisches Humankapital in der Güterproduktion eingesetzt wird. Mit dem Term ❻ werden auch hier die zukünftig positiv wirkenden Effekte der mit der aktuellen Produktion aufgebauten Erfahrung berücksichtigt. Die Erfassung des Erfahrungsaufbaus im Rahmen der intertemporalen Optimierung führt damit c.p. zu einer stärkeren Verwendung des Humankapitals in der Güterproduktion und somit zu einem Abzug von Humankapital aus der Schulbildung.

Zur Interpretation der Multiplikatorgleichungen sollen die Ertragsraten der beiden Humankapitalvarianten betrachtet werden. Der marginale Bruttoertrag des schulischen Humankapitals ergibt sich als Summe aus folgenden Größen: dem Güter-Grenzprodukt des Humankapitals, multipliziert mit dem Güterschattenpreis λ_1, der mit der Produktion des Grenzprodukts zusätzlich gewonnenen Erfahrung, bewertet mit dem Schattenpreis der Erfahrung λ_3, und schließlich dem Grenzprodukt des Humankapitals in der Schulbildung, multipliziert mit dem Schattenpreis des Humankapitals λ_2. Die marginale Netto-Ertragsrate errechnet sich mittels Division des Bruttoertrags durch den Schattenpreis λ_2 und Subtraktion der Abschreibungsrate:

$$(5.55)\quad r_h = \frac{\lambda_1 \cdot \frac{\partial x}{\partial h} + \lambda_3 \cdot \frac{\partial a}{\partial h} + \lambda_2 \cdot \frac{\partial g}{\partial h}}{\lambda_2} - \mu$$

$$= \frac{\partial g}{\partial h} + \frac{\lambda_1}{\lambda_2} \cdot \frac{\partial x}{\partial h} + \frac{\lambda_3}{\lambda_2} \cdot \frac{\partial a}{\partial h} - \mu = -\hat{\lambda}_2$$

Ein Vergleich mit der Gleichung (5.45) zeigt, daß durch die Multiplikatorgleichung wieder die interne Verzinsung der entsprechenden Kapitalart – hier des schulischen Humankapitals – bestimmt und damit in das intertemporale Optimierungskalkül integriert wird. Die Ertragsrate entspricht infolgedessen der negativen Änderungsrate bzw. der Schrumpfungsrate des Schattenpreises, wie sie mit der Multiplikatorgleichung (über $\frac{\partial H}{\partial h} = -\overset{\circ}{\lambda}_2$) festgelegt wird.

Für die Produktionserfahrung läßt sich gemäß der Multiplikatorgleichung (5.46) eine analoge Aussage treffen. Der marginale Bruttoertrag der Erfahrung folgt aus der Summe von dem mit λ_1 bewerteten Güter-Grenzprodukt der Erfahrung sowie der durch die Produktion zusätzlich gewonnenen Erfahrung, multipliziert mit λ_3, sowie der Grenz-Humankapitalbildung der Erfahrung, bewertet mit λ_2. Die interne Netto-Verzinsung folgt wieder bei Division des marginalen Bruttoertrags durch den mit λ_3 gegebenen Wert der marginalen Erfahrungseinheit bei Abzug der Abschreibungsrate:

$$(5.56)\quad r_{ax} = \frac{\lambda_1 \cdot \frac{\partial x}{\partial ax} + \lambda_3 \cdot \frac{\partial a}{\partial ax} + \lambda_2 \cdot \frac{\partial g}{\partial ax}}{\lambda_3} - \mu$$

$$= \frac{\partial a}{\partial ax} + \frac{\lambda_1}{\lambda_3} \cdot \frac{\partial x}{\partial ax} + \frac{\lambda_2}{\lambda_3} \cdot \frac{\partial g}{\partial ax} - \mu = -\hat{\lambda}_3$$

Ebenso wie in den schon früher vorgestellten Modellvarianten stellt die Erfüllung der Transversalitätsbedingungen sicher, daß gegen Ende des Planungshorizonts kein "wertvoller Restbestand" mehr übrig bleibt, der besser vorher nutzensteigernd eingesetzt worden wäre. Der Fall der "unbounded utility" ist bei Gültigkeit der Transversalitätsbedingungen ebenfalls ausgeschlossen.

Das System aus Optimalitätsbedingungen, Multiplikator- und Zustandsgleichungen läßt sich ebenso wie die früher vorgestellten dynamischen Optimierungsansätze lösen, indem die beiden Optimalitätsbedingungen nach t abgeleitet werden. In diese Ableitungen der Optimalitätsbedingungen werden wieder die Änderungen der Schattenpreise gemäß den Multiplikatorgleichungen und die Veränderungen der Bestände entsprechend der Zustandsgleichungen eingesetzt. Die Lösung des so ermittelten Systems nach den Änderungen der Kontrollvariablen (d.h. nach $\frac{dq}{dt} = \overset{\circ}{q}$ sowie nach

$\frac{d\omega}{dt}=\mathring{\omega}$) ergibt zwei Differentialgleichungen in q, ω, h und ax [$\mathring{q}=\mathring{q}(h,ax,\omega,q)$ sowie $\mathring{\omega}=\mathring{\omega}(h,ax,\omega,q)$]. Zusammen mit den beiden Zustandsgleichungen [$\mathring{h}=\mathring{h}(h,ax,\omega,q)$ und $\mathring{ax}=\mathring{ax}(h,ax,\omega,q)$] folgt somit insgesamt ein System aus vier Differentialgleichungen.

Es ist noch recht einfach, die einzelnen Lösungsschritte zur Ermittlung des Differentialgleichungssystems, welches das intertemporal optimale Verhalten der Wirtschaftssubjekte und damit die Dynamik des gesamten Systems beschreibt, rein verbal anzugeben. Allerdings ist die rechentechnische Durchführung dieser Anleitung noch aufwendiger als die Lösung des ebenfalls aus vier nichtlinearen Differentialgleichungen bestehenden k-ax-Modells im 4. Kapitel.

Selbst die noch allgemein formulierbaren ersten Schritte, deren Ergebnisse sich prinzipiell direkt ökonomisch interpretieren lassen, sollen aus diesem Grund nicht mehr vollständig explizit vorgestellt werden. Selbstverständlich lassen sich auch hier erneut Bedingungen für die intertemporale Optimalität ermitteln, die wieder zur Ramsey-Regel analoge Aussagen für die gerade betrachteten akkumulierbaren Faktoren treffen. Die zeitliche Ableitung der aus den Optimalitätsbedingungen hergeleiteten Schattenpreise und das Gleichsetzen mit den in den Multiplikatorgleichungen bestimmten Änderungen der Schattenpreise führt zu Ergebnissen, die hier nur in einer vereinfachten Form wiedergegeben werden sollen. Die Vereinfachung besteht darin, daß die Schattenpreise in einen reinen Diskontierungsteil ($e^{-\rho\cdot t}$) und in einen aktuellen, zum Zeitpunkt t gültigen Teil ($\lambda_{2,akt}$ bzw. $\lambda_{3,akt}$) Teil aufgespalten werden, so daß aus (5.53) und (5.54) jeweils nur ein knapper Ausdruck folgt:

$$(5.53') \quad \lambda_2 = e^{-\rho\cdot t}\cdot\frac{du_\omega\cdot da_q - du_q\cdot da_\omega}{da_\omega\cdot dg_q - da_q\cdot dg_\omega} \equiv e^{-\rho\cdot t}\cdot\lambda_{2,akt}$$

$$(5.54') \quad \lambda_3 = e^{-\rho\cdot t}\cdot\frac{du_q\cdot dg_\omega - du_\omega\cdot dg_q}{da_\omega\cdot dg_q - da_q\cdot dg_\omega} \equiv e^{-\rho\cdot t}\cdot\lambda_{2,akt}$$

Als Wachstumsraten der Schattenpreise folgen damit aus den Optimalitätsbedingungen:

$$(5.57) \quad \hat{\lambda}_2 \equiv \hat{\lambda}_{2,akt} - \rho \qquad \text{bzw.} \qquad \hat{\lambda}_3 \equiv \hat{\lambda}_{3,akt} - \rho$$

Die Kombination dieser Ergebnisse mit den Resultaten aus den Multiplikatorgleichungen führt zu den entsprechenden Ramsey-Analogien:

$$(5.58) \quad \frac{\partial g}{\partial h} + \frac{\lambda_1}{\lambda_2}\cdot\frac{\partial x}{\partial h} + \frac{\lambda_3}{\lambda_2}\cdot\frac{\partial a}{\partial h} = \rho + \mu - \hat{\lambda}_{2,akt}$$

$$\frac{\partial a}{\partial ax}+\frac{\lambda_1}{\lambda_3}\cdot\frac{\partial x}{\partial ax}+\frac{\lambda_2}{\lambda_3}\cdot\frac{\partial g}{\partial ax}=\rho+\mu-\hat{\lambda}_{3,akt} \qquad (5.59)$$

Bei der Bedingung (5.59) handelt es sich um das in einfacheren Varianten schon beschriebene Ramsey-Analogon für die intertemporal optimale Arbeits-Freizeit-Entscheidung. Die Interpretation kann daher in gleicher Weise erfolgen: Auf der linken Seite steht der Gesamtgrenzertrag der Erfahrung, bestehend aus der Grenzerfahrungsbildung der Erfahrung selbst, dem mit dem Schattenpreisverhältnis (λ_1/λ_3) gewichteten Gütergrenzertrag der Erfahrung sowie – in Erweiterung des entsprechenden Ramsey-Analogons des Vorkapitels – der Grenzhumankapitalbildung der Erfahrung, umdimensioniert mit dem Preisverhältnis (λ_2/λ_3). Mit dem Gesamtgrenzertrag der Erfahrung müssen die auf der rechten Seite stehende Größen gedeckt werden: i.e. die Summe aus Diskontierungs- und Abschreibungsrate sowie der Schrumpfungsrate (bzw. negativen Wachstumsrate) der aktuellen Komponente des Schattenpreises $(-\hat{\lambda}_{3,akt})$. Mit dem letzten Term wird der jeweilig in t aktuelle Wertverlust des Erfahrungskapitalstocks erfaßt. Dieser Wertverlust muß im Rahmen eines intertemporal ausgerichteten Vergleichs unterschiedlicher Handlungsalternativen aus dem Grenzertrag gedeckt werden.

Mit Bedingung (5.58) wird die Analogie der Ramsey-Regel für die intertemporal optimale Humankapitalbildung wiedergegeben. Die Interpretation entspricht dem vorhin dargestellten Fall. Auf der linken Seite steht wiederum der Gesamtgrenzertrag – allerdings der des Humankapitals. Der Gesamtgrenzertrag setzt sich abermals aus drei Komponenten zusammen: der Grenzhumankapitalbildung des Humankapitals, dem mit (λ_1/λ_2) umdimensionierten Gütergrenzertrag des Humankapitals und der Grenzerfahrungsbildung des Humankapitals, gewichtet mit (λ_3/λ_2). Der Gesamtgrenzertrag muß auch hier die Summe aus Diskontierungsrate, Abschreibungsrate und Schrumpfungsrate der aktuellen Komponente des Schattenpreises $(-\hat{\lambda}_{2,akt})$ decken.

5.3.2 Cobb-Douglas-Produktionsfunktion und C(I)ES-Nutzenfunktion als Konkretisierung des Optimierungsproblems

Wie schon in den vorangegangenen Kapiteln sei die Lösung des Modells bei intertemporaler Optimierung anhand des Cobb-Douglas-Beispiels demonstriert. Um extrem aufwendige formale Ausdrücke zu vermeiden, soll hierbei neben der schon üblichen Vereinfachung durch die Normierung des Arbeitspotentials auf $\mathbf{L=1}$ auf ein sehr einfaches Beispiel zurückgegriffen werden.

Es wird ausschließlich ein Fall mit endogenem Wachstum untersucht. Die Güterproduktion sei ebenso wie die Schulausbildung linear in den akkumulierbaren Faktoren. Wie anhand des Nicht-Optimierungsfalls aufgezeigt, führt diese Annahme zu einem steady state mit konstanter Humankapitalintensität der Erfahrung. Zusätzlich soll noch vereinfachend angenommen werden, daß die schulische Humankapitalbildung nicht von der Produktionserfahrung abhängt.[5] Für eine solche Situation wurde vorne gezeigt, daß die Wachstumsraten der Modellgrößen damit langfristig nur von der Wachstumsrate des Humankapitals bestimmt werden (vgl. S. 109). Gleichzeitig war das Humankapitalwachstum im Fall ohne intertemporale Optimierung nicht von den Zustandsvariablen h, ax oder dem Verhältnis ha abhängig, sondern nur von q, ν und ω (vgl. Gleichung (5.20')). Diese Quoten waren dort konstante Modellparameter, so daß auch $\hat{h}$ konstant war. Im momentan analysierten Fall dynamischer Optimierung sind aber diese Quoten als Kontrollvariablen von den Wirtschaftssubjekten so zu wählen, daß ein intertemporales Nutzenoptimum resultiert. Dies bedeutet, daß die Kontrollvariablen q und ω zwar mit der Zeit variieren, als Quoten allerdings bei der vorliegenden Parameterkonstellation ein konstantes (langfristig optimales) steady state-Niveau anstreben. Gleiches gilt daher auch für die Wachstumsrate des schulischen Humankapitals.

Als weitere Vereinfachung sei der Spillover-Parameter als $\eta = 1$ angenommen. Bei Berücksichtigung der anderen Annahmen ($\gamma_1 = 1 - \delta_1$; $\delta_2 = 1$ und $\gamma_2 = 0$) lauten die Modellgleichungen in verschiedenen Formulierungsvarianten:

$$x = (q \cdot \omega \cdot h)^{\delta_1} \cdot ax^{1-\delta_1} = (q \cdot \omega \cdot ha)^{\delta_1} \cdot ax \tag{5.60}$$

$$\overset{\circ}{h} = \phi_2 \cdot q \cdot (1-\omega) \cdot h - \mu \cdot h = \phi_2 \cdot q \cdot (1-\omega) \cdot ha \cdot ax - \mu \cdot ha \cdot ax \tag{5.61}$$

$$\overset{\circ}{ax} = \phi_3 \cdot x - \mu \cdot ax = \phi_3 \cdot (q \cdot \omega \cdot h)^{\delta_1} \cdot ax^{1-\delta_1} - \mu \cdot ax \tag{5.62}$$

$$= \phi_3 \cdot (\omega \cdot ha)^{\delta_1} \cdot ax \cdot q^{\delta_1} - \mu \cdot ax$$

Die intertemporale Nutzenfunktion soll wieder eine C(I)ES-Form aufweisen, wobei die Elastizitäten für die *intra*temporale Substitution zwischen Konsum und Freizeit sowie für die *inter*temporale Substitution jeweils vereinfachend auf eins gesetzt werden, so daß die Funktionsform logarithmisch ist:

$$U = \int_0^\infty u_t \cdot e^{-\rho \cdot t}\, dt \qquad \text{mit:} \quad u_t = b \cdot \ln(x) + (1-b) \cdot \ln(1-q) \tag{5.63}$$

[5] Die Struktur des für die intertemporale Optimierung vereinfachten Modells, wie sie in Abb. 5.19 dargestellt wurde, reduziert sich damit noch weiter um den dort grau-schattiert eingezeichneten Strom der Nutzung der Produktionserfahrung in der Schulausbildung.

Der dynamische Optimierungsansatz

Die Hamilton-Funktion lautet bei der gewählten Konkretisierung der allgemeinen Form:

$$(5.64)\quad H = [\, b\cdot \ln(x) + (1-b)\cdot \ln(1-q)\,]\cdot e^{-\rho\cdot t} + \lambda_2(t)\cdot[\, \phi_2\cdot q\cdot(1-\omega)\cdot h - \mu\cdot h\,]$$
$$+ \lambda_3(t)\cdot[\, \phi_3\cdot(q\cdot\omega\cdot h)^{\delta_1}\cdot ax^{1-\delta_1} - \mu\cdot ax\,]$$

Die beiden Optimalitätsbedingungen lauten in einer Schreibweise, die den Interpretationsdarstellungen in (5.43') und (5.44') entspricht:

$$(5.65)\quad \frac{\partial H}{\partial q} = 0: \qquad \lambda_1\cdot\frac{\delta_1\cdot x}{q} + \lambda_2\cdot\phi_2\cdot(1-\omega)\cdot h + \lambda_3\cdot\frac{\phi_3\cdot\delta_1\cdot x}{q} = \frac{1-b}{1-q}\cdot e^{-\rho\cdot t}$$

$$\text{mit: } \lambda_1 = \frac{\partial u}{\partial x}\cdot e^{-\rho\cdot t} = \frac{b}{x}\cdot e^{-\rho\cdot t}$$

$$(5.66)\quad \frac{\partial H}{\partial \omega} = 0: \qquad \lambda_1\cdot\frac{\delta_1\cdot x}{\omega} + \lambda_3\cdot\frac{\phi_3\cdot\delta_1\cdot x}{\omega} = \lambda_2\cdot\phi_2\cdot q\cdot h$$

Hieraus lassen sich die expliziten Ergebnisse für die beiden Schattenpreise leicht errechnen (hier mit $c = x$):

$$(5.67)\quad \lambda_2 = \frac{(1-b)\cdot e^{-\rho\cdot t}}{\phi_2\cdot(1-q)\cdot h}$$

$$(5.68)\quad \lambda_3 = \frac{(1-b)\cdot\omega\cdot q - \delta_1\cdot b\cdot(1-q)}{\phi_3\cdot\delta_1\cdot(1-q)}\cdot\frac{e^{-\rho\cdot t}}{c}$$
$$= \left(\frac{(1-b)\cdot\omega\cdot q}{\phi_3\cdot\delta_1\cdot(1-q)} - \frac{b}{\phi_3}\right)\cdot\frac{e^{-\rho\cdot t}}{x}$$

Das Resultat für den Schattenpreis der Erfahrung λ_3 kann als Erweiterung des Ergebnisses des einfachen ax-Modells interpretiert werden. Für $\omega = 1$ und $\delta_1 = 1$ folgt der in (3.27') wiedergegebene Ausdruck. Da bei der Berechnung von (5.68) die einfache Arbeit nicht explizit erfaßt wurde, wird hier der Parameter β_1 als null angenommen. Bei der Berechnung von (3.27') wurde hingegen noch eine Elastizität der einfachen Arbeit von $\beta = 1$ zugrunde gelegt. Im vorliegenden Fall führt die vereinfachende Koppelung der Arbeitszeit an die Leistungsabgabe des Humankapitals dazu, daß gerade für $\delta_1 = 1$ das Ergebnis aus (3.27') reproduziert wird.

Die interne Verzinsung der akkumulierbaren Faktoren bzw. die Schrumpfungsraten der Schattenpreise, die anhand der Multiplikatorgleichungen zu ermitteln sind, lauten für die konkrete Form:

$$(5.69)\quad r_h = -\hat{\lambda}_2 = \phi_2 \cdot q - \mu$$

$$(5.70)\quad r_{ax} = -\hat{\lambda}_3 = \frac{\phi_3 \cdot (1-\delta_1) \cdot (1-b) \cdot \omega \cdot q}{(1-b) \cdot \omega \cdot q - \delta_1 \cdot b \cdot (1-q)} \cdot (q \cdot \omega \cdot ha)^{\delta_1} - \mu$$

Die die folgende Umformung veranschaulicht für die interne Verzinsung der Erfahrung die Analogie zum einfachen ax-Modell:

$$(5.70')\quad r_{ax} = \frac{\phi_3 \cdot \gamma_1 \cdot (1-b) \cdot \omega \cdot q}{(1-b) \cdot \omega \cdot q - \delta_1 \cdot b \cdot (1-q)} \cdot \frac{c}{ax} - \mu$$

Wird in (5.70') $\omega = 1$ und $\delta_1 = 1$ eingesetzt, so entspricht das Ergebnis demjenigen aus Gleichung (3.41). Trotzdem sind die beiden Ergebnisse nicht völlig vergleichbar, da für die Herleitung von (5.70) noch $\gamma_1 = 1 - \delta_1$ angenommen wurde. Daher kann δ_1 hier nur den Wert eins annehmen, wenn die Erfahrung aus der Güterproduktion restlos wegfällt ($\gamma_1 = 0$). Der Arbeitseinsatz wird hier vereinfachend als an den Einsatz des Humankapitals gekoppelt angenommen. Beim Humankapital handelt es sich aber im Gegensatz zur reinen Arbeit um einen akkumulierbaren Faktor. Folglich fallen die Elastizitäten des schulischen Humankapitals (anders als die der reinen Arbeit) unter die Elastizitätenbedingung für endogenes Wachstum. Daher wird mit der Annahme der Koppelung von Arbeitszeit und Humankapitaleinsatz ein Freiheitsgrad aufgegeben. Dies führt dazu, daß (3.41) streng genommen keinen Spezialfall von (5.70) darstellt.

Anhand des Ergebnisses für die interne Rendite des schulischen Humankapitals r_h zeigt sich nochmals, warum für den Fall $\delta_2 = 1$ und $\gamma_2 = 0$ allein schon mit der Humankapitalbildung ein ausreichender Wachstumsmotor vorliegt: Die Rendite r_h ist unabhängig vom erreichten Akkumulationsstand und nur abhängig von der Kontrollvariablen q. Dadurch kann verhindert werden, daß sich im Wachstumsprozeß infolge sinkender Rendite eine weitere Humankapitalakkumulation nicht mehr lohnt. Der Wachstumsprozeß bleibt aufgrund der anhaltenden Humankapitalakkumulation auch langfristig in Gang.

Auf die explizite Wiedergabe der Zustandsgleichungen und der Transversalitätsbedingungen sei verzichtet.

Die Lösung des Optimierungsansatzes

Die Lösung läßt sich über die schon bekannten Schritten ermitteln: Die Optimalitätsbedingungen werden nach t abgeleitet und unter Verwendung der Multiplikator- und der Zustandsgleichungen können dann die Lösungs-Differentialgleichungen für die Kontrollvariablen errechnet werden.

Für das vorliegende Modell mit endogenem Wachstum führt die Ausführung der genannten Schritte allerdings nicht zu einem System aus vier Differentialgleichungen für q, ω, h und ax. Für den Fall endogenen Wachstums kann – wie im k-ax-Modell – die Beschreibung der Dynamik des Systems auf drei Differentialgleichungen reduziert werden, soweit eine Formulierung über die entsprechende Intensität gewählt wird. Für die Parameterkonstellation $\gamma_1 = 1 - \delta_1$, $\delta_2 = 1$, $\gamma_2 = 0$ und $\eta = 1$ hängen die Wachstumsraten der einzelnen Kapitalarten nur noch von der Humankapitalintensität der Erfahrung ha (sowie den Kontrollvariablen q und ω) ab:

(5.35) $$\hat{h} = \phi_2 \cdot (1-\omega) \cdot q - \mu$$

(5.31') $$\hat{ax} = \phi_3 \cdot (\omega \cdot ha)^{\delta_1} \cdot q^{\delta_1} - \mu$$

Die Bewegungsgleichung für die Humankapitalintensität selbst ist ebenfalls nur von ha, q und ω abhängig:

(5.32') $$\mathring{ha} = \phi_2 \cdot (1-\omega) \cdot ha \cdot q - \phi_3 \cdot \omega^{\delta_1} \cdot ha^{\delta_1 + 1} \cdot q^{\delta_1}$$

Gleiches gilt für die Dynamik der beiden Kontrollvariablen, die mittels der oben genannten Schritte aus dem intertemporalen Optimierungsansatz hergeleitet wurden (vgl. die Gleichungen (5.71) und (5.72) unten). Das gesamte intertemporal optimierte System ist somit durch die Differentialgleichungen der Art $\mathring{q} = \mathring{q}(ha, \omega, q)$, $\mathring{\omega} = \mathring{\omega}(ha, \omega, q)$ und $\mathring{ha} = \mathring{ha}(ha, \omega, q)$ beschrieben. Im vorliegenden Beispiel reduziert sich die Dynamik der Arbeitsszeitquote q sogar auf eine Abhängigkeit von q selbst sowie vom Humankapitalanteil in der Güterproduktion ω [$\mathring{q} = \mathring{q}(\omega, q)$]:

(5.71) $$\begin{aligned}\mathring{\omega} = -\omega \Big(& \omega\, q\, \rho - \omega\, q^2 \rho + \delta 1^2\, b\, \rho - \omega^2 q^2 \phi 2 - q^3\, \delta 1\, \phi 2\, \omega \\ & + \delta 1^2\, b\, q^2 \rho - \delta 1\, \rho\, b\, q^2 + b\, q^3\, \delta 1\, \phi 2\, \omega + \delta 1^2\, b\, \phi 2\, q^2 \\ & + \delta 1\, \rho\, b\, q - q^3\, \delta 1^2\, b\, \phi 2 + \delta 1\, \omega\, q^2 \rho - \delta 1\, \omega\, q\, \rho \\ & + b\, \omega\, q^2 \rho - q^2\, b\, \delta 1\, \phi 2\, \omega^2 \\ & + q^{(\delta 1 + 2)}\, \delta 1^2\, ha^{\delta 1}\, \omega^{\delta 1}\, \phi 3\, b - \delta 1\, \rho\, b\, q^2\, \omega \\ & + q^{(1 + \delta 1)}\, \omega^{\delta 1}\, b\, \phi 3\, \delta 1\, ha^{\delta 1} - q\, \delta 1^2\, b\, \phi 2\, \omega \\ & - 2\, \delta 1^2\, b\, q\, \rho + \delta 1\, q^2\, \omega^2\, \phi 2 \\ & - q^{(1 + \delta 1)}\, \delta 1^2\, ha^{\delta 1}\, \omega^{\delta 1}\, \phi 3\, b \\ & - q^{(\delta 1 + 2)}\, \omega^{\delta 1}\, b\, \phi 3\, \delta 1\, ha^{\delta 1} + \delta 1^2\, b\, \phi 2\, \omega\, q^2 \\ & + \delta 1\, \rho\, b\, q\, \omega - \rho\, b\, q\, \omega + b\, \phi 2\, q^2\, \omega^2 \Big) \Big/ \Big(q \\ & \big(\delta 1\, b\, q\, \omega + q\, \omega - q\, \delta 1^2\, b - q\, \omega\, b - \delta 1\, \omega\, q + \delta 1^2\, b \big) \Big)\end{aligned}$$

$$(5.72)\quad \overset{\circ}{q} = \frac{dq}{dt} = (\rho - \phi_2 \cdot \omega \cdot q) \cdot (1-q)$$

Der steady state

Der steady state ist durch konstante Quoten – d.h. durch die Konstanz der als Anteilswerte formulierten Kontrollvariablen q und ω sowie der Intensitäten, hier der Humankapitalintensität der Erfahrung ha – gekennzeichnet. Diese Eigenschaft kann zur Ermittlung der steady state-Ergebnisse genutzt werden. Wird für die Arbeitszeitquote Konstanz angenommen, so folgt bei Nullsetzen der Änderung von q [$\overset{\circ}{q} = \overset{\circ}{q}(\omega,q) = 0$] als steady state-Beziehung zwischen q und ω:

$$(5.73)\quad \overset{\circ}{q} = 0: \qquad q_{st,1} = \frac{\rho}{\phi_2 \cdot \omega} \quad \text{bzw.} \quad \omega_{st,1} = \frac{\rho}{\phi_2 \cdot q}$$

Da sich die beiden Kontrollvariablen q und ω im steady state nicht mehr verändern, ergibt sich der steady state-Wert der Zustandsvariablen ha entsprechend demjenigen steady state-Wert, der für den Fall ohne intertemporale Optimierung hergeleitet wurde, denn dort wurden q und ω ebenfalls als Konstante behandelt (vgl. Gleichung (5.33)). Die Konstanz der Humankapitalintensität ha im steady state führt zu folgendem Zwischenergebnis für den steady state-Wert von ha:

$$(5.74)\quad \overset{\circ}{ha} = 0: \qquad ha_{st,2} = \left(\frac{\phi_2 \cdot (1-\omega)}{\phi_3 \cdot \omega^{\delta_1}} \cdot q^{1-\delta_1} \right)^{\left(\frac{1}{\delta_1}\right)}$$

Als dritte Bedingung muß auch die Aufteilung des Humankapitals zwischen Güterproduktion und Schulbildung im steady state gleich bleiben. Die langfristige Konstanz des Humankapitalanteils in der Güterproduktion führt bei gleichzeitiger Verwendung der beiden Zwischenergebnisse ($q_{st,1}$ und $ha_{st,2}$) zum steady state-Niveau von ω. Das Modell weist infolge der Nichtlinearität wieder eine Mehrwertigkeit der Lösung von $\overset{\circ}{\omega} = 0$ nach ω auf, so daß diese nicht in allgemeiner Form bestimmt werden kann. Im Einzelfall ist der steady state-Wert von ω jedoch aufgrund der Kenntnis, daß ω reellwertig im Wertebereich zwischen null und eins liegt, oft ohne weiteres durch die Lösung des folgenden Problems in eindeutiger Weise zu ermitteln:

$$(5.75)\quad \overset{\circ}{\omega}(ha,\omega,q) = 0) = 0 \qquad \text{mit:} \quad ha = ha_{st,2} \quad \text{und} \quad q = q_{st,1}$$

$$\Rightarrow \quad \omega_{st} = e^{Z} \qquad \text{mit Z als Lösung von:}$$

$$\ln\left(\frac{\delta_1\, b(-\phi_2\, e^{Z} + \rho - \delta_1\, \rho + \phi_2\, \delta_1\, e^{Z})\,(-1 + e^{Z})}{(-e^{Z} - \delta_1 + e^{Z}\delta_1)\,(\phi_2\, \delta_1\, b\, e^{Z} - \delta_1\, b\, \rho + \rho\, b\, e^{Z} - \rho\, e^{Z})} \right) = 0$$

Unter Verwendung von ω_{st} als Ergebnis dieses Problems lassen sich dann mit Hilfe der Zwischenergebnisse $q_{st,1}$ sowie $ha_{st,2}$ die Ergebnisse für die steady state-Niveaus von q und ha einfach ermitteln.

Untersuchung der Stabilität

Wie schon in den Vorkapiteln können mit Hilfe der Linearisierung über eine Taylor-Expansion die Stabilitätseigenschaften des Systems um den steady state herum analysiert werden. Die linearisierte Approximation des betrachteten Systems um den steady state ist:

$$(5.76)\qquad \begin{bmatrix} \mathring{\omega} \\ \mathring{q} \\ \mathring{ha} \end{bmatrix} = \begin{bmatrix} \frac{\partial \mathring{\omega}}{\partial \omega} & \frac{\partial \mathring{\omega}}{\partial q} & \frac{\partial \mathring{\omega}}{\partial ha} \\ \frac{\partial \mathring{q}}{\partial \omega} & \frac{\partial \mathring{q}}{\partial q} & \frac{\partial \mathring{q}}{\partial ha} \\ \frac{\partial \mathring{ha}}{\partial \omega} & \frac{\partial \mathring{ha}}{\partial q} & \frac{\partial \mathring{ha}}{\partial ha} \end{bmatrix}_{\substack{\omega=\omega_{st} \\ q=q_{st} \\ ha=ha_{st}}} \cdot \begin{bmatrix} \omega \\ q \\ ha \end{bmatrix} = M \cdot \begin{bmatrix} \omega \\ q \\ ha \end{bmatrix}$$

Das System weist dann wieder Sattelpfadstabilität auf, wenn die Koeffizientenmatrix einen stabilen Eigenwert mit negativem Realteil und zwei instabile Eigenwerte mit positivem Realteil aufweist, da wiederum zwei frei wählbare Kontrollvariablen ω und q vorliegen, die den beiden (instabilen) positiven Eigenwerten entsprechen.

5.3.3 Ein Simulationsbeispiel

Als Simulationsbeispiel soll folgende Parameter-Konstellation dienen: $\delta_1 = 1/2$; $b = 1/2$; $\rho = 1/10$; $\phi_2 = 4/10$; $\phi_3 = 1$; $\mu = 1/10$, so daß die Dynamik des Systems durch folgende drei Differentialgleichungen beschrieben wird:

$$\mathring{\omega} = \frac{\omega\left(10\, q^{5/2} \sqrt{ha}\, \sqrt{\omega} - 3\, q^2 + 8\, q^3 \omega - 10\, q^{3/2} \sqrt{ha}\, \sqrt{\omega} - 2\, q^2 \omega + 8\, q^2 \omega^2 - 1 + 2\, q\, \omega + 4\, q^3\right)}{10\, q\, (2\, q\, \omega + 1 - q)}$$

$$\mathring{q} = -\frac{2}{5} q\, \omega + \frac{2}{5} q^2 \omega + \frac{1}{10} - \frac{1}{10} q$$

$$\mathring{ha} = \frac{2}{5} ha\, q - \frac{2}{5} ha\, q\, \omega - \sqrt{\omega}\, \sqrt{q}\; ha^{3/2}$$

Als steady state-Werte der Modellvariablen folgen für diese Parameter-Konstellation:

$$ha_{st} = 0{,}10472\,;\quad \omega_{st} = 0{,}38197\,;\quad q_{st} = 0{,}65451$$

Im steady state stellt sich folgende Wachstumsrate für alle Modellvariablen ein:

$$\hat{h}_{st} = \hat{x}_{st} = \hat{ax}_{st} = 0{,}061803$$

Die Koeffizientenmatrix M des mittels einer Taylor-Expansion um den steady state herum linearisierten Systems ist:

$$M = \begin{bmatrix} 0{,}33369 & 0{,}45921 & -0{,}12058 \\ -0{,}090451 & -0{,}052786 & 0 \\ -0{,}049597 & 0{,}012944 & -0{,}080902 \end{bmatrix}$$

Die Eigenwerte w_i $(i=1,2,3)$ und die entsprechenden Eigenvektoren v_i der Koeffizientenmatrix M lauten für das Parameterbeispiel:

$$w = [\,0{,}18147\,,\ 0{,}1\,,\ -0{,}08147\,]'$$

$$v_1 = [\,0{,}93287\,,\ -0{,}36020\,,\ -0{,}19411\,]$$
$$v_2 = [-5{,}2052\,,\ -3{,}0815\,,\ 1{,}6476\,]$$
$$v_3 = [\,0{,}072502\,,\ 0{,}22863\,,\ 1{,}1203\,]$$

Die Transversalitätsbedingungen sind erfüllt.

Time elimination

Zum Auffinden des Sattelpfades kann das für das k-ax-Modell im Vorkapitel vorgestellte time elimination-Verfahren von Mulligan und Sala-i-Martin für den erweiterten Fall mit zwei Kontrollvariablen herangezogen werden. Das zu lösende Problem besteht nun darin, die Policy-Funktionen ω(ha) und q(ha) zu finden, die für Werte des Zustands ha die dem Sattelpfad entsprechenden Werte der Kontrollvariablen ω und q angeben. Wieder ist mit den steady state-Werten ha_{st}, ω_{st} und q_{st} zunächst nur eine Randbedingung für $t \rightarrow \infty$ bekannt. Zur Bestimmung der Sattelpfadwerte von ω(t=0) und q(t=0) für die Ausgangsintensität ha(t=0) müssen zuerst die Policy-Funktionen ω(ha) und q(ha) ermittelt werden.

Die über die Ableitung nach der Zeit t formulierten Differentialgleichungen $\overset{\circ}{ha}(t)$, $\overset{\circ}{\omega}(t)$ und $\overset{\circ}{q}(t)$ werden wiederum umgeschrieben, indem die explizite Zeitnotierung durch die Abhängigkeit von der den Zustand verkörpernden Intensität ha ersetzt wird (Zeit-Elimination). Die umformulierten Differentialgleichungen lauten in allgemeiner Schreibweise:

$$(5.77)\quad \overset{\circ}{\omega}(t) = \overset{\circ}{\omega}[\omega(t),q(t),ha(t)] \xrightarrow{\text{time elimination}} \overset{\circ}{\omega}(ha) = \overset{\circ}{\omega}[\omega(ha),q(ha),ha]$$

$$\overset{\circ}{q}(t) = \overset{\circ}{q}[\omega(t),q(t),ha(t)] \xrightarrow{\text{time elimination}} \overset{\circ}{q}(ha) = \overset{\circ}{q}[\omega(ha),q(ha),ha]$$

$$\overset{\circ}{ha}(t) = \overset{\circ}{ha}[\omega(t),q(t),ha(t)] \xrightarrow{\text{time elimination}} \overset{\circ}{ha}(ha) = \overset{\circ}{ha}[\omega(ha),q(ha),ha]$$

Der Quotient aus den umformulierten Differentialgleichungen gibt wieder die Steigung der jeweiligen Policy-Funktion an:

$$(5.78)\quad \frac{d\omega(ha)}{dha} = \omega'(ha) = \frac{\overset{\circ}{\omega}(ha)}{\overset{\circ}{ha}(ha)}$$

$$\frac{dq(ha)}{dha} = q'(ha) = \frac{\overset{\circ}{q}(ha)}{\overset{\circ}{ha}(ha)}$$

Für das Parameter-Beispiel folgen diese Steigungen als:

$$\begin{aligned} \frac{d\omega(ha)}{dha} = & -\frac{1}{2}\,\omega(ha)\ -10\,q(ha)^{3/2}\sqrt{ha}\sqrt{\omega(ha)} + 8\,q(ha)^2\,\omega(ha)^2 \\ & -2\,q(ha)^2\,\omega(ha) + 10\,q(ha)^{5/2}\sqrt{ha}\sqrt{\omega(ha)} \\ & +8\,q(ha)^3\,\omega(ha) - 1 - 3\,q(ha)^2 + 4\,q(ha)^3 \\ & +2\,q(ha)\,\omega(ha) \big/ q(ha) \\ & (1 + 2\,q(ha)\,\omega(ha) - q(ha))\,ha \\ & -2\,q(ha) + 2\,q(ha)\,\omega(ha) + 5\sqrt{ha}\sqrt{q(ha)}\sqrt{\omega(ha)} \end{aligned}$$

$$\frac{dq(ha)}{dha} = \frac{(1 - q(ha))\,(4\,q(ha)\,\omega(ha) - 1)}{2\,ha\,[-2\,q(ha) + 2\,q(ha)\,\omega(ha) + 5\sqrt{ha}\sqrt{q(ha)}\sqrt{w(ha)}\,]}$$

Die steady state-Werte der Modellvariablen können für die auf eine Ableitung nach ha umformulierten Differentialgleichungen dω(ha)/dha bzw. dq(ha)/dha besser zur Lösung herangezogen werden, denn dω(ha)/dha und dq(ha)/dha nehmen auch für den steady state von null verschiedene Werte an, während die Ableitungen nach der Zeit im steady state definitionsgemäß jeweils gleich null sind. Wie vorne schon erwähnt, wird durch die time elimination aus dem Randwert-Problem ein einfacheres Anfangswert-Problem. Bei Anwendung der l'Hôpital-Regel gilt:

(5.79) $$\frac{d\omega(ha_{st})}{dha_{st}} = \omega'(ha_{st}) = \lim_{ha \to ha_{st}} \left(\frac{\overset{\circ}{\omega}(ha)}{\overset{\circ}{ha}(ha)} \right) = \frac{0}{0}$$

$$\lim_{ha \to ha_{st}} (\omega'(ha)) = \lim_{ha \to ha_{st}} \left(\frac{d(\overset{\circ}{\omega}(ha))/dha}{d(\overset{\circ}{ha}(ha))/dha} \right)$$

(5.80) $$\frac{dq(ha_{st})}{dha_{st}} = q'(ha_{st}) = \lim_{ha \to ha_{st}} \left(\frac{\overset{\circ}{q}(ha)}{\overset{\circ}{ha}(ha)} \right) = \frac{0}{0}$$

$$\lim_{ha \to ha_{st}} (q'(ha)) = \lim_{ha \to ha_{st}} \left(\frac{d(\overset{\circ}{q}(ha))/dha}{d(\overset{\circ}{ha}(ha))/dha} \right)$$

Werden die Ausdrücke $\lim_{ha \to ha_{st}} (\omega'(ha))$ und $\lim_{ha \to ha_{st}} (q'(ha))$ berechnet und die steady state-Werte für die Kontrollvariablen in die entsprechenden Ausdrücke eingesetzt, so ergibt sich für die Steigungen der Policy-Funktionen im steady state ein System aus zwei Gleichungen (mit $d\omega/dha = d\omega(ha)/dha$ und $dq/dha = dq(ha)/dha$):

$$d\omega/dha = -\frac{-0{,}6028999123 + 1{,}668440517 d\omega/dha + 2{,}296036750\, dq/dha}{0{,}4045084975 - 0{,}06472135930 dq/dha + 0{,}2479837379\, d\omega/dha}$$

$$dq/dha = \frac{0{,}2639320230\, dq/dha + 0{,}4522542485 d\omega/dha}{0{,}4045084975 - 0{,}06472135930 dq/dha + 0{,}2479837379\, d\omega/dha}$$

Eine Auflösung dieses Gleichungssystems nach $d\omega/dha$ und dq/dha führt, wie im Fall des k-ax-Modell bei endogenem Wachstum, zu drei verschiedenen Resultaten, da wegen der Dreidimensionalität (in q, ω und ha) drei verschiedene Pfade durch den steady state führen: zwei instabile Arme und der Sattelpfad. Eines dieser Resultate entspricht somit der Steigung des stabilen Sattelpfads. Einfacher läßt sich die Steigung des Sattelpfads im steady state über die Steigung des "negativen" Eigenvektors v_3, der mit dem negativen Eigenwert korrespondiert, errechnen:

$$\left(\frac{d\omega}{dha} \right)_{st,3} = \frac{0{,}072502}{1{,}1203} = 0{,}064715$$

$$\left(\frac{dq}{dha} \right)_{st,3} = \frac{0{,}22863}{1{,}1203} = 0{,}20408$$

Die zwei Policy-Funktionen $\omega(ha)$ und q(ka) ergeben sich jeweils als Lösung der in (5.78) formulierten Differentialgleichungen $d\omega(ha)/dha$ bzw. $dq(ha)/dha$. Mit den gerade ermittelten Informationen zur Steigung des Sattelpfads im steady state lassen sich die gesamten Policy-Funktionen einfach ermitteln und damit auch die dem stabilen Sattelpfad entsprechenden (Anfangs-) Werte der Kontrollvariablen bestimmen.

Das mit (5.78) über die Ableitung nach ha gegebene System wurde für das Parameter-Beispiel numerisch gelöst. Für die folgende Simulation des über die Ableitung nach der Zeit formulierten Original-Differentialgleichungssystem sollen als Anfangswerte für die Humankapitalintensität der Erfahrung die Hälfte (Situation A) sowie alternativ das 1,5-fache (Situation B) des steady state-Niveaus ($ha_{st}=0{,}10472$) gelten. Für diese alternativen Anfangssituationen ergeben sich aus der numerischen Lösung folgende Sattelpfadwerte für ω und q:

Situation A: $ha(t{=}0) = 0{,}05236 \Rightarrow \omega(t{=}0) = 0{,}37986$ und $q(t{=}0) = 0{,}63924$

Situation B: $ha(t{=}0) = 0{,}15708 \Rightarrow \omega(t{=}0) = 0{,}38566$ und $q(t{=}0) = 0{,}66299$.

Die Ergebnisse der Simulationen für die beiden alternativen Ausgangszustände werden in den folgenden Abbildungen grafisch aufbereitet. Ebenso wie im k-ax-Modell mit endogenem Wachstum besteht das zu analysierende dynamische System aus drei Differentialgleichungen für ebensoviele Variablen. Daher ist es wieder nicht möglich, die Dynamik und die Stabilitätssituation in qualitativer Form über ein zweidimensionales Phasendiagramm, in dem nur zwei Variablen simultan betrachtet werden, zu veranschaulichen. Es wird daher analog zum k-ax-Modell vorgegangen: Die in einem Phasendiagramm wiedergegebenen Informationen – i.e. die $^{d(.)}/_{dt}=0$-Isokinen und damit die Bedingungen für die Konstanz der betrachteten Variablen sowie der Sattelpfad – werden hier wieder anhand einer perspektivisch-dreidimensionalen Grafik dargestellt. Zur Vermeidung der Überladung der Abbildungen werden die einzelnen $^{d(.)}/_{dt}=0$-Isokinen der drei Variablen jeweils in einer eigenen Skizze veranschaulicht.

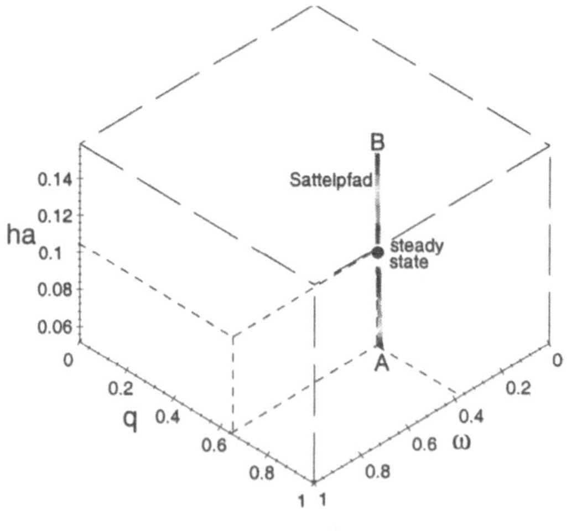

Abb. 5.20: Dreidimensionaler Sattelpfad für den Humankapitalanteil in der Produktion, die Arbeitszeitquote und die Humankapitalintensität der Erfahrung

In Abb. 5.20 wird der stabile Sattelpfad für die beiden alternativen Ausgangssituationen der Simulation wiedergegeben. Für Humankapitalintensitäten oberhalb des steady state-Niveaus ha_{st} (Situation B) erfolgt entlang des Sattelpfads eine Entwicklung von oben auf den steady state hin. Für Ausgangswerte von ha, die unterhalb des steady state-Niveaus liegen (Situation A), verläuft eine Entwicklung von unten auf das steady state hin. Der steady state (i.e. der Sattelpunkt) ist als Punkt im dreidimensionalen Raum durch die drei Werte h_{st}, q_{st} und ω_{st} gekennzeichnet.

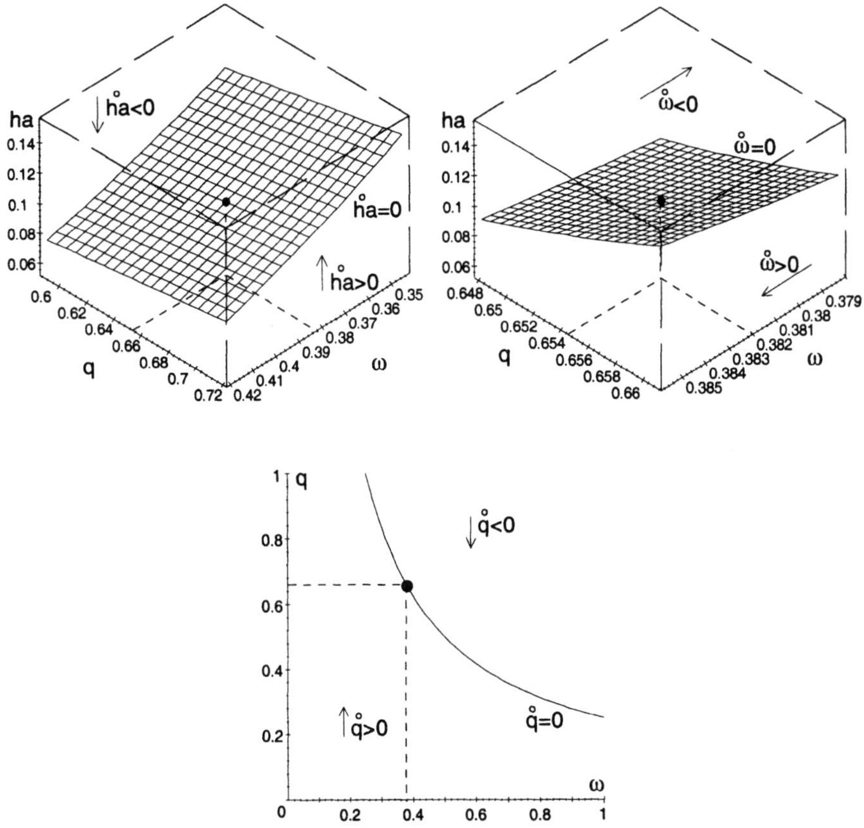

Abb. 5.21: Zweidimensionale $\mathring{q}=0$, $\mathring{\omega}=0$ und $\mathring{ha}=0$-Isokinen-Ebenen im dreidimensionalen Phasenraum

Die Null-Isokinen, für die keine Änderung der betrachteten Variablen auftritt ($\mathring{q}=0$, $\mathring{\omega}=0$ und $\mathring{ha}=0$), sind – wie im ka-Modell bei endogenem Wachstum (vgl. Abb. 4.8) – zweidimensionale Ebenen im dreidimensionalen Phasenraum (und damit nicht mehr eindimensionale Linienzüge innerhalb eines zweidimensionalen Phasendiagramms). Diese Ebenen werden in Abb. 5.21 für jede Variable jeweils in einer gesonderten Grafik veranschaulicht. Als Besonderheit liegt für die $\mathring{q}=0$-Isokine allerdings die

Möglichkeit der Reduktion auf eine zweidimensionale Darstellung im q,ω-Diagramm vor, da die Änderung von q im betrachteten Fall nicht von ha, sondern nur von q und ω abhängt.

Um die dreidimensionalen Abbildungen anschaulich zu halten, wird für die $\mathring{\omega}=0$- und die $\mathring{ha}=0$-Isokine jeweils nur ein Bereich um den Sattelpunkt herum betrachtet, wobei folgende Ausschnitte gewählt wurden: Für beide Grafiken wird nur der ±50%-Bereich um ha_{st} herum dargestellt. Da $\mathring{\omega}$ sehr empfindlich auf Änderungen der Kontrollvariablen reagiert, wurde für die $\mathring{\omega}=0$-Isokine nur jeweils der ±1%-Bereich um die steady states der entsprechenden Variablen abgetragen. Im Fall der $\mathring{ha}=0$-Isokine erfolgt wegen der geringeren Sensibilität eine Darstellung des ±10%-Bereichs um ω_{st} und q_{st} herum. Für die zweidimensionale Skizze der $\mathring{q}=0$-Isokine ist die Darstellung des gesamten Wertebereichs der beiden Quoten (von null bis eins) unproblematisch.

Die Stabilitätssituation wird in den Abbildungen wieder durch Pfeile angedeutet, die für den Bereich oberhalb der $\mathring{(.)}=0$-Ebenen (hohe ha-Werte) sowie unterhalb der Ebenen die jeweilige Änderungsrichtung der betrachteten Variablen anzeigen. Der steady state-Sattelpunkt liegt als Schnittpunkt der drei Null-Isokinen-Ebenen auf jeder dieser Ebenen – er wird jeweils als schwarzer Punkt in die Grafiken der Abb. 5.21 eingetragen.

Die Grafiken der zweidimensionalen Null-Isokinen-Ebenen in Abb. 5.21 machen deutlich, daß eine Instabilität bezüglich der Kontrollvariable ω besteht: Die mit den Pfeilen angedeutete Dynamik zeigt eine Entwicklung weg von der $\mathring{\omega}=0$-Isokinen-Ebene auf. Hier dokumentiert sich die Auswirkung der Sattelpfadstabilität des Systems bei intertemporaler Optimierung. Es liegt kein allgemein stabiles System vor, in dem der steady state unabhängig von den in der Ausgangssituation gewählten Variablenwerten erreicht wird, wie dies noch im Fall ohne intertemporale Optimierung geschieht. Hier existiert nur ein Sattelpfad, auf dem für eine bestimmte Humankapitalintensität ha exakt definierte Werte der Kontrollvariablen q und ω die oben aufgezeigte Instabilität genau aus-"balancieren", so daß der steady state schließlich trotzdem erreicht wird.

Zur ergänzenden Veranschaulichung dieser Stabilitätssituation wird – wie in Abb. 4.6 für das k-ax-Modell im Fall ohne endogenes Wachstum – in der Abb. 5.22 die partielle Änderung der Variablen in Abhängigkeit von ihrem eigenen Niveau wiedergegeben, wobei für die jeweils anderen Modellvariablen die steady state-Werte gelten. An dieser eigentlich zu simplen Darstellung zeigt sich schon – ebenso wie bei der aufwendigeren Illustration in Abb. 5.21 – daß die Instabilität, die zur Sattelpfadstabilität des Gesamtsystems führt, an der Aufteilung des Humankapitals ω ansetzt. Bei der Interpretation dieser (zu) einfachen grafischen Veranschaulichung sind im allgemeinen allerdings die schon im Vorkapitel bezüglich der Abb. 4.6 genannten Einschränkungen zu beachten.

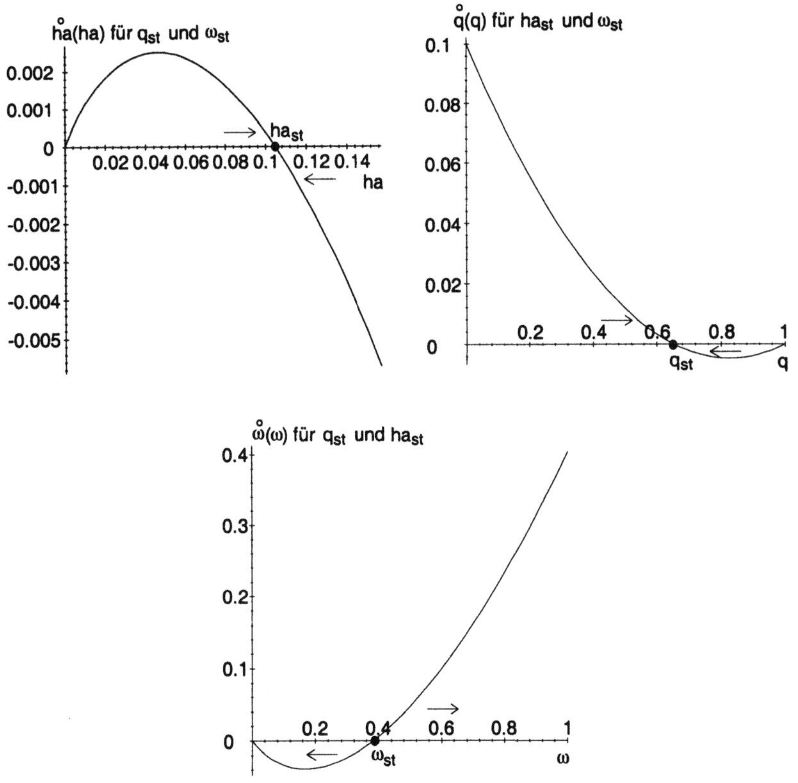

Abb. 5.22: Partielle Änderung der Modellvariablen im steady state

Die Simulationsergebnisse für die beiden Teile des in Abb. 5.20 veranschaulichten Sattelpfads seien nun näher betrachtet. Der untere Arm des Sattelpfads wurde ausgehend von der Ausgangssituation A mit einem Anfangswert der Humankapitalintensität von $ha(t{=}0) = {}^1/_2 \cdot ha_{st} = 0{,}052$ simuliert. Der obere Teil des Sattelpfads wurde für die Alternativsituation B, mit $ha(t{=}0) = {}^3/_2 \cdot ha_{st} = 0{,}157$ als Anfangswert erzeugt. Die Annäherung der Variablen des Systems an die jeweiligen steady state-Werte wird für beide Situationen in expliziter Zeit-Abhängigkeit für den Zeitraum von fünfzig Perioden in Abb. 5.23 veranschaulicht.

Die Dynamik sei für die Ausgangssituation A exemplarisch näher betrachtet. Auf die Erläuterung der Dynamik der Situation B wird aufgrund der Spiegelbildlichkeit des Verhaltens verzichtet. Für den Ausgangszustand A gilt: Mit dem Anstieg der Humankapitalintensität ha auf das Doppelte des Ausgangswertes erfolgt simultan ein Anstieg der Arbeitszeitquote q von ca. 63,9% auf 65,5% und ein sehr geringer Anstieg des Humankapitalanteils in der Produktion ω von 37,986% auf 38,197%. Auch hier fällt die Dynamik des Intensitätszustands erheblich stärker aus als die Dynamik der Kontrollvariablen – diese Eigenschaft ist sogar noch ausgeprägter als im k-ax-Modell.

Insbesondere die Humankapitalallokation verlagert sich nur sehr wenig zwischen der Güterproduktion und der Schulbildung. Da für die Situation A der untere Teil des Sattelpfads betrachtet wird, läßt sich die Dynamik des Systems auch einfach anhand der Phasendiagramme in Abb. 5.21 nachvollziehen. Da in der Situation A die Intensität ha relativ niedrig ist, liegt jeweils eine Lage unterhalb der $\overset{\circ}{ha}=0$- bzw. der $\overset{\circ}{\omega}=0$-Isokine vor, so daß sich entsprechend der eingezeichneten Änderungsrichtung eine Steigerung von ha und auch von ω ergibt. Da ω während der Anpassungsdynamik ein Niveau unterhalb des steady state-Werts aufweist, zeigt auch die $\overset{\circ}{q}=0$-Isokinen-Linie den festgestellten Anstieg der Arbeitszeitquote q an.

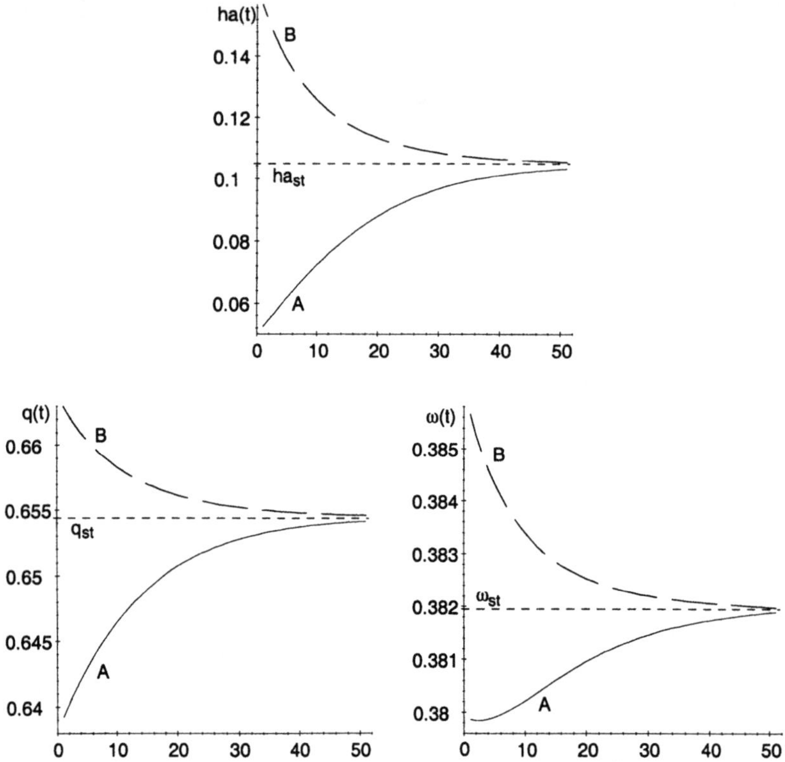

Abb. 5.23: Zeitpfade der Humankapitalintensität der Erfahrung, des Humankapitalanteils in der Produktion und der Arbeitszeitquote

Die Entwicklung der restlichen Modellgrößen läßt sich aus der aufgezeigten Dynamik von ha, ω und q herleiten. Die Wachstumsraten der einzelnen Kapitalarten – des schulischen Humankapitals h und der Erfahrung ax – sind auf die drei betrachteten Größen zurückführbar, wie dies durch folgende Ausdrücke (für den hier relevanten Spezialfall: $\gamma_1 = 1-\delta_1$; $\delta_2 = 1$; $\gamma_2 = 0$) verdeutlicht wird:

(5.35) $\hat{h} = \phi_2 \cdot (1-\omega) \cdot q - \mu$

(5.31') $\hat{ax} = \phi_3 \cdot (\omega \cdot ha)^{\delta_1} \cdot q^{\delta_1} - \mu$

Anhand von Gleichung (5.60') $x = (q \cdot \omega \cdot ha)^{\delta_1} \cdot ax$ ist zu erkennen, daß sich die Wachstumsrate der Güterproduktion ebenfalls aus den Wachstumsraten der drei betrachteten Größen bestimmt:

(5.81) $\hat{x} = \delta_1 \cdot (\hat{ha} + \hat{\omega} + \hat{q}) + \hat{ax}$

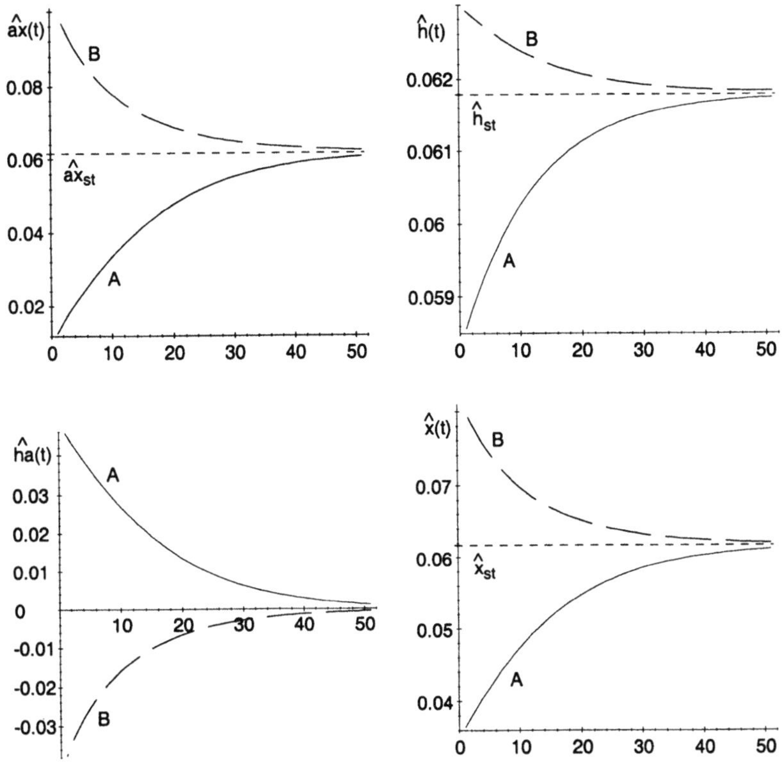

Abb. 5.24: Zeitpfade der Wachstumsraten der Modellgrößen

Abb. 5.24 illustriert, wie sich die Wachstumsraten der beiden Kapitalarten, der Intensität sowie der Güterproduktion in der Zeit entwickeln. Exemplarisch sei die Dynamik wieder anhand der Ausgangssituation A näher betrachtet. Da gemäß Gleichung (5.31') die Wachstumsrate der Erfahrung $\hat{ax}$ positiv von ha abhängig ist, steigt mit der gegen den steady state-Wert ansteigenden Humankapitalintensität auch $\hat{ax}$. Die Wachstumsrate des schulischen Humankapitals $\hat{h}$ hängt für das vorliegende (mit $\delta_2 = 1$ und $\gamma_2 = 0$)

vereinfachte Beispiel nicht von der Intensität ha ab. Laut Gleichung (5.35) ist $\hat{h}$ von q in positiver Weise und von ω in negativer Weise beeinflußt. Da die relative Änderung von ω während des Anpassungsprozesses sehr gering ist, dominiert der positive Einfluß von q. Entsprechend erhöht sich auch $\hat{h}$ mit der steigenden Arbeitszeitquote. Da außerdem die relative Dynamik für ha erheblich stärker ausfällt als das Wachstum von q, weist $\hat{ax}$ eine größere Änderung als $\hat{h}$ auf. Analog liegt das Erfahrungswachstum anfänglich unterhalb des Humankapitalwachstums, woraus im Saldo in eine positive Wachstumsrate der Humankapitalintensität der Erfahrung resultiert. Hierüber erreicht ha letztlich sein steady state-Niveau (mit Nullwachstum). Langfristig müssen sich daher die Wachstumsraten beider Kapitalarten angleichen. Da die Güterproduktion auf beiden Kapitalarten basiert, ergibt sich für $\hat{x}$ qualitativ die gleiche Entwicklung wie für $\hat{ax}$ und $\hat{h}$. Alle Größen haben im steady state letztlich die gleiche Wachstumsrate: $\hat{x}_{st} = \hat{ax}_{st} = \hat{h}_{st} = 6{,}18\,\%$.

Wie oben schon hergeleitet, lassen sich für den einfachen Spezialfall mit $\gamma_1 = 1 - \delta_1$, $\delta_2 = 1$ und $\gamma_2 = 0$ die Ausdrücke für die internen Renditen der beiden akkumulierbaren Faktoren – d.h. des schulischen Humankapitals und der Produktionserfahrung – folgendermaßen ausdrücken:

(5.69') $$r_h = \phi_2 \cdot q - \mu$$

(5.70') $$r_{ax} = \frac{\phi_3 \cdot q \cdot \omega \cdot (1-b) \cdot (1-\delta_1)}{q \cdot \omega \cdot (1-b) - b \cdot \delta_1 \cdot (1-q)} \cdot (q \cdot \omega \cdot ha)^{\delta_1} - \mu$$

Somit hängt die interne Verzinsung des schulischen Humankapitals r_h nur noch von der Arbeitszeitquote (und damit der Dauer des Einsatzes des Humankapitalbestands) ab. Die interne Rendite der Produktionserfahrung r_{ax} hingegen ist von allen drei Größen, die die Dynamik des Systems beschreiben, bestimmt. Hierbei beeinflußt die Humankapitalintensität r_{ax} positiv, was darin begründet liegt, daß mit einer höheren Humankapitalintensität der Grenzertrag der Erfahrung in der Güterproduktion steigt.

Es sei stellvertretend wieder der untere Teil des Sattelpfads, d.h. die Situation A, erläutert. Weil zunächst das Niveau der Humankapitalintensität ha niedrig ist, weist die Rendite der Erfahrung r_{ax} eine Konvergenz von unten an die steady state-Verzinsungsrate r_{st} auf, wie dies in Abb. 5.25 veranschaulicht wird. Für die Rendite des Humankapitals gilt ebenfalls, daß sie sich von unten der gemeinsamen langfristigen Verzinsung r_{st} nähert. Diesmal, weil die bestimmende Größe q ebenfalls langfristig von unten gegen den steady state q_{st} konvergiert. Allerdings ist die relative Änderung von r_h im Rahmen der Anpassungsdynamik sehr viel geringer als diejenige von r_{ax}, so daß die Produktionserfahrung während der gesamten Anpassung an den steady state (mit $ha < ha_{st}$) eine geringere Rendite als das schulische Humankapital erzielt. Langfristig sorgt hingegen die intertemporal-optimale Allokation des Zeitpotentials auf Freizeit und Arbeitszeit sowie des Humankapitals auf seine alternativen Verwendungsmöglichkeiten dafür, daß sich beide Ertragsraten angleichen: Die relativ höhere

Humankapitalverzinsung veranlaßt Allokationsentscheidungen, die eine steigende Humankapitalintensität implizieren, bis die gemeinsame langfristige Rendite beider Faktoren mit $r_{st} = 16{,}18\%$ erreicht ist. Da wieder ein Fall endogenen Wachstums vorliegt, liegt auch hier die steady state-Rendite der beiden Kapitalarten langfristig höher als die Diskontierungsrate der intertemporalen Nutzenfunktion ($\rho = {}^1/_{10}$). Somit bleibt langfristig der Anreiz zur weiteren Akkumulation von Erfahrung und zur Ausweitung der Schulbildung erhalten.

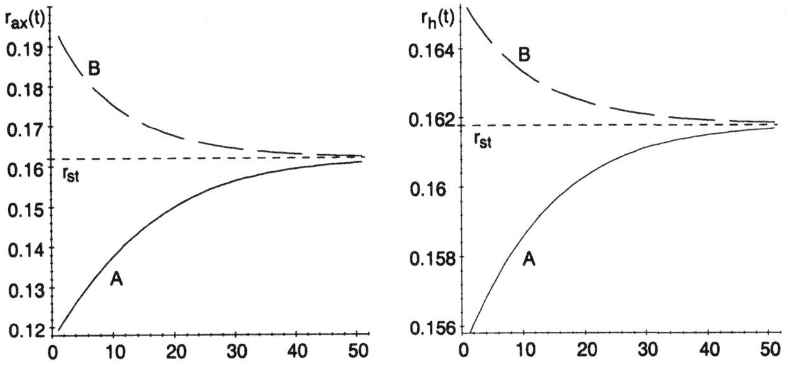

Abb. 5.25: Zeitpfade der internen Renditen der Produktionserfahrung und des schulischen Humankapitals

Die Entwicklung der Kontrollvariablen kann wiederum anhand der Renditeentwicklung ökonomisch erklärt werden. Hierzu soll abermals die für die Ausgangssituation A folgende Trajektorie betrachtet werden. Aus der in dieser Situation anfänglich niedrigen Humankapitalintensität folgt insbesondere eine geringe Rendite der Erfahrung. Deswegen lohnt es sich zu Beginn nicht, insgesamt viel zu arbeiten: Daher ist q anfänglich niedrig. Außerdem wird zunächst nur ein geringer Teil des Humankapitals in der Güterproduktion verwendet, denn die Nutzung in der Lehre ist hier noch vergleichsweise attraktiver – d.h. der Produktionsanteil ω ist zu Anfang niedrig. Dies hat zur Folge, daß das schulische Humankapital stärker als die Erfahrung wächst: Daher steigt die Humankapitalintensität gegen ihr steady state-Niveau. Somit erhöht sich die Rendite der Erfahrung, der Arbeitseinsatz wird lohnender, und es wird mehr Humankapital in der Güterproduktion eingesetzt. Schließlich erreichen alle Modellgrößen ihr jeweiliges steady state.

6. Das umfassende Modell mit Sachkapital und Schulbildung

6.1 Zum allgemeinen Modell

In den vorangehenden Kapiteln wurde das Modell zur Erfahrungsakkumulation infolge von Learning-by-doing in zwei unterschiedliche Modelle integriert, und zwar in das neoklassische Modell der Sachkapitalakkumulation (k-ax-Model im Kapitel 4.) sowie in ein Modell mit der Akkumulation von schulischem Humankapital (h-ax-Modell im Kapitel 5.). Diese beiden Submodelle lassen ohne weiteres zu einem umfassenden k-h-ax-Modell, welches die Sachkapitalakkumulation ebenso wie die Schulbildung simultan erfaßt, verbinden.

Bei Modellen des Lucas-Uzawa-Typs wird – wie im Fall des k-h-ax-Modells – sowohl die Sach- als auch die schulische Humankapitalbildung erfaßt.[1] Folglich wird mit dem umfassenden k-h-ax-Modell der Lucas-Uzawa-Ansatz um die Erfahrungsakkumulation durch Produktionstätigkeit erweitert.[2]

Da es sich bei dem nun betrachteten umfassenden Ansatz um eine Zusammenführung der Gedanken aus den vorherigen Kapiteln handelt, sind zum einen viele Modellgleichungen in ähnlicher Form in den Vorkapiteln aufgetaucht, zum anderen sind – wie noch gezeigt wird – die ermittelten Ergebnisse oft völlig analog zu den Resultaten der einfacheren Submodelle. Folglich kann das Verhalten des umfassenden Ansatzes vor dem Hintergrund der schon ermittelten Ergebnisse der Teilmodelle einfach interpretiert werden, denn durch den Vergleich mit den Resultaten der Submodelle ist eine Zuordnung von Teilergebnissen zu den einzelnen Bestandteilen des Modells möglich.

6.2 Das Modell ohne dynamische Optimierung

6.2.1 Zur Modellierung der Schulausbildung

Als Einstieg in die Modellbeschreibung sei wieder die Analyse des dynamischen Verhaltens bei Verzicht auf eine intertemporale Optimierung dem Ansatz mit dynamischer Optimierung vorangestellt. Zur Gewährleistung der Vergleichbarkeit der Ergebnisse mit den Resultaten der Vorkapitel sei als Referenzfall erneut der Fall mit Cobb-

---

1 Vgl. Lucas (1988) und Uzawa (1965). Für eine recht ausführliche Darstellung von Modellen dieses Typs, die jeweils einen eigenen Sektor für die Ausbildung sowie für die Produktion der Konsum- bzw. Investitionsgüter aufweisen, sei auf das 5. Kapitel in Barro, Sala-i-Martin (1995) verwiesen. Dort wird sowohl der allgemeine Fall eines Zwei-Sektoren-Modells mit der Erfassung des Sachkapitaleinsatzes in der Schulbildung als auch das Lucas-Uzawa-Modell im engeren Sinne, in dem zum einen kein Sachkapital in der Schulbildung eingesetzt wird und für das zum anderen Linearität der Schulbildung im schulischen Humankapital selbst angenommen wird, beschrieben. Für die Untersuchung des allgemeineren Ansatzes vgl. auch Caballe, Santos (1993) und Bond, Wang, Yip (1996).

2 Der Systematik dieser Arbeit entsprechend wäre der Lucas-Uzawa-Ansatz das "k-h-Modell".

Douglas-Funktionen in der Güterproduktion ebenso wie in der schulischen Humankapitalbildung betrachtet.

Die Güterproduktion basiert nun auf dem Einsatz aller drei Kapitalarten, d.h. des Sachkapitals K, der Schulbildung H sowie der Produktionserfahrung AX. Weiterhin wird einfache Arbeit(*szeit*) L in der Produktion eingesetzt. Die Nutzung des Sachkapitals sowie des schulischen Humankapitals ist rivalisierend zwischen den beiden Einsatzmöglichkeiten in der Güterproduktion bzw. der schulischen Ausbildung. Somit muß der Bestand dieser beiden Stöcke auf die Verwendung in den beiden "Produktionen" aufgeteilt werden. Der Anteil des für die Güterproduktion eingesetzten Sachkapitals ist κ; entsprechend wird die Quote $(1-\kappa)$ im Schulsektor genutzt. Mit ω sei wieder der Anteil des für die Güterproduktion eingesetzten schulischen Humankapitals beschrieben, so daß der Anteil des Schulsektors an der Nutzung des Humankapitals $(1-\omega)$ ist. Weiterhin ist natürlich die einfache Arbeit(szeit) rivalisierend zwischen den beiden genannten Einsatzmöglichkeiten: Der Produktionsanteil sei wieder mit ν und der Ausbildungsanteil mit $(1-\nu)$ beschrieben. Infolge der Personengebundenheit der Schulbildung werden die Leistungen des Humankapitals nur in der Nicht-Freizeit abgegeben, so daß zur Ermittlung der effektiven Leistungsabgabe das Humankapital ebenso wie das Zeitpotential L mit der Arbeitszeit- bzw. Nicht-Freizeit-Quote q multipliziert werden müssen. Analog zum vorangehenden Kapitel wird bezüglich der Produktionserfahrung vereinfachend angenommen, daß auf diesen Stock nicht-rivalisierend von der Güterproduktion ebenso wie von der schulischen Humankapitalbildung zugegriffen werden kann.

Für den Fall einer Volkswirtschaft mit konstanter Bevölkerung bzw. konstantem Zeitpotential ($L_t = L = \text{const.}$) beschreibt folgende Funktion die Güterproduktion:

$$(6.1) \quad X_t = (\kappa_t \cdot K_t)^{\alpha_1} \cdot (q \cdot \omega_t \cdot H_t)^{\delta_1} \cdot AX_t^{\gamma_1} \cdot (q_t \cdot \nu_t \cdot L)^{\beta_1} \qquad \text{(Güterproduktionsfunktion)}$$

mit: κ : Anteil des Sachkapitals in der Güterproduktion (mit $0 < \kappa \leq 1$)
α_1 : Elastizität des Sachkapitals in der Güterproduktion (mit $0 \leq \alpha_1 \leq 1$)
(andere Symbolik: wie vorne)

Die Akkumulation des Sachkapitals wird durch das Sparen aus der Güterproduktion gespeist. Die Investitionen setzten sich daher aus den nicht konsumierten Gütern zusammen:

$$(6.2) \quad \overset{\circ}{K}_t = \frac{dK}{dt} = s_t \cdot X_t - \mu \cdot K_t \qquad \text{(Nettoinvestitionen)}$$

Die Erfahrungsakkumulation speist sich ebenfalls aus der Produktionstätigkeit. Dabei wird die Erfahrung nur in der tatsächlich zur Güterproduktion eingesetzten Zeit gebildet. Daher muß im Spillover-Term wieder das Zeitpotential mit der Arbeitszeitquote q sowie mit dem Zeiteinsatzanteil in der Produktion ν bereinigt werden. Der Aufbau der Produktionserfahrung wird somit durch folgende Gleichung beschrieben:

(6.3) $\overset{\circ}{AX}_t = \frac{dAX}{dt} = \phi_3 \cdot (q_t \cdot v_t \cdot L)^{(\eta-1)} \cdot X_t - \mu \cdot AX_t$ (Erfahrungsbildung)

Die Humankapitalbildung im Schulsektor erfolgt unter Einsatz von Zeit und Humankapital sowie unter Rückgriff auf die Produktionserfahrung. Außerdem wird der Anteil $(1-\kappa)$ des physischen Kapitals K im Ausbildungssektor genutzt. Die Cobb-Douglas-Form der schulischen Humankapitalbildung lautet somit:

(6.4) $\overset{\circ}{H}_t = \frac{dH}{dt} = \phi_2 \cdot ((1-\kappa_t) \cdot K_t)^{\alpha_2} \cdot (q \cdot (1-\omega_t) \cdot H_t)^{\delta_2} \cdot AX_t^{\gamma_2} \cdot (q_t \cdot (1-v_t) \cdot L)^{\beta_2} - \mu \cdot H_t$

(schulische Ausbildung)

mit: α_2 : Elastizität des Sachkapitals in der Schulausbildung (mit $0 \leq \alpha_2 \leq 1$)

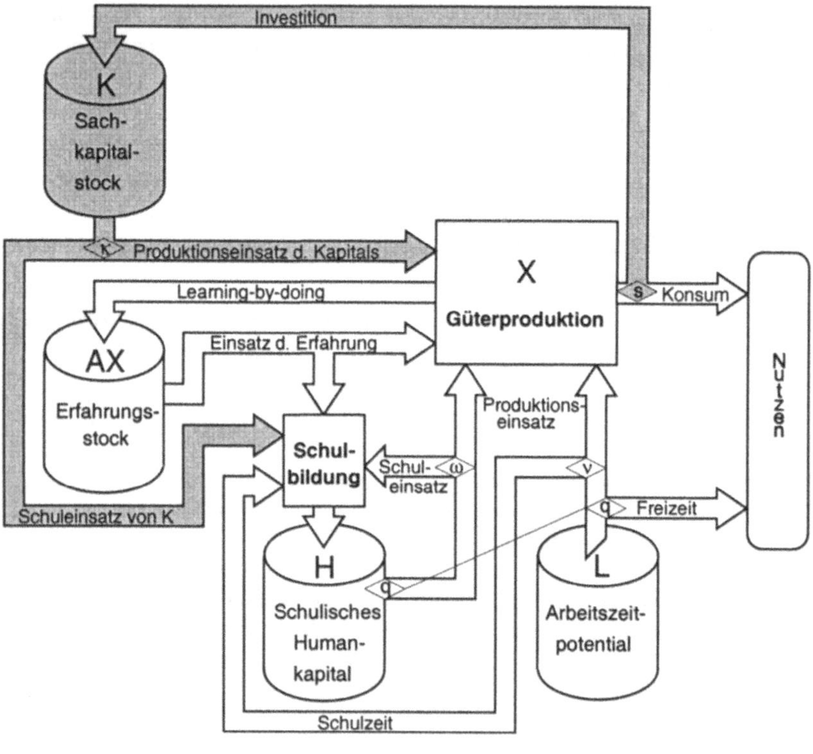

Abb. 6.1: Schema der Modellstruktur des umfassenden k-h-ax-Modells

Die oben formal beschriebenen Zusammenhänge lassen sich genau wie in den vorangehenden Kapiteln grafisch anhand eines Flußdiagramms veranschaulichen (Abb. 6.1). Im Fall des k-h-ax-Modell handelt es sich nur um eine Erweiterung des h-ax-Modells um die Sachkapitalakkumulation. Dies äußert sich darin, daß sich die

Modellstruktur des k-h-ax-Modells vom Schema des h-ax-Modells nur darin unterscheidet, daß die grau-schattiert markierten Bereiche zur Beschreibung von Aufbau und Einsatz des Sachkapitals hinzugefügt werden.[3]

Wiederum wird die Abschreibungsrate μ vereinfachend für alle Kapitalarten als gleich hoch angenommen. Da zunächst nicht dynamisch über die Wahl der Anteilsgrößen als Kontrollvariablen optimiert wird, sind die entsprechenden Größen – die Arbeitszeitquote q, der Humankapitalanteil in der Güterproduktion ω, der Arbeitszeitanteil in der Güterproduktion ν, der Anteil des Sachkapitals in der Güterproduktion κ sowie die Sparquote s – als konstante Parameter zu behandeln: Auf die Kennzeichnung dieser Quoten durch den Zeitindex kann verzichtet werden.

Die Modellgleichungen lassen sich in eine Formulierung über Pro-Kopf-Größen (mit $x \equiv X/L$; $ax \equiv AX/L$; $h \equiv H/L$) bzw. in eine Formulierung anhand der Sachkapitalintensität ka bzw. der Schulbildungsintensität ha der Produktionserfahrung (mit $ka \equiv K/(AX \cdot L)$ bzw. $ha \equiv H/(AX \cdot L)$) umschreiben. Diese Gleichungen lauten bei Vernachlässigung des Zeitindex "$_t$":

(6.5) $$x = (\kappa \cdot k)^{\alpha_1} \cdot (q \cdot \omega \cdot h)^{\delta_1} \cdot ax^{\gamma_1} \cdot (q \cdot \nu)^{\beta_1} \cdot L^{(\alpha_1+\beta_1+\delta_1+\gamma_1-1)}$$ (Pro-Kopf-Produktion)

(6.5') $$x = (\kappa \cdot ka)^{\alpha_1} \cdot (q \cdot \omega \cdot ha)^{\delta_1} \cdot ax^{\alpha_1+\gamma_1+\delta_1} \cdot (q \cdot \nu)^{\beta_1} \cdot L^{(2\alpha_1+\beta_1+2\delta_1+\gamma_1-1)}$$

(6.6) $$\overset{\circ}{k} = s \cdot x - \mu \cdot k$$ (Akkumulation des Pro-Kopf-Sachkapitals)

(6.6') $$\overset{\circ}{k} = s \cdot (\kappa \cdot ka)^{\alpha_1} \cdot (q \cdot \omega \cdot ha)^{\delta_1} \cdot ax^{\alpha_1+\gamma_1+\delta_1} \cdot (q \cdot \nu)^{\beta_1} \cdot L^{2\alpha_1+\beta_1+2\delta_1+\gamma_1-1} - \mu \cdot ka \cdot ax \cdot L$$

(6.7) $$\overset{\circ}{h} = \phi_2 \cdot ((1-\kappa) \cdot k)^{\alpha_2} \cdot (q \cdot (1-\omega) \cdot h)^{\delta_2} \cdot ax^{\gamma_2} \cdot (q \cdot (1-\nu))^{\beta_2} \cdot L^{\alpha_2+\beta_2+\delta_2+\gamma_2-1} - \mu \cdot h$$

(Entwicklung des schulischen Pro-Kopf-Humankapitals)

(6.7') $$\overset{\circ}{h} = \phi_2 \cdot ((1-\kappa) \cdot ka)^{\alpha_2} \cdot (q \cdot (1-\omega) \cdot ha)^{\delta_2} \cdot ax^{\alpha_2+\gamma_2+\delta_2} \cdot (q \cdot (1-\nu))^{\beta_2} \cdot L^{2\alpha_2+\beta_2+2\delta_2+\gamma_2-1} - \mu \cdot ha \cdot ax \cdot L$$

(6.8) $$\overset{\circ}{ax} = \phi_3 \cdot (q \cdot \nu \cdot L)^{(\eta-1)} \cdot x - \mu \cdot ax$$ (Entwicklung der Pro-Kopf-Erfahrung)

(6.8') $$\overset{\circ}{ax} = \phi_3 \cdot (\kappa \cdot ka)^{\alpha_1} \cdot (\omega \cdot ha)^{\delta_1} \cdot ax^{\alpha_1+\gamma_1+\delta_1} \cdot \nu^{\beta_1+\eta-1} \cdot q^{\beta_1+\delta_1+\eta-1} \cdot L^{2\alpha_1+\beta_1+2\delta_1+\gamma_1+\eta-2} - \mu \cdot ax$$

---

[3] Vgl. hierzu die entsprechende Abb. 5.1 (auf S. 103) im Vorkapitel. Eine analoge Situation bestand bei der Erweiterung des ax-Modells um das Sachkapital zum k-ax-Modell. Dies wurde daher auf gleiche Weise in Abb. 2.3 (auf S. 18) verdeutlicht.

Damit ergeben sich folgende Wachstumsraten für den Sachkapitalstock, das schulische Humankapital und die Produktionserfahrung:

(6.9) $$\hat{k} = s \cdot \kappa^{\alpha_1} \cdot ka^{\alpha_1 - 1} \cdot (q \cdot \omega \cdot ha)^{\delta_1} \cdot ax^{\alpha_1 + \gamma_1 + \delta_1 - 1} \cdot (q \cdot \nu)^{\beta_1} \cdot L^{2\alpha_1 + \beta_1 + 2\delta_1 + \gamma_1 - 2} - \mu$$

(6.10) $$\hat{h} = \phi_2 ((1-\kappa)ka)^{\alpha_2} (q(1-\omega))^{\delta_2} ha^{\delta_2 - 1} ax^{\alpha_2 + \gamma_2 + \delta_2 - 1} (q(1-\nu))^{\beta_2} L^{2\alpha_2 + \beta_2 + 2\delta_2 + \gamma_2 - 2} - \mu$$

(6.11) $$\widehat{ax} = \phi_3 (\kappa ka)^{\alpha_1} (\omega ha)^{\delta_1} ax^{\alpha_1 + \gamma_1 + \delta_1 - 1} \nu^{\beta_1 + \eta - 1} q^{\beta_1 + \delta_1 + \eta - 1} L^{2\alpha_1 + \beta_1 + 2\delta_1 + \gamma_1 + \eta - 2} - \mu$$

Hieraus lassen sich die Wachstumsraten der beiden auf die Erfahrung bezogenen Kapitalintensitäten direkt ermitteln:

(6.12) $$\widehat{ka} = \hat{k} - \widehat{ax}$$

(6.13) $$\widehat{ha} = \hat{h} - \widehat{ax}$$

Die Wachstumsrate der Pro-Kopf-Produktion läßt sich wiederum auf das Faktorwachstum bezogen angeben:

(6.14) $$\hat{x} = \alpha_1 \cdot \hat{k} + \delta_1 \cdot \hat{h} + \gamma_1 \cdot \widehat{ax} = \alpha_1 \cdot \widehat{ka} + \delta_1 \cdot \widehat{ha} + (\alpha_1 + \delta_1 + \gamma_1) \cdot \widehat{ax}$$

6.2.2 Der steady state und die Bedingungen für endogenes Wachstum

Da im steady state auch bei intertemporaler Optimierung die Quoten q, ν, ω und κ konstant sein müssen, kann der steady state durch das Modell ohne intertemporale Optimierung, für welches die Quoten als konstant-gesetzte Parameter zu sehen sind, partiell beschrieben werden. Weil die Ergebnisse auf den nachfolgend zu behandelnden Ansatz mit dynamischer Optimierung übertragen werden können, sollen die langfristigen Wachstumseigenschaften zunächst anhand des einfacheren Modells ohne dynamische Optimierung analysiert werden.

Die Untersuchung der Bedingungen für ein langfristiges balanced growth mit konstanten Wachstumsraten erfolgt in Analogie zur entsprechenden Analyse des h-ax-Modells im Vorkapitel.[4] Die Konstanz der Wachstumsraten bedeutet, daß für ein balanced growth die *Wachstumsraten der Wachstumsraten* gleich null sein müssen. Für das Wachstum der Wachstumsrate des Sachkapitalstocks muß somit entsprechend Gleichung (6.9) langfristig gelten:

---

[4] Für eine Analyse der Elastizitäten-Bedingung für die Existenz endogenen Wachstums in einem Zwei-Sektoren-Modell vom Lucas-Uzawa-Typ (d.h. in einem "k-h-Modell") vgl. Barro, Sala-i-Martin (1995), S. 198 ff.

(6.15) $\hat{\hat{k}}_{bg} = 0 \Rightarrow (\alpha_1 - 1)\cdot \hat{ka}_{bg} + \delta_1 \cdot \hat{ha}_{bg} + (\alpha_1 + \delta_1 + \gamma_1 - 1)\cdot \hat{ax}_{bg} = 0$

Für die Wachstumsrate von $\hat{ax}$ folgt aus (6.11):

(6.16) $\hat{\hat{ax}}_{bg} = 0 \Rightarrow \alpha_1 \cdot \hat{ka}_{bg} + \delta_1 \cdot \hat{ha}_{bg} + (\alpha_1 + \delta_1 + \gamma_1 - 1)\cdot \hat{ax}_{bg} = 0$

Für das Wachstum der Wachstumsrate des Pro-Kopf-Humankapitals ergibt sich entsprechend (6.10):

(6.17) $\hat{\hat{h}}_{bg} = 0 \Rightarrow \alpha_2 \cdot \hat{ka}_{bg} + (\delta_2 - 1)\cdot \hat{ha}_{bg} + (\alpha_2 + \delta_2 + \gamma_2 - 1)\cdot \hat{ax}_{bg} = 0$

Die Lösung des mit den Gleichungen (6.15), (6.16) und (6.17) definierten Systems führt zur folgenden Elastizitätsbedingung für die Existenz eines langfristigen balanced growth-Wachstumspfads mit konstanten Wachstumsraten:

(6.18) $\alpha_1 + \gamma_1 + \delta_1 \cdot \dfrac{\alpha_2 + \gamma_2}{1 - \delta_2} = 1$

bzw.: $\gamma_{1,e} = 1 - \alpha_1 - \delta_1 \cdot \dfrac{\alpha_2 + \gamma_2}{1 - \delta_2}$ oder $\gamma_{2,e} = \dfrac{(1 - \delta_2)\cdot(1 - \alpha_1 - \delta_1)}{\delta_1} - \alpha_2$

Wird die balanced growth-Bedingung (6.18) in die Bedingung für die Konstanz der balanced growth-Wachstumsrate von ka (6.15) eingesetzt, so folgt:

(6.19) $\hat{ka}_{bg} = 0$

Somit setzt ein balanced growth mit konstanten Wachstumsraten – die allerdings auch von null verschieden sein können – eine langfristige Wachstumsrate der Sachkapitalintensität der Erfahrung von null, i.e. Konstanz von ka, voraus.

Die Nutzung von (6.19), der balanced growth-Bedingungen für γ_1 ($\gamma_{1,e}$) und für γ_2 ($\gamma_{2,e}$), als auch der Bedingungen für die Konstanz der Wachstumsraten führt zu folgenden Beziehungen zwischen den balanced growth-Wachstumsraten:

(6.20) $\hat{ha}_{bg,1} = \dfrac{1 - \alpha_1 - \delta_1 - \gamma_1}{\delta_1} \cdot \hat{ax}_{bg}$

(6.21) $\hat{ha}_{bg,2} = \dfrac{1 - \alpha_2 - \delta_2 - \gamma_2}{\delta_2 - 1} \cdot \hat{ax}_{bg}$

Aus (6.19) folgt unter Verwendung von (6.12) für den konstanten balanced growth-Wert der Sachkapitalintensität der Erfahrung ka:

$$(6.22)\quad \hat{ka}_{bg}=0 \Rightarrow \hat{k}_{bg}-\hat{ax}_{bg}=0 \Rightarrow s\cdot ka_{bg}^{-1}-\phi_3\cdot(q\cdot v)^{\eta-1}\cdot L^{\eta}=0$$

$$\Rightarrow \quad ka_{bg}=ka_{st}=\frac{s}{\phi_3}\cdot\frac{(q\cdot v)^{1-\eta}}{L^{\eta}}$$

Wird zusätzlich zum langfristigen balanced growth mit konstanten Wachstumsraten der jeweiligen Modellgrößen ein enger definiertes steady state mit konstanten Intensitäten gefordert, so folgt aus (6.20) und (6.21) für eine konstante Humankapitalintensität der Erfahrung (mit $\hat{ha}_{bg}=0$):

$$(6.23)\quad \frac{1-\alpha_1-\delta_1-\gamma_1}{\delta_1}\cdot\hat{ax}_{bg}=0 \qquad \Rightarrow \qquad \alpha_1+\delta_1+\gamma_1=1$$

$$(6.24)\quad \frac{1-\alpha_2-\delta_2-\gamma_2}{\delta_2-1}\cdot\hat{ax}_{bg}=0 \qquad \Rightarrow \qquad \alpha_2+\delta_2+\gamma_2=1$$

Die Interpretation der Bedingung für das balanced growth stellt nur eine kleine Erweiterung der entsprechenden Ausführungen des Vorkapitels dar: Ein anhaltendes endogenes Wachstum mit langfristig konstanten von null verschiedenen Wachstumsraten ergibt sich schon bei Gültigkeit der Bedingung (6.18), wobei dann im allgemeinen die balanced growth-Wachstumsraten für das schulische Humankapital h und die Produktionserfahrung ax unterschiedlich hoch sind. Folglich wird sich die Intensität ha als das Verhältnis der beiden Größen im balanced growth mit konstanter Rate verändern. Da die Akkumulation von Sachkapital ebenso wie die Akkumulation der Produktionserfahrung aus der Güterproduktion gespeist wird, ergeben sich langfristig für den Sachkapitalstock und den Erfahrungsstock die gleichen Wachstumsraten, so daß die Sachkapitalintensität der Erfahrung für ein balanced growth immer gegen einen konstanten Wert ka_{st} strebt (dies wird formal in Gleichung (6.19) beschrieben).

Mit der Güterproduktion auf der einen und der Schulbildung auf der anderen Seite liegen wieder zwei unabhängige Quellen der Faktorakkumulation vor. Die balanced growth-Bedingung für die Existenz eines Pfades mit endogenem Wachstum (6.18) $\alpha_1+\gamma_1+\delta_1\cdot[(\alpha_2+\gamma_2)/(1-\delta_2)]=1$ fordert analog zur entsprechenden Bedingung des Vorkapitels (vgl. (5.16)) Linearität in den Kapitalarten im "gewichteten Mittelwert" zwischen den beiden Akkumulations-"Quellen". Somit wird die Forderung nach Linearität der Faktorakkumulation in den akkumulierbaren Faktoren selbst als Bedingung für die Existenz endogenen Wachstums abermals verallgemeinert. Die mögliche Unterlinearität der einen Faktorakkumulationsgleichung, die c.p. zu sinkenden Grenzerträgen der Kapitalarten und hierüber zu einem Stillstand der Faktorakkumulation führen würde, kann wiederum durch eine entsprechende Überlinearität in der anderen Akkumulationsgleichung ausgeglichen werden, so daß langfristig sinkende Grenzerträge der Kapitalarten verhindert werden können. Die Faktorakkumulation als Quelle anhaltenden endogenen Wachstums bleibt bei Gültigkeit von (6.18) langfristig wirksam. Allerdings werden sich für die verschiedenen Kapitalarten langfristig unterschiedliche balanced growth-Wachstumsraten einstellen. Diejenige Kapitalart, deren Akkumulationsgleichung überlinear in der Summe der verschiedenen Kapitalarten ist, wird stärker wachsen. Infolgedessen verschieben sich im allgemeinen Fall langfristig die Intensitätsverhältnisse zwischen den Faktoren (mit konstanter Rate).

Die Wachstumsrate der Güterproduktion ist gemäß Gleichung (6.14) als $\hat{x}=\alpha_1 \cdot \hat{ka}+\delta_1 \cdot \hat{ha}+(\alpha_1+\delta_1+\gamma_1)\cdot \hat{ax}$ bestimmt. Weiterhin gilt mit (6.20) für ein balanced growth mit konstanter Wachstumsrate $\hat{ha}_{bg}=(1/\delta_1)\cdot(1-\alpha_1-\delta_1-\gamma_1)\cdot \hat{ax}_{bg}$. Der Gleichung (6.19) entsprechend gilt außerdem $\hat{ka}_{bg}=0$. Die Verknüpfung dieser Bedingungen zeigt, daß bei endogenem Wachstum im balanced growth die folgende Beziehung gilt:

(6.25) $\hat{x}_{bg} = \hat{k}_{bg} = \hat{ax}_{bg}$

Dieses Verhalten läßt sich damit begründen, daß sowohl die Sachkapitalakkumulation als auch der Aufbau der Produktionserfahrung aus der Güterproduktion erfolgen. Im balanced growth wächst die Güterproduktion langfristig mit konstanter Rate, da es die Faktoren, auf deren Basis die Güterproduktion fußt, ebenfalls tun. Außerdem weist die Humankapitalintensität ha ebenfalls eine konstante Änderungsrate auf, die gerade die aus der Nichtlinearität der Einzelakkumulationen resultierenden Grenzproduktivitätsänderungen ausgleicht. Somit fehlen im balanced growth die transitionale Verschiebungen zwischen den Faktoren, die unterschiedliche Wachstumsraten des Sachkapitalstocks, der Produktionserfahrung und schließlich der Güterproduktion bewirken würden. Folglich tritt langfristig zutage, daß sich Erfahrungs- und Sachkapitalakkumulation aus der Güterproduktion speisen und daß daher alle drei Größen auf Dauer mit gleicher Rate wachsen müssen.

Werden als Bedingung für ein steady state in enger Interpretation langfristig konstante Intensitäten gefordert, so impliziert dies wiederum gemäß (6.23) und (6.24) die Linearität in den Kapitalarten für jede einzelne Akkumulationsfunktion. Es liegt somit ein Spezialfall der Gleichung (6.18) vor, für den sich der Term $(\alpha_2+\gamma_2)/(1-\delta_2)$ gerade zu eins reduziert. Da sich (definitionsgemäß) die Intensitäten im steady state nicht mehr verändern, weisen in diesem Fall alle Modellgrößen die gleiche balanced growth-Wachstumsrate auf.

Die Erfüllung der Bedingung (6.18) $\alpha_1+\gamma_1+\delta_1\cdot(\alpha_2+\gamma_2)/(1-\delta_2)=1$ führt zu anhaltendem endogenen Wachstum. Gilt jedoch $\alpha_1+\gamma_1+\delta_1\cdot(\alpha_2+\gamma_2)/(1-\delta_2)<1$, so implizieren sinkende Grenzerträge der akkumulierbaren Faktoren letztlich einen Stillstand des Akkumulationsprozesses im steady state. Die konstanten "balanced growth"-Wachstumsraten in dieser Elastizitätensituation sind daher null. Mit $\hat{ax}_{bg}=0$ folgt mit

(6.20) und (6.21) $\hat{ha}_{bg,1}=\hat{ha}_{bg,2}=0$. Mit der langfristig konstanten Intensität ha liegt somit in diesem "trivialen" Fall ein steady state in enger Definition vor, in dem die konstanten Intensitäten allerdings als Folge der konstanten *Niveaus* aller einzelnen Modellgrößen auftreten.

Für eine gewichtete Summe der Kapitalelastizitäten von über eins würden steigende Grenzerträge der akkumulierbaren Faktoren vorliegen, so daß sich ein Wachstumsprozeß mit steigenden Wachstumsraten ergäbe. Wie in den früheren Kapiteln soll dieser Fall, da er einer langfristigen Analyse nicht zugänglich ist, nicht näher untersucht werden.

Linearität in allen Akkumulationsquellen

Da der Spezialfall der Linearität in allen einzelnen Akkumulationsgleichungen einerseits einige Vereinfachungen ermöglicht und andererseits einige Besonderheiten aufweist, soll dieser Fall explizit vorgestellt werden.

Aus (6.15) folgt mit $\hat{ka}_{bg}=0$ und $\alpha_1+\delta_1+\gamma_1=1$ für diesen Spezialfall eine konstante Humankapitalintensität im steady state:

(6.26) $$\hat{ha}_{st}=0$$

Im Fall von $\gamma_1=1-\alpha_1-\delta_1$ und $\gamma_2=1-\alpha_2-\delta_2$ ergeben sich die Wachstumsraten der verschiedenen Kapitalarten als:

(6.27) $$\hat{k}=s\cdot\kappa^{\alpha_1}\cdot ka^{\alpha_1-1}\cdot(q\cdot\omega\cdot ha)^{\delta_1}\cdot(q\cdot v)^{\beta_1}\cdot L^{\alpha_1+\beta_1+\delta_1-1}-\mu$$

(6.28) $$\hat{h}=\phi_2\cdot((1-\kappa)\cdot ka)^{\alpha_2}\cdot(q\cdot(1-\omega))^{\delta_2}\cdot ha^{\delta_2-1}\cdot(q\cdot(1-v))^{\beta_2}\cdot L^{\alpha_2+\beta_2+\delta_2-1}-\mu$$

(6.29) $$\hat{ax}=\phi_3\cdot(\kappa\cdot ka)^{\alpha_1}\cdot(\omega\cdot ha)^{\delta_1}\cdot v^{\beta_1+\eta-1}\cdot q^{\beta_1+\delta_1+\eta-1}\cdot L^{\alpha_1+\beta_1+\delta_1+\eta-1}-\mu$$

Die Wachstumsraten der verschiedenen Kapitalstöcke sind somit bei Linearität in den einzelnen Akkumulationsgleichungen nur noch von den beiden Intensitäten ka und ha und nicht mehr von den erreichten Einzelniveaus k, h und ax abhängig. Gleiches gilt für die Dynamik der beiden Intensitäten selbst, die mit folgenden Differentialgleichungen beschrieben werden kann:

(6.30) $$\mathring{ka}=(\hat{k}-\hat{ax})\cdot ka$$

(6.31) $$\mathring{ha}=(\hat{h}-\hat{ax})\cdot ha$$

Der steady state mit konstantem Intensitätsniveau ha_{st} errechnet sich anhand von $\hat{ha}_{st}=0$: Gemäß (6.13) gilt dann $\hat{h}_{st}=\hat{ax}_{st}$. Das Gleichsetzen von (6.28) mit (6.29) führt zu folgendem Ergebnis für die steady state-Humankapitalintensität der Erfahrung:

$$(6.32) \quad ha_{st}=\left(\frac{s^{\alpha_2-\alpha_1}\cdot\phi_2\cdot(1-\kappa)^{\alpha_2}\cdot(1-\omega)^{\delta_2}\cdot(1-\nu)^{\beta_2}}{\phi_3{}^{1+\alpha_2-\alpha_1}\cdot\kappa^{\alpha_1}\cdot\omega^{\delta_1}\cdot\nu^{\beta_1+\eta-1+(\eta-1)(\alpha_2-\alpha_1)}}\cdot Q\right)^{\left(\frac{1}{1+\delta_1-\delta_2}\right)}$$

$$\text{mit:}\quad Q=q^{\beta_2+\delta_2-\beta_1-\delta_1+(1-\eta)(1+\alpha_2-\alpha_1)}\cdot L^{\alpha_2+\beta_2+\delta_2-\alpha_1-\beta_1-\delta_1-\eta(1+\alpha_2-\alpha_1)}$$

Von den anderen akkumulierbaren Faktoren unabhängige Schulbildung

Wird für die schulische Humankapitalbildung angenommen, daß weder Sachkapital noch Produktionserfahrung einen Einfluß auf die Produktivität der Schulbildung haben, so gilt für die entsprechenden Elastizitäten $\alpha_2=\gamma_2=0$. Soweit gleichzeitig Linearität der Schulbildung in den akkumulierbaren Faktoren unterstellt wird, ist die Schulbildung linear allein in dem schulischen Humankapital selbst. Es gilt folglich $\delta_2=1$.

Dementsprechend ist ebenso wie im korrespondierenden Fall des Vorkapitels die umgeformte balanced growth-Bedingung

$$(6.18') \quad (\alpha_1+\gamma_1)\cdot(1-\delta_2)+\delta_1\cdot(\alpha_2+\gamma_2)=(1-\delta_2)$$

für den mit $\delta_2=1$ und $\alpha_2=\gamma_2=0$ angenommenen Spezialfall in der Form $0=0$ trivial erfüllt, so daß diese Parameterkonstellation erneut gesondert zu betrachten ist.

Bei Unterstellung der getroffenen Parameterannahmen vereinfacht sich die Gleichung (6.28) zu:

$$(6.28') \quad \hat{h}=\phi_2\cdot q\cdot(1-\omega)\cdot(q\cdot(1-\nu))^{\beta_2}\cdot L^{\beta_2}-\mu$$

Diese Gleichung für die Wachstumsrate des schulischen Pro-Kopf-Humankapitals entspricht völlig der korrespondierenden Gleichung (5.20') für das h-ax-Modell. Sie weist daher die entscheidende Besonderheit auf, daß die Wachstumsrate $\hat{h}$ allein durch die Verhaltensparameter (ω, ν und q) bestimmt wird, und somit von den verschiedenen Kapitalstocks und daher vom erreichten Akkumulationsstand der Volkswirtschaft unabhängig ist. Da diese Parameter in Modellen dynamischer Optimierung als Kontrollvariablen dienen, kontrollieren in diesem Spezialfall die Wirtschaftssubjekte das Humankapitalwachstum völlig.

Die Folge dieser Akkumulationseigenschaft des schulischen Humankapitals ist wieder, daß bei Einsatz der Schulbildung in der Güterproduktion (für $\delta_1>0$) ein mit konstanter Rate wachsender Faktor vorliegt. Analog zum exogenen technischen Fortschritt in neoklassischen Wachstumsmodellen wird so das Sinken der Grenzerträge des Sachkapitals und auch der Produktionserfahrung in der Güterproduktion verhindert, selbst wenn $\alpha_1+\delta_1+\gamma_1<1$ gilt. Daher kann allein auf Basis der Humankapitalakkumulation schon endogenes Wachstum entstehen.

Mit (6.14) folgt die Wachstumsrate der Güterproduktion als gewichtete Summe des Faktorenwachstums: $\hat{x}=\alpha_1\cdot\hat{k}+\delta_1\cdot\hat{h}+\gamma_1\cdot\hat{ax}$. Weiterhin weisen Sachkapital- und Erfahrungsstock, die beide aus der Güterproduktion aufgebaut werden, die gleiche balanced growth-Wachstumsrate wie die Produktion selbst auf, so daß im balanced growth gilt:

$$\text{(6.33)}\quad \hat{x}_{bg}=\delta_1\cdot\hat{h}+(\alpha_1+\gamma_1)\cdot\hat{x}_{bg} \;\Rightarrow\; \hat{x}_{bg}=\hat{k}_{bg}=\hat{ax}_{bg}=\frac{\delta_1}{1-\alpha_1-\gamma_1}\cdot\hat{h}$$

Damit wird zwar die Höhe der balanced growth-Wachstumsraten der anderen Modellgrößen durch die Elastizitäten in der Güterproduktion mitbestimmt, aber letztlich wird die qualitative Eigenschaft des anhaltenden endogenen Wachstums allein durch die Linearität der Humankapitalbildung im schulischen Humankapital impliziert (d.h. durch $\delta_2=1$ bei $\alpha_2=\gamma_2=0$).

Da der Humankapitalstock mit einer anderen balanced growth-Rate als die Produktionserfahrung wächst, ändert sich auch die Humankapitalintensität der Erfahrung langfristig mit folgender Rate:

$$\text{(6.34)}\quad \hat{ha}_{bg}=\hat{h}-\hat{ax}_{bg}=\frac{1-\alpha_1-\gamma_1-\delta_1}{1-\alpha_1-\gamma_1}\cdot\hat{h}$$

Nur wenn zusätzlich Linearität der Güterproduktion (und damit der Produktionserfahrungsbildung) in den akkumulierbaren Faktoren besteht ($\alpha_1+\delta_1+\gamma_1=1$), erreicht die Humankapitalintensität der Erfahrung ein konstantes steady state-Niveau ha_{st}. Es gilt dann im steady state $\hat{x}_{st}=\hat{k}_{st}=\hat{ax}_{st}=\hat{h}_{st}=\hat{h}$, so daß mit $\hat{h}$ in Gleichung (6.28') die steady state-Wachstumsrate des gesamten Modells bestimmt ist. Da hier $\hat{h}$ nicht vom erreichten Niveau der Kapitalakkumulation abhängt, gilt diese Unabhängigkeit für den betrachteten Spezialfall langfristig für das gesamte Modell. Im Rahmen der Anpassung an den steady state (von ha an ha_{st} und von ka an ka_{st}) treten allerdings transitional dynamics auf, für die sich die Wachstumsraten der anderen Modellgrößen von $\hat{h}$ unterscheiden.

6.2.3 Einige nötige Vereinfachungen

Da das Modell immer komplexer wird, sind insbesondere für den noch folgenden Ansatz zur dynamischen Optimierung weitere Vereinfachungen des Modells nötig, damit überhaupt Ergebnisse berechnet werden können. Um die Ergebnisse der Ansätze ohne und mit intertemporaler Optimierung direkt vergleichen zu können, sollen die bei der dynamischen Optimierung nötigen Vereinfachungen auch auf den Ansatz ohne Optimierung angewendet werden. Als sehr einschneidende Vereinfachung soll angenommen werden, daß das Sachkapital in der schulischen Bildung keinen Einfluß ausübt, d.h. es wird $\alpha_2=0$ zugrunde gelegt. Daher wird selbstverständlich das gesamte physische Kapital in der Güterproduktion eingesetzt ($\kappa=1$).[5] Weiterhin sollen die schon in den vorangehenden Kapiteln vorgenommenen Vereinfachungen auch an dieser Stelle eingeführt werden. Das Arbeitspotential wird auf eins normiert ($L=1$). Da insbesondere die akkumulierbaren Faktoren und nicht der Einsatz der einfachen Arbeit für das endogene Wachstum von Interesse ist, soll die Arbeit wiederum nur über ihre Qualitätsausprägung h erfaßt werden und die entsprechenden Terme für die einfache Arbeit unberücksichtigt bleiben ($\beta_1=\beta_2=0$).

Die Modellgleichungen für die Güterproduktion, die Sachkapitalakkumulation, die Schulbildung sowie für den Erfahrungsaufbau lauten unter Berücksichtigung der genannten Vereinfachungen:

$$(6.35)\quad x = k^{\alpha_1}\cdot(q\cdot\omega\cdot h)^{\delta_1}\cdot ax^{\gamma_1}$$

$$= ka^{\alpha_1}\cdot(q\cdot\omega\cdot ha)^{\delta_1}\cdot ax^{\alpha_1+\gamma_1+\delta_1}$$

$$(6.36)\quad \overset{\circ}{k} = s\cdot k^{\alpha_1}\cdot(q\cdot\omega\cdot h)^{\delta_1}\cdot ax^{\gamma_1} - \mu\cdot k$$

$$= s\cdot ka^{\alpha_1}\cdot(q\cdot\omega\cdot ha)^{\delta_1}\cdot ax^{\alpha_1+\gamma_1+\delta_1} - \mu\cdot ka\cdot ax$$

$$(6.37)\quad \overset{\circ}{h} = \phi_2\cdot(q\cdot(1-\omega)\cdot h)^{\delta_2}\cdot ax^{\gamma_2} - \mu\cdot h$$

$$= \phi_2\cdot(q\cdot(1-\omega)\cdot ha)^{\delta_2}\cdot ax^{\gamma_2+\delta_2} - \mu\cdot ha\cdot ax$$

$$(6.38)\quad \overset{\circ}{ax} = \phi_3\cdot q^{\eta-1}\cdot x - \mu\cdot ax$$

$$= \phi_3\cdot ka^{\alpha_1}\cdot(\omega\cdot ha)^{\delta_1}\cdot ax^{\alpha_1+\gamma_1+\delta_1}\cdot q^{\delta_1+\eta-1} - \mu\cdot ax$$

Die balanced growth-Bedingung (6.18) vereinfacht sich zu:

$$(6.39)\quad \alpha_1+\gamma_1+\delta_1\cdot\frac{\gamma_2}{1-\delta_2} = 1$$

[5] Zur Vereinfachung von Modellen vom Lucas-Uzawa-Typ (ohne ax) für den Fall, daß physisches Kapital in der Humankapitalbildung eingesetzt wird, vgl. Barro, Sala-i-Martin (1995), S. 179 ff.

Natürlich strebt die Kapitalintensität der Erfahrung auch für den vereinfachten Fall langfristig ein konstantes Niveau an:

$$(6.40)\quad ka_{st} = \frac{s \cdot q^{1-\eta}}{\phi_3}$$

Die Wachstumsraten der verschiedenen Kapitalstöcke sind nun:

$$(6.41)\quad \hat{k} = s \cdot ka^{\alpha_1 - 1} \cdot (q \cdot \omega \cdot ha)^{\delta_1} \cdot ax^{\alpha_1 + \gamma_1 + \delta_1 - 1} - \mu$$

$$(6.42)\quad \hat{h} = \phi_2 \cdot (q \cdot (1-\omega))^{\delta_2} \cdot ha^{\delta_2 - 1} \cdot ax^{\gamma_2 + \delta_2 - 1} - \mu$$

$$(6.43)\quad \hat{ax} = \phi_3 \cdot ka^{\alpha_1} \cdot (\omega \cdot ha)^{\delta_1} \cdot ax^{\alpha_1 + \gamma_1 + \delta_1 - 1} \cdot q^{\delta_1 + \eta - 1} - \mu$$

Wird für den vereinfachten Fall zusätzlich Linearität in allen einzelnen Akkumulationsgleichungen angenommen ($\gamma_1 = 1 - \alpha_1 - \delta_1$ und $\gamma_2 = 1 - \delta_2$), so folgt:

$$(6.44)\quad \hat{k} = s \cdot ka^{\alpha_1 - 1} \cdot (q \cdot \omega \cdot ha)^{\delta_1} - \mu$$

$$(6.45)\quad \hat{h} = \phi_2 \cdot (q \cdot (1-\omega))^{\delta_2} \cdot ha^{\delta_2 - 1} - \mu$$

$$(6.46)\quad \hat{ax} = \phi_3 \cdot ka^{\alpha_1} \cdot (\omega \cdot ha)^{\delta_1} \cdot q^{\delta_1 + \eta - 1} - \mu$$

Als Differentialgleichungen für die Dynamik der beiden auf die Erfahrung bezogenen Intensitäten folgen bei Linearität in den einzelnen Akkumulationen Ausdrücke, die nur von diesen Intensitäten selbst abhängen:

$$(6.47)\quad \overset{\circ}{ka} = s \cdot ka^{\alpha_1} \cdot (q \cdot \omega \cdot ha)^{\delta_1} - \phi_3 \cdot ka^{\alpha_1 + 1} \cdot (\omega \cdot ha)^{\delta_1} \cdot q^{\delta_1 + \eta - 1}$$

$$(6.48)\quad \overset{\circ}{ha} = \phi_2 \cdot (q \cdot (1-\omega))^{\delta_2} \cdot ha^{\delta_2} - \phi_3 \cdot ka^{\alpha_1} \cdot \omega^{\delta_1} \cdot ha^{\delta_1 + 1} \cdot q^{\delta_1 + \eta - 1}$$

Bei Linearität in den Einzelakkumulationen ergibt sich ein konstantes steady state Intensitätsniveau ha_{st} (d.h. $\overset{\circ}{ha} = 0$) mit:

$$(6.49)\quad ha_{st} = \left(\frac{\phi_2 \cdot (1-\omega)^{\delta_2}}{s^{\alpha_1} \cdot \phi_3^{1-\alpha_1} \cdot \omega^{\delta_1}} \cdot q^{\delta_2 - \delta_1 + (1-\eta)(1-\alpha_1)} \right)^{\left(\frac{1}{1+\delta_1-\delta_2}\right)}$$

Die Verwendung von ka_{st} und ha_{st} führt zu folgender steady state-Wachstumsrate, die hier für alle Kapitalvarianten sowie für die Produktion gleich hoch ist (d.h. $\hat{x}_{st}=\hat{ax}_{st}=\hat{h}_{st}=\hat{k}_{st}$):

$$(6.50)\quad \hat{x}_{st}=\left(\frac{\phi_2^{\delta_1}\cdot(1-\omega)^{\delta_1\cdot\delta_2}\cdot q^{\alpha_1+\delta_1+(1-\alpha_1)\cdot\delta_2+\eta(1-\alpha_1)\cdot(1-\delta_2)-1}}{s^{\alpha_1\cdot(\delta_2-1)}\cdot\phi_3^{(1-\alpha_1)\cdot(\delta_2-1)}\cdot\omega^{\delta_1\cdot(\delta_2-1)}}\right)^{\left(\frac{1}{1+\delta_1-\delta_2}\right)}-\mu$$

Wird zusätzlich zur Linearität in den einzelnen Funktionen noch die Unabhängigkeit der Schulbildung von den anderen Kapitalarten angenommen ($\gamma_2=0$ und $\delta_2=1$ sowie $\alpha_1+\delta_1+\gamma_1=1$), so ergeben sich sehr einfache Ausdrücke für das Wachstum des Humankapitals aus Schulausbildung sowie für das steady state-Intensitätsniveau:

$$(6.51)\quad \hat{h}=\phi_2\cdot(1-\omega)\cdot q-\mu$$

$$(6.52)\quad ha_{st}=\left(\frac{\phi_2\cdot(1-\omega)}{s^{\alpha_1}\cdot\phi_3^{1-\alpha_1}\cdot\omega^{\delta_1}}\cdot q^{1-\delta_1+(1-\eta)(1-\alpha_1)}\right)^{\left(\frac{1}{\delta_1}\right)}$$

Selbstverständlich ist auch für das vereinfachte Modell in dieser Situation mit der Wachstumsrate des schulischen Humankapitals die steady state-Wachstumsrate des gesamten Modells bestimmt: $\hat{x}_{st}=\hat{k}_{st}=\hat{ax}_{st}=\hat{h}$.

6.2.4 Simulationsbeispiele für unterschiedliche Elastizitätensituationen

Mittels numerischer Beispiele soll die Dynamik des umfassenden Modells exemplarisch beschrieben werden. Die hier explizit durchgeführten Simulationsbeispiele (A) bis (E) können anhand von Tab. 6.1 in die Gesamtheit der möglichen Elastizitätensituation eingeordnet werden.

Die Durchführung der Simulationen ist wie folgt aufgebaut: Es soll zunächst ein Fall betrachtet werden, für die die Elastizitätensumme nicht ausreicht, um ein endogenes, auf der Faktorakkumulation basierendes Wachstum zu induzieren, bevor daran anschließend diejenigen Situationen, für die die Bedingung (6.18) erfüllt ist, untersucht werden. Die Reihenfolge der Simulationen ergibt sich dadurch, daß die zugrunde liegenden Annahmen immer spezieller werden. Zunächst wird also ein Beispiel des allgemeinsten Falls und zum Schluß ein sehr restriktiver Spezialfall simuliert.

Tab. 6.1: Das langfristige Verhalten des umfassenden k-h-ax-Modells für unterschiedliche Elastizitätenkonstellationen

<table>
<tr><th>Schule \ Güter</th><th>$\alpha_1+\gamma_1+\delta_1<1$</th><th>$\alpha_1+\gamma_1+\delta_1=1$</th><th colspan="3">$\alpha_1+\gamma_1+\delta_1>1$</th></tr>
<tr><td>$\alpha_2+\gamma_2+\delta_2<1$</td><td>konstante st.st.-Niveaus</td><td>konstante st.st.-Niveaus</td><td>$E<1$: konst. st.st.-Niv.</td><td>$E=1$: endog. Wachst. ha sinkt im b.g.</td><td>$E>1$: explosiv</td></tr>
<tr><td>$\alpha_2+\gamma_2+\delta_2=1$</td><td>konstante st.st.-Niveaus</td><td>endog. Wachst. ha_{st} konst. (st.st.) (C) (D)</td><td colspan="3">explosiv</td></tr>
<tr><td>$\delta_2=1$; $\alpha_2=\gamma_2=0$</td><td>endog. Wachst. ha steigt im b.g.</td><td>endog. Wachst. ha_{st} konst. (st.st.) (E)</td><td colspan="3">endog. Wachst.: ha sinkt im b.g.</td></tr>
<tr><td rowspan="3">$\alpha_2+\gamma_2+\delta_2>1$</td><td>$E<1$: konstante st.st.-Niveaus (A)</td><td rowspan="3">explosiv</td><td colspan="3" rowspan="3">explosiv</td></tr>
<tr><td>$E=1$: endog. Wachst. / ha steigt im b.g. (B)</td></tr>
<tr><td>$E>1$: explosiv</td></tr>
</table>

mit: $E \equiv \alpha_1+\gamma_1+\delta_1 \cdot \frac{\alpha_2+\gamma_2}{1-\delta_2}$ (für $E=1$: Elastizitätenbedingung für endogenes Wachstum erfüllt)

(A) Kein endogenes Wachstum: $\alpha_1+\gamma_1+\delta_1 \cdot \frac{\alpha_2+\gamma_2}{1-\delta_2}<1$

Wenn die zwischen den beiden Akkumulationsquellen gewichtete Elastizitätensumme der akkumulierbaren Faktoren eins unterschreitet, tritt kein anhaltendes endogenes Wachstum auf: In dieser Situation streben dementsprechend alle Modellgrößen konstante steady state-Niveaus an. Als Beispiel für diesen Fall sei eine Parameterkonstellation mit einer in den akkumulierbaren Faktoren unterlinearen Güterproduktion sowie überlinearen Schulbildung näher betrachtet, für die trotzdem kein endogenes Wachstum auftritt. Es sei die folgende Parameterkonstellation gewählt:

$$\alpha_1={}^1/_4;\ \alpha_2={}^1/_6;\ \delta_1={}^1/_6;\ \delta_2={}^2/_3;\ \gamma_1={}^1/_4;\ \gamma_2={}^1/_4;\ \beta_1=1;\ \beta_2=1;\ \eta={}^1/_2;$$
$$s={}^1/_3;\ q={}^2/_3;\ \kappa={}^1/_2;\ \omega={}^1/_2;\ \nu={}^1/_2;\ \phi_2={}^1/_2;\ \phi_3={}^1/_2;\ \mu={}^1/_{20};\ L=1;\ n=0.$$

Für das gewählte Parameterbeispiel ergeben sich die Elastiztitätensummen als:

$$\alpha_1+\gamma_1+\delta_1={}^2/_3,\quad \alpha_2+\gamma_2+\delta_2={}^{13}/_{12}\quad \text{und}\quad \alpha_1+\gamma_1+\delta_1 \cdot \frac{\alpha_2+\gamma_2}{1-\delta_2}={}^{17}/_{24}<1.$$

Das numerisch präzisierte Differentialgleichungssystem lautet:

$$\overset{\circ}{ax} = \frac{1}{12} 2^{3/4}\, 3^{1/3}\, ax^{2/3}\, ka^{1/4}\, ha^{1/6} - \frac{1}{20} ax$$

$$\overset{\circ}{ha} = \frac{3^{1/3}\, ka^{1/6}\, ha^{1/6}(-ax^{5/12}\, 2^{5/6} \sqrt{ha} + 3\, ha\, 2^{3/4}\, ka^{1/12})}{-36\ ax^{1/3}}$$

$$\overset{\circ}{ka} = \frac{2^{3/4}\, ka^{1/4}\, ha^{1/6}(-2\, 3^{5/6} + 9\, ka\, 3^{1/3})}{-108\ ax^{1/3}}$$

Die Linearisierung des Modells um den steady state führt zu einem linearen Differentialgleichungssystem der Form:

$$(6.53)\quad \begin{bmatrix} \overset{\circ}{ax} \\ \overset{\circ}{ha} \\ \overset{\circ}{ka} \end{bmatrix} = \begin{bmatrix} \frac{\partial(\overset{\circ}{ax})}{\partial ax} & \frac{\partial(\overset{\circ}{ax})}{\partial ha} & \frac{\partial(\overset{\circ}{ax})}{\partial ka} \\ \frac{\partial(\overset{\circ}{ha})}{\partial ax} & \frac{\partial(\overset{\circ}{ha})}{\partial ha} & \frac{\partial(\overset{\circ}{ha})}{\partial ka} \\ \frac{\partial(\overset{\circ}{ka})}{\partial ax} & \frac{\partial(\overset{\circ}{ka})}{\partial ha} & \frac{\partial(\overset{\circ}{ka})}{\partial ka} \end{bmatrix}_{\substack{ax=ax_{st}\\ ha=ha_{st}\\ ka=ka_{st}}} \cdot \begin{bmatrix} ax \\ ha \\ ka \end{bmatrix} = M \cdot \begin{bmatrix} ax \\ ha \\ ka \end{bmatrix}$$

Für das Beispiel folgen als steady state-Werte, Koeffizientenmatrix M und deren Eigenwerte w:

$$ax_{st} = 74{,}3308\ ;\quad ha_{st} = 5{,}3008\ ;\quad ka_{st} = 0{,}38490$$

$$M = \begin{bmatrix} -0{,}016667 & 0{,}11685 & 2{,}4140 \\ 0{,}0014857 & -0{,}025 & -0{,}057383 \\ -0{,}1 \cdot 10^{-13} & -0{,}2 \cdot 10^{-12} & -0{,}05 \end{bmatrix}$$

$$w = [\,-0{,}0070141\ ,\ -0{,}034653\ ,\ -0{,}05\ ]'$$

Die Stabilität des Systems wird durch die drei negativen Eigenwerte ausgedrückt. Für die Anfangswerte $ax(0)=ha(0)=ka(0)=1$ wurde die Annäherung an die konstanten steady state Niveaus in Abb. 6.2 veranschaulicht. Es zeigt sich, daß – obwohl für die Schulbildung die Summe der Elastizitäten der akkumulierbaren Faktoren eins überschreitet – kein endogenes Wachstum auftritt, da die Elastizitätensumme der Güterproduktion zu gering ist. Die in Abb. 6.3 illustrierten Wachstumsraten aller Modellgrößen laufen entsprechend gegen null.

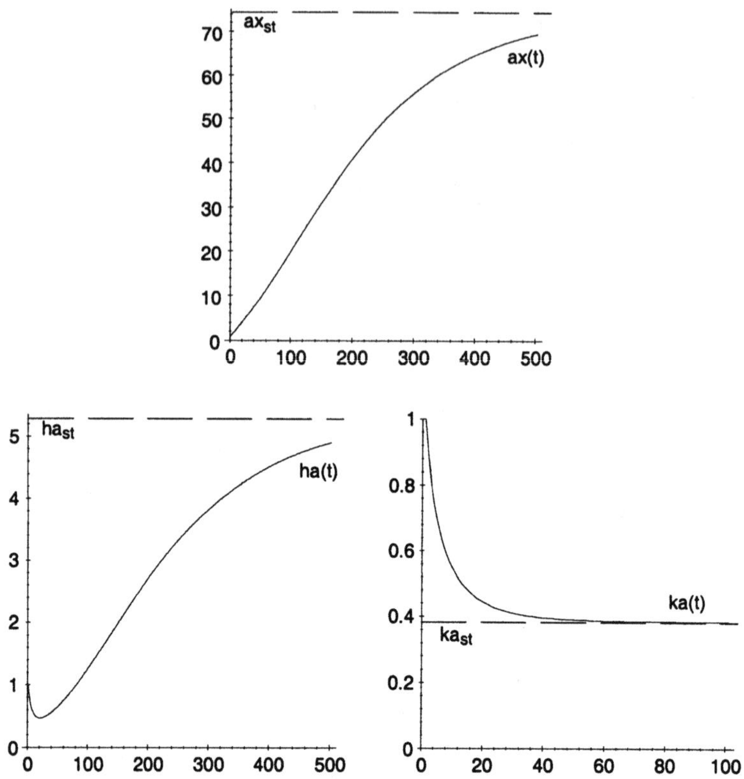

Abb. 6.2: Zeitpfade der Erfahrung und der beiden Intensitäten im Fall ohne endogenes Wachstum (unterschiedliche Zeiträume)

Auffällig am vorliegenden Beispiel ist die extrem langsame Konvergenz gegen die steady state-Niveaus. Die Entwicklung der Niveauwerte wird in Abb. 6.2 für die Produktionserfahrung ax und die Schulbildungsintensität der Erfahrung ha für den sehr langen Zeitraum von 500 Perioden wiedergegeben; trotzdem sind einige steady state-Werte noch nicht annähernd erreicht.[6] Hierzu analog weisen die Wachstumsraten dieser Größen eine sehr schwache Tendenz auf, gegen null zu streben. (Die Wachstumsrate der Produktionserfahrung $\widehat{ax}$ wurde in Abb. 6.3 ebenfalls über 500 Perioden abgetragen). Diese Eigenschaft zeigt auf, daß eine empirische Trennung der Situationen mit und ohne endogenes Wachstum sehr schwierig sein dürfte, da auch für Fälle ohne endogenes Wachstum die Anpassungsdynamik zum einen sehr lange dauern kann und

6 Die Kapitalintensität der Erfahrung ka wurde nur für den Zeitraum von 100 Perioden abgetragen. Da sich die Akkumulationen sowohl der Erfahrung ax als auch des Sachkapitals k aus der gleichen Quelle (der Güterproduktion) speisen, liegt für diese beiden Kapitalarten die gleiche Elastizitätensituation zugrunde. Daher läuft die Anpassung an den steady state-Wert ka_{st} schneller als bei dem Verhältnis ha_{st} zwischen ax und Schulbildung h, wo zwei verschiedene Elastizitätensituationen für die jeweiligen Akkumulationsquellen gegeben sind.

zum anderen mit den anhaltend hohen Wachstumsraten ein dem endogenen Wachstum ähnliches Verhalten aufweisen dürfte. Falls verschiedene akkumulierbare Faktoren mit jeweils eigener Akkumulationsquelle erfaßt werden, scheint diese Problematik sogar noch ausgeprägter zu sein – insbesondere, wenn Unter- und Überlinearitäten sich teilweise gegenseitig in ihrer langfristigen Wachstumswirkung kompensieren.[7]

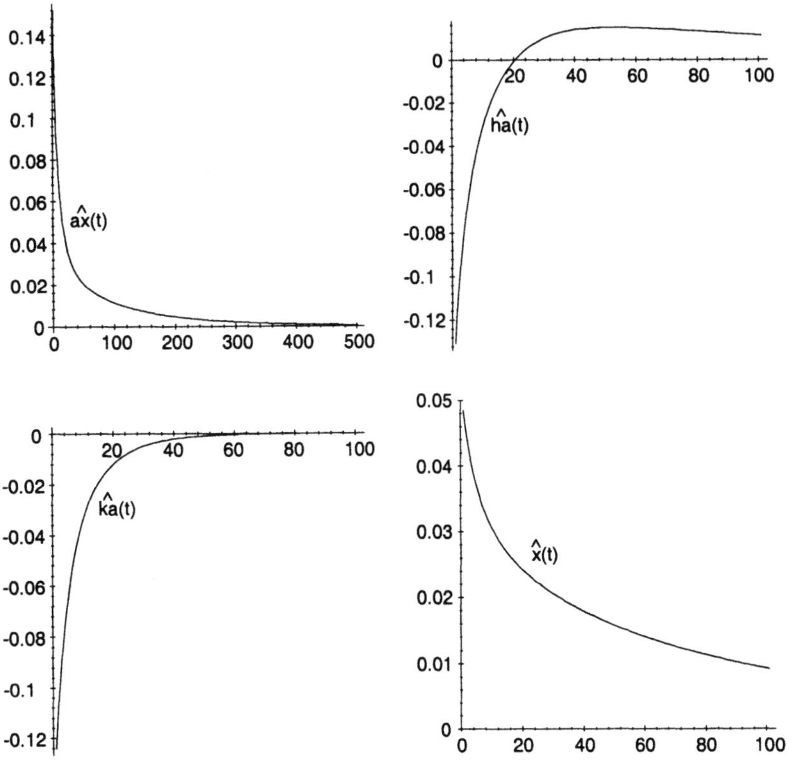

Abb. 6.3: Zeitpfade der Wachstumsraten der Modellgrößen im Fall ohne endogenes Wachstum (unterschiedliche Zeiträume)

(B) Der allgemeine Fall endogenen Wachstums: $\alpha_1 + \gamma_1 + \delta_1 \cdot \frac{\alpha_2 + \gamma_2}{1 - \delta_2} = 1$

Für den allgemeinen Fall endogenen Wachstums sei bei ansonsten gleichbleibenden Parameterwerten nun für die Elastizitäten der akkumulierbaren Faktoren eine Kombination angenommen, die die balanced growth-Bedingung (6.18) erfüllt:

$$\alpha_1 = {}^1\!/_3 ;\ \alpha_2 = {}^1\!/_5 ;\ \delta_1 = {}^1\!/_3 ;\ \delta_2 = {}^2\!/_3 ;\ \gamma_1 = {}^4\!/_{15} ;\ \gamma_2 = {}^1\!/_5$$

---

7 Bei einer intertemporalen Optimierung dürfte das Problem allerdings weniger stark ausgeprägt sein, da hier mit einer Reaktion der Kontrollvariablen auf die Intensitätenlage die Anpassung der Intensitäten an ihre langfristigen Gleichgewichtswerte unterstützt wird.

Mit $\alpha_1+\gamma_1+\delta_1={}^{14}/_{15}$ und $\alpha_2+\gamma_2+\delta_2={}^{16}/_{15}$ wird daher die Unterlinearität in der Güterproduktion genau durch die Überlinearität in der schulischen Bildung kompensiert, so daß sich für den gesamten Akkumulationsprozeß eine nach (6.18) gewichtete Elastizitätensumme von eins ergibt. Die Bewegungsgleichungen lauten nun:

$$\overset{\circ}{ax} = \frac{1}{12}\, 2^{2/3}\, 3^{1/6}\, ax^{14/15}\, ka^{1/3}\, ha^{1/3} - \frac{1}{20}\, ax$$

$$\overset{\circ}{ha} = \frac{ha^{2/3}\, ka^{1/5}\left(-ax^{2/15}\, 2^{4/5}\, 3^{1/3} + 3\, ha^{2/3}\, 2^{2/3}\, 3^{1/6}\, ka^{2/15}\right)}{-36\ ax^{1/15}}$$

Aus

$$\overset{\circ}{ka} = \frac{2^{2/3}\, ka^{1/3}\, ha^{1/3}\left(-2\ 3^{2/3} + 9\, ka\, 3^{1/6}\right)}{-108\ ax^{1/15}}$$

allein folgt für die Sachkapitalintensität der Erfahrung infolge der weitgehenden Parametergleichheit das gleiche steady state-Niveau wie im vorherigen Beispiel: $ka_{st}=0{,}3849$.

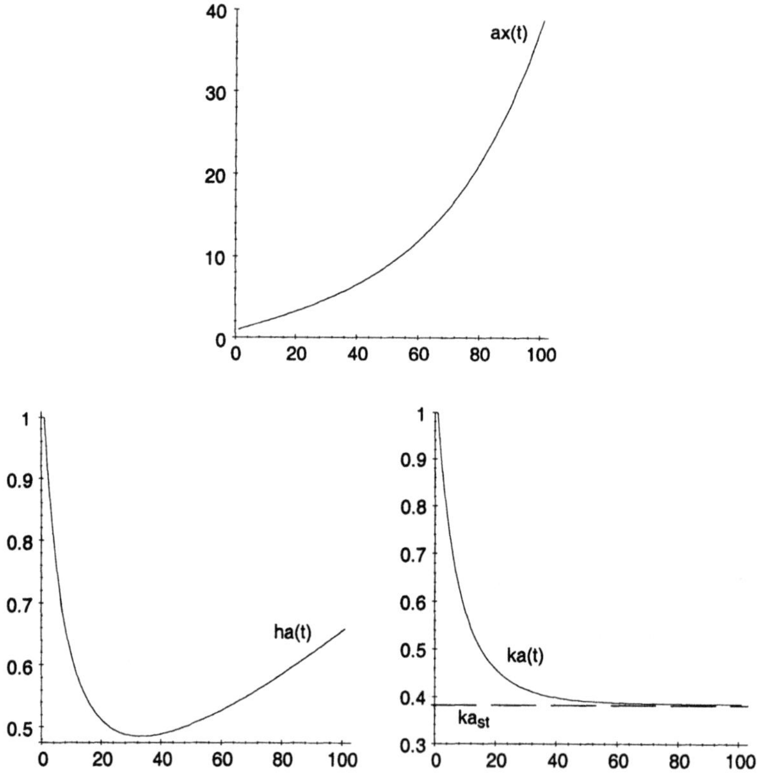

Abb. 6.4: Zeitpfade der Erfahrung und der beiden Intensitäten
im allgemeinen Fall endogenen Wachstums

Da hier zwar ein Fall von balanced growth mit langfristig konstanten Wachstumsraten aber kein enger definiertes steady state mit konstanten Intensitäten vorliegt, erreicht die schulische Humankapitalintensität nicht ein konstantes Niveau, sondern strebt langfristig nur eine konstante Änderungsrate an. Diese Wachstumsrate ist im vorliegenden Beispiel langfristig positiv, da die Güterproduktion unterlinear in den akkumulierbaren Faktoren ist, während die Humankapital-"Produktion" in diesen Faktoren überlinear ist, so daß die Schulbildung schneller wächst als die Produktion(serfahrung). Der Gleichung (6.18) folgend konvergieren sowohl die Erfahrung als auch die Produktion langfristig gegen die gleiche balanced growth-Wachstumsrate (von 2,88%).

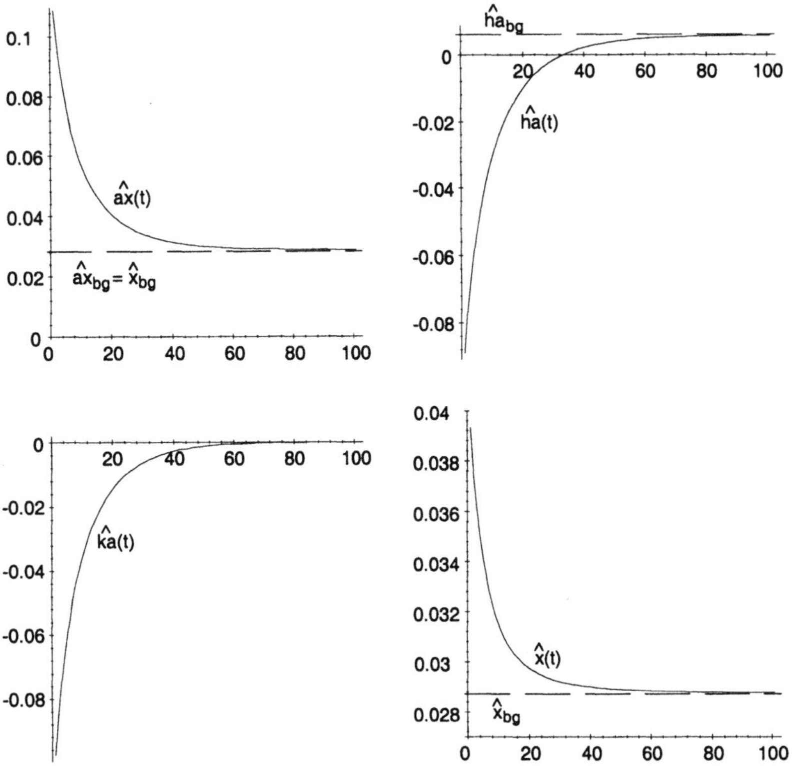

Abb. 6.5: Zeitpfade der Wachstumsraten der Modellgrößen im allgemeinen Fall mit endogenem Wachstum

Die an dieser Stelle als Beispiel gewählte Ausgangssituation ist genau spiegelbildlich zu den entsprechenden Exempeln aus den beiden Vorkapiteln. Dort waren anfänglich sehr geringe Intensitäten des Sachkapitals bzw. der Schulbildung gegeben. Entsprechend war jeweils die Wachstumsrate der Erfahrung in der Anfangsphase negativ und stieg gegen eine positive langfristige Gleichgewichtsrate an. Hier wird exemplarisch eine Ausgangssituation mit zwei relativ hohen Intensitäten dargestellt. Infolge der hohen Intensitäten ist im vorliegenden Fall die Produktivität der Erfahrung anfänglich sehr groß, so daß sich hieraus ein starkes Produktions- und Erfahrungswachstum speist. Dies hat sinkende ha- bzw. ka-Intensitäten zur Folge, so daß die Wachstumsraten des Erfahrungsstocks sowie der Güterproduktion von oben gegen ihre gemeinsame balanced growth-Rate konvergieren.

(C) Linearität in den einzelnen Akkumulationsquellen

Das oben gewählte Parameterbeispiel sei nun so modifiziert, daß die beiden Quellen der Faktorakkumulation, i.e. die Güterproduktion und die Schulbildung, jeweils Linearität in den akkumulierbaren Faktoren aufweisen. Da jeweils Linearität vorliegt, folgt auch für die gemäß (6.18) gewichtete Elastizitätensumme Linearität und somit auch endogenes Wachstum. Die Elastizitäten seien:

$$\alpha_1 = {}^1/_3;\ \alpha_2 = {}^1/_6;\ \delta_1 = {}^1/_3;\ \delta_2 = {}^2/_3;\ \gamma_1 = {}^1/_3;\ \gamma_2 = {}^1/_6.$$

Die Dynamik des Systems ist nun beschrieben mit:

$$\overset{\circ}{ax} = \frac{1}{60}\, ax\,(5\ 2^{2/3}\ 3^{1/6}\ ka^{1/3}\ ha^{1/3} - 3)$$

$$\overset{\circ}{ha} = -\frac{1}{36}\, ha^{2/3}(-2^{5/6}\ ka^{1/6}\ 3^{1/3} + 3\ ha^{2/3}\ 2^{2/3}\ 3^{1/6}\ ka^{1/3})$$

$$\overset{\circ}{ka} = -\frac{1}{108}\, 2^{2/3}\ ka^{1/3}\ ha^{1/3}(-2\ 3^{2/3} + 9\ ka\ 3^{1/6})$$

Bei Linearität beider Akkumulationsgleichungen in den akkumulierbaren Faktoren führt die Formulierung über die beiden Intensitäten ka und ha dazu, daß die Erfahrung ax aus den dynamischen Modellgleichungen verschwindet. Gleichzeitig liegt ein Spezialfall endogenen Wachstums vor, der sich durch ein langfristig konstantes Verhältnis zwischen den akkumulierbaren Faktoren auszeichnet: Im steady state gelten konstante Intensitäten. Die steady state-Wachstumsraten der Produktionserfahrung bzw. des Pro-Kopf-Einkommens entsprechen somit den steady state-Wachstumsraten von Sachkapitalstock k und Humankapital h. Für das Zahlenbeispiel ergibt sich für die genannten Größen:

$$ha_{st} = 0{,}3824 \quad ; \qquad ka_{st} = 0{,}3849$$

$$\hat{ax}_{st} = \hat{h}_{st} = \hat{k}_{st} = \hat{x}_{st} = 0{,}033878$$

Die Linearisierung des Systems um den steady state weist folgende Form auf:

$$\begin{bmatrix} \overset{\circ}{ha} \\ \overset{\circ}{ka} \end{bmatrix} = \begin{bmatrix} \frac{\partial(\overset{\circ}{ha})}{\partial ha} & \frac{\partial(\overset{\circ}{ha})}{\partial ka} \\ \frac{\partial(\overset{\circ}{ka})}{\partial ha} & \frac{\partial(\overset{\circ}{ka})}{\partial ka} \end{bmatrix}_{\substack{ha=ha_{st} \\ ka=ka_{st}}} \cdot \begin{bmatrix} ha \\ ka \end{bmatrix} = M \cdot \begin{bmatrix} ha \\ ka \end{bmatrix} \tag{6.54}$$

Die Koeffizientenmatrix M und deren Eigenwerte w sind hier:

$$M = \begin{bmatrix} -0{,}055919 & -0{,}013889 \\ -0{,}013889 & -0{,}083878 \end{bmatrix}$$

$$w = [\,-0{,}089604\,,\; -0{,}050192\,]'$$

Da beide Eigenwerte negativ sind, weist das System einen stabilen steady state auf. Die Eigenschaft der stabilen steady state-Anpassung aus allen Richtungen wird in Abb. 6.6 grafisch veranschaulicht. Dort werden für die vier möglichen Kombinationen von Anfangssituationen, die sich aus ha(0) = 1 bzw. ha(0) = $^1/_{10}$ und ka(0) = 1 bzw. ka(0) = $^1/_{10}$ ergeben können, die jeweilige Anpassung an ha_{st} = 0,3824 und ka_{st} = 0,3849 wiedergegeben.

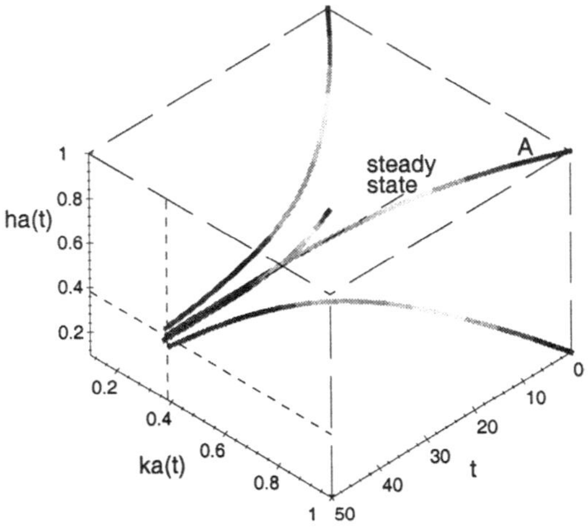

Abb. 6.6: Zeitpfade der beiden Intensitäten für verschiedene Ausgangssituationen bei Linearität der zwei Akkumulationsquellen

Für die mit mit ha(0) = 1 und ka(0) = 1 bestimmte Ausgangssituation (dies entspricht der Trajektorie A in Abb. 6.6) wurde die Dynamik des Systems explizit simuliert und in Abb. 6.7 sowie Abb. 6.8 veranschaulicht.

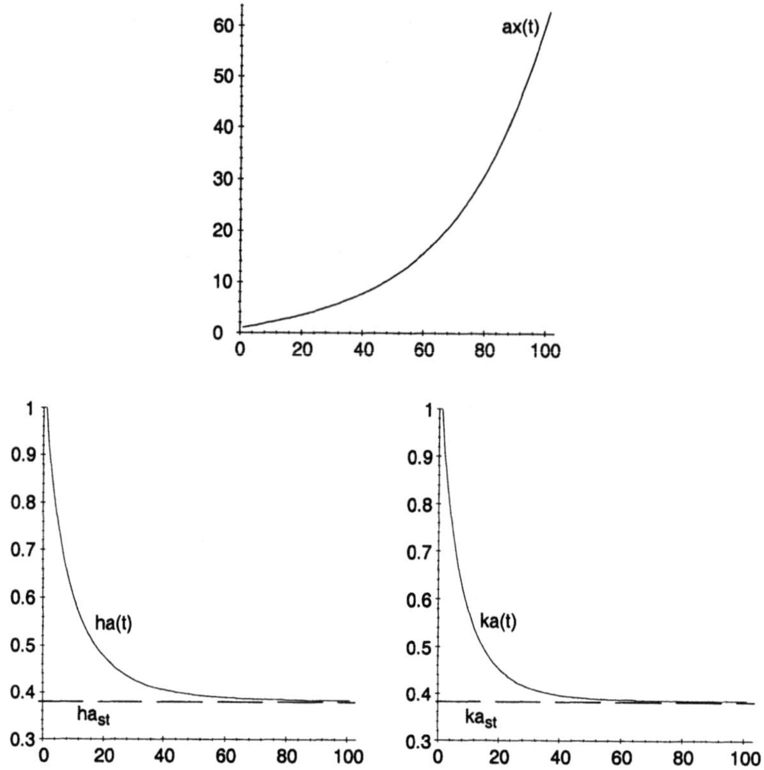

Abb. 6.7: Zeitpfade der Erfahrung und beiden Intensitäten
bei Linearität der beiden Akkumulationsquellen

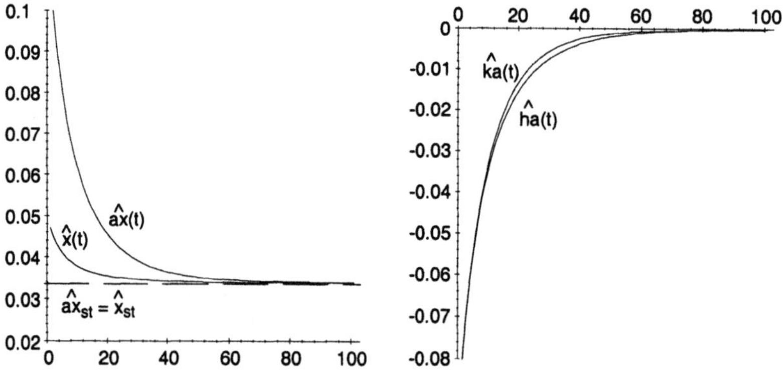

Abb. 6.8: Zeitpfade der Wachstumsraten der Modellgrößen
bei Linearität der beiden Akkumulationsquellen

Da wie im Vorbeispiel beide Intensitäten zu Beginn oberhalb des jeweiligen langfristigen Gleichgewichtsniveaus liegen, ist die Produktivität der Erfahrung anfänglich sehr hoch, woraus sich ein sehr starkes Erfahrungswachstum und (etwas abgeschwächt) ein hohes Produktionswachstum ergibt. Die Intensitäten streben allerdings ihr niedrigeres steady state-Niveau an. Daher sinken langfristig auch die Wachstumsraten $\hat{ax}$ und $\hat{x}$ gegen ihren steady state-Wert. Weil sich langfristig weder ha noch ka ändern, weisen auch das Sachkapital und das schulische Humankapital die gleiche steady state-Wachstumsrate in Höhe von $\hat{x}_{st} = \hat{ax}_{st} = \hat{h}_{st} = \hat{k}_{st} = 3{,}3878\,\%$ auf.

(D) Endogenes Wachstum im vereinfachten Modell bei Linearität der einzelnen Akkumulationsquellen

Da für den dynamischen Optimierungsansatz einige Vereinfachungen vorzunehmen sind, sollen als Vergleichsgrundlage auch für den Ansatz ohne intertemporale Optimierung einige Simulationen, für die die einschlägigen Vereinfachungen gelten, vorgestellt werden. Diese Vereinfachungen sind: Das Sachkapital sei nur in der Güterproduktion einsetzbar, während der Einsatz des Sachkapitals in der Schulbildung vernachlässigt wird (i.e. $\alpha_2 = 0$). Außerdem soll die reine Arbeit und deren Aufteilung auf die verschiedenen Sektoren nicht mehr explizt erfaßt werden. Wegen der Redundanzen zum nicht vereinfachten Modell wird auf die Darstellung eines Simulationsbeispiels für den Fall ohne endogenes Wachstum sowie für den allgemeinen Fall endogenen Wachstums verzichtet, da diese Fälle für den dynamischen Optimierungsansatz ebenfalls nicht mehr explizit betrachtet werden. Daher soll das vereinfachte Modell nur für den einfacheren Fall der Linearität beider Sektoren in den akkumulierbaren Faktoren exemplarisch simuliert werden. Als Beispiel sei folgende Parameterkonstellation betrachtet:

$$\alpha_1 = 1/3;\ \delta_1 = 1/3;\ \delta_2 = 2/3;\ \gamma_1 = 1/3;\ \gamma_2 = 1/3;$$
$$\eta = 1/2;\ s = 1/3;\ q = 2/3;\ \omega = 1/2;\ \phi_2 = 1/5;\ \phi_3 = 1/5;\ \mu = 1/10.$$

Die die Faktorakkumulation beschreibenden Gleichungen des vereinfachten Modells lauten für diese Konkretisierung:

$$\mathring{ax} = \frac{1}{10}\, ax\,(\sqrt{2}\; 3^{1/6}\, ka^{1/3}\, ha^{1/3} - 1)$$

$$\mathring{ha} = -\frac{1}{30}\, ha^{2/3}(-2\; 3^{1/3} + 3\, ha^{2/3}\sqrt{2}\; 3^{1/6}\, ka^{1/3})$$

$$\mathring{ka} = -\frac{1}{90}\, ha^{1/3}\, ka^{1/3}(-10\;\; 3^{2/3} + 9\sqrt{2}\; 3^{1/6}\, ka)$$

Da wieder für die einzelnen Akkumulationsquellen Linearität besteht, kann einerseits die Dynamik des Modells durch die Dynamik der Intensitäten ha und ka beschreiben werden, wobei andererseits diese Intensitäten langfristig gegen konstante Niveaus streben: $ha_{st}=0,36515$ und $ka_{st}=1,3608$. Weiterhin konvergieren für alle Kapitalarten sowie für die Produktionsmenge langfristig die Wachstumsraten gegen den gleichen Wert: $\hat{ax}_{st}=\hat{h}_{st}=\hat{k}_{st}=\hat{x}_{st}=3,4522\,\%$.

Die Stabilitätseigenschaften des Modells ändern sich durch die vorgenommenen Vereinfachungen nicht. Die Koeffizientenmatrix M des linearisierten Systems der Gleichung (6.54) weist wiederum zwei negative Eigenwerte w_i auf, so daß eine stabile Annäherung an den langfristigen Gleichgewichtswert vorliegt:

$$M=\begin{bmatrix} -0,089681 & -0,012032 \\ -0,012032 & -0,13452 \end{bmatrix}$$

$$w=[\,-0,13755\,,\ -0,086657\,]'$$

Die Annäherung an den steady state aus allen Richtungen wird in Abb. 6.9 demonstriert. Dort werden die Trajektorien für die vier bei ha(0)=0,1 bzw. ha(0)=1 und ka(0)=1 bzw. ka(0)=4 möglichen Kombinationen abgebildet. Die qualitativen Eigenschaften unterscheiden sich nicht von der Dynamik des nicht vereinfachten Modells in Abb. 6.6.

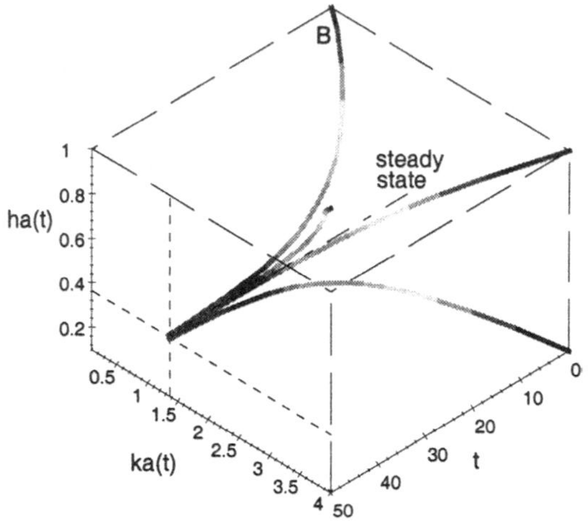

Abb. 6.9: Verschiedene Zeitpfade der beiden Intensitäten für das vereinfachte Modell bei Linearität der beiden Akkumulationsquellen

Die mit ha(0)=1 und ka(0)=0,1 gegebene Anfangslage (Trajektorie B in Abb. 6.9) ist in Abb. 6.10 ausführlicher dargestellt, wobei auf eine explizite Darstellung des Zeitpfads des Erfahrungsstocks ax verzichtet wurde.

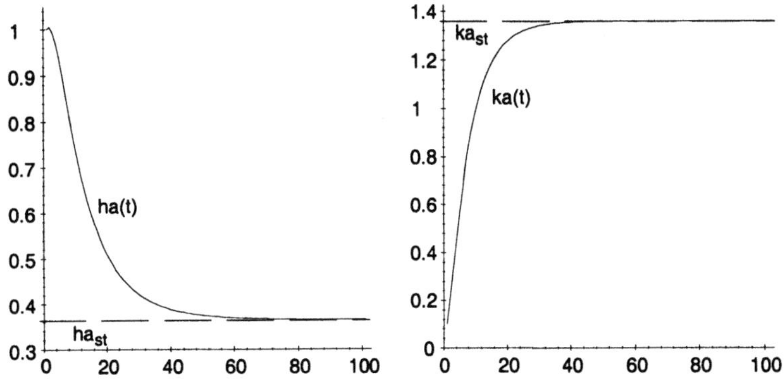

Abb. 6.10: Zeitpfade der beiden Intensitäten für das vereinfachte Modell bei Linearität der beiden Akkumulationsquellen

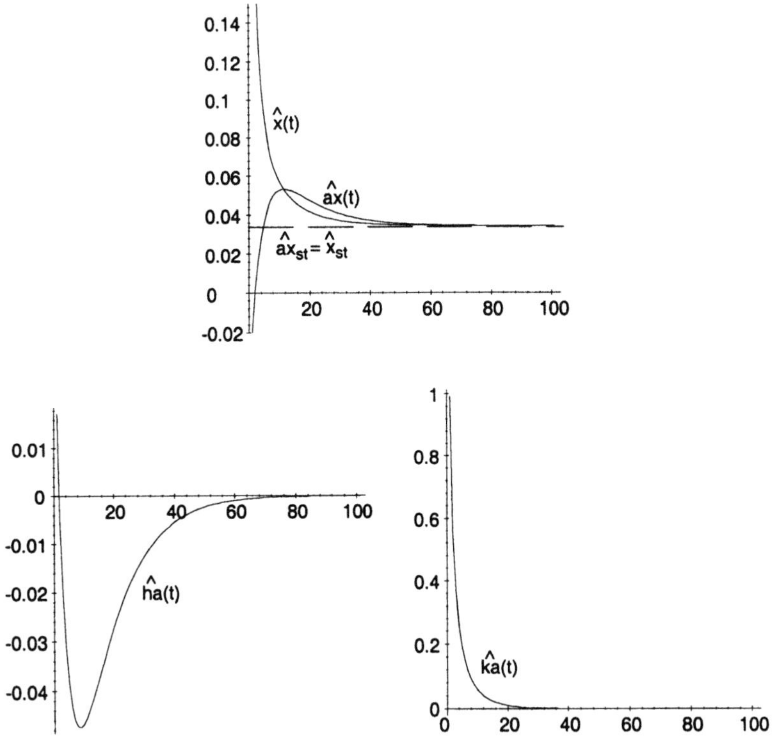

Abb. 6.11: Zeitpfade der Wachstumsraten der Modellgrößen für das vereinfachte Modell bei Linearität der beiden Akkumulationsquellen

Die angenommene Anfangslage ist durch eine relativ zum steady state höhere schulische Humankapitalintensität ha und eine extrem niedrigere Sachkapitalintensität ka gekennzeichnet. Zu Beginn dominiert der negative Produktivitätseffekt der sehr niedrigen Sachkapitalintensität den positiven Effekt der hohen Humankapitalintensität, so daß durch die geringe Produktivität der Erfahrung die Abschreibungsverluste nicht kompensiert werden können. Somit ist zu Beginn die Wachstumsrate der Erfahrung negativ. Der anfänglich sinkende Erfahrungsstock hat zunächst sogar eine steigende schulische Humankapitalintensität ha zu Folge, während ka von Beginn an sehr schnell gegen seinen langfristigen Gleichgewichtswert ansteigt. Die stark ansteigende Kapitalintensität bewirkt, daß die Produktion zu Beginn ebenfalls rasch wächst. Im Rahmen der gestiegenen Kapitalintensität überwiegt die Erfahrungsbildung die -abschreibung; folglich steigt auch das Erfahrungswachstum, und zwar zwischenzeitlich stärker als im steady state. Somit überwiegt das Wachstum der Erfahrung zwischenzeitlich das der Schulbildung, so daß auch die Humankapitalintensität ha gegen ihren langfristigen Gleichgewichtswert sinkt. Langfristig werden die beiden steady state-Intensitäten und die gemeinsame Wachstumsrate in Höhe von $\hat{ax}_{st}=\hat{h}_{st}=\hat{k}_{st}=\hat{x}_{st}$ $=3{,}4522\,\%$ erreicht.

(E) Das vereinfachte Modell bei Unabhängigkeit der Schulbildung von den anderen Kapitalarten

Die Serie der Simulationsbeispiele abschließend, soll für lineare Akkumulationsquellen der Spezialfall, in dem die Schulbildung allein vom schulischen Humankapital abhängt (d.h. $\delta_2=1$, $\alpha_2=\gamma_2=0$), anhand eines Zahlenbeispiels durchgespielt werden. Hierzu seien die anderen Parameter wie folgt gesetzt:

$$\alpha_1={}^1/_3\,;\ \delta_1={}^1/_3\,;\ \gamma_1={}^1/_3\,;$$
$$\eta={}^1/_2\,;\ s={}^1/_3\,;\ q={}^2/_3\,;\ \omega={}^1/_2\,;\ \phi_2={}^1/_3\,;\ \phi_3={}^1/_5\,;\ \mu={}^1/_{10}\,.$$

Gemäß Gleichung (6.51) sind im betrachteten Spezialfall sowohl das (zeitkonstante) Wachstum des schulischen Humankapitalstocks als auch die sich hieran orientierende steady state-Wachstumsrate der anderen akkumulierbaren Faktoren und damit das langfristige Produktionswachstum unabhängig von den akkumulierbaren Faktoren bestimmt mit:

$$\hat{h}=\phi_2\cdot(1-\omega)\cdot q-\mu=0{,}011111$$

Die Dynamik des Modells wird weiterhin beschrieben durch:

$$\mathring{ax}=\frac{1}{10}\,ax\,(\sqrt{2}\;3^{1/6}\,ka^{1/3}\,ha^{1/3}-1)$$

$$\mathring{ha}=\frac{1}{9}\,ha-\frac{1}{10}\,ha^{4/3}\sqrt{2}\;3^{1/6}\,ka^{1/3}$$

$$\overset{\circ}{ka} = -\frac{1}{90} ha^{1/3}\, ka^{1/3}(-10\ 3^{2/3} + 9\sqrt{2}\ 3^{1/6}\, ka)$$

Als steady state-Werte der beiden Erfahrungsintensitäten folgen: $ha_{st}=0{,}20576$ und $ka_{st}=1{,}3608$. Wie im Vorbeispiel nähern sich die Intensitäten stabil dem steady state an, denn die Koeffizientenmatrix M des nach Gleichung (6.54) linearisierten Systems weist wieder zwei negative Eigenwerte w_i auf.

$$M = \begin{bmatrix} -0{,}037037 & -0{,}0056001 \\ -0{,}0056001 & -0{,}11111 \end{bmatrix}$$

$$w = [\,-0{,}11153\,,\ -0{,}036616\,]'$$

Die qualitativen Anpassungseigenschaften an den steady state gleichen denjenigen der beiden vorherigen Simulationen. Dies zeigt sich beim Vergleich der in Abb. 6.12 für verschiedene Ausgangssituationen veranschaulichten Trajektorien mit den entsprechenden Grafiken der früheren Simulationsbeispiele (Abb. 6.6 und Abb. 6.9). Die in Abb. 6.12 wiedergegebenen vier verschiedenen Trajektorien entsprechen wie im Vorbeispiel den Kombinationen, die mit den Anfangswerten ha(0)=0,1 bzw. ha(0)=1 und ka(0)=1 bzw. ka(0)=4 möglich sind.

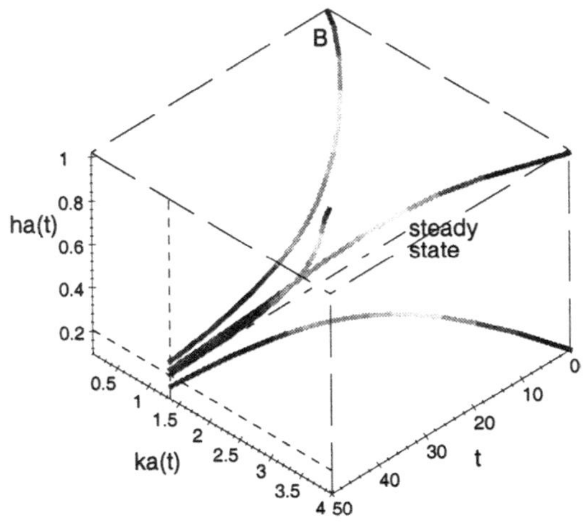

Abb. 6.12: Verschiedene Zeitpfade der Erfahrung und beiden Intensitäten bei Unabhängigkeit der Schulbildung von anderen Kapitalarten

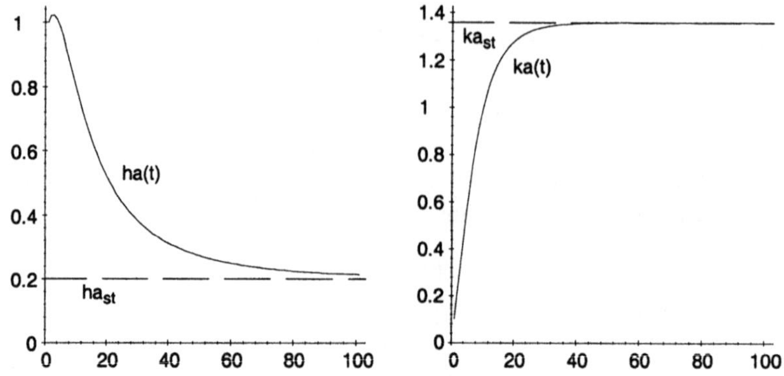

Abb. 6.13: Zeitpfade der beiden Intensitäten bei Unabhängigkeit der Schulbildung von anderen Kapitalarten

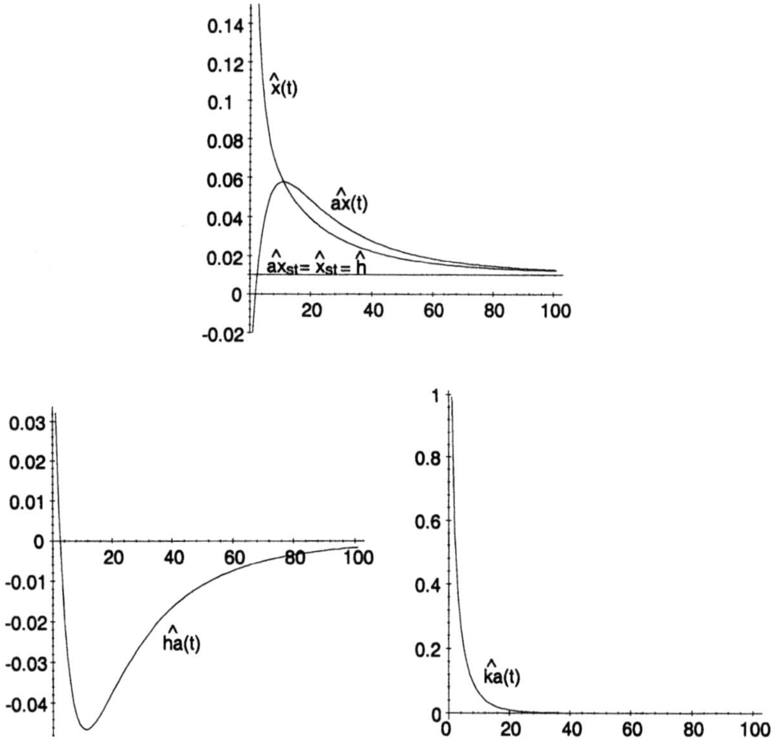

Abb. 6.14: Zeitpfade der Wachstumsraten der Modellgrößen bei Unabhängigkeit der Schulbildung von anderen Kapitalarten

Die Darstellung der bei der Anfangskombination ha(0) = 1 und ka(0) = 0,1 resultierenden Anpassungsdynamik (in Abb. 6.13 und Abb. 6.14; dies entspricht der Trajektorie B in Abb. 6.12) unterscheidet sich kaum vom vorangehenden Simulationsbeispiel. Die Interpretation ist somit völlig gleichartig und soll daher nicht wiederholt werden. Die entscheidende Besonderheit gegenüber dem Vorbeispiel liegt nur in der Bestimmung der steady state-Wachstumsrate des Modells, die hier mit der (zeitkonstanten) Wachstumsrate des schulischen Humankapitals in Höhe von $\hat{h} = 1{,}11\ \%$ gegeben ist.

$\delta_2 = 1$, $\alpha_2 = \gamma_2 = 0$ und Unterlinearität in der Güterproduktion

In allgemeiner Form wurde ausgeführt, daß – soweit sich die Schulbildung linear nur auf das schulische Humankapital selbst stützt ($\delta_2 = 1$ mit $\alpha_2 = \gamma_2 = 0$) – endogenes Wachstum allein durch die Akkumulation des schulischen Humankapitals gewährleistet ist. Ist die Sachkapital- sowie die Erfahrungsakkumulation aus der Güterproduktion unterlinear in den akkumulierbaren Faktoren, kommt es trotzdem zu anhaltendem endogenem Wachstum, wobei allerdings die balanced growth-Wachstumsrate der Produktion, des Erfahrungs- und des Sachkapitalstocks niedriger liegen als die (konstante) Wachstumsrate des Schulbildungsstocks. Entsprechend existiert kein steady state-Niveau für die schulische Humankapitalintensität ha – diese verändert sich vielmehr langfristig mit der in Gleichung (6.34) bestimmten Rate. Da im folgenden nicht mehr auf eine solche Elastizitätensituation zurückgegriffen werden soll, sei an dieser Stelle auf die Simulation eines solchen Falles verzichtet. Für ein vergleichbares Simulationsbeispiel sei auf das Vorkapitel verwiesen.

6.3 Die dynamische Optimierung der Spar-, der Bildungs- und der Arbeitszeit-Entscheidung

6.3.1 Das intertemporale Optimierungsproblem in allgemeiner Formulierung

Dem Vorgehen in den vorherigen Kapiteln entsprechend soll im Rahmen eines intertemporalen Optimierungsansatzes die Wahl der im Vorabschnitt noch als exogen behandelten Verhaltensparameter nun modellendogen bestimmt werden. Da mit der Endogenisierung der unterschiedlichen Entscheidungsmöglichkeiten bei gleichzeitiger Betrachtung von drei verschiedenen Kapitalarten das Modell sehr komplex wird, soll wieder auf die explizite Modellierung der Aufteilung der reinen Arbeitszeit und damit auf die Endogenisierung der Entscheidung über die optimale Höhe von v verzichtet werden. Im Rahmen der dynamischen Optimierung ist daher mittels der Wahl des Pro-Kopf-Konsums c(t) bzw. der Sparquote s(t) zu entscheiden, wie der Konsum intertemporal verteilt wird bzw. wie der Sachkapitalstock aufgebaut wird. Weiterhin ist erneut die intertemporale Verteilung des gesamten Zeitpotentials auf Arbeit und Freizeit über den Zeitpfad von q(t) und die Verteilung des schulischen Humankapitals auf die Güterproduktion bzw. Schulbildung mittels $\omega(t)$ zu ermitteln.

Werden diese Vereinfachungsannahmen berücksichtigt, so lauten die allgemeinen Formulierungen der Funktionen, die die Güterproduktion, den Aufbau des Sachkapitals, die schulische Humankapitalbildung sowie die Erfahrungsakkumulation beschreiben, wie folgt:

(6.55) $x_t = x(k_t, h_t, ax_t, \omega_t, q_t)$ (Güterproduktion)

(6.56) $\overset{\circ}{k}_t = x(k_t,h_t,ax_t,\omega_t,q_t) - c_t - \mu \cdot k_t$ (Sachkapitalakkumulation)

(6.57) $\overset{\circ}{h}_t = g(k_t,h_t,ax_t,\omega_t,q_t) - \mu \cdot h_t$ (schulische Ausbildung)

(6.58) $\overset{\circ}{ax}_t = a(k_t,h_t,ax_t,\omega_t,q_t) - \mu \cdot ax_t$ (Erfahrungsaufbau)

Der Nutzen des repräsentativen Wirtschaftssubjekts entsteht durch den Konsum von Gütern c und durch Freizeit (1–q). Im Rahmen der intertemporalen Optimierung ist daher eine zum Fall des k-ax-Modells identische Funktion zu maximieren (allerdings unter Berücksichtigung der nun drei Akkumulationsgleichungen als Nebenbedingungen):

(6.59) $U = \int_0^\infty u_t[c_t,q_t] \cdot e^{-\rho \cdot t}\, dt$ (intertemporale Nutzenfunktion)

Im k-h-ax-Modell liegen mit den drei verschiedenen Kapitalarten drei dynamische Nebenbedingungen (für $\overset{\circ}{k}$, $\overset{\circ}{h}$ und $\overset{\circ}{ax}$) und hiermit drei Bewegungsgleichungen für diese Zustandsvariablen vor. Entsprechend sind drei verschiedene Schattenpreise zu berücksichtigen: λ_1 als der Schattenpreis der Güter, die gleichermaßen für Konsum- oder Investitionszwecke einsetzbar sind, λ_2 als der Schattenpreis des schulischen Humankapitals, und λ_3 als Schattenpreis der Produktionserfahrung.

Die (Present-Value-) **Hamilton-Funktion** H lautet für den Fall des die Sachkapitalakkumulation sowie die schulische Ausbildung umfassenden Learning-by-doing-Modells:

(6.60) $H = u_t \cdot e^{-\rho \cdot t} + \lambda_1(t) \cdot \overset{\circ}{k}_t + \lambda_2(t) \cdot \overset{\circ}{h}_t + \lambda_3(t) \cdot \overset{\circ}{ax}_t$

$$\Rightarrow \quad H = u_t[c_t,q_t] \cdot e^{-\rho \cdot t} + \lambda_1(t) \cdot (x(k_t,h_t,ax_t,\omega_t,q_t) - c_t - \mu \cdot k_t)$$
$$+ \lambda_2(t) \cdot (g(k_t,h_t,ax_t,\omega_t,q_t) - \mu \cdot h_t) + \lambda_3(t) \cdot (a(k_t,h_t,ax_t,\omega_t,q_t) - \mu \cdot ax_t)$$

Mittels Nullsetzen der partiellen Ableitungen nach den Kontrollvariablen (hier: c, ω und q) folgen die **Optimalitätsbedingungen** (unter Vernachlässigung des Zeitindex):

(6.61) $\frac{\partial H}{\partial c} = 0: \qquad \frac{\partial u}{\partial c} \cdot e^{-\rho \cdot t} - \lambda_1 = 0$

(6.62) $\frac{\partial H}{\partial \omega} = 0: \qquad \lambda_1 \cdot \frac{\partial x}{\partial \omega} + \lambda_2 \cdot \frac{\partial g}{\partial \omega} + \lambda_3 \cdot \frac{\partial a}{\partial \omega} = 0$

(6.63) $\frac{\partial H}{\partial q} = 0: \qquad \frac{\partial u}{\partial q} \cdot e^{-\rho \cdot t} + \lambda_1 \cdot \frac{\partial x}{\partial q} + \lambda_2 \cdot \frac{\partial g}{\partial q} + \lambda_3 \cdot \frac{\partial a}{\partial q} = 0$

Mit den **Multiplikatorgleichungen** als den jeweiligen Ableitungen der Hamilton-Funktion nach den Zustandsvariablen werden die (negativen) Veränderungen der Schattenpreise beschrieben:

(6.64) $\frac{\partial H}{\partial k} = -\mathring{\lambda}_1 \quad = \lambda_1 \cdot \left(\frac{\partial x}{\partial k} - \mu \right) + \lambda_2 \cdot \frac{\partial g}{\partial k} + \lambda_3 \cdot \frac{\partial a}{\partial k}$

(6.65) $\frac{\partial H}{\partial h} = -\mathring{\lambda}_2 \quad = \lambda_1 \cdot \frac{\partial x}{\partial h} + \lambda_2 \cdot \left(\frac{\partial g}{\partial h} - \mu \right) + \lambda_3 \cdot \frac{\partial a}{\partial h}$

(6.66) $\frac{\partial H}{\partial ax} = -\mathring{\lambda}_3 \quad = \lambda_1 \cdot \frac{\partial x}{\partial ax} + \lambda_2 \cdot \frac{\partial g}{\partial ax} + \lambda_3 \cdot \left(\frac{\partial a}{\partial ax} - \mu \right)$

Die Ableitung nach den Schattenpreisen führt zu den drei dynamischen Nebenbedingungen (**Zustandsgleichungen**):

(6.67) $\mathring{k} = \frac{\partial H}{\partial \lambda_1} \quad = x(k,h,ax,\omega,q) - c - \mu \cdot k$

(6.68) $\mathring{h} = \frac{\partial H}{\partial \lambda_2} \quad = g(k,h,ax,\omega,q) - \mu \cdot h$

(6.69) $\mathring{ax} = \frac{\partial H}{\partial \lambda_3} \quad = a(k,h,ax,\omega,q) - \mu \cdot ax$

Die Transversalitätsbedingungen lauten:

(6.70) $\lim_{t \to \infty} (\lambda_1(t) \cdot k_t) = 0$

(6.71) $\lim_{t \to \infty} (\lambda_2(t) \cdot h_t) = 0$

(6.72) $\lim_{t \to \infty} (\lambda_3(t) \cdot ax_t) = 0$

Auf der Basis der hiermit spezifizierten Bedingungen läßt sich das intertemporal-optimale Verhalten in bezug auf die Konsum-/Investitionsentscheidung, die Arbeits-/ Freizeitaufteilung sowie der Aufteilung des Humankapitals auf seine alternativen Verwendungen in Produktion und Schule bestimmen.

Aus den Optimalitätsbedingungen (6.61), (6.61) und (6.62) folgt jeweils für die Schattenpreise der verschiedenen Kapitalarten:

(6.73) $$\lambda_1 = -\frac{\partial u}{\partial c} \cdot e^{-\rho \cdot t}$$

(6.74) $$\lambda_2 = e^{-\rho \cdot t} \cdot \frac{\frac{\partial u}{\partial c} \cdot \frac{\partial x}{\partial \omega} \cdot \frac{\partial a}{\partial q} - \frac{\partial a}{\partial \omega} \cdot \frac{\partial u}{\partial q} - \frac{\partial a}{\partial \omega} \cdot \frac{\partial u}{\partial c} \cdot \frac{\partial x}{\partial q}}{\frac{\partial a}{\partial \omega} \cdot \frac{\partial g}{\partial q} - \frac{\partial g}{\partial \omega} \cdot \frac{\partial a}{\partial q}}$$ bzw.

$$\lambda_2 = e^{-\rho \cdot t} \cdot \frac{du_\omega \cdot da_q - du_q \cdot da_\omega}{da_\omega \cdot dg_q - da_q \cdot dg_\omega}$$

(6.75) $$\lambda_3 = e^{-\rho \cdot t} \cdot \frac{\frac{\partial g}{\partial \omega} \cdot \frac{\partial u}{\partial c} \cdot \frac{\partial x}{\partial q} + \frac{\partial g}{\partial \omega} \cdot \frac{\partial u}{\partial q} - \frac{\partial g}{\partial q} \cdot \frac{\partial u}{\partial c} \cdot \frac{\partial x}{\partial \omega}}{\frac{\partial a}{\partial \omega} \cdot \frac{\partial g}{\partial q} - \frac{\partial g}{\partial \omega} \cdot \frac{\partial a}{\partial q}}$$ bzw.

$$\lambda_3 = e^{-\rho \cdot t} \cdot \frac{du_q \cdot dg_\omega - du_\omega \cdot dg_q}{da_\omega \cdot dg_q - da_q \cdot dg_\omega}$$

Die Ergebnisse für die Schattenpreise des schulischen Humankapitals λ_2 und der Produktionserfahrung λ_3 stimmen mit den Ergebnissen des h-ax-Modells, in dem das Sachkapital nicht erfaßt war, überein (vgl. hierzu die Gleichungen (5.53) und (5.54)). Der Schattenpreis des Sachkapitals λ_1 wird hier allerdings mit (6.61) explizit errechnet. Da die Kapitalgüter einer Konsumverwendung zugänglich sind, wird der Wert des Schattenpreises λ_1 durch den diskontierten Grenznutzen des Konsums bestimmt. Diese Größe wurde im Vorkapitel zur Bewertung der Konsummöglichkeiten implizit ebenfalls berücksichtigt, so daß die Optimalitätsbedingungen im umfassenden k-h-ax-Ansatz die gleichen Informationen bezüglich des intertemporal-optimalen Verhaltens liefern wie im einfacheren h-ax-Modell des Vorkapitels. Da die Optimalitätsbedingungen zu den gleichen Ergebnissen führen und mithin den gleichen Informationsgehalt aufweisen, entspricht die Interpretation dieser Gleichungen derjenigen im h-ax-Fall, so daß diesbezüglich auf die dortigen Ausführungen verwiesen werden kann.

Im vorangehenden Kapitel, in dem das Learning-by-doing-Modell allein um das schulische Humankapital zum h-ax-Modell erweitert wurde, wurden die Multiplikatorgleichungen für die beiden verschiedenen Humankapitalarten schon näher betrachtet. Es wurde jeweils festgestellt, daß mit den entsprechenden Multiplikatorgleichungen, die (marginale interne) Rendite der jeweiligen Kapitalstocks (r_h bzw. r_{ax}) bestimmt wird. Selbstverständlich existiert diese Interpretationsmöglicheit auch im umfassenderen k-h-ax-Modell. Wegen der auch hier auftretenden Entsprechung sei diesbezüglich wiederum auf das Vorkapitel verwiesen. Gleiches gilt für die jeweiligen Ramsey-Analogien, die sich bei Verknüpfung von Multiplikatorgleichungen und der zeitlichen Ableitung der Ergebnisse für die Schattenpreise aus den Optimalitätsbedingungen ergeben. Daher wird auf diese inhaltlich-ökonomischen Zusammenhänge ebenfalls nicht mehr eingegangen.

Für die interne Verzinsung des Sachkapitals sei die Interpretation der Multiplikatorgleichung (6.64) allerdings näher beleuchtet. Der marginale Bruttoertrag des physischen Kapitals setzt sich aus folgenden Bestandteilen zusammen: dem mit λ_1 bewerteten Güter-Grenzprodukt des Kapitals, der mit der Produktion des Grenzprodukts zusätzlich gewonnenen Erfahrung, bewertet mit dem Schattenpreis der Erfahrung λ_3 und – zusätzlich zum entsprechenden Ausdruck des k-ax-Modells im vierten Kapitel – dem Schulbildungsgrenzprodukt des Sachkapitals, bewertet mit λ_2. Die marginale Netto-Ertragsrate folgt bei Division des Bruttoertrags durch den Güterschattenpreis und Subtraktion der Abschreibungsrate:

$$(6.76)\quad r_k = \frac{\lambda_1 \cdot \frac{\partial x}{\partial k} + \lambda_3 \cdot \frac{\partial a}{\partial x} \cdot \frac{\partial x}{\partial k} + \lambda_2 \cdot \frac{\partial g}{\partial k}}{\lambda_1} - \mu = -\hat{\lambda}_1$$

Würde zusätzlich vereinfachend angenommen, daß das physische Kapital keinen Einfluß auf die Schulbildung ausübt (d.h. für $\partial g/\partial k = 0$; dies entspräche der Situation mit $\alpha_2 = 0$ im Cobb-Douglas-Fall), so ergäbe sich zum korrespondierenden Ausdruck des k-ax-Modells (4.33) keine Änderung.

Die Lösung des System aus Optimalitätsbedingungen, Multiplikator- und Zustandsgleichungen erfolgt wieder, indem die beiden Optimalitätsbedingungen nach t abgeleitet und mit den Ergebnissen aus den Multiplikatorgleichungen kombiniert werden. Dies führt in einem ersten Schritt zu den schon mehrfach aufgeführten Ramsey-Analogien. Wird in einem zweiten Schritt das so ermittelte System nach den Änderungen der drei Kontrollvariablen (d.h. nach $\frac{dc}{dt} = \overset{\circ}{c}$ bzw. $\frac{ds}{dt} = \overset{\circ}{s}$ sowie nach $\frac{dq}{dt} = \overset{\circ}{q}$ und $\frac{d\omega}{dt} = \overset{\circ}{\omega}$) gelöst, so folgen drei Differentialgleichungen für die optimale Wahl der drei Kontrollvariablen. Zusätzlich sind noch die drei Zustandsgleichungen für die verschiedenen Kapitalstöcke zu berücksichtigen, so daß sich für das umfassende Modell schließlich ein System aus sechs nichtlinearen Differentialgleichungen erster Ordnung ergibt. Die rechentechnische Durchführung dieser Lösungsanleitung ist allerdings im Einzelfall äußerst aufwendig. Daher soll im folgenden Unterabschnitt nur ein extrem vereinfachtes Cobb-Douglas-Beispiel betrachtet werden.

6.3.2 Cobb-Douglas-Produktionsfunktion und C(I)ES-Nutzenfunktion als Konkretisierung des Optimierungsproblems

Bei dem gewählten Cobb-Douglas-Beispiel soll von den schon in Abschnitt 6.2.3 beschriebenen extremen Vereinfachungen Gebrauch gemacht werden: Es sei angenommen, daß die schulische Humankapitalbildung weder vom Sachkapital noch von der Produktionserfahrung, sondern nur vom schulischen Humankapital selbst abhängt. Somit wird einerseits das Sachkapital nur in der Güterproduktion und nicht im Schulsektor eingesetzt (i.e. $\alpha_2=0$ bzw. $\kappa=1$). Andererseits fließt die Erfahrung nur in die Güterproduktion und nicht in die schulische Ausbildung ein ($\gamma_2=0$). Die reine Arbeit sei nicht explizit berücksichtigt; daher wird die Arbeitszeit(quote q) allein über die Koppelung an den Einsatz des schulischen Humankapitals erfaßt ($\beta_1, \beta_2=0$). Eine Veranschaulichung der so vereinfachten Struktur des k-h-ax-Modell findet sich in Abb. 6.15.

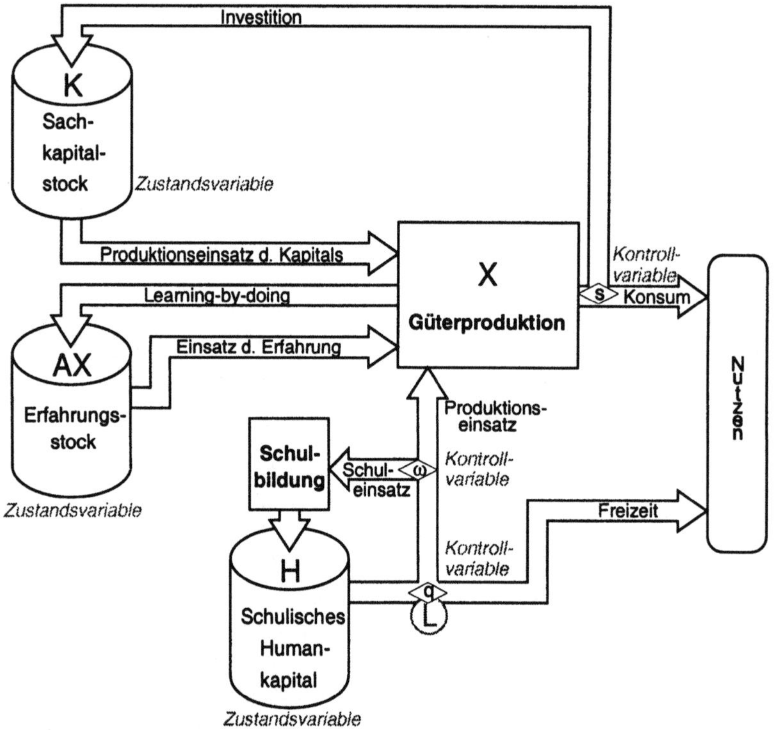

Abb. 6.15: Modellstruktur des vereinfachten k-h-ax-Modells

Außerdem werden bezüglich der Funktionsform noch Vereinfachungen angenommen: Die Güterproduktion sei ebenso wie die Schulausbildung linear in den akkumulierbaren Faktoren, so daß – wie im Nicht-Optimierungs-Fall gezeigt – eine konstante steady state-Humankapitalintensität der Erfahrung auftritt. Da beide Sektoren Linearität in den Kapitalarten aufweisen, wird ausschließlich ein Fall mit endogenem Wachstum untersucht. Für die gerade beschriebene Situation wurde anhand des Nicht-Optimierungs-Ansatzes gezeigt, daß das Wachstum des Humankapitals langfristig die Wachstumsraten aller Modellgrößen bestimmt. Gleichzeitig ist das Humankapitalwachstum nicht von den Zustandsvariablen k, h, ax bzw. ka oder ha, sondern nur von den Größen q, und ω abhängig (vgl. Gleichung (6.51')). Im Rahmen der dynamischen Optimierung sind diese Quoten (sowie die intertemporale Konsumentscheidung) von den Wirtschaftssubjekten als Kontrollvariablen so zu wählen, daß ein intertemporales Nutzenoptimum resultiert. Daher werden die Kontrollvariablen q und ω (ebenso wie die Sparquote s) mit der Zeit variieren – als Quoten allerdings bei der vorliegenden Parameterkonstellation ein konstantes (langfristig optimales) steady state-Niveau anstreben. Damit strebt auch die Wachstumsrate des schulischen Humankapitals langfristig ein konstantes Niveau an, woraus sich dann im betrachteten Spezialfall die steady state-Wachstumsrate des gesamten Modells ergibt. Als zusätzliche Vereinfachung sei für den Spillover-Parameter der Wert $\eta=1$ gesetzt, so daß bei Berücksichtigung der vorne genannten Annahmen ($\gamma_1=1-\alpha_1-\delta_1$; $\delta_2=1$ und $\alpha_2=\gamma_2=0$) die Modellgleichungen wie folgt lauten:

$$x = k^{\alpha_1}\cdot(q\cdot\omega\cdot h)^{\delta_1}\cdot ax^{1-\alpha_1-\delta_1} = ka^{\alpha_1}\cdot(q\cdot\omega\cdot ha)^{\delta_1}\cdot ax \tag{6.77}$$

$$\overset{\circ}{k} = k^{\alpha_1}\cdot(q\cdot\omega\cdot h)^{\delta_1}\cdot ax^{1-\alpha_1-\delta_1} - c - \mu\cdot k \tag{6.78}$$

$$\overset{\circ}{h} = \phi_2\cdot q\cdot(1-\omega)\cdot h - \mu\cdot h = \phi_2\cdot q\cdot(1-\omega)\cdot ha\cdot ax - \mu\cdot ha\cdot ax \tag{6.79}$$

$$\overset{\circ}{ax} = \phi_3\cdot x - \mu\cdot ax = \phi_3\cdot k^{\alpha_1}\cdot(q\cdot\omega\cdot h)^{\delta_1}\cdot ax^{1-\alpha_1-\delta_1} - \mu\cdot ax \tag{6.80}$$

$$= \phi_3\cdot ka^{\alpha_1}\cdot(\omega\cdot ha)^{\delta_1}\cdot ax\cdot q^{\delta_1} - \mu\cdot ax$$

Die intertemporale Nutzenfunktion soll wieder C(I)ES-Form mit Elastizitäten für die *intra- und die inter*temporale Substitution jeweils in Höhe von eins aufweisen, so daß ein logarithmischer Nutzen folgt:

$$U = \int_0^\infty u_t\cdot e^{-\rho\cdot t}\,dt \qquad \text{mit:} \quad u_t = b\cdot\ln(c) + (1-b)\cdot\ln(1-q) \tag{6.81}$$

Der dynamische Optimierungsansatz

Die Hamilton-Funktion lautet in dieser extrem vereinfachenden Konkretisierung:

$$(6.82)\quad \begin{aligned} H = {} & [\, b\cdot\ln(c) + (1-b)\cdot\ln(1-q)\,]\cdot e^{-\rho\cdot t} \\ & + \lambda_1(t)\cdot[\, k^{\alpha_1}\cdot(q\cdot\omega\cdot h)^{\delta_1}\cdot ax^{1-\alpha_1-\delta_1} - c - \mu\cdot k\,] \\ & + \lambda_2(t)\cdot[\, \phi_2\cdot q\cdot(1-\omega)\cdot h - \mu\cdot h\,] \\ & + \lambda_3(t)\cdot[\, \phi_3\cdot k^{\alpha_1}\cdot(q\cdot\omega\cdot h)^{\delta_1}\cdot ax^{1-\alpha_1-\delta_1} - \mu\cdot ax\,] \end{aligned}$$

Aus den drei Optimalitätsbedingungen lassen sich Ausdrücke für die verschiedenen Schattenpreise herleiten. Der Schattenpreis der Konsum- bzw. Investitionsgüter ergibt sich direkt bei Ableitung von H nach dem Konsum c:

$$(6.83)\quad \frac{\partial H}{\partial c} = 0 = \frac{b}{c}\cdot e^{-\rho\cdot t} - \lambda_1 = 0$$

$$\Rightarrow\quad \lambda_1 = \frac{b\cdot e^{-\rho\cdot t}}{c} = \frac{b\cdot e^{-\rho\cdot t}}{(1-s)\cdot x} = \frac{b\cdot e^{-\rho\cdot t}}{(1-s)\cdot ka^{\alpha_1}\cdot(q\cdot\omega\cdot ha)^{\delta_1}\cdot ax}$$

Der Ausdruck für λ_1 ist somit völlig analog zum Resultat des Güter-Schattenpreises im k-ax-Modell (vgl. Gleichung (4.50)).

Die beiden anderen Optimalitätsbedingungen lauten:

$$(6.84)\quad \frac{\partial H}{\partial q} = 0: \qquad \lambda_1\cdot\frac{\delta_1\cdot x}{q} + \lambda_2\cdot\phi_2\cdot(1-\omega)\cdot h + \lambda_3\cdot\frac{\phi_3\cdot\delta_1\cdot x}{q} = \frac{1-b}{1-q}\cdot e^{-\rho\cdot t}$$

$$(6.85)\quad \frac{\partial H}{\partial \omega} = 0: \qquad \lambda_1\cdot\frac{\delta_1\cdot x}{\omega} + \lambda_3\cdot\frac{\phi_3\cdot\delta_1\cdot x}{\omega} = \lambda_2\cdot\phi_2\cdot q\cdot h$$

Hieraus lassen sich explizite Ausdrücke für die beiden Schattenpreise der zwei Humankapitalvarianten ermitteln:

$$(6.86)\quad \lambda_2 = \frac{(1-b)\cdot e^{-\rho\cdot t}}{\phi_2\cdot(1-q)\cdot h}$$

$$(6.87)\quad \lambda_3 = \left(\frac{(1-b)\cdot\omega\cdot q}{\phi_3\cdot\delta_1\cdot(1-q)} - \frac{b}{\phi_3\cdot(1-s)}\right)\cdot\frac{e^{-\rho\cdot t}}{x}$$

$$= \frac{(1-b)\cdot(1-s)\cdot\omega\cdot q - \delta_1\cdot b\cdot(1-q)}{\phi_3\cdot\delta_1\cdot(1-q)}\cdot\frac{e^{-\rho\cdot t}}{c}$$

Während der Ausdruck für den Schulbildungsschattenpreis λ_2 mit dem korrespondierenden Ausdruck (5.67) des Vorkapitels übereinstimmt, ist das explizite Ergebnis für den Produktionserfahrungsschattenpreis λ_2 infolge der nun zusätzlich aufgeführten Konsumquote $(1-s)$ nur als analog zu den Ergebnissen des fünften Kapitels (vgl. (5.68)) anzusehen.

Die internen Renditen der akkumulierbaren Faktoren bzw. die Schrumpfungsraten der Schattenpreise folgen aus den Multiplikatorgleichungen. Die Rendite des Sachkapitals lautet für die konkretisierte Form:

$$(6.88)\quad r_k = \frac{\alpha_1 \cdot (1-b) \cdot (1-s) \cdot \omega \cdot q}{\delta_1 \cdot b \cdot (1-q)} \cdot ka^{\alpha_1 - 1} \cdot (q \cdot \omega \cdot ha)^{\delta_1} - \mu = -\hat{\lambda}_1$$

$$= \frac{\alpha_1 \cdot (1-b) \cdot \omega \cdot q}{\delta_1 \cdot b \cdot (1-q)} \cdot \frac{c}{k} - \mu$$

Die Analogie zum Ergebnis des k-ax-Modells (vgl. (4.53)) ist zwar offensichtlich, aber insofern etwas eingeschränkt als hier die Arbeitszeitquote q an den Humankapitaleinsatz gebunden ist, während diese im k-ax-Modell noch an die einfache Arbeit gekoppelt war. Für die Ermittlung von (4.53) wurde als Arbeitselastizität $\beta = 1$ zugrunde gelegt. Daher wäre in (6.88) – neben $\omega = 1$ – die entsprechende Humankapitalelastizität wegen der Bindung von q an h als $\delta_1 = 1$ zu setzen, um ein mit (4.53) vergleichbares Ergebnis zu erhalten.

Das Ergebnis für die Rendite des schulischen Humankapitals ist infolge der extremen Vereinfachung, die mit der reinen Abhängigkeit des Schulbildungsaufbaus vom Schulbildungsstock hier wie dort angenommen wurde, identisch zum Vorkapitel (vgl. (5.69)):

$$(6.89)\quad r_h = -\hat{\lambda}_2 = \phi_2 \cdot q - \mu$$

Die Rendite r_h ist für den Fall $\delta_2 = 1$ und $\alpha_2 = \gamma_2 = 0$ unabhängig vom erreichten Akkumulationsstand und sogar allein von der Kontrollvariablen q abhängig. Daher kann verhindert werden, daß im Wachstumsprozeß eine sinkende Rendite die weitere Humankapitalakkumulation unterbindet. Der Wachstumsprozeß bleibt infolge der anhaltenden Humankapitalakkumulation auch langfristig in Gang: Folglich liegt in diesem Fall mit der Humankapitalbildung allein ein ausreichender Wachstumsmotor vor.

Die interne Verzinsung der Produktionserfahrung errechnet sich als:

$$(6.90)\quad r_{ax} = -\hat{\lambda}_3 = \frac{\phi_3 \cdot (1-\delta_1) \cdot (1-b) \cdot (1-s) \cdot \omega \cdot q}{(1-b) \cdot (1-s) \cdot \omega \cdot q - \delta_1 \cdot b \cdot (1-q)} \cdot ka^{\alpha_1} \cdot (q \cdot \omega \cdot ha)^{\delta_1} - \mu$$

Hieraus folgt für s=0 der gleiche Ausdruck wie im Vorkapitel, was bei einem Vergleich des wie folgt umgeformten Ausdrucks für die Rendite mit der Gleichung (5.70') deutlich wird. Daher gelten die dortigen Aussagen bezüglich der Analogie zum einfachen ax- bzw. k-ax-Modell in gleicher Weise.

$$(6.90') \quad r_{ax} = \frac{\phi_3 \cdot \gamma_1 \cdot (1-b) \cdot \omega \cdot q}{(1-b) \cdot (1-s) \cdot \omega \cdot q - \delta_1 \cdot b \cdot (1-q)} \cdot \frac{c}{ax} - \mu$$

Auf die explizite Wiedergabe der Zustandsgleichungen und der Transversalitätsbedingungen sei verzichtet.

Ein Vergleich zu den Untermodellen

Der Vergleich der Ergebnisse des umfassenden k-h-ax-Modells mit den Resultaten der Untermodelle (i.e. des k-ax- und des h-ax-Modells) macht deutlich, daß sich die Ergebnisse kaum verändern. Dies wurde insbesondere für die Schattenpreise und die Renditen aufgezeigt. Im Umkehrschluß könnte hieraus gefolgert werden, daß – verglichen mit dem umfassenden Ansatz – die Analyse der einfacheren Untermodelle kaum zu schwerwiegenden Vereinfachungsfehlern führt.

Der Hintergrund für die Tatsache, daß sich die Resultate des k-h-ax-Modells größtenteils durch einfaches Zusammenfügen der Ergebnisse des k-ax- und des h-ax-Modells ergeben, ist die weitgehend "additive" Modellstruktur. Diese Charakteristik, hier einfach "Additivität" der Modellbausteine genannt, zeigt sich insbesondere bei der Betrachtung der vereinfachten Modellstruktur in Abb. 6.15. Die einzelnen Akkumulationsbereiche sind hier jeweils durch eine eigene "Schleife" in das Schema eingefügt. So kann die Schleife der Sachkapitalakkumulation – gebildet durch die Elemente 'Investitionsstrom', 'Sachkapitalstock' und 'Sachkapitaleinsatz in der Produktion' – einfach "subtrahiert" werden, um zum Schema des h-ax-Modells zu gelangen. Durch die vereinfachenden Annahmen wurden insbesondere die Wechselwirkungen zwischen den verschiedenen "Schleifen" sowie zwischen den beiden Sektoren aus dem Modell herausgenommen. Im Gesamtmodell ist daher insbesondere der zweite Sektor der schulischen Ausbildung stark vom Rest des Modells getrennt: Die Schulbildung hängt zum Schluß nur noch vom Humankapitaleinsatz selbst ab. Der Wegfall der Wechselwirkungen hat zur Folge, daß sich die Resultate des Modells stark vereinfachen, womit im vorliegenden Fall die explizite Ergebnisberechnung überhaupt erst durchführbar wird. Der Nebeneffekt dieser Vereinfachungen besteht aber in der hier sogenannten "Additivität" der einzelnen Modellbausteine, die im Gegensatz zu einer starken Verflechtung steht. Diese äußert sich schließlich eben darin, daß sich die Ergebnisse des umfassenden k-h-ax-Modells kaum von den Resultaten der Untermodelle unterscheiden.

Die Lösung des Optimierungsansatzes

Die Ableitung der Optimalitätsbedingungen nach der Zeit führt unter Verwendung der Multiplikator- und der Zustandsgleichungen zu den Lösungs-Differentialgleichungen für die Kontrollvariablen. Für den vorliegenden Spezialfall kann das dynamische System von sechs auf fünf Differentialgleichungen reduziert werden, indem die Formulierung auf Basis der beiden Intensitäten ka und ha gewählt wird. Für die Parameterkonstellation $\gamma_1 = 1-\alpha_1-\delta_1$, $\delta_2=1$, $\alpha_2=\gamma_2=0$ und $\eta=1$ sind die Wachstumsraten der einzelnen Kapitalarten nur noch von der Sach- und der Humankapitalintensität der Erfahrung ka und ha (sowie den Kontrollvariablen s,q und ω) abhängig:

(6.44) $\hat{k} = s \cdot ka^{\alpha_1 - 1} \cdot (q \cdot \omega \cdot ha)^{\delta_1} - \mu$

(6.51) $\hat{h} = \phi_2 \cdot (1-\omega) \cdot q - \mu$

(6.46') $\hat{ax} = \phi_3 \cdot ka^{\alpha_1} \cdot (\omega \cdot ha)^{\delta_1} \cdot q^{\delta_1} - \mu$

Die Bewegungsgleichungen für die beiden Intensitäten selbst hängen ebenfalls nur von ka, ha, s, q und ω ab:

(6.47') $\overset{\circ}{ka} = (s - \phi_3 \cdot ka) \cdot ka^{\alpha_1} \cdot (q \cdot \omega \cdot ha)^{\delta_1}$

(6.48') $\overset{\circ}{ha} = \phi_2 \cdot (1-\omega) \cdot ha \cdot q - \phi_3 \cdot \omega^{\delta_1} \cdot ka^{\alpha_1} \cdot ha^{\delta_1 + 1} \cdot q^{\delta_1}$

Gleiches gilt für die Dynamik der drei Kontrollvariablen, die mittels der schon mehrfach aufgeführten Schritte aus dem intertemporalen Optimierungsansatz hergeleitet wurden:

(6.91) $\overset{\circ}{q} = \frac{dq}{dt} = (\rho - \phi_2 \cdot \omega \cdot q) \cdot (1-q)$

(6.92) $$\overset{\circ}{\omega} = \frac{d\omega}{dt} = \big(ha^{\delta_1}\, \omega^{\delta_1}\, ka^{\alpha_1}\, q^{(1+\delta_1)}\, \alpha_1\; s - q^{(1+\delta_1)}\, ha^{\delta_1}\, \omega^{\delta_1}\, ka^{\alpha_1}\, \alpha_1$$
$$+ q^2 \phi_2\, \delta_1\; ka + ka\, \phi_2\, q\, \omega + q\, \rho\, ka - \delta_1\; ka\, \phi_2\, q\, \omega$$
$$- \rho\, ka - \rho\, \delta_1\; ka\, q + \rho\, \delta_1\; ka \big) \frac{\omega}{ka\,(1-\delta_1)\,q}$$

$$
\begin{aligned}
(6.93)\quad \overset{\circ}{s} = \frac{ds}{dt} = {} & (-1+s)\big(q\,\rho\,\delta 1\,ka\,b - ha^{\delta 1}\,\omega^{\delta 1}\,ka^{(1+\alpha 1)}\,q^{\delta 1}\,\phi 3\,\delta 1^{3}\,b \\
& + q^{(1+\delta 1)}\,ha^{\delta 1}\,\omega^{\delta 1}\,ka^{(1+\alpha 1)}\,\phi 3\,\delta 1^{3}\,b \\
& - ha^{\delta 1}\,\omega^{\delta 1}\,ka^{(1+\alpha 1)}\,q^{\delta 1}\,\alpha 1\,\phi 3\,\delta 1^{2}\,b \\
& + ha^{\delta 1}\,\omega^{\delta 1}\,ka^{(1+\alpha 1)}\,q^{\delta 1}\,\alpha 1\,\phi 3\,\delta 1\,b \\
& + \omega^{(1+\delta 1)}\,q^{(1+\delta 1)}\,ha^{\delta 1}\,ka^{\alpha 1}\,\alpha 1\,s\,\delta 1 \\
& + ha^{\delta 1}\,\omega^{\delta 1}\,ka^{\alpha 1}\,q^{(1+\delta 1)}\,\alpha 1\,s\,\delta 1\,b \\
& - ha^{\delta 1}\,\omega^{\delta 1}\,ka^{(1+\alpha 1)}\,q^{(1+\delta 1)}\,\alpha 1\,\phi 3\,\delta 1\,b \\
& + \omega^{(1+\delta 1)}\,q^{(1+\delta 1)}\,ha^{\delta 1}\,ka^{\alpha 1}\,\alpha 1\,b\,\delta 1 \\
& - q^{(1+\delta 1)}\,ha^{\delta 1}\,\omega^{\delta 1}\,ka^{\alpha 1}\,\alpha 1\,\delta 1^{2}\,b \\
& + q^{(1+\delta 1)}\,ha^{\delta 1}\,\omega^{\delta 1}\,ka^{(1+\alpha 1)}\,\alpha 1\,\phi 3\,\delta 1^{2}\,b \\
& - ha^{\delta 1}\,\omega^{\delta 1}\,ka^{(1+\alpha 1)}\,q^{\delta 1}\,\phi 3\,\delta 1\,b \\
& - \omega^{(1+\delta 1)}\,q^{(1+\delta 1)}\,ha^{\delta 1}\,ka^{\alpha 1}\,\alpha 1\,s \\
& - \delta 1\,q^{(1+\delta 1)}\,ha^{\delta 1}\,\omega^{(1+\delta 1)}\,s\,ka^{\alpha 1}\,b\,\alpha 1 \\
& + \omega^{(1+\delta 1)}\,q^{(1+\delta 1)}\,ha^{\delta 1}\,ka^{\alpha 1}\,\alpha 1\,s\,b \\
& + ha^{\delta 1}\,\omega^{\delta 1}\,ka^{\alpha 1}\,q^{\delta 1}\,\alpha 1\,\delta 1^{2}\,b \\
& - \omega^{(1+\delta 1)}\,q^{(1+\delta 1)}\,ha^{\delta 1}\,ka^{\alpha 1}\,\alpha 1\,\delta 1 \\
& - \omega^{(1+\delta 1)}\,q^{(1+\delta 1)}\,ha^{\delta 1}\,ka^{\alpha 1}\,\alpha 1\,b + q^{2}\,\phi 2\,\delta 1^{2}\,ka\,b \\
& - ha^{\delta 1}\,\omega^{\delta 1}\,ka^{\alpha 1}\,q^{\delta 1}\,\alpha 1\,s\,\delta 1\,b \\
& + \omega^{(1+\delta 1)}\,q^{(1+\delta 1)}\,ha^{\delta 1}\,ka^{\alpha 1}\,\alpha 1 \\
& + ha^{\delta 1}\,\omega^{\delta 1}\,ka^{(1+\alpha 1)}\,q^{(1+\delta 1)}\,\phi 3\,\delta 1\,b + \rho\,\delta 1^{2}\,ka\,b \\
& - b\,\delta 1^{2}\,\phi 2\,q\,ka - \delta 1\,b\,\rho\,ka - q\,\rho\,\delta 1^{2}\,ka\,b \\
& - 2\,ha^{\delta 1}\,\omega^{\delta 1}\,ka^{(1+\alpha 1)}\,q^{(1+\delta 1)}\,\phi 3\,\delta 1^{2}\,b \\
& + 2\,ha^{\delta 1}\,\omega^{\delta 1}\,ka^{(1+\alpha 1)}\,q^{\delta 1}\,\phi 3\,\delta 1^{2}\,b\big)/(\delta 1\,b\,ka \\
& (\delta 1 - 1)(-1+q))
\end{aligned}
$$

Das gesamte intertemporal optimierte System ist somit durch die Differentialgleichungen der Art $\overset{\circ}{ka} = \overset{\circ}{ka}(ka,ha,s,\omega,q)$, $\overset{\circ}{ha} = \overset{\circ}{ha}(ka,ha,\omega,q)$, $\overset{\circ}{s} = \overset{\circ}{s}(ka,ha,s,\omega,q)$, $\overset{\circ}{\omega} = \overset{\circ}{\omega}(ka,ha,s,\omega,q)$ und $\overset{\circ}{q} = \overset{\circ}{q}(\omega,q)$ beschrieben. Hierbei ist die Formel für $\overset{\circ}{q}$ identisch zum entsprechenden Ausdruck (5.72) im h-ax-Modell.

Der steady state

Da sich die Kontrollvariablen s, q und ω im steady state nicht mehr verändern, folgen die steady state-Wert der Zustandsvariablen ka und ha analog zu den Werten, die für den Ansatz ohne intertemporale Optimierung hergeleitet wurden, denn dort wurden die Verhaltensparameter s, q und ω ebenfalls als konstant behandelt. So folgt analog zu (6.22) aus Gleichung (6.47') für $\overset{\circ}{ka} = 0$ als steady state-Wert der Sachkapitalintensität der Erfahrung:

(6.94) $\overset{\circ}{ka}=0$: $$ka_{st,1}=\frac{s}{\phi_3}$$

Wird in Gleichung (6.48') ka durch $ka_{st,1}$ substituiert, so folgt für eine konstante schulische Humankapitalintensität der Erfahrung ($\overset{\circ}{ha}=0$) analog zu Gleichung (6.52) für das steady state-Niveau von ha:

(6.95) $\overset{\circ}{ha}=0$: $$ha_{st,1}=\left(\frac{\phi_2\cdot(1-\omega)}{s^{\alpha_1}\cdot\phi_3^{\,1-\alpha_1}\cdot\omega^{\delta_1}}\cdot q^{1-\delta_1}\right)^{\left(\frac{1}{\delta_1}\right)}$$

Für eine konstante Arbeitszeitquote folgt bei Nullsetzen der Änderung von q in (6.91) ($\overset{\circ}{q}=\overset{\circ}{q}(\omega,q)=0$) die schon mit (5.73) aus dem Vorkapitel bekannte steady state-Beziehung zwischen q und ω :

(6.96) $\overset{\circ}{q}=0$: $$q_{st,1}=\frac{\rho}{\phi_2\cdot\omega}$$

Als weitere steady state-Bedingung muß das Humankapital zwischen den beiden Sektoren Güterproduktion und Schulbildung mit konstanten Anteilen aufgeteilt werden ($\overset{\circ}{\omega}=0$ in (6.92)). Die langfristige Konstanz des Humankapitalanteils in der Güterproduktion führt bei Verwendung der Zwischenergebnisse ($ka_{st,1}$, $ha_{st,1}$ und $q_{st,1}$) zu einem Ausdruck für das steady state-Niveau von ω:

(6.97) $\overset{\circ}{\omega}=0$: $$\omega_{st,1}=\frac{(\alpha_1+\delta_1)\cdot s-\alpha_1}{\alpha_1\cdot s+\delta_1\cdot s-s-\alpha_1}$$

Als letzte steady state-Bedingung darf sich auch die Sparquote langfristig nicht ändern ($\overset{\circ}{s}=0$ in (6.93)). Das Einsetzen der Zwischenergebnisse für die steady state-Werte der beiden Intensitäten sowie der Arbeitszeitquote ($ka_{st,1}$, $ha_{st,1}$ und $q_{st,1}$) ergibt folgenden Ausdruck für die steady state-Sparquote:

(6.98) $\overset{\circ}{s}=0$:
$$\begin{aligned}s_{st,1}= {} & \alpha1\,(-1+\omega)\big(\delta1^2\,\omega\,\phi2\,b+\omega\,\rho-\omega\,\rho\,b+\omega\,\rho\,\delta1\,b\\
& -\omega\,\rho\,\delta1-\delta1^2\,\rho\,b\big)/\big(\delta1^2\,\omega\,\phi2\,b-\delta1^3\,\omega\,\phi2\,b\\
& -\delta1^2\,\omega\,\phi2\,\alpha1\,b+\delta1^2\,\omega\,\rho\,b+\delta1^3\,\omega^2\,\phi2\,b+\delta1^3\,\rho\,b\\
& -\delta1^2\,\omega^2\,\phi2\,b-\omega\,\rho\,\alpha1+\omega^2\,\rho\,\alpha1+\rho\,\delta1\,b\\
& -\delta1^3\,\omega\,\rho\,b-\delta1^2\,\rho\,b-\omega^2\,\rho\,\alpha1\,b+\delta1^2\,\omega^2\,\phi2\,\alpha1\,b\\
& +\omega\,\rho\,\alpha1\,b-\omega\,\rho\,\alpha1\,\delta1\,b+\omega\,\rho\,\alpha1\,\delta1+\omega^2\,\rho\,\alpha1\,\delta1\,b\\
& +\delta1^2\,\rho\,\alpha1\,b-\omega^2\,\rho\,\alpha1\,\delta1-\omega\,\phi2\,\delta1\,b\\
& -\delta1^2\,\omega\,\rho\,\alpha1\,b\big)\end{aligned}$$

Werden die beiden Ergebnisse für $\omega_{st,1}$ und $s_{st,1}$ verknüpft, lassen sich die steady state-Niveaus der beiden Intensitäten und der drei Verhaltensquoten ermitteln. Infolge der auftretenden Nichtlinearität ist eine allgemeine Lösung zu aufwendig und in der Regel mehrwertig. Im Einzelfall mit konkreten Parameterwerten dürfte die Auswahl des relevanten Ergebnisses nicht so problematisch sein, da der mögliche Wertebereich der Intensitäten auf positive reelle Zahlen und der der Quoten auf positive reelle Werte im Bereich zwischen null und eins beschränkt ist.

Untersuchung der Stabilität

Eine Untersuchung der Stabilitätseigenschaften des dynamischen Systems kann nochmals über den Umweg der Linearisierung des Systems um den steady state herum erfolgen, so daß die dortige lokale Stabilität analysiert wird. Die über eine Taylor-Expansion erster Ordnung linearisierte Approximation des betrachteten Systems ist:

$$(6.99)\quad \begin{bmatrix} \overset{\circ}{s} \\ \overset{\circ}{\omega} \\ \overset{\circ}{q} \\ \overset{\circ}{ka} \\ \overset{\circ}{ha} \end{bmatrix} = \begin{bmatrix} \partial\overset{\circ}{s}/\partial s & \partial\overset{\circ}{s}/\partial\omega & \partial\overset{\circ}{s}/\partial q & \partial\overset{\circ}{s}/\partial ka & \partial\overset{\circ}{s}/\partial ha \\ \partial\overset{\circ}{\omega}/\partial s & \partial\overset{\circ}{\omega}/\partial\omega & \partial\overset{\circ}{\omega}/\partial q & \partial\overset{\circ}{\omega}/\partial ka & \partial\overset{\circ}{\omega}/\partial ha \\ \partial\overset{\circ}{q}/\partial s & \partial\overset{\circ}{q}/\partial\omega & \partial\overset{\circ}{q}/\partial q & \partial\overset{\circ}{q}/\partial ka & \partial\overset{\circ}{q}/\partial ha \\ \partial\overset{\circ}{ka}/\partial s & \partial\overset{\circ}{ka}/\partial\omega & \partial\overset{\circ}{ka}/\partial q & \partial\overset{\circ}{ka}/\partial ka & \partial\overset{\circ}{ka}/\partial ha \\ \partial\overset{\circ}{ha}/\partial s & \partial\overset{\circ}{ha}/\partial\omega & \partial\overset{\circ}{ha}/\partial q & \partial\overset{\circ}{ha}/\partial ka & \partial\overset{\circ}{ha}/\partial ha \end{bmatrix}_{\substack{s=s_{st}\\ \omega=\omega_{st}\\ q=q_{st}\\ ka=ka_{st}\\ ha=ha_{st}}} \cdot \begin{bmatrix} s \\ \omega \\ q \\ ka \\ ha \end{bmatrix}$$

Das System weist dann Sattelpfadstabilität auf, wenn die Koeffizientenmatrix den zwei Zustandsvariablen ka und ha entsprechend zwei stabile Eigenwerte mit negativem Realteil aufweist und wenn mit den drei frei wählbaren Kontrollvariablen s, ω und q korrespondierend drei instabile Eigenwerte mit positivem Realteil existieren.

6.3.3 Ein numerisches Beispiel

Das Modell sei für folgendes Zahlenbeispiel konkretisiert:

$$\alpha_1 = {}^1/_3;\ \delta_1 = {}^1/_3;\ b = {}^2/_3;\ \rho = {}^1/_8;\ \phi_2 = {}^1/_3;\ \phi_3 = 1;\ \mu = {}^1/_{20}.$$

Die Dynamik ist daher mit folgendem System aus fünf Differentialgleichungen charakterisiert:

$$\overset{\circ}{ka} = ha^{1/3}\, ka^{1/3}\, \omega^{1/3}\, q^{1/3}\, s - ha^{1/3}\, ka^{4/3}\, \omega^{1/3}\, q^{1/3}$$

$$\overset{\circ}{ha} = \frac{1}{3} ha\, q - \frac{1}{3} ha\, q\, \omega - ha^{4/3}\, \omega^{1/3}\, ka^{1/3}\, q^{1/3}$$

$$\overset{\circ}{q} = -\frac{1}{3} q\,\omega + \frac{1}{3} q^2\,\omega + \frac{1}{8} - \frac{1}{8} q$$

$$\overset{\circ}{\omega} = \frac{\omega\left(12\,ha^{1/3}\omega^{1/3}q^{4/3}s + 4\,q^2\,ka^{2/3} + 8\,\omega\,q\,ka^{2/3} - 3\,ka^{2/3} + 3\,q\,ka^{2/3} - 12\,q^{4/3}ha^{1/3}\omega^{1/3}\right)}{24\,q\,ka^{2/3}}$$

$$\begin{aligned}\frac{\partial}{\partial t} s(t) = \frac{1}{24}\Big(&-q\,ka^{2/3} + 12\,\omega^{4/3}\,q^{4/3}\,ha^{1/3}\\
&+ 16\,ha^{1/3}\,\omega^{1/3}\,q^{4/3}\,s - 16\,ha^{1/3}\,\omega^{1/3}\,q^{1/3}\,s\\
&+ 4\,q^2\,ka^{2/3} + 8\,ka\,ha^{1/3}\,\omega^{1/3}\,q^{4/3} - 4\,q^{4/3}\,ha^{1/3}\,\omega^{1/3}\\
&- 8\,ka\,ha^{1/3}\,\omega^{1/3}\,q^{1/3} + 4\,ha^{1/3}\,\omega^{1/3}\,q^{1/3}\\
&- 24\,\omega^{4/3}\,q^{4/3}\,ha^{1/3}\,s - 3\,ka^{2/3} + q\,s\,ka^{2/3}\\
&- 12\,ha^{1/3}\,\omega^{1/3}\,q^{4/3}\,s^2 + 12\,ha^{1/3}\,\omega^{1/3}\,q^{1/3}\,s^2\\
&- 4\,s\,q^2\,ka^{2/3} - 8\,ka\,s\,ha^{1/3}\,\omega^{1/3}\,q^{4/3}\\
&+ 8\,ka\,s\,ha^{1/3}\,\omega^{1/3}\,q^{1/3} + 12\,\omega^{4/3}\,q^{4/3}\,ha^{1/3}\,s^2\\
&+ 3\,s\,ka^{2/3}\Big)\Big/\Big(ka^{2/3}\,(-1+q)\Big)\end{aligned}$$

Die Intensitäten sowie die als Quoten definierten Kontrollvariablen weisen nun diese steady state-Werte auf:

$$ka_{st} = 0{,}125 \;;\quad ha_{st} = 0{,}0052083$$

$$\omega_{st} = 0{,}66667 \;;\quad s_{st} = 0{,}125 \;;\quad q_{st} = 0{,}5625$$

Bei konstanter Sparquote wächst der Pro-Kopf-Konsum langfristig mit gleicher Rate wie die Pro-Kopf-Produktion. Gleichzeitig wird im vorliegenden Spezialfall langfristig die Wachstumsrate der Produktion und aller Kapitalstöcke durch die Höhe des Humankapitalwachstums festgelegt. Das steady state-Wachstum aller Modellgrößen ist folglich gemäß Gleichung (6.51) bestimmt als:

$$\hat{c}_{st} = \hat{x}_{st} = \hat{k}_{st} = \hat{ax}_{st} = \hat{h}_{st} = 0{,}0125$$

Die Koeffizientenmatrix M des um den steady state linearisierten Systems ist:

$$M = \begin{bmatrix} 0{,}40625 & -0{,}34180 & -0{,}63426 & 10{,}167 & -120{,}25 \\ 0{,}16667 & 0{,}14931 & 0{,}28807 & 0{,}77778 & -90{,}333 \\ 0 & -0{,}082031 & -0{,}097222 & 0 & 0 \\ 0{,}062 & 0 & 0{,}1\cdot 10^{-11} & -0{,}0625 & 0{,}2\cdot 10^{-9} \\ 0 & -0{,}0011393 & 0{,}0003858 & -0{,}00086806 & -0{,}020833 \end{bmatrix}$$

Die Eigenwerte w_i $(i=1,\dots,5)$ von M lauten für das Parameterbeispiel:

$$w = [\ 0{,}34693\ ,\ 0{,}1461\ ,\ 0{,}125\ ,\ -0{,}22193\ ,\ -0{,}0211\ ]'$$

Die Bedingungen für die Sattelpfadstabilität des dynamischen Systems sind mit den beiden negativen Eigenwerten für die prädeterminierten Intensitäten gegeben. Es sei angemerkt, daß die Transversalitätsbedingungen erfüllt sind.

Die Renditen für die verschiedenen Kapitalarten müssen sich langfristig angleichen, andernfalls käme es im Rahmen einer intertemporalen Arbitrage zur Reallokation zwischen den akkumulierbaren Faktoren. Die steady state-Werte der Intensitäten sowie der Kontrollvariablen müssen daher zum langfristigen Renditeausgleich führen. Die steady state-Rendite wird hierbei insbesondere durch die Verzinsung des schulischen Humankapitals bestimmt, die nach Gleichung (6.89) mit $r_h=\phi_2 \cdot q-\mu$ nur von der Arbeitszeitquote und nicht von den Intensitäten abhängt. Im Beispiel ist die interne steady state-Verzinsung der Kapitalstöcke mit $r_{h,st}=r_{ax,st}=r_{k,st}=13{,}75\,\%$ bestimmt. Die gemeinsame steady state-Rendite der drei Kapitalarten liegt oberhalb der Diskontierungsrate der intertemporalen Nutzenfunktion ($\rho=12{,}5\,\%$), so daß langfristig der Anreiz zur weiteren Akkumulation von Sachkapital, Erfahrung und Schulbildung erhalten bleibt. Daher tritt anhaltendes, sich endogen aus der Faktorakkumulation speisendes Wachstum auf.

In den vorangehenden Kapiteln wurde für die Zahlenbeispiele nicht nur der steady state, sondern auch die jeweiligen Sattelpfade und damit die Anpassungsdynamik an den Sattelpunkt simuliert. Da im k-h-ax-Modell selbst im Fall endogenen Wachstums ein Modell mit fünf nichtlinearen Differentialgleichungen zu lösen und der entsprechende Sattelpfad zu ermitteln wäre, ist die Komplexität dieser Aufgabe augenfällig. Da an vielen Stellen gezeigt wurde, daß die Submodelle – d.h. das k-ax- bzw. das h-ax-Modell – die Logik des umfassenden Modells für die verschiedenen Teilbereiche weitgehend abdecken, sei auf die gerade noch technisch durchführbaren Simulationen der transitional dynamics an dortiger Stelle verwiesen.

7. Fazit

In der vorliegenden Arbeit wurde im Rahmen einer wachstumstheoretischen Analyse die Akkumulation von Erfahrung durch die Ausübung der Produktionstätigkeit – i.e. das Learning-by-doing – betrachtet. Die Modellierung des Learning-by-doing in dieser Arbeit orientierte sich am Konzept der Erfahrungskurve in Form einer zeitlichen Aggregation der vergangenen Produktionstätigkeit der gesamten Volkswirtschaft. Die Erfahrungsbildung ebenso wie der Erfahrungsstock einer Volkswirtschaft wurde im Modell explizit und insbesondere unabhängig von der Sachkapitalakkumulation erfaßt. Die für gesamtwirtschaftliche Analysen übliche vereinfachende Koppelung der Erfahrungsbildung an die Sachkapitalakkumulation wurde hier nicht angenommen. Die Erfahrungsbildung ließ sich somit unabhängig von der Investionsentscheidung steuern. Der Erfahrungsaufbau wurde indirekt anhand der Entscheidung über die Dauer der Arbeitszeit und der damit gleichzeitig implizierten Produktionshöhe kontrolliert.

Es wurden unterschiedliche Varianten des gesamtwirtschaftlichen Learning-by-doing-Wachstumsmodells hergeleitet, beginnend mit dem dritten Kapitel, in dem mit dem ax-Modell ein extrem simplifiziertes Modell vorgestellt wurde. Dort basierte das Wachstum ausschließlich auf der Produktionserfahrung als einzigem akkumulierbaren Faktor. Der Wachstumsprozeß wurde dort allein mit der Entscheidung über die Arbeitszeit-Freizeit-Aufteilung gesteuert. Das einfache ax-Modell wurde im folgenden in bekannte wachstumstheoretische Modelle implementiert. Zuerst (im vierten Kapitel) in das Standardmodell des Wachstums aus der Akkumulation von Sachkapital, so daß das k-ax-Modell folgte. Hier konnte neben der Arbeitszeitentscheidung gleichzeitig die intertemporale Konsumverteilung analysiert werden. Die Sachkapitalakkumulation speiste sich ebenso wie der Erfahrungsaufbau aus der Güterproduktion. Daher handelte es sich beim ax- ebenso wie beim k-ax-Modell um ein Ein-Sektoren-Modell. Mit der Erfassung der Schulausbildung wurde dann im Rahmen des h-ax-Modells (im fünften Kapitel) der Bildungssektor als zweiter Sektor in das Modell integriert, wobei vereinfachend zunächst wieder das Sachkapital vernachlässigt wurde. Der Wachstumsprozeß wurde im Rahmen dieser Variante neben der Arbeitszeitentscheidung zusätzlich durch die Aufteilung der Zeit auf den alternativen Einsatz in der Produktion oder aber in der schulischen Bildung gelenkt. Die Zwei-Sektoren-Struktur führte insbesondere zur Verallgemeinerung der Bedingungen für ein endogenes Wachstum mit konstanter Rate. Mit dem k-h-ax-Modell des sechsten Kapitels wurde zum Schluß eine umfassende Modellvariante vorgestellt, in der auch das physische Kapital innerhalb des Zwei-Sektoren-Ansatzes berücksichtigt wurde.

In den jeweiligen Kapiteln wurde so vorgegangen, daß zunächst unter Verzicht auf intertemporale Optimierung eine Untersuchung der Parameter-Bedingungen für die Existenz anhaltend-endogenen Wachstums erfolgte. Anschließend wurden die Modellvarianten jeweils im Rahmen eines dynamischen Optimierungsansatzes analysiert.

Um die Bedeutung des Erfahrungsaufbaus im Wachstumsprozeß deutlicher aufzuzeigen, wurde die mathematisch aufwendige Analyse durch eine an der ökonomischen Logik orientierte Argumentation ergänzt. Zum Zweck der Erklärung des dynamischen Verhaltens der Kontrollvariablen sowie der Entwicklung der verschiedenen Kapitalstöcke diente einerseits die Interpretation der einzelnen Bestandteile der Optimalitätsbedingungen und andererseits insbesondere die Zuhilfenahme der implizit mit den Multiplikatorgleichungen bestimmten "internen Renditen" der Kapitalarten.

Tabellarische Übersicht über die Einzelergebnisse

Die Ergebnisse der einzelnen Kapitel sollen im Überblick rekapituliert werden. Zu diesem Zweck werden die verschiedenen Varianten in einer tabellarischen Übersicht gegenübergestellt [vgl. Tab. 7.1 (a) und (b)], die die wichtigsten zwischen den Modellen vergleichbaren Teilergebnisse wiedergibt.

Im ersten Teil [Tab. 7.1 (a)] werden die spaltenweise angeordneten Modellvarianten einander beschreibend gegenübergestellt: Die verschiedenen Kapitalarten (1. Zeile), die erfaßten Sektoren (2. Zeile), die Elastizitäten der Kapitalvarianten in den Cobb-Douglas-Produktionsfunktionen der beiden Sektoren (3. Zeile) und die gegebenen Entscheidungsmöglichkeiten (i.e. die Kontrollvariablen) sind aufgeführt. Anschließend werden die Bedingungen, die zu langfristig konstanten steady state-Niveaus führen (5. Zeile) bzw. diejenigen Bedingungen, die für ein anhaltendes endogenes Wachstum mit langfristig konstanter Rate vorliegen müssen (6. Zeile), genannt. Während für die Ein-Sektoren-Modelle als Bedingung für endogenes Wachstum Linearität der akkumulierbaren Faktoren in der Güterproduktion gelten muß, ist im Fall der Zwei-Sektoren-Modelle nur eine über beide Sektoren "gewichtete" Linearität der akkumulierbaren Faktoren erforderlich: Die Unterlinearität in einem Sektor kann durch die Überlinearität der akkumulierbaren Faktoren im anderen Sektor ausgeglichen werden.

Die für die beiden Situationen ohne und mit endogenem Wachstum implizierten langfristigen Konsequenzen für die internen Renditen der verschiedenen Kapitalarten, die bei dynamischer Optimierung ermittelt werden, erscheinen in der 7. Zeile.[1] Es zeigt sich über alle Modellvarianten, daß sich die verschiedenen Renditen langfristig angleichen – soweit die Modellvariante mehrere akkumulierbare Faktoren aufweist. Zwischen den Kapitalarten wirkt somit ein Arbitrageprozeß, der mittels entsprechender Akkumulationsentscheidungen nach Abschluß der Anpassungsprozesse zu einer Renditeparität führen muß. In einer Situation ohne endogenes Wachstum konvergieren die Renditen gegen die Diskontierungsrate ρ: Bei Erreichen von ρ kommt der Akkumulationsprozeß und damit das Wachstum zum Stillstand. Liegt allerdings eine Situation endogenen Wachstums vor, so konvergieren die Renditen zwar gegen eine gemeinsame Rate, diese liegt allerdings oberhalb der Diskontierungsrate. Folglich bleibt hier der Akkumulationsanreiz auch langfristig erhalten.

---

1 Auf die Ausdrücke für die internen Renditen wird im zweiten Teil der Tabelle näher eingegangen [vgl. Tab. 7.1 (b), Zeilen 11. bis 13.].

Der zweite Teil der Tabelle [Tab. 7.1 (b)] dient dem detaillierteren Vergleich der Ergebnisse der dynamischen Optimierungsansätze. Die Schattenpreise (8. Zeile) sind nur zwischen den Ein- und den Zwei-Sektoren-Modellen zu differenzieren, wobei allerdings zu beachten ist, daß der Güterpreis λ_1 im ax- und im h-ax-Modell infolge der fehlenden Sachkapitalakkumulation nicht explizit errechnet wird. Er wird nur interpretatorisch für den Ausdruck des diskontierten Gütergrenznutzens verwendet, um die Analogien zwischen den Varianten zu verdeutlichen. In den folgenden zwei Zeilen (9. und 10.) sind die verschiedenen Optimalitätsbedingungen bei Ableitung nach der Arbeitszeitquote q sowie nach dem Humankapitalanteil der Produktion ω wiedergegeben.[2] Die optimale Arbeitszeit wird unter Beachtung der intertemporal wirkenden Erfahrungseffekte gewählt. Der Grenznutzen der Arbeitszeit beinhaltet den Wert des Erfahrungsaufbaus der Produktionsaktivität (9. Zeile: $\lambda_3 \cdot da_q$). Dies führt in allen Modellvarianten dazu, daß sich c.p. die Attraktivität der Nicht-Freizeit erhöht. Hieraus folgt die Ausweitung der intertemporal-optimalen Arbeitszeit ggü. der momentan-optimalen Arbeitszeit, die bei Nicht-Berücksichtigung des zukünftig positiv wirkenden Erfahrungseffektes gewählt würde. Weiterhin führt im Fall der Zwei-Sektoren-Modelle der bewertete Effekt des Erfahrungsaufbaus durch die Güterproduktion (10. Zeile: $\lambda_3 \cdot \frac{\partial a}{\partial \omega}$) c.p. dazu, daß sich der Humankapitaleinsatz zugunsten der Güterproduktion und damit zu Lasten der Schulausbildung verschiebt.

Aus den Multiplikatorgleichungen läßt sich jeweils die marginale interne Verzinsung der verschiedenen Kapitalarten ermitteln (11. bis 13. Zeile). Der Unterschied zwischen den Ein- und den Zwei-Sektoren-Modellen liegt jeweils darin, daß in letzteren die Effekte des jeweiligen Faktors auf die Schulbildung erfaßt werden. Hingegen taucht für alle Modellvarianten bzw. für alle Kapitalarten als zusätzlicher erfahrungsbedingter Renditebestandteil jeweils ein Effekt des Erfahrungsaufbaus auf: so z.B. der Term $\frac{\lambda_3}{\lambda_1} \cdot \frac{\partial a}{\partial x} \cdot \frac{\partial x}{\partial k}$ in der Rendite des Sachkapitals r_k. Dieser durch den Erfahrungsaufbau bewirkte positive Renditeeffekt für das physische Kapital bedeutet einen zusätzlichen Anreiz zur Sachkapitalakkumulation. Folglich wird sich bei Berücksichtigung der Erfahrungseffekte c.p. die Sparquote erhöhen. Die Entwicklung der Renditen kann an einigen Stellen genutzt werden, um das Verhalten der Wirtschaftssubjekte in ökonomisch anschaulicher Form zu erklären. So weist z.B. im k-ax-Modell bei endogenem Wachstum für eine niedrige Kapitalintensität von $ka < ka_{st}$ das Sachkapital eine höhere Rendite als die Erfahrung auf. Dies äußert sich in einer ggü. dem steady state höheren Sparquote, was schließlich zur Erhöhung von ka und damit zur Anpassung an das steady state führt.[3]

---

[2] Auf die Wiedergabe der Optimalitätsbedingung bei Ableitung nach dem Konsum c für das k-ax- und das k-h-ax-Modell wird verzichtet, da hier nur eine zum Schattenpreis λ_1 redundante Information folgt.

[3] Vgl. hierzu den Kommentar zu Abb. 4.11. Für ähnliche Argumentationsweisen im Fall des h-ax-Modells vgl. die Kommentare zu den Abb. 5.23 und 5.25.

Tab. 7.1 (a): Übersicht über die Modellvarianten – *Modellbeschreibung*

	ax-Modell (3. Kap.)	**k-ax-Modell (4. Kap.)**	**h-ax-Modell (5. Kap.)**	**k-h-ax-Modell (6. Kap.)**
1. Akkumulierbare Faktoren	Produktionserfahrung ax	Produktionserfahrung ax Sachkapital k	Produktionserfahrung ax schulisch. Humankapital h	Produktionserfahrung ax Sachkapital k schulisch. Humankapital h
2. Zahl und Art der Sektoren	1 Sektor: Güterproduktion	1 Sektor: Güterproduktion	2 Sektoren: Güterproduktion Schulbildung	2 Sektoren: Güterproduktion Schulbildung
3. Elastizitäten (Produktion / Schulbildg.)	für ax: γ	für ax: γ für k: α	für ax: γ_1 / γ_2 für h: δ_1 / δ_2	für ax: γ_1 / γ_2 für k: α_1 / α_2 für h: δ_1 / δ_2
4. Entscheidungs-möglichkeiten *(u. Beschränkungen)*	Arbeitszeit: q *(Sparquote:* $s\equiv0$ bzw. $c\equiv x$)	Arbeitszeit: q Sparquote: s (alternativ c)	Arbeitszeit: q Aufteilung von h: ω *(Sparquote:* $s\equiv0$ bzw. $c\equiv x$)	Arbeitszeit: q Sparquote: s (alternativ c) Aufteilung von h: ω
5. Bedingung f. konst. steady state-Niveaus	$\gamma<1$	$\alpha+\gamma<1$	$E\equiv\gamma_1+\delta_1\cdot\frac{\gamma_2}{1-\delta_2}<1$	$E\equiv\alpha_1+\gamma_1+\delta_1\cdot\frac{\alpha_2+\gamma_2}{1-\delta_2}<1$
6. Bedingung für endogenes Wachstum mit konstanter Rate (balanced growth)	$\gamma=1$	$\alpha+\gamma=1$	$E\equiv\gamma_1+\delta_1\cdot\frac{\gamma_2}{1-\delta_2}=1$ (bzw. $\delta_2=1$, $\gamma_2=0$ u. $\delta_1>0$)	$E\equiv\alpha_1+\gamma_1+\delta_1\cdot\frac{\alpha_2+\gamma_2}{1-\delta_2}=1$ (bzw. $\delta_2=1$, $\alpha_2=\gamma_2=0$, $\delta_1>0$)
7. Langfristiges Verhalten der internen Renditen (für $t\to\infty$ bei dyn. Optimierg.)	$\gamma<1$: $r_{ax}\to\rho$ $\gamma=1$: $r_{ax}>\rho$	$r_{ax}=r_k$ $\alpha+\gamma<1$: r_{ax}, $r_k\to\rho$ $\alpha+\gamma=1$: r_{ax}, $r_k>\rho$	$r_{ax}=r_h$ $E<1$: r_{ax}, $r_h\to\rho$ $E\equiv1$: r_{ax}, $r_h>\rho$	$r_{ax}=r_k=r_h$ $E<1$: r_{ax}, r_k, $r_h\to\rho$ $E\equiv1$: r_{ax}, r_k, $r_h>\rho$

Tab. 7.1 (b): Übersicht über die Modellvarianten – *Optimierungsergebnisse*

	ax-Modell (3. Kap.)	k-ax-Modell (4. Kap.)	h-ax-Modell (5. Kap.)	k-h-ax-Modell (6. Kap.)
8. Schattenpreise	$\lambda_{(3)} = -e^{-\rho \cdot t} \cdot \frac{du_q}{da_q}$; (für ax-Modell: λ_1 nur implizit)	$\lambda_{(1)} = \frac{\partial u}{\partial c} \cdot e^{-\rho \cdot t}$	$\lambda_2 = e^{-\rho \cdot t} \cdot \frac{du_\omega \cdot da_q - du_q \cdot da_\omega}{da_\omega \cdot dg_q - da_q \cdot dg_\omega}$; (für h-ax-Mod.: λ_1 nur implizit; λ_1 wie im k-ax-Modell)	$\lambda_3 = e^{-\rho \cdot t} \cdot \frac{du_q \cdot dg_\omega - du_\omega \cdot dg_q}{da_\omega \cdot dg_q - da_q \cdot dg_\omega}$
9. Opt.bed.: $\frac{\partial H}{\partial q} = 0$	$\lambda_{(1)} \cdot \frac{\partial x}{\partial q} + \lambda_{(3)} \cdot da_q = \left(-\frac{\partial u}{\partial q}\right) \cdot e^{-\rho \cdot t}$		$\lambda_1 \cdot \frac{\partial x}{\partial q} + \lambda_2 \cdot \frac{\partial g}{\partial q} + \lambda_3 \cdot da_q = \left(-\frac{\partial u}{\partial q}\right) \cdot e^{-\rho \cdot t}$	
10. Opt.bed.: $\frac{\partial H}{\partial \omega} = 0$	–	–	$\lambda_1 \cdot \frac{\partial x}{\partial \omega} + \lambda_3 \cdot \frac{\partial a}{\partial \omega} = \lambda_2 \cdot \left(-\frac{\partial g}{\partial \omega}\right)$	
11. Rendite der Erfahrung ax	$r_{ax} = da_{ax} + \frac{\lambda_{(1)}}{\lambda_{(3)}} \cdot \frac{\partial x}{\partial ax} - \mu$		$r_{ax} = da_{ax} + \frac{\lambda_1}{\lambda_3} \cdot \frac{\partial x}{\partial ax} + \frac{\lambda_2}{\lambda_3} \cdot \frac{\partial g}{\partial ax} - \mu$	
12. Rendite des Sachkapitals k	–	$r_k = \frac{\partial x}{\partial k} + \frac{\lambda_3}{\lambda_1} \cdot \frac{\partial a}{\partial x} \cdot \frac{\partial x}{\partial k} - \mu$	–	$r_k = \frac{\partial x}{\partial k} + \frac{\lambda_3}{\lambda_1} \cdot \frac{\partial a}{\partial x} \cdot \frac{\partial x}{\partial k} + \frac{\lambda_2}{\lambda_1} \cdot \frac{\partial g}{\partial k} - \mu$
13. Rendite d. schuli. Humankapitals h	–	–	$r_h = \frac{\partial g}{\partial h} + \frac{\lambda_1}{\lambda_2} \cdot \frac{\partial x}{\partial h} + \frac{\lambda_3}{\lambda_2} \cdot \frac{\partial a}{\partial h} - \mu$	
14. Ramsey-Regel für ax	$da_{ax} + \frac{\lambda_{(1)}}{\lambda_{(3)}} \cdot \frac{\partial x}{\partial ax} = \rho + \mu - (\hat{du}_q - \hat{da}_q)$		$da_{ax} + \frac{\lambda_1}{\lambda_3} \cdot \frac{\partial x}{\partial ax} + \frac{\lambda_2}{\lambda_3} \cdot \frac{\partial g}{\partial ax} = \rho + \mu - \hat{\lambda}_{3,akt}$	
15. Ramsey-Regel für k	–	$\frac{\partial x}{\partial k} + \frac{\lambda_3}{\lambda_1} \cdot da_k = \rho + \mu - \hat{du}_c$	–	$\frac{\partial x}{\partial k} + \frac{\lambda_2}{\lambda_1} \cdot \frac{\partial g}{\partial k} + \frac{\lambda_3}{\lambda_1} \cdot da_k =$ $\rho + \mu - \hat{\lambda}_{1,akt} = \rho + \mu - \hat{du}_c$
16. Ramsey-Regel für h	–	–	$\frac{\partial g}{\partial h} + \frac{\lambda_1}{\lambda_2} \cdot \frac{\partial x}{\partial h} + \frac{\lambda_3}{\lambda_2} \cdot \frac{\partial a}{\partial h} = \rho + \mu - \hat{\lambda}_{2,akt}$	

Aus den (Ableitungen der) Optimalitätsbedingungen folgen in Verbindung mit den Multiplikatorgleichungen für die verschiedenen Kapitalarten die Ramsey-Regeln für das intertemporal-optimale Verhalten (14. bis 16. Zeile). Hier gelten ebenfalls die schon bei der Betrachtung der Renditen genannten Aspekte bezüglich der Unterschiede zwischen den Ein- und den Zwei-Sektoren-Modellen sowie bezüglich der Berücksichtigung der Erfahrungseffekte.

Zusätzlich zu den Resultaten, die sich in einen tabellarischen Vergleich pressen lassen, können noch einige weitere wichtige Einzelergebnisse aus den jeweiligen Kapiteln genannt werden.

Es zeigt sich für das ax-Modell, daß für $\gamma<1$ im Prozeß des Erfahrungsaufbaus – d.h. für ein Steigen von ax gegen ax_{st} – der Arbeitsanteil q sinkt bzw. die Freizeit zunimmt. Weiterhin weist das ax-Modell bei intertemporaler Optimierung im Fall von $\gamma=1$ keinerlei transitional dynamics auf, da es infolge eines fehlenden zweiten Faktors keinen Bedarf zur Intensitätenanpassung gibt. Aus der Bewegungsgleichung für q fällt bei endogenem Wachstum die Zustandsvariable ax heraus, so daß mit $\mathring{q}=\mathring{q}(q)$ sofort die steady state-Arbeitszeitquote mit $\mathring{q}(q_{st})=0$ gewählt wird. Innerhalb des Analyserahmens des einfachen ax-Modells kann weiterhin demonstriert werden, daß endogenes Wachstum mit langfristig konstanter Arbeitszeitquote verlangt, daß eine *intra*temporale Substitutionselastizität zwischen Konsum und Freizeit in Höhe von eins – d.h. eine momentane Nutzenfunktion vom Cobb-Douglas-Typ – vorliegen muß. Die *inter*temporale Substitutionselastizität erweist sich hierbei als nicht entscheidend.

Zusätzlich zu den in Tab. 7.1 wiedergegebenen Resultaten, die auf die weitgehende Analogie zum ax-Modell hinweisen, zeigt die Analyse des k-ax-Modells für den Fall endogenen Wachstums ($\alpha+\gamma=1$), daß hier eine Formulierung des dynamischen Systems über die Kapitalintensität der Erfahrung ka möglich ist (statt über die beiden Zustandsvariablen k und ax). Ebenso wie im ax-Modell reduziert sich bei endogenem Wachstum die Zahl der Differentialgleichungen, mit denen die Dynamik des Systems beschrieben werden kann. Langfristig werden im k-ax-Modell alle Größen mit der gleichen konstanten Rate wachsen, so daß auch die Intensität ka gegen einen konstanten Wert ka_{st} konvergiert (steady state).

Die Untersuchung des h-ax-Modells mit zwei unterschiedenen Sektoren – der Güterproduktion und der schulischen Bildung – erweist sich als wesentlich komplexer, verglichen mit der Erweiterung zum k-ax-Modell. Die Untersuchung zweier Sektoren führt zu einer allgemeineren Elastizitätenbedingung für das Vorliegen endogenen Wachstums: Die Unterlinearität in den akkumulierbaren Faktoren in einem Sektor kann durch eine adäquate Überlinearität im anderen Sektor ausgeglichen werden. Während im k-ax-Modell die Kapitalintensität der Erfahrung ka langfristig gegen einen konstanten Wert strebt, da sich k und ax aus dem gleichen Sektor speisen, weist die Humankapitalintensität der Erfahrung ha nur für den Spezialfall, daß für beide Sektoren Linearität in den akkumulierbaren Faktoren besteht, ein steady state-Niveau auf. Im allgemeinen Fall endogenen Wachstums ergibt sich hingegen nur ein balanced growth mit einer konstanten Änderungsrate von ha (und nicht ein steady state mit einer konstanten ha-Intensität). Außerdem kann für den Spezialfall, in dem die Schulbildung allein und linear abhängig vom Einsatz des schulischen Humankapitals ist, gezeigt werden, daß hier endogenes Wachstum unabhängig von der Elastizitätensituation in der Güterproduktion vorliegt.

Die Analyse des umfassenden k-h-ax-Modells ergibt keine grundlegend neuen Ergebnisse im Vergleich zum k-ax- sowie h-ax-Modell. Dies liegt allerdings auch in der durch die vereinfachenden Annahmen verstärkten "Additivität" der einzelnen Modellbestandteile begründet. Die annahmeseitig bewirkte Minimierung der Interdependenzen zwischen den unterschiedenen Akkumulationsprozessen spiegelte sich darin wider, daß sich die Ergebnisse kaum durch Wechselwirkungselemente verkomplizieren.

Mit der explizit von der Sachkapitalakkumlation unabhängigen Modellierung der Erfahrungseffekte und der Steuerung des Erfahrungsaufbaus über die Entscheidung, wie lange die Produktionstätigkeit ausgeführt werden soll, wird eine Möglichkeit zur Erweiterung bekannter wachstumstheoretischer Modelle aufgezeigt. Diese Erweiterungsmöglichkeit wurde für das neoklassische Standardmodell der Sachkapitalakkumulation sowie für Modelle mit einem Learning-by-schooling-Sektor explizit in dieser Arbeit demonstriert. Mit den vorgestellten Beispielen dürften die potentiellen Anwendungsfälle dieser Modellierungsweise allerdings noch längst nicht ausgeschöpft sein. So ließe sich dieses Vorgehen in Modelle offener Volkswirtschaften zur Untersuchung der Außenhandelsdynamik oder in Ansätze mit verschiedenen Produktionssektoren mit jeweils eigenem Erfahrungsaufbau integrieren. Außerdem könnte die institutionelle Seite der betrachteten Volkswirtschaft näher analysiert werden, denn die Nutzung der vereinfachenden Annahme eines "Sozialen Planers" verwischt die Probleme, die mit der Frage der Internalisierung der Spillover-Effekte des Erfahrungsaufbaus einhergehen. Die hier vorgestellten Wachstumseffekte ergäben sich im Fall einer Marktlösung nur dann in der genannten Höhe, wenn eine vollständige Internalisierung der Spillovers institutionell gesichert wäre. Aus der Nennung dieser Beispiele für noch offene Forschungsfelder wird offensichtlich, daß mit der vorliegenden Arbeit die wachstumtheoretische Analyse des Learning-by-doing anhand eines an der Erfahrungskurve orientierten Konzepts der gesamtwirtschaftlichen Erfahrungsakkumulation in keiner Weise als abgeschlossen betrachtet werden kann. Es bleibt daher zu hoffen, daß die soeben angedeuteten Forschungsmöglichkeiten von späteren Arbeiten aufgenommen werden.

Symbolverzeichnis

°	: Ableitung nach der Zeit t ($\frac{d(.)}{dt}$), d.h. zeitliche Änderung einer Größe
^	: Kennzeichnung der Wachstumsrate einer Größe
α, α_1	: Elastizität des Sachkapitals in der Güterproduktion (mit $0 \leq \alpha, \alpha_1 \leq 1$)
α_2	: Elastizität des Sachkapitals in der Schulausbildung (mit $0 \leq \alpha_2 \leq 1$)
β, β_1	: Elastizität der Arbeitszeit in der Güterproduktion (mit $0 \leq \beta, \beta_1 \leq 1$)
β_2	: Elastizität der Arbeitszeit in der Schulausbildung (mit $0 \leq \beta_2 \leq 1$)
γ, γ_1	: Elastizität der Erfahrung in der Güterproduktion (mit $0 \leq \gamma, \gamma_1 \leq 1$)
γ_2	: Elastizität der Erfahrung in der Schulausbildung (mit $0 \leq \gamma_2 \leq 1$)
δ_1	: Elastizität des schulischen Humankapitals in der Güterproduktion (mit $0 \leq \delta_1 \leq 1$)
δ_2	: Elastizität des schulischen Humankapitals in der Schulausbildung (mit $0 \leq \delta_1 \leq 1$)
η	: Spillover-Parameter in der Erfahrungsbildung(sfunktion) (mit $0 \leq \eta \leq 1$)
θ	: Kehrwert der Elastizität für die intertemporale Substitution zwischen den Perioden in einer CIES-Nutzenfunktion (als $\theta = 1$ angenommen)
κ	: Anteil des Sachkapitals in der Güterproduktion (mit $0 < \kappa \leq 1$)
λ_1	: Schattenpreis der (Konsum- bzw. Investitions-) Güter k
λ_2	: Schattenpreis des schulischen Humankapitals h
λ, λ_3	: Schattenpreis der Produktionserfahrung ax
μ	: Abschreibungsrate; für alle Kapitalvarianten als gleich angenommen (mit $0 \leq \mu \leq 1$)
ν	: Anteil der in der Güterproduktion eingesetzen einfachen Arbeitszeit L (mit $0 < \nu \leq 1$)
ρ	: Diskontierungsrate der intertemporalen Nutzenaggregation (mit $\rho \geq 1$)
σ	: Elastizität für die momentan-intratemporale Substitution zwischen Konsum und Freizeit in einer CES-Nutzenfunktion (als $\sigma = 1$ angenommen)
ϕ, ϕ_3	: Produktivitätsparameter in der Erfahrungsbildung (mit $\phi, \phi_3 > 0$)
ϕ_2	: Produktivitätsparameter in der Schulausbildung (mit $\phi_2 > 0$)
ω	: Anteil des in der Güterproduktion eingesetzten schulischen Humankapitals h (mit $0 < \omega \leq 1$)
a[.]	: Funktion des Aufbaus von Erfahrung durch die Produktionstätigkeit

A : Grenz- und Durchschnittsproduktivität des Kapitals im Ak-Modell

ax , AX : Produktionserfahrung; Humankapital aus Learning-by-doing; zeitlich aggregierte Produktionsmenge (Kleinbuchstabe: Pro-Kopf-Größe)

b : Nutzengewichtungsparameter des Konsums ggü. der Freizeit in einer CES-CIES-Nutzenfunktion (mit $0 < b \leq 1$)

bg : Kennzeichnung des balanced growth

$B_{i,t}$: Produktivität des Unternehmens oder Lands i im Zeitpunkt t

c : Pro-Kopf-Konsummenge

$da_{ax} \equiv \frac{\partial a}{\partial x} \cdot \frac{\partial x}{\partial ax}$: Effekt zusätzlicher Erfahrung auf die Erfahrungsbildung

$da_k \equiv \frac{\partial a}{\partial x} \cdot \frac{\partial x}{\partial k}$: Effekt zusätzlichen Sachkapitals auf die Erfahrungsbildung

$da_q \equiv \frac{\partial a}{\partial x} \cdot \frac{\partial x}{\partial q} + \frac{\partial a}{\partial q}$: Effekt zusätzlicher Arbeitszeit auf die Erfahrungsbildung

$da_\omega \equiv \frac{\partial a}{\partial \omega}$: Effekt der Änderung von ω auf die Erfahrungsbildung

$dg_\omega \equiv \frac{\partial g}{\partial \omega}$: Effekt der Änderung von ω auf die Schulausbildung

$du_{ax} \equiv \frac{\partial u}{\partial c} \cdot \frac{\partial x}{\partial ax}$: momentaner Grenznutzen zusätzlicher Erfahrung

$du_c \equiv \frac{\partial u}{\partial c}$: Grenznutzens des Konsums

$du_q \equiv \frac{\partial u}{\partial c} \cdot \frac{\partial x}{\partial q} + \frac{\partial u}{\partial q}$: momentaner Grenznutzen zusätzlicher Arbeitszeit

$du_\omega \equiv \frac{\partial u}{\partial c} \cdot \frac{\partial x}{\partial \omega}$: momentaner Grenznutzeneffekt der Änderung von ω

g[.] : Funktion, die die Ausbildung von schulischem Humankapital durch den Einsatz verschiedener Faktoren beschreibt

h , H : Humankapital aus Schulbildung (Kleinbuchstabe: Pro-Kopf-Größe)

H : (Present-Value-) Hamilton-Funktion

ha $\equiv H/(AX \cdot L) = h/(ax \cdot L)$: schulische Humankapitalintensität bezogen auf Erfahrung und Arbeit

i : Index

I : Einheitsmatrix

k , K : physisches (Sach-) Kapital (Kleinbuchstabe: Pro-Kopf-Größe)

ka $\equiv K/(AX \cdot L) = k/(ax \cdot L)$: Sachkapitalintensität bezogen auf Erfahrung und Arbeit

L : der Faktor "einfache Arbeit" bzw. das Zeitpotential der Bevölkerung (als konstant angenommen)

M : Koeffizientenmatrix des um den steady state mittels einer Taylor-Expansion linearisierten Differentialgleichungssystems

q : Arbeitszeitquote; Anteil der Arbeitszeit am Zeitpotential der Bevölkerung L (mit $0 < q \leq 1$)

q_m : optimale Arbeitszeitquote bei statischer Optimierung

r_{ax} : interne Rendite der Produktionserfahrung ax

r_h : interne Rendite des schulischen Humankapitals h

r_k : interne Rendite des Sachkapitals k

s : Sparquote (mit $0 \leq s < 1$)

$_{st}$: Kennzeichnung des steady state

t : Zeitindex, Zeitpunkt t

u , u_t : momentaner Nutzen (zum Zeitpunkt t)

U : intertemporal aggregiertes Nutzenniveau eines repräsentativen Wirtschaftssubjekts

v_i : i-ter Eigenvektor der Koeffizientenmatrix M

w : Vektor der Eigenwerte (characteristic roots) der Koeffizientenmatrix M

x , X : Güterproduktionsmenge (Kleinbuchstabe: Pro-Kopf-Größe)

z , $Z_{i,t}$: Einsatz eines "neuen" Faktors des Unternehmens oder Lands i im Zeitpunkt t als Ergänzung der neoklassischen Produktionsfunktion (Kleinbuchstabe: Pro-Kopf-Größe)

Literatur

Arnold, L. (1997): Wachstumstheorie. München

Arrow, K.J. (1962): The Economic Implications of Learning by Doing. Review of Economic Studies 29, 155-173

Backhaus, K. (1990): Investitionsgütermarketing. 2. Aufl., München

Baldassarri, M., DeSantis, P., Moscarini, G. (1994): Allocation of Time, Human Capital and Endogenous Growth. In: Baldassarri, M., Paganetto, L., Phelps, E.S. (Eds.): International Differences in Growth Rates. Basingstoke, Hampshire, 95-110

Barro, R.J., Sala-i-Martin, X. (1995): Economic Growth. New York u.a.

Bauer, H.H. (1986): Das Erfahrungskurvenkonzept - Möglichkeiten und Problematik der Ableitung strategischer Handlungsalternativen. WiSt - Wirtschaftswissenschaftliches Studium 1/86, 1-10

Becker, G.S. (1965): A Theory of the Allocation of Time. Economic Journal 75, 493-517

Bond, E.W., Wang, P., Yip, Ch. K. (1996): A General Two-Sector Model of Endogenous Growth with Human and Physical Capital: Balanced Growth and Transitional Dynamics. Journal of Economic Theory 68/1, 149-173

Bretschger, L. (1996): Wachstumstheorie. München

Caballe, V.J., Santos, M. (1993): On Endogenous Growth with Physical and Human Capital. Journal of Political Economy 101/6, 1042-1067

Chamley, C. (1993): Externalities and Dynamics in Models of 'Learning or Doing'. International Economic Review 34/3, 583-609.

Chiang, A.C. (1984): Fundamental Methods of Mathematical Economics. 3rd ed., New York u.a.

Chiang, A.C. (1992): Elements of Dynamic Optimization. New York u.a.

Christiaans, T. (1997): Learning by Doing in offenen Volkswirtschaften - Handelstheoretische Implikationen des endogenen technischen Fortschritts. Heidelberg

Clemhout, S., Wan, H.Y. Jr. (1970): Learning-by-Doing and Infant Industry Protection. Review of Economic Studies 37, 33-56.

de Hek, P.A. (1998): An aggregative model of capital accumulation with leisure-dependent utility'. Journal of Economic Dynamics and Control 23, 255-276

Dehejia, V.H. (1993): Optimal Endogenous Growth in a Two-Sector Model with Learning-by-doing and Spillovers. Journal of Economic Integration 8/1, 100-115

Dunst, K. (1983): Portfolio-Management. Berlin/New York

Elkan, R. van (1996): Catching Up and Slowing Down: Learning and Growth Patterns in an Open Economy. Journal of International Economics 41, 95-111

Elkjaer, B. (1995): Learning As the New Form of Labor. Working paper / Institut for Informatik og Okonomistyring, Handelshojskolen i Kobenhavn, Nr. 95/2, Frederiksberg

Farmer, K., Wendner R. (1997): Wachstum und Außenhandel - Eine Einführung in die Gleichgewichtstheorie der Wachstums- und Außenhandelsdynamik. Heidelberg

Gabler Wirtschaftslexikon (1992), 13. Auflage, Wiesbaden

Gale, D. (1996): What have we learned from social learning? European Economic Review 40, 617-628

Gandolfo, G. (1996): Economic Dynamics. 3rd ed., Berlin u.a.

Gillman, M. (1993): Learning-by-doing Growth Theory: Turning New Zealand's Mire into a Miracle. Economics Discussion Papers / University of Otago, no. 9314, Dunedin, New Zealand

Göcke, M. (1998): A Simple Model of Learning-by-doing, Leisure Time, and Optimal (Endogenous) Growth. Volkswirtschaftliche Diskussionsbeiträge der Westfälischen Wilhelms-Universität Münster, Nr. 264

Göcke, M. (1998a): Real Investment, Learning-by-doing, Leisure, and Optimal Growth. Volkswirtschaftliche Diskussionsbeiträge der Westfälischen Wilhelms-Universität Münster, Nr. 266

Göcke, M. (1998b): Investment, Schooling and the Conditions for Endogenous Growth. Volkswirtschaftliche Diskussionsbeiträge der Westfälischen Wilhelms-Universität Münster, Nr. 270

Göcke, M. (1998c): Learning-by-doing versus Schooling in a Model of Endogenous Growth. Volkswirtschaftliche Diskussionsbeiträge der Westfälischen Wilhelms-Universität Münster, Nr. 271

Greiner, A. (1996): Endogeneous Growth Cycles: Arrow's Learning by Doing Reconsidered. Journal of Macroeconomics 18/4, 587-604

Gruber, H. (1994): A Brief Survey of Growth Theory. European Investment Bank – EIB Papers no. 23, July 1994, 21-35

Heer, B. (1995): Lösung dynamischer Probleme mit Hilfe der Kontrolltheorie. WiSt - Wirtschaftswissenschaftliches Studium 6/95, 302-305

Herriott, S.R., Levinthal, D., March, J.G. (1985): Learning from Experience in Organisations. American Economic Review - Papers and Proceedings, May 1985, 298-302

Jones, L. E., Manuelli, R. E. (1994): Sources of Growth. in: Madison - Social Systems Research Institute, Working Paper no. 9428

Jovanovic, B. (1995): Learning and Growth. NBER Working paper no. 5383, National Bureau of Economic Research, Cambridge MA

Killingsworth, M.R. (1982): Learning by Doing and Investment in Training: A Synthesis of two Rival Models of Life Cycle. Review of Economic Studies 49, 263-271

King, R.G., Plosser, C.I., Rebelo, S.T. (1988): Production, Growth and Business Cycles. Journal of Monetary Economics 21, 195-232 (part I) und 309-341

Koch, K.-J. (1995): Stability Issues of Endogenous Growth Models. Diskussionsbeiträge des Sonderforschungsbereichs 178, Universität Konstanz, Nr. 270

Kohn, M.G., Marion, N.P. (1992): The Implications of Knowledge-based Growth for the Optimality of Open Capital Markets. Canadian Journal of Economics 25/4, 865-883

Kohn, M.G., Marion, N.P. (1993): On Dynamic Efficiency in a Growth Model with Increasing Returns. Economics Letters 41/1, 93-98

Ladrón-de-Guevara, A., Ortigueira, S., Santos, M.S. (1997): Equilibrium Dynamics in Two-Sector Models of Endogenous Growth. Journal of Economic Dynamics and Control 21, 115-143

Levhari, D. (1966a): Extensions of Arrow's Learning by Doing. Review of Economic Studies 33, 117-131

Levhari, D. (1966b): Further implications of Learning by Doing. Review of Economic Studies 33, 31-38

Long, N.V., Wong, K.-Y. (1997): Endogenous Growth and International Trade: A Survey. Diskussionsbeiträge des Sonderforschungsbereichs 178, Universität Konstanz, Nr. 337

Lucas, R.E. (1988): On the Mechanics of Economic Development. Journal of Monetary Economics 22/1, 3-42

Lucas, R.E. (1993): Making a Miracle. Econometrica 61, 251-273

MacCallum, B. T. (1996): Neoclassical vs. Endogenous Growth Analysis: An Overview. Economic Quarterly / Federal Reserve Bank of Richmond 82/4, 41-71

Maußner, A., Klump, R. (1996): Wachstumstheorie. Berlin u.a.

Meyer, E.C., Müller-Siebers, K.-W., Ströbele, W., (1998): Wachstumstheorie. 2. Aufl., München

Murat, M., Pigliaru, F. (1994): International Trade and Uneven Growth: a Model with Intersectoral Spillovers of Knowledge. Nota di lavoro / Fondazione ENI Enrico Mattei, no. 94/36, Milano, Italy

Palivos, Th., Wang, P., Zhang, J. (1997): On the Existence of Balanced Growth Equilibrium. International Economic Review 38/1, 205-224

Paque, K.-H. (1995): Technologie, Wissen und Wirtschaftspolitik: zur Rolle des Staates in Theorien des endogenen Wachstums. Die Weltwirtschaft 1995/3, 237-253

Parente, St.L. (1994): Technology Adoption, Learning-by-doing, and Economic Growth. Journal of Economic Theory 63/2, 346-369

Pigliaru, F., Segnana, L. (1992): Spillovers, Localized Learning and Comparative Advantage. In: Technological Innovation, Competitiveness, and Economic Growth / Volkswirtschaftliche Schriften, Nr. 427, Berlin, 281-303

Rebelo, (1991): Long-Run Policy Analysis and Long-Run Growth. Journal of Political Economy 99/3, 500-521

Romer, P. M. (1986): Increasing Returns and Long-Run Growth. Journal of Political Economy 94/5, 1002-1037

Romer, P.M. (1990): Human Capital and Growth: Theory and Evidence. In: Unit Roots, Investment Measures and Other Essays. (Carnegie-Rochester Conference Series on Public Policy, 32), Amsterdam, 251-286

Rosen, (1972): Learning by Experience as Joint Production. Quartely Journal of Economics 86, 366-382

Schneider, J., Ziesemer, T. (1995): What's New and What's Old in New Growth Theory: Endogenous Technology, Microfoundation and Growth Rate Predictions - a Critical Overview. ZWS - Zeitschrift für Wirtschafts- und Sozialwissenschaften 115/3, 429-472

Schumann, J. (1992): Grundzüge der mikroökonomischen Theorie. 6. Aufl., Berlin u.a.

Sheshinski, E. (1967): Optimal Accumulation with Learning by Doing. In: Shell, K. (Eds.): Essays on Theory of Optimal Growth. MIT / Mass., 31-51

Solow, R.M. (1957): Technical Change and the Aggregate Production Function. Review of Economics and Statistics 37, 312-320

Solow, R.M. (1992): Siena Lectures on Endogenous Growth Theory. Collana del Dipartimento di Economia Politica / Universita degli Studi di Siena, no. 6, Siena, Italy

Stokey, N.L. (1986): The Dynamics of Industrywide Learning. In: Equilibrium Analysis (Essays in Honour of Kenneth J. Arrow, 2), Cambridge, 81-104

Stokey, N.L. (1988): Learning by Doing and the Introduction of New Goods. Journal of Political Economy 96/4, 701-717

Stolpe, M. (1992): Ansätze der neuen Wachstumstheorie - ein Literaturüberblick. Institut für Weltwirtschaft, Arbeitspapier Nr. 508

Stolpe, M. (1995): Technology and the Dynamics of Specialization in Open Economies. Kieler Studien Nr. 271, Tübingen

Tu, P.N.V. (1994): Dynamical Systems - An Introduction with Applications in Economics and Biology. 2nd ed., Berlin u.a.

Uzawa, H. (1965): Optimum Technical Change in an Aggregate Model of Economic Growth. International Economic Review 6, 18-31

Verspagen, B. (1992): Endogenous Innovation in Neo-Classical Growth Models: a Survey. Journal of Macroeconomics 14/4, 631-662

Wan, H.Y. Jr. (1966): Intertemporal Optimization with Systematically Shifting Cost and Revenue Functions. International Economic Review 7, 204-225

Wang, L. (1996): Growth with Foreign Investment, Learning and Spillovers. Memorandum from Department of Economics, University of Oslo, no. 1996/28

Yang X., Borland, J. (1991): A Microeconomic Mechanism for Economic Growth. Journal of Political Economy 99/3, 480-482

Young, A. (1991): Learning by Doing and the Dynamic Effects of International Trade. Quarterly Journal of Economics 106, 369-405

Zhang, W. (1994): Knowledge, Growth and Patterns of Trade. The Annals of Regional Science 28/3, 285-303

Wirtschaftswissenschaftliche Beiträge

Band 142: Ph. C. Rother, Geldnachfragetheoretische Implikationen der Europäischen Währungsunion, 1997. ISBN 3-7908-1014-2

Band 143: E. Steurer, Ökonometrische Methoden und maschinelle Lernverfahren zur Wechselkursprognose, 1997. ISBN 3-7908-1016-9

Band 144: A. Groebel, Strukturelle Entwicklungsmuster in Markt- und Planwirtschaften, 1997. ISBN 3-7908-1017-7

Band 145: Th. Trauth, Innovation und Außenhandel, 1997. ISBN 3-7908-1019-3

Band 146: E. Lübke, Ersparnis und wirtschaftliche Entwicklung bei alternder Bevölkerung, 1997. ISBN 3-7908-1022-3

Band 147: F. Deser, Chaos und Ordnung im Unternehmen, 1997. ISBN 3-7908-1023-1

Band 148: J. Henkel, Standorte, Nachfrageexternalitäten und Preisankündigungen, 1997. ISBN 3-7908-1029-0

Band 149: R. Fenge, Effizienz der Alterssicherung, 1997. ISBN 3-7908-1036-3

Band 150: C. Graack, Telekommunikationswirtschaft in der Europäischen Union, 1997. ISBN 3-7908-1037-1

Band 151: C. Muth, Währungsdesintegration – Das Ende von Währungsunionen, 1997. ISBN 3-7908-1039-8

Band 152: H. Schmidt, Konvergenz wachsender Volkswirtschaften, 1997. ISBN 3-7908-1055-X

Band 153: R. Meyer, Hierarchische Produktionsplanung für die marktorientierte Serienfertigung, 1997. ISBN 3-7908-1058-4

Band 154: K. Wesche, Die Geldnachfrage in Europa, 1998. ISBN 3-7908-1059-2

Band 155: V. Meier, Theorie der Pflegeversicherung, 1998. ISBN 3-7908-1065-7

Band 156: J. Volkert, Existenzsicherung in der marktwirtschaftlichen Demokratie, 1998. ISBN 3-7908-1060-6

Band 157: Ch. Rieck, Märkte, Preise und Koordinationsspiele, 1998. ISBN 3-7908-1066-5

Band 158: Th. Bauer, Arbeitsmarkteffekte der Migration und Einwanderungspolitik, 1998. ISBN 3-7908-1071-1

Band 159: D. Klapper, Die Analyse von Wettbewerbsbeziehungen mit Scannerdaten, 1998. ISBN 3-7908-1072-X

Band 160: M. Bräuninger, Rentenversicherung und Kapitalbildung, 1998. ISBN 3-7908-1077-0

Band 161: S. Monissen, Monetäre Transmissionsmechanismen in realen Konjunkturmodellen, 1998. ISBN 3-7908-1082-7

Band 162: Th. Kötter, Entwicklung statistischer Software, 1998. ISBN 3-7908-1095-9

Band 163: C. Mazzoni, Die Integration der Schweizer Finanzmärkte, 1998. ISBN 3-7908-1099-1

Band 164: J. Schmude (Hrsg.) Neue Unternehmen in Ostdeutschland, 1998. ISBN 3-7908-1109-2

Band 165: A. Rudolph, Prognoseverfahren in der Praxis, 1998. ISBN 3-7908-1117-3

Band 166: J. Weidmann, Geldpolitik und europäische Währungsintegration, 1998. ISBN 3-7908-1126-2

Band 167: A. Drost, Politökonomische Theorie der Alterssicherung, 1998. ISBN 3-7908-1139-4

Band 168: J. Peters, Technologische Spillovers zwischen Zulieferer und Abnehmer, 1999. ISBN 3-7908-1151-3

Band 169: P. J. J. Welfens, K. Gloede, H. G. Strohe, D. Wagner (Hrsg.) Systemtransformation in Deutschland und Rußland, 1999. ISBN 3-7908-1157-2

Band 170: Th. Langer, Alternative Entscheidungskonzepte in der Banktheorie, 1999. ISBN 3-7908-1186-6

Band 171: H. Singer, Finanzmarktökonomie, 1999. ISBN 3-7908-1204-8

Band 172: P. J. J. Welfens, C. Graack (Hrsg.) Technologieorientierte Unternehmensgründungen und Mittelstandspolitik in Europa, 1999. ISBN 3-7908-1211-0

Band 173: T. Pitz, Recycling aus produktionstheoretischer Sicht, 2000. ISBN 3-7908-1267-6

Band 174: G. Bol, G. Nakhaeizadeh, K.-H. Vollmer (Hrsg.) Datamining und Computational Finance, 2000. ISBN 3-7908-1284-6

Band 175: D. Nautz, Die Geldmarktsteuerung der Europäischen Zentralbank und das Geldangebot der Banken, 2000. ISBN 3-7908-1296-X

Band 176: G. Buttler, H. Herrmann, W. Scheffler, K.-I. Voigt (Hrsg.) Existenzgründung, 2000. ISBN 3-7908-1312-5

Band 177: B. Hempelmann, Optimales Franchising, 2000. ISBN-3-7908-1316-8

Band 178: R. F. Pelzel, Deregulierte Telekommunikationsmärkte, 2001. ISBN 3-7908-1331-1

Band 179: N. Ott, Unsicherheit, Unschärfe und rationales Entscheiden, 2001. ISBN 3-7908-1337-0

GPSR Compliance

The European Union's (EU) General Product Safety Regulation (GPSR) is a set of rules that requires consumer products to be safe and our obligations to ensure this.

If you have any concerns about our products, you can contact us on ProductSafety@springernature.com

In case Publisher is established outside the EU, the EU authorized representative is:

Springer Nature Customer Service Center GmbH
Europaplatz 3
69115 Heidelberg, Germany

Batch number: 10815974

Printed by Printforce, the Netherlands